Verkehrswirtschaft

40 Fallstudien mit Lösungen

von

Dipl.-Kffr. Monique Dorsch

Oldenbourg Verlag München

Bibliografische Information der Deutschen Nationalbibliothek

Die Deutsche Nationalbibliothek verzeichnet diese Publikation in der Deutschen Nationalbibliografie; detaillierte bibliografische Daten sind im Internet über <http://dnb.d-nb.de> abrufbar.

Rosenheimer Straße 145, D-81671 München
Telefon: (089) 45051-0
oldenbourg.de

Lektorat: Wirtschafts- und Sozialwissenschaften, wiso@oldenbourg.de
Herstellung: Dr. Rolf Jäger
Coverentwurf: Kochan & Partner, München
Fotos: Monique Dorsch; außer Fallstudie C2: David León Rodríguez
Karikaturen: Alexander Breunig
Gedruckt auf säure- und chlorfreiem Papier
Gesamtherstellung: Books on Demand GmbH, Norderstedt

ISBN 978-3-486-59175-0

Vorwort

V

In der globalisierten Welt ist die Verkehrswirtschaft von höchster Bedeutung. Darüber hinaus stellt diese Thematik ein äußerst interessantes und facettenreiches Gebiet dar, das in der wissenschaftlichen Literatur im Vergleich zu anderen Fachdisziplinen allerdings unterrepräsentiert ist.

Die vielen Facetten lassen sich besonders gut in Fallstudien erfassen. In der Lehre können diese bestens eingesetzt werden, um fachspezifische Grundlagen zu vermitteln sowie Zusammenhänge und aktuelle Entwicklungen beispielhaft zu verdeutlichen.

Die für dieses Buch ausgewählten Fallstudien beinhalten unterschiedliche Aspekte des Managements, der Betriebswirtschaft, Volkswirtschaft und Verkehrspolitik im regionalen, nationalen und europäischen Kontext. Natürlich kann und soll dabei kein Anspruch auf Vollständigkeit erhoben werden. Alle Fallstudien wurden von der Autorin selbst entwickelt und beruhen ausnahmslos auf realen Gegebenheiten.

Die gewählten Beispiele weisen durchwegs eine hohe Komplexität auf. Geeignete Instrumente zur Analyse und Lösung solcher Problemstellungen bietet die Methodik des vernetzten Denkens. Daher wird einführend die Anwendung der diesbezüglichen Instrumente anhand eines Beispiels gezeigt.

Zu jeder Fallstudie wird ein ausführlicher Lösungsvorschlag angeboten, der allerdings – wie bei Fallstudien üblich – natürlich nicht die einzige mögliche Lösung ist. Grundsätzlich ist anzumerken, daß die Fragestellungen zu den einzelnen Fällen je nach Interesse und Schwerpunktsetzung durchaus auch variiert werden können, was die Fälle universeller einsetzbar bzw. anwendbar macht.

Monique Dorsch

Inhalt

Teil A – Straßenverkehr

Themenschwerpunkte	Innenstadt transitfrei! – Bau einer Umgehungsstraße	Innenstadt transitfrei? – Transitverbot geplant	Kostendruck – Spediteure flaggen aus	Die rollende Bombe – Verkehrssicherheit von Lkw	Rollende Monster – Die Mega-Laster kommen	Die Alpen als Verkehrshindernis? – Alpenquerender Güterverkehr	Erholung pur – Autofreie Tourismusorte	City-Maut – In London, Stockholm und anderswo
Güterverkehr	x	x	x	x	x	x		x
Personenverkehr							x	x
Verkehrspolitik	x	x	x		x	x		x
Umfeld	x		x				x	x
Branche			x	x	x			
Wettbewerb			x					
Transit	x	x				x		
Unternehmen			x					
Standort			x					
Strategie			x				x	
Infrastruktur	x				x		x	
Fahrzeuge					x			

Teil B – Schienenverkehr

Themenschwerpunkte	Neue Bahnhöfe für Österreich – Die Bahnhofsoffensive	Die Bahn im Geschwindigkeitsrausch – Hochgeschwindigkeitszüge	Die Bahn innovativ – Die unendliche Leidensgeschichte des ICE-TD	Mehr Zug für die Schweiz – Das Projekt Bahn 2000	Netzzugang für alle – Liberalisierung im Schienenverkehr	Europaweit unterwegs – Mehrsystemlokomotiven	Unter den Alpen hindurch – Die NEAT	Per Nachtzug über die Ostsee – Der Scandinavia Night Express
Güterverkehr					x	x	x	
Personenverkehr	x	x	x	x	x		x	x
Verkehrspolitik	x			x	x		x	
Umfeld	x	x		x			x	x
Transit						x	x	
Tourismus	x			x			x	x
Unternehmen		x	x		x	x		x
Strategie	x	x	x					
Marketing		x						x
Nachfrage/Bedürfnisse		x	x	x				x
Infrastruktur	x			x	x		x	
Fahrzeuge		x	x	x		x		

Teil C – Schiffahrt

Themenschwerpunkte	Das Tor zum Osten – Sassnitz-Mukran	Seemannsalltag – Arbeit und Leben an Bord	Harter Wettbewerb auf der Ostsee – Fährverkehr in Nordeuropa	Schnellfähren auf den Kanaren – Fred. Olsen	Über die sieben Meere – Kreuzfahrten im Trend	Kreuzfahrt der anderen Art – easyCruise	Mit dem Postschiff unterwegs – Hurtigruten	Windkraftnutzung auf See – SkySails
Güterverkehr	x	x	x	x			x	x
Personenverkehr			x	x	x	x	x	
Umfeld	x	x	x	x	x		x	x
Tourismus			x		x	x	x	
Branche		x	x	x	x			
Wettbewerb	x	x	x			x	x	
Unternehmen		x	x	x		x	x	
Standort	x							
Management		x		x				
Marketing			x	x	x	x	x	
Nachfrage/Bedürfnisse			x		x	x	x	
Fahrzeuge				x			x	x

Teil D – Luftverkehr

Themenschwerpunkte	Logistik am Flughafen – Das Chaos von Heathrow	Neue Chance für Regionalflughafen – Der Flughafen Hof-Plauen	Fressen und gefressen werden – Übernahmeboom bei Airlines	Discounter am Himmel – Ryanair	Gemeinsam stärker – Allianzen von Fluggesellschaften	24-Stunden-Betrieb – DHL-Luftdrehkreuz Leipzig	Über den Wolken – Dienstleistungen im Luftverkehr	Wenn der Flieger nicht fliegt – Passagiere in Warteposition
Güterverkehr						x		
Personenverkehr	x	x	x	x	x		x	x
Verkehrspolitik		x				x		
Umfeld		x		x		x		
Branche			x		x			
Wettbewerb		x	x	x	x	x		
Unternehmen			x	x				
Standort		x				x		
Management	x		x					x
Marketing			x	x			x	x
Nachfrage/Bedürfnisse				x			x	x
Infrastruktur	x	x						

Teil E – Öffentlicher Personennahverkehr

Themenschwerpunkte	„Die Stadt gehört Dir." – Wiener Linien	Erfolgreicher Stadtverkehr – Die Züri-Linie	Straßenbahn im Eigenbau – Der LeoLiner	Trassenneubau – Eine Straßenbahn für Teneriffa	Busfahren gratis – Das Hasselter Konzept	Vom Umland umsteigefrei in die City – Das Chemnitzer Modell	Ein grenzüberschreitendes Nahverkehrskonzept – Das EgroNet	Wir verbinden Länder – Die Vogtlandbahn
Personenverkehr	x	x	x	x	x	x	x	x
Verkehrspolitik		x		x	x	x	x	x
Umfeld		x		x	x		x	x
Tourismus	x						x	x
Wettbewerb			x					
Unternehmen	x	x	x					x
Standort								x
Management				x				x
Marketing	x	x					x	
Infrastruktur				x				
Nachfrage/Bedürfnisse					x		x	
Fahrzeuge			x			x		

1 Zur Bearbeitung von Fallstudien

„All the professional schools face the same difficult challenge: how to prepare students for the world of practice“.[1]

Wozu dienen Fallstudien?

Bereits 1870 begann man in der Harvard Law School, mit Fallstudien zu arbeiten. Etwa 50 Jahre später folgte die Harvard Business School. Seitdem haben sich Fallstudien als ein höchst geeignetes, an den sich verändernden Herausforderungen stets orientiertes didaktisches Instrument bestens etabliert.

Fallstudien dienen in erster Linie der Verknüpfung von (erlernter) Theorie und praxisrelevanten Problemstellungen. Darüber hinaus werden durch die gemeinsame Bearbeitung von Fallstudien Analysefähigkeiten, vernetztes Denken, Teamfähigkeit und andere (Führungs-)Kompetenzen – je nach Bedarf – gefördert.

Fallstudien können eingesetzt werden, um eine neue Thematik einzuführen oder um bereits erlerntes Wissen zu vertiefen und anzuwenden.

Welche Arten von Fallstudien gibt es?

Die Gestaltung von Fallstudien unterscheidet sich je nach ihrem didaktischen Ziel. Nachfolgend werden ausgewählte Arten von Fallstudien kurz charakterisiert[2]:

- **Case Method (Entscheidungsfall)**: Bei dieser Variante werden alle notwendigen Information bereitgestellt und das Problem genannt. Ziel ist es, das Problem zu lösen.
- **Case Study Method (Problemfindungsfall)**: Hierbei wird eine umfassende und idealerweise wahrheitsgetreue praktische Situation geschildert. Alle nötigen Informationen werden bereitgestellt, die Probleme jedoch nicht im einzelnen genannt. Ziel ist es, den Sachverhalt zu analysieren, mögliche Probleme aufzuzeigen und mögliche Lösungen zu erarbeiten.
- **Stated Problem Method (Bewertungsfall)**: Bei dieser Art der Fallstudie werden neben den Ausgangsinformationen auch Lösungen präsentiert. Dies dient dazu, einen Einblick in Entscheidungsprozesse in der Praxis zu erhalten und diese kritisch zu hinterfragen.
- **Case Incident Method (Informationsfall)**: Hierbei wird nur eine unvollständige Problembeschreibung bereitgestellt. Durch gezielte Fragen und eigenständige Recherchen wird der Sachverhalt detaillierter beschrieben. Anschließend können Lösungsvorschläge erarbeitet werden.

---

[1] Garvin, David A.: Making the Case, in: Harvard Magazine, September-October 2003, 56

[2] vgl. Brunner, Friedrich; Friedrichsmeier, Helmut: Entscheidungen sind gefragt, Wien 1999, 10

Wie löst man Fallstudien?

Bei der erstmaligen Konfrontation mit einer Fallstudie ist man üblicherweise unsicher und weiß nicht so recht, wie man bei deren Lösung vorgehen soll. Dabei bietet sich folgende Schrittfolge[3] an:

- **Konfrontation mit dem Fall**: Der erste Schritt dient dazu, den Sachverhalt, die beteiligten Personen sowie die Rahmenbedingungen kennenzulernen. Je nach Gestaltung der Fallstudie könnten hier bereits die Problemstellung und Lösungsalternativen genannt werden.
- **Beschaffung und Auswertung von Informationen**: Zur Lösung der Fallstudie ist es üblicherweise nötig, weitere Informationen zu beschaffen. Dies kann durch eigenständige Recherche oder Befragung (von Experten) geschehen. Anschließend gilt es, die zusätzlich beschafften Informationen auszuwerten und mit den bereits vorhandenen zu verknüpfen.
- **Entscheidungsfindung**: Oft zeigt sich, daß sich zur Lösung eines Problems mehrere Möglichkeiten bieten. In diesem Schritt sollten zunächst alle Lösungsalternativen hinsichtlich ihrer Vor- und Nachteile sowie der sich ergebenden Konsequenzen analysiert werden. Um trotz verschiedener Lösungsmöglichkeiten letztendlich nicht handlungsunfähig zu sein, ist es notwendig, aus den Alternativen eine erfolgversprechende auszuwählen. Die Entscheidungen sollten stets schriftlich fixiert werden, so daß sie auch ein Außenstehender nachvollziehen kann.
- **Diskussion der Ergebnisse**: Im nächsten Schritt werden die Lösungen verschiedener Arbeitsgruppen gegenübergestellt. Dabei sollten die Argumente und Ergebnisse der anderen kritisch geprüft und auch die eigenen Lösungsvorschläge hinterfragt werden. „Patentlösungen" gibt es – wie auch in der Lebenspraxis – nicht.
- **Vergleich mit der Praxis**: Schließlich können die Ergebnisse der Arbeitsgruppen mit Lösungsalternativen aus der Praxis (sofern vorhanden) verglichen werden. Basiert die Fallbeschreibung auf einem realen Fall, ist es interessant zu sehen, wo Übereinstimmungen und Abweichungen im Lösungsprozeß liegen.

Letztlich besteht die berufliche und unternehmerische Praxis ausschließlich aus Fällen. Theoretisches (Fach-)Wissen allein hilft bei der Lösung solcher Probleme kaum. Stets geht es um die Verknüpfung von Wissen, sozialen Fähigkeiten und der richtigen Herangehensweise. Derartiges läßt sich im Rahmen des Studiums wie auch später nur über die Lösung von entsprechenden Problemstellungen erlernen und trainieren. Genau dieser Umstand mag für sich und die Fallstudienmethodik gleichermaßen sprechen.

---

[3] vgl. Weitz, Bernd O.: Fallstudienarbeit in der ökonomischen Bildung, in: Hochschuldidaktische Schriften des Instituts für Betriebswirtschaftslehre der Wirtschaftswissenschaftlichen Fakultät an der Martin-Luther-Universität Halle-Wittenberg, Nr. 4/2000, Halle (Saale) 2000, 13

2 Instrumente des vernetzten Denkens

Was ist vernetztes Denken?

Zur Bewältigung komplexer Problemsituationen können verschiedene Methoden angewandt werden. Eine dieser Methoden ist die Methodik des vernetzten Denkens.

Unter vernetztem Denken, in einer älteren Interpretation des Begriffes auch kybernetisches Denken genannt, wird ein Denken in systematischen Mustern und gleichzeitig dynamischen Strukturen verstanden. Dies soll eine Abkehr vom reinen linearen Ursache-Wirkungs-Denken bewirken und zum Verständnis komplexer Systeme und deren Verhaltens führen.

Die Methodik des vernetzten Denkens hilft, anhand verschiedener Schritte und Instrumente strukturiert bzw. systematisch vorzugehen. Sie ermöglicht es dem Problemlöser, einen gewissen Anstoß in bezug auf ein reflektiertes Denken in Zusammenhang mit zu treffenden Entscheidungen zu erlangen. Vorteil des vernetzten Denkens gegenüber anderen Problemlösungsmethoden ist, daß nicht nur schnell greifende Lösungsmöglichkeiten gesucht und implementiert werden, sondern neben der Wirksamkeit der Methoden auch Wechselwirkungen mit anderen Faktoren und Spätfolgen einkalkuliert und gegebenenfalls neue, mitunter vielleicht weniger wirksame, aber gleichzeitig weniger „schädliche" Lösungsmöglichkeiten in Betracht gezogen werden können. Das dargestellte Instrumentarium zeichnet sich insbesondere durch seine analytische Kraft aus, die man nicht entwickeln kann, wenn irgendwie an eine – gerade komplexe – Problemstellung herangegangen wird. Ein weiterer Vorteil der Methodik des vernetzten Denkens ist, daß alle Instrumente und die zugrundeliegenden Gedankengänge durchaus einfach, übersichtlich und für jedermann relativ gut nachvollziehbar sind.

Wenn man ein komplexes System bzw. eine komplexe Problemsituation verstehen möchte, sollte man nicht aus dem System heraus bzw. vom Problem aus auf die Umwelt schauen und von dort aus versuchen, Entwicklungen und Faktoren zu analysieren. Zielführender ist ein Blick „von außen nach innen" – in das eigene System hinein, um dessen Struktur und Verhalten zu untersuchen. Dadurch kann festgestellt werden, mit welchen Systemteilen gesteuert werden kann, welche Teile sich nicht zur Steuerung eignen, wo sich Puffer befinden, wie flexibel das System insgesamt ist, wie seine Selbstregulation funktioniert, wo es Symbiosemöglichkeiten gibt usw.

Bei der Untersuchung helfen können beispielsweise Wirkungsgefüge, Einflußmatrizen, Portfolios und Szenarien. Mithilfe dieser Instrumente sind Aussagen darüber möglich, wie sich das System bei Eintreten eines bestimmten Umweltzustandes wahrscheinlich verhalten wird, wie es auf bestimmte Veränderungen reagiert, wie sein Verhalten möglicherweise verbessert bzw. optimiert werden kann.

Die möglichen Strategien zur Veränderung einer gegebenen Situation sollten also nicht von außen bestimmt, sondern durch das System selbst vorgegeben werden.

Dabei sollte stets versucht werden, daß System stabil und weniger störungsanfällig zu machen.[1]

Ziel dieses Instrumentariums ist nicht das Erreichen größtmöglicher Objektivität, da es sich hierbei stets um subjektive Betrachtungen handelt. Auch werden die Ergebnisse nie wirklich vollständig sein, vielmehr geht es um Facettenreichtum und das Erkennen von grundlegenden Zusammenhängen und Wirkungsweisen sowie das Betrachten eines komplexen Problems aus verschiedenen Perspektiven. Ideal ist es daher, wenn die Instrumente von verschiedenen Personen zur Problemanalyse genutzt und die dadurch gewonnenen Erkenntnisse zusammengeführt werden. Dabei sollte man sich allerdings auch bewußt sein, daß die Instrumente Werkzeugcharakter aufweisen, wobei – wie im Handwerk – gilt, daß gute Werkzeuge nicht unbedingt ein gutes Produkt garantieren.

Die langjährige Praxis zeigt, daß der Einsatz des Instrumentariums bei verschiedenen ökonomischen und gesellschaftlich relevanten Problemstellungen äußerst lohnenswert ist und sich auch aufgrund der stets zu erzielenden „Aha-Effekte" sehr bewährt hat.[2] Zudem kann es auch Spaß machen, wenn man sich dafür begeistern läßt und eigenständig bestimmten Problemen, Sachverhalten usw. auf den Grund gehen will.

Die einzelnen Instrumente[3] und deren Anwendung sollen nun anhand eines konkreten, durchgängigen Beispiels und diesbezüglicher Fragestellungen verdeutlicht werden.

---

[1] vgl. Vester, Frederic: Die Kunst vernetzt zu denken: Ideen und Werkzeuge für einen neuen Umgang mit Komplexität, Stuttgart 1999, 100ff

[2] siehe dazu auch Dorsch, Monique: Abenteuer Wirtschaft – 40 Fallstudien mit Lösungen, München 2009

[3] Die hier dargestellte Reihenfolge muß nicht unbedingt eingehalten werden. Sollte sich bei der Problembearbeitung beispielsweise die Ausgangslage verändern, sind jederzeit Rücksprünge zu bereits angewandten Instrumenten möglich. Ebenso können – wenn es die Problemstellung rechtfertigt – auch nur bestimmte Instrumente herausgegriffen werden. Natürlich steht es dem Problemlöser ebenso frei, die beschriebenen Instrumente weiterzuentwickeln, was aufgrund der Struktur des gesamten Instrumentariums durchaus möglich ist.

Die Wassertalbahn

In den Karpaten im Norden Rumäniens, nahe der Grenze zur Ukraine, versieht die letzte Waldbahn des Landes noch ihren Dienst – die Wassertalbahn. Ihren Namen verdankt die Bahn einem Fluß, der sich durch das unter Landschaftsschutz stehende Tal zieht und an dessen Lauf die Bahntrasse in den 1930er Jahren errichtet worden ist. Die Gleise, auf denen sie heute fährt, stammen großteils noch aus dieser Zeit. Die von Vişeu de Sus (18.000 Einwohner) nach Comanu am Talende verlaufende Bahnstrecke ist 50 km lang und weist eine Spurweite von 760 mm auf. Derzeit sind mit der Wassertalbahn 100 bis 150 Arbeitsplätze verbunden. Eigentümer der Bahn ist der rumänische Staat.[4]

Zum Rollmaterial der Bahn gehören mit Holz befeuerte Dampflokomotiven, Diesellokomotiven, Holztransportwagen und einige Personenwagen. Letztere sind z.T. von der Wengernalpbahn im Berner Oberland (Schweiz) übernommen worden.[5]

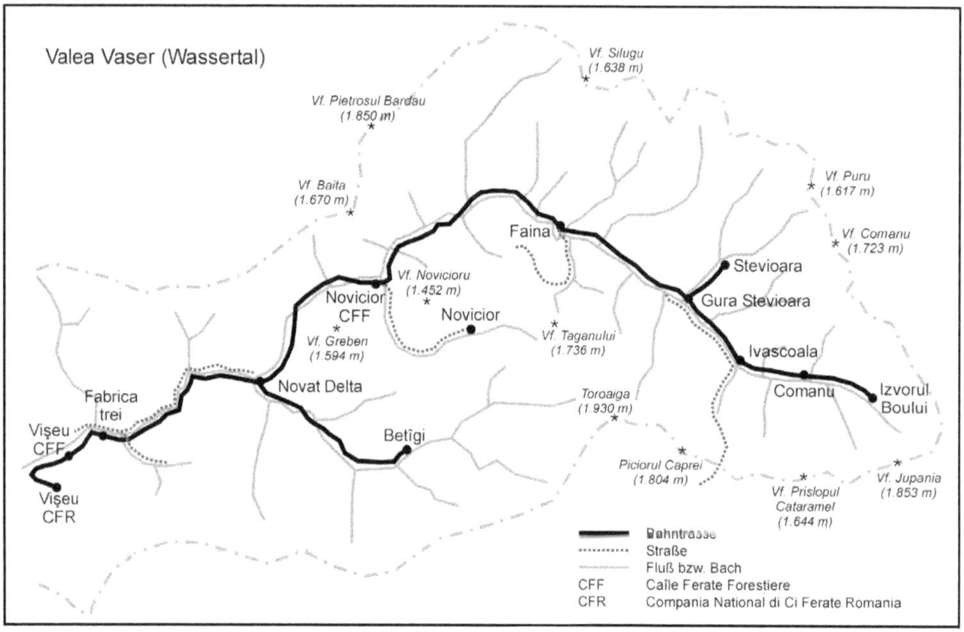

Abbildung 2-1 *Verlauf der Wassertalbahn im Wassertal*[6]

Die Region gilt als strukturschwach, aufgrund der Höhenlage sind lediglich die Forstwirtschaft und die Holzverarbeitung von wirtschaftlicher Bedeutung. Der Lebensstandard der Bevölkerung ist niedrig. Viele Einwohner arbeiten auswärts, die Abwanderungsrate ist relativ hoch.[7]

Ein wichtiger Arbeitgeber der Region, bei dem rund 1.000 Arbeitskräfte beschäftigt sind, ist die R.G.Holz Company, die die Waldbewirtschaftung im Tal sowie die Verarbeitung des eingeschlagenen Holzes betreibt. Sie fungiert gleichzeitig als Bahnbetriebsgesellschaft für die

---

[4] vgl. Ein Eisenbahn-Märchen aus Rumänien – Ferrosexuelle Schweizer in den Karpaten (Dokumentation von Roland Huber), 3SAT, 14.03.2009

[5] vgl. ebd.; Verein Hilfe für die Wassertalbahn/Rumänien: Projekte, http://www.wassertalbahn.ch, 17.03.2009

[6] modifiziert nach: Verein Hilfe für die Wassertalbahn/Rumänien: Kartenskizze Wassertalbahn, http://www.wassertalbahn.ch, 17.03.2009

[7] vgl. Die Waldbahn in den Karpaten (Dokumentation von Titus Faschina), Arte, 23.12.2005

Waldbahn, da das Unternehmen nur mithilfe der Bahn die großen Holzmengen – 200 bis 300 Tonnen pro Fahrt – aus den Wäldern zum Sägewerk nach Vişeu de Sus transportieren kann. Um diese Mengen zu bewältigen, wären ansonsten bis zu 30 Lkw notwendig. Die Produkte der R.G.Holz Company – zertifiziertes Rohmaterial – werden nach Europa exportiert.[8]

Neben den Holztransporten befördert die Bahn von Beginn auch Personen: Für Waldarbeiter, Bauern und Einheimische aus den Dörfern des Wassertals ist die Bahn ein wichtiges Verkehrsmittel, denn eine durchgehende Straße gibt es dort nicht.

Zunehmend erlangt die Waldbahn auch für den Tourismus Bedeutung. Eisenbahnfreunde aus vielen Ländern kommen ins Wassertal, um die letzte Waldbahn – die keinen Museumsbahn-Status hat – in Aktion zu erleben. Im Sommer fahren bereits Extrazüge für Touristen mit einer Kapazität von 200 Personen und sind i.d.R. gut ausgelastet.

Dennoch ist die Bahn auf Unterstützung angewiesen. Der Schweizer Michael Schneeberger setzt sich seit Jahren mit seinem „Verein Hilfe für die Wassertalbahn/Rumänien" für die Erhaltung der Bahn ein: „*Die Waldbahn von Vişeu de Sus ist ein einmaliges eisenbahntechnisches Kulturgut, und sie hat eine Zukunft.*"[9] Schwerpunktmäßig unterstützt der Verein nunmehr den Aufbau touristischer Strukturen in der Region.[10] Eigens dazu wurde von Schneeberger ein Tourismus-Unternehmen, Ecotours, gegründet. Dessen Ziel ist es, sanften Tourismus in der Region zu entwickeln. Viele diesbezügliche Projekte sind geplant, jedoch mangelt es immer wieder an finanziellen Mitteln.[11]

Im Juli 2008 entstanden in Folge eines Unwetters große Schäden an der Trasse: Gleisabschnitte wurden unterspült oder weggerissen, Brückenfundamente und Stützmauern in Mitleidenschaft gezogen. Mit Unterstützung aus der Schweiz und anderen Staaten wurden zwar Maßnahmen zum Wiederaufbau eingeleitet; bis die Strecke wieder durchgehend befahrbar ist, bringen aber Lkw die Baumstämme über die Berge ins Nachbartal und von dort aus ins Sägewerk.[12]

Dem rumänischen Staat zufolge wird der Wiederaufbau der Bahn 7 Mio. Euro kosten und viel Zeit in Anspruch nehmen. Man befürchtet, Bürokratie und Korruptionsanfälligkeit könnten Instandsetzungsmaßnahmen erheblich verzögern und setzt deshalb vor allem auf private Initiative. Dennoch steht außer Zweifel, daß auch der Staat Interesse am Wiederaufbau hat, denn er hat nicht unerhebliche Einnahmen aus der Forstwirtschaft.[13]

Aus marktwirtschaftlicher Sicht könnte nun der Ruf nach dem Bau einer durchgehenden Straße laut werden. Doch weder das holzverarbeitende Unternehmen noch der Förderverein befürworten dies. Nach Schneebergers Ansicht würde dies die Plünderung des Waldes bedeuten: Denn dann hätte jeder, der in Besitz eines Lastwagens ist, die Chance, einfach ins Tal zu fahren und illegal Holz zu schlagen.[14]

---

[8] Ein Eisenbahn-Märchen aus Rumänien – Ferrosexuelle Schweizer in den Karpaten (Dokumentation von Roland Huber), 3SAT, 14.03.2009

[9] Verein Hilfe für die Wassertalbahn/Rumänien: Der Verein, http://www.wassertalbahn.ch, 17.03.2009

[10] vgl. ebd.

[11] Schumacher, Wolfgang: Drauß vom Walde komm' ich her, in: Modelleisenbahner, 9/2005, 44

[12] vgl. Verein Hilfe für die Wassertalbahn/Rumänien: Hochwasser Valea Vaserlului/Maramures/ Rumänien, http://www.wassertalbahn.ch, 17.03.2009

[13] vgl. Verein Hilfe für die Wassertalbahn/Rumänien: Ausserordentliches Rundschreiben Oktober 2008, http://www.wassertalbahn.ch, 17.03.2009, 3

[14] vgl. Ein Eisenbahn-Märchen aus Rumänien – Ferrosexuelle Schweizer in den Karpaten (Dokumentation von Roland Huber), 3SAT, 14.03.2009

Wie können Ziele analysiert werden?

Einen der häufigsten Fehler im Umgang mit komplexen Problemsituationen stellt die unsystematische Zielsetzung dar. Ziele sollten so gesetzt werden, daß sie die Lebensfähigkeit eines Systems sichern bzw. erhöhen. Oft werden Ziele aber nur zum Selbstzweck gesetzt: Ein Unternehmen möchte z.B. größer als ein Konkurrenzunternehmen sein, es will seine Absatzmenge steigern oder eine Innovation schneller auf den Markt bringen. Dabei wird nicht selten übersehen, daß Wachstum ab einem bestimmten Punkt auch Inflexibilität mit sich bringt, höhere Absatzzahlen vom Markt abhängiger machen und Innovationen nicht zwangsläufig einen wirklichen Fortschritt bedeuten. In vielen Fällen werden Ziele nicht mit, sondern eher gegen das System gesetzt, wie beispielsweise zahlreiche Fusionsbestrebungen mit dem Ziel größerer Marktmacht und Einflußmöglichkeiten zeigen, die letztendlich aber scheiterten.

Immer dann, wenn die eigenen Zielvorstellungen („Soll") von der realen Situation („Ist") abweichen, werden Problemlösungsprozesse veranlaßt. Ein Problem liegt demzufolge vor, wenn sich bei gleichbleibenden Zielen eine tatsächliche Situation ändert oder die Ziele bei gleichbleibender Wirklichkeit modifiziert werden.

Zu Beginn eines Problemlösungsprozesses sollte man sich daher einen Überblick über die Situation verschaffen: Wie sehen die Zielvorstellungen aus? Wie stellt sich die Realität dar? Dazu ist es erforderlich,

- die Ziele klar, präzise und unmißverständlich zu formulieren,
- konkrete Teilziele abzuleiten,
- beim Auftreten von Zielbündeln die Ziele mit Prioritäten zu versehen,
- die Konsistenz der Ziele mit übergeordneten Wertvorstellungen und Normen zu überprüfen,
- die Ziele unter Berücksichtigung einer größtmöglichen Objektivität zu setzen und dabei auch die Unwägbarkeiten selektiver Wahrnehmung zu berücksichtigen.

Anschließend sollten die bereits formulierten bzw. gesetzten Ziele prüfend hinterfragt werden:

- Ist das Oberziel klar und unmißverständlich formuliert?
- Sind ausgehend von diesem Oberziel (sinnvolle) Teilziele abgeleitet worden?
- Sind diese Ziele von allen Beteiligten und aus ethischer Sicht vertretbar?
- Sind diesen Teilzielen Prioritäten zugeordnet bzw. sind diese Teilziele in eine sinnvolle Reihenfolge gebracht worden?
- Ist für alle Ziele ein realistischer Zeitrahmen festgelegt worden?[15]

---

[15] vgl. Karbach, Rolf; Dorsch, Monique: Instrumente zum Management komplexer Problemsituationen, Hamburg 1999, 6f

➡ Welche Ziele verfolgt der Betreiber der Wassertalbahn?

Prioritäten	**Ziele des Projekts**	**Zeitrahmen**
Oberziel	Existenzsicherung: Weiterbetrieb der Bahn	langfristig
Teilziele		
1	Wiederaufbau der Bahn nach Unwetter 2008	mittelfristig
2	Akquirieren internationaler Hilfe	kontinuierlich
3	Garantie der 100%igen Versorgung des Sägewerks	kurz- bis mittelfristig
4	Verstärkte touristische Nutzung der Wassertalbahn	mittelfristig

Tabelle 2-1 *Ziele, Prioritäten und Zeitrahmen*

Welche Bedeutung hat das Umfeld?

Oft werden bei der Bearbeitung komplexer Problemsituationen unterschiedliche Systemebenen – die zu betrachtende, übergeordnete und untergeordnete – vermischt. Die Datenerfassung kann sich dadurch problematisch gestalten. Die entstehende Informationsflut führt dazu, daß wichtige Vernetzungen, Wechselwirkungen, Rückwirkungen und Zeitverzögerungen übersehen werden.

Deshalb ist es wichtig, die Stellung des zu untersuchenden Systems innerhalb der es umgebenden Wirtschaft und Gesellschaft einzuordnen, um die relevanten Perspektiven bzw. Sichtweisen zu erkennen. Dazu bietet sich folgende Vorgehensweise an:

1. Zunächst wird die betrachtete Systemebene identifiziert. Dabei muß es sich nicht notwendigerweise um die mittlere Ebene handeln.
2. Anschließend ermittelt man die nächsthöheren sowie die höchste noch interessierende Ebene. Gleichermaßen wird mit den tieferen Ebenen verfahren.
3. Nun bestimmt man die gleichrangigen Ebenen.
4. Abschließend wird die Umgebung des Systems identifiziert.

Ist dies geschehen, untersucht man alle erfaßten Ebenen hinsichtlich ihrer Ansichten und Einstellungen zur Problemstellung. Auf diese Weise kann herausgefunden werden, ob bei der Lösung des Problems eher mit Unterstützung oder Widerstand zu rechnen ist.[16]

---

[16] vgl. Karbach, Rolf; Dorsch, Monique: Vernetztes Denken I, Berlin 2000, 21f

➡ Wer sind im vorliegenden Fall die entscheidenden Akteure bzw. Betroffenen? Welche Ziele haben diese sich gesetzt, welche Ansichten vertreten sie?

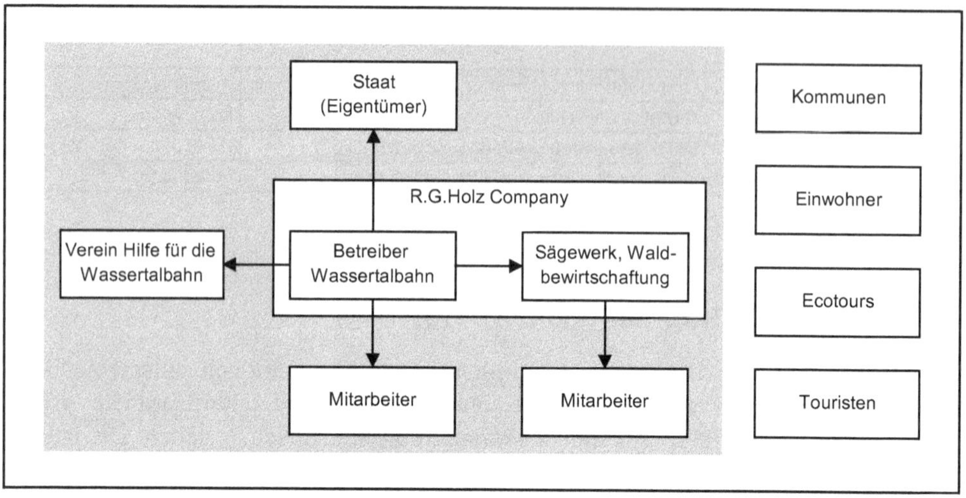

Abbildung 2-2 *Betrachtung des Umfeldes (Hauptakteure)*

Hauptakteure	Ziele und Ansichten
Betreiber	• siehe vorherige Aufgabe
Staat	• Wiederaufbau der Bahn nach Unwetter → Weiterbetrieb der Bahn • Sicherstellung des Holztransports, da hohe Einnahmen aus Forstwirtschaft • Finanzierung des Wiederaufbaus • Arbeitsplatzerhalt
Sägewerk, Waldbewirtschaftung	• Wiederaufbau der Bahn nach Unwetter → Weiterbetrieb der Bahn • Sicherstellung des Holztransports • Arbeitsplatzerhalt • Existenzsicherung
Mitarbeiter	• Wiederaufbau der Bahn nach Unwetter → Weiterbetrieb der Bahn • Arbeitsplatzerhalt
Verein Hilfe für die Wassertalbahn	• Wiederaufbau der Bahn nach Unwetter → Weiterbetrieb der Bahn • Akquisition von Hilfsgeldern • aktive Unterstützung vor Ort → Realisierung verschiedener Projekte
Kommunen	• Wiederaufbau der Bahn nach Unwetter → Weiterbetrieb der Bahn • Mobilitätssicherung für Bevölkerung, bessere Lebensbedingungen • Arbeitsplatzerhalt • Bevölkerung in der Region halten
Einwohner	• Wiederaufbau der Bahn nach Unwetter → Weiterbetrieb der Bahn • Mobilitätssicherung, bessere Lebensbedingungen • Arbeitsplatzerhalt
Ecotours	• Wiederaufbau der Bahn nach Unwetter → Weiterbetrieb der Bahn • Aufbau und Organisation eines sanften Tourismus in der Region
Touristen	• Besuch einer intakten Waldbahn • Inanspruchnahme weiterer touristischer Leistungen

Tabelle 2-2 *Hauptakteure, deren Ziele und Ansichten*

Welche Zusammenhänge bestehen?

Ein weiterer Fehler bei der Auseinandersetzung mit komplexen Problemsituationen besteht häufig darin, daß Zusammenhänge unterschätzt bzw. gar nicht erkannt werden. Doch gerade diese Zusammenhänge und Wirkungsbeziehungen, daraus resultierende Nebenwirkungen und auftretende Rückkopplungen sind bei der Analyse einer Problemsituation von großer Bedeutung. Sind diese Zusammenhänge nicht erkannt, wird auch die Erfassung noch so detaillierter Daten nicht zum Ziel führen.

Erst wenn die Zusammenhänge zwischen Systemelementen erfaßt sind, können Aussagen über Störanfälligkeit, Regelkreise, Abhängigkeit des Systems von der Umwelt usw. getroffen werden. Aus dem Zusammenspiel der Systemelemente kann abgeleitet werden, welche Teilbereiche für das System besonders wichtig sind und an welchen Stellen unbedachte Eingriffe u.U. verheerende Folgen haben könnten.

Um in eine komplexe Problemsituation zielgerichtet einzugreifen, ohne jedoch den Selbstregelungsmechanismus des Systems zu zerstören, benötigt man ein genaues Bild des Wirkungsgefüges bzw. Beeinflussungsmusters.

Das nachfolgende Instrument dient dazu, die Zusammenhänge zwischen Zielgrößen und Einflußfaktoren bzw. Systemelementen aufzuzeigen. Es soll untersuchen, inwieweit Faktoren und Elemente vernetzt sind, wie und wie schnell sie aufeinander wirken. Dabei geht es um die Beantwortung folgender Fragen:

1. **Was sind relevante Einflußfaktoren?** – Zunächst gilt es, die für das System relevanten internen und externen Faktoren und Einflußgrößen zu identifizieren.
2. **Welche Einflußfaktoren wirken aufeinander?** – Nun werden Zusammenhänge zwischen diesen Faktoren in einem Wirkungsgefüge erfaßt. Die jeweiligen Wirkungsbeziehungen können durch Pfeile deutlich gemacht werden.
3. **In welcher Richtung wirken die Einflußfaktoren?** – Anschließend wird untersucht, ob es sich bei den Wirkungsbeziehungen um gleichgerichtete oder entgegen gerichtete Wirkungen handelt. Von einer gleichgerichteten Beziehung spricht man dann, wenn bei einem gegebenen Zusammenhang zwischen den Faktoren A und B der Faktor B zunimmt, wenn auch A zunimmt. Im Wirkungsgefüge wird die Wirkungsrichtung durch ein „+“ (für eine gleichgerichtete Beziehung) bzw. ein „-“ (für eine entgegen gerichtete Beziehung) gekennzeichnet.
4. **Treten Wirkungen schnell oder mit zeitlicher Verzögerung ein?** – Abschließend können die Fristigkeiten der Wirkungen (kurz-, mittel- oder langfristig) im Wirkungsgefüge dargestellt werden. Dies kann z.B. durch unterschiedliche Pfeildicken oder verschiedene Farben erfolgen.[17]

[17] vgl. Strunz, Herbert; Dorsch, Monique: Internationalisierung der mittelständischen Wirtschaft, Frankfurt/M. 2001, 28

➡ Analysieren und beschreiben Sie die Zusammenhänge der für den erfolgreichen Betrieb der Wassertalbahn entscheidenden Faktoren!

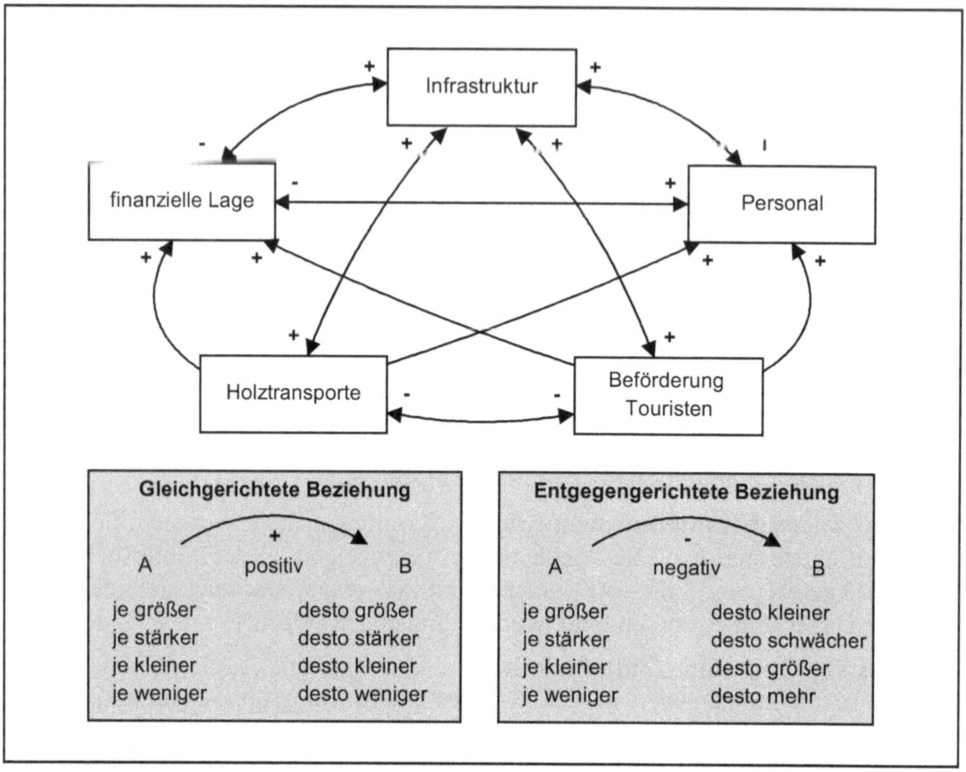

***Abbildung 2-3** Wirkungsgefüge*[18]

Zum besseren Verständnis des entwickelten Wirkungsgefüges oder Netzwerkes empfiehlt es sich, die einzelnen Wirkungsbeziehungen näher zu beschreiben. Dies kann z.B. wie in folgender Tabelle geschehen:

Wirkung von ...	auf ...	Beschreibung der Wirkungsbeziehungen
Infrastruktur	finanzielle Lage	je mehr und/oder wartungsaufwendigere Infrastruktur, um so schlechter die finanzielle Lage
	Personal	je mehr und/oder wartungsaufwendigere Infrastruktur, um so mehr Personal ist notwendig
	Holztransporte	je leistungsfähiger die Infrastruktur, um so mehr Holztransporte sind möglich
	Beförderung Touristen	je leistungsfähiger die Infrastruktur, um so mehr Touristen können befördert werden
finanzielle Lage	Infrastruktur	je besser die finanzielle Lage, um so mehr kann in den Erhalt bzw. Ausbau der Infrastruktur investiert werden
	Personal	je besser die finanzielle Lage, um so mehr Personal kann eingestellt bzw. um so besser kann das vorhandene Personal entlohnt werden

[18] Auf eine Angabe der Fristigkeiten wurde bei diesem Beispiel verzichtet.

Fortsetzung

Wirkung von ...	auf ...	Beschreibung der Wirkungsbeziehungen
Personal	Infrastruktur	je mehr Personal, um so besser kann die Infrastruktur unterhalten werden
	finanzielle Lage	je mehr Personal, um so schlechter die finanzielle Lage
Holztransporte	Infrastruktur	je mehr Holztransporte durchgeführt werden, um so mehr wird die Infrastruktur beansprucht bzw. um so besser muß die Infrastruktur ausgebaut sein
	finanzielle Lage	je mehr Holztransporte durchgeführt werden, um so besser die finanzielle Lage
	Personal	je mehr Holztransporte durchgeführt werden, um so mehr Personal wird benötigt
	Beförderung Touristen	je mehr Holztransporte durchgeführt werden, um so weniger Touristen können befördert werden
Beförderung Touristen	Infrastruktur	je mehr Touristen befördert werden sollen, um so besser muß die Infrastruktur ausgebaut sein
	finanzielle Lage	je mehr Touristen befördert werden, um so besser die finanzielle Lage
	Personal	je mehr Touristen befördert werden, um so mehr Personal wird benötigt
	Holztransporte	je mehr Touristen befördert werden, um so weniger Holztransporte können durchgeführt werden

Tabelle 2-3 *Beschreibung der Wirkungsbeziehungen*

Wie stark wirken Einflußfaktoren?

Üblicherweise sind nicht alle Wirkungen zwischen den einzelnen Faktoren gleich stark. Über die einfache Erfassung der Wirkungszusammenhänge hinaus sollten diese deshalb auch hinsichtlich ihrer Stärke bewertet werden. Dazu kann in wenigen Schritten eine sogenannte Wirkungsmatrix[19] erstellt werden:

1. Alle im Wirkungsgefüge erfaßten Faktoren werden zunächst in die Kopfspalten und -zeilen der Matrix eingetragen.
2. Anschließend schätzt man die Stärke der direkten Wirkung zwischen je zwei Faktoren anhand einer zuvor festgelegten Skala (z.B. von „0“ für keine oder eine äußerst geringe Wirkung bis „3“ für eine starke Wirkung) ein. Der jeweilige Wert wird in das entsprechende Feld der Matrix eingetragen.
3. Sind alle Wirkungen bewertet, werden die Werte zeilen- bzw. spaltenweise addiert. Hohe Zeilensummen zeigen dabei an, daß der betreffende Einflußfaktor andere Faktoren (sehr) stark beeinflußt. Faktoren, die hohe Spaltensummen aufweisen, werden von anderen Faktoren (sehr) stark beeinflußt.[20]

---

[19] vgl. den von Vester entwickelten „Papiercomputer“ (Vester, Frederic: Die Kunst vernetzt zu denken: Ideen und Werkzeuge für einen neuen Umgang mit Komplexität, Stuttgart 1999, 165); während Vester den „Papiercomputer“ unabhängig vom Wirkungsgefüge einsetzt, soll die Wirkungsmatrix hier zur detaillierteren Betrachtung der zuvor festgehaltenen Vernetzungen dienen.

[20] vgl. Karbach, Rolf; Dorsch, Monique: Instrumente zum Management komplexer Problemsituationen, Hamburg 1999, 16f

➡ Wie sieht eine aus dem Wirkungsgefüge abgeleitete Wirkungsmatrix aus?

Wirkung von \ auf	Infrastruktur	finanzielle Lage	Personal	Holztransporte	Beförderung Touristen	Zeilensumme
Infrastruktur	x	3	3	3	3	**12**
finanzielle Lage	3	x	2	0	0	**5**
Personal	2	2	x	0	0	**4**
Holztransporte	3	3	3	x	1	**10**
Beförderung Touristen	1	2	2	1	x	**6**
Spaltensumme	**9**	**10**	**10**	**4**	**4**	**x**
0 = kein oder sehr geringer Einfluß			2 = mittelstarker Einfluß			
1 = geringer Einfluß			3 = starker Einfluß			

Abbildung 2-4 *Wirkungsmatrix*

Die größten Einflüsse gehen von der Infrastruktur aus. Sie steht mit allen anderen hier erfaßten Faktoren in wechselseitigem Zusammenhang. Ebenfalls stark beeinflussend wirken die Holztransporte, die ja derzeit den Hauptzweck der Bahn darstellen. Gleichzeitig unterliegen die finanzielle Lage und das Personal starken Beeinflussungen. Diese beiden Faktoren nehmen von allen anderen Faktoren Wirkungen auf.

Welche Kategorien von Einflußfaktoren gibt es?

Die in der Wirkungsmatrix ermittelten Ergebnisse lassen sich nun in ein sogenanntes „Intensitätsportfolio“[21] übertragen. Mithilfe dieses Portfolios können die Einflußfaktoren in vier verschiedene Kategorien – kritische, aktive, reaktive und träge Faktoren – klassifiziert werden. Konkret geht man dabei wie folgt vor:

1. Zunächst wird das Portfolio selbst erstellt. Die Maximalwerte der Achsen (Einflußnahme = Abszisse, Beeinflußbarkeit = Ordinate) leiten sich aus der Anzahl der Einflußfaktoren ab.[22]
2. Nun werden die Faktoren in das Portfolio eingetragen. Die Koordinaten der Faktoren ergeben sich aus den jeweiligen Zeilensummen (Abszissenwerte) und Spaltensummen (Ordinatenwerte) in der Wirkungsmatrix.
3. Anschließend teilt man das entstehende Portfolio in die vier Felder „kritisch“, „aktiv“, „reaktiv“ und „träge“ ein und interpretiert das Ergebnis.

Ausgehend von dieser Zuordnung lassen sich Handlungsempfehlungen ableiten bzw. Aussagen über deren Auswirkungen treffen:

- **Kritische Faktoren** wirken stark auf andere Faktoren und werden selbst auch stark von anderen Faktoren beeinflußt. Sie sind daher als eine Art „Initialzün-

[21] Das Intensitätsportfolio wurde von Vester und von Hesler entwickelt (vgl. Vester, Frederic; von Hesler, Alexander: Sensivitätsmodell, Frankfurt/M. 1980).

[22] Anzahl der Einflußfaktoren = x; Maximalwert = (x – 1) * 3

dung“ geeignet. Steuerungseingriffe sollten hierbei jedoch äußerst vorsichtig vorgenommen werden, da durch unkontrolliertes Aufschaukeln auch das gesamte System aus dem Gleichgewicht geraten kann.

- Auch **aktive Faktoren** wirken stark auf andere Faktoren, werden allerdings selbst weniger von anderen Faktoren beeinflußt. Steuerungseingriffe sind hier gut möglich, sollten dennoch mit Bedacht erfolgen, da dies (mitunter unvorhergesehene) Auswirkungen auf das System zur Folge haben kann.
- **Reaktive Faktoren** beeinflussen andere Faktoren nur schwach, werden aber selbst stark von anderen Faktoren beeinflußt. Steuerungseingriffe bei diesen Faktoren haben im allgemeinen keine nennenswerten Auswirkungen auf das System. Diese Faktoren eignen sich jedoch gut, um Auswirkungen von Steuerungseingriffen bei anderen Faktoren abzuschätzen.
- **Träge Faktoren** beeinflussen andere Faktoren nur schwach und unterliegen auch geringen Einflüssen. Eingriffe bei solchen Faktoren beinhalten ein recht geringes Risiko, bewirken aber dementsprechend wenig.

Faktoren, die sich im mittleren Bereich des Portfolios ansiedeln, eignen sich eher schlecht zur gezielten Steuerung des Systems. Gleichzeitig spielen sie aber für die Selbstregulation eine wichtige Rolle.[23]

➧ Wie stellen sich die untersuchten Faktoren in einem Intensitätsportfolio dar?

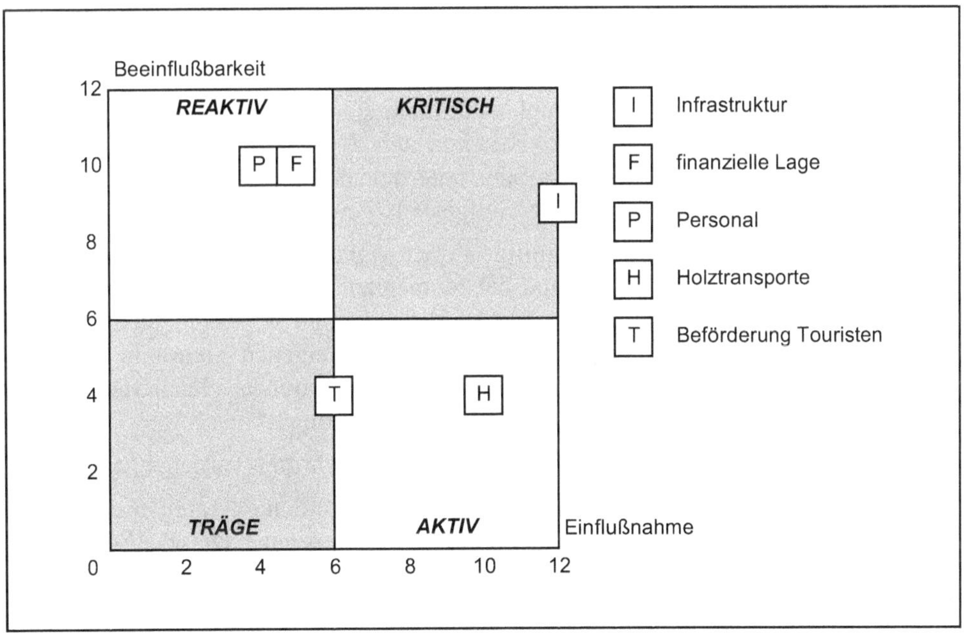

***Abbildung 2-5** Intensitätsportfolio*

[23] vgl. Vester, Frederic: Die Kunst vernetzt zu denken: Ideen und Werkzeuge für einen neuen Umgang mit Komplexität, Stuttgart 1999, 205

Kritische Faktoren	• **Infrastruktur**: Eine intakte Infrastruktur ist Voraussetzung für die durchzuführenden Transporte. Ohne entsprechende Infrastruktur kann der Unternehmenszweck nicht erfüllt werden. Auch touristische Aktivitäten lassen sich nur mithilfe einer gut ausgebauten Infrastruktur realisieren.
Aktive Faktoren	• **Holztransporte**: Holztransporte stellen den eigentlichen Unternehmenszweck dar und stehen praktisch für den Begriff der „Waldbahn". Bleiben derartige Transporte aus, wird aus der Waldbahn bestenfalls eine Museumsbahn, sofern sie überhaupt weiter betrieben wird.
Reaktive Faktoren	• **finanzielle Lage**: Aus den Holztransporten (bzw. eingeschränkt auch aus den touristischen Aktivitäten) resultierende Einnahmen und für den Betrieb der Bahn notwendige Ausgaben (Rollmaterial, Trasse, Personal) bestimmen die finanzielle Lage. • **Personal**: Anzahl und Qualifikation des Personals richtet sich nach Art und Umfang der Unternehmensaktivitäten (Holztransporte vs. Tourismus).
Träge Faktoren	• **Beförderte Touristen**: Dieses „Geschäftsfeld" läuft zwar bereits, ist allerdings noch als „in der Entwicklung" einzustufen. Positive Veränderungen können nicht in kurzer Zeit erwartet werden.

***Tabelle 2-4** Erläuterung der Faktoren*

Welche Entwicklungen sind möglich?

Die Planung und Umsetzung von Problemlösungsmaßnahmen erfordert einen enormen Zeitaufwand. Soll ein Problemlösungsprozeß erfolgreich verlaufen, müssen die in der Gegenwart entwickelten Lösungsmaßnahmen auch in Zukunft noch angemessen und wirksam sein. Dazu ist es also erforderlich, Entwicklungen zu antizipieren, künftige Veränderungsmöglichkeiten einer gegenwärtigen Problemsituation zu erfassen und zu interpretieren.

Zukünftige Entwicklungen von komplexen Situationen lassen sich nicht genau vorhersagen. Dies liegt daran, daß ihre Faktoren und Wirkungen ständigen Veränderungen und wechselnden Einflußstärken unterliegen. Es können daher lediglich Szenarien für mögliche Entwicklungen aufgestellt werden.

Mit Hilfe von Szenarien können künftige Entwicklungsmöglichkeiten einer gegenwärtig gegebenen Situation – anhand der momentan verfügbaren Informationen – antizipiert werden. Dadurch soll es dem Betrachter möglich werden, sich auf Veränderungen vorzubereiten und die davon betroffenen eigenen Ziele und Maßnahmen entsprechend anzupassen. Derartige Szenarien können gleichermaßen für kurz-, mittel- oder langfristige Zeiträume entwickelt werden.[24]

Bei der Erstellung eines Szenarios wird in folgenden Schritten vorgegangen:

1. Ausgehend vom zuvor erstellten Wirkungsgefüge werden Faktoren ermittelt, die man selbst nur bedingt bzw. nicht steuern kann. Diese (Schlüssel-)Faktoren werden in Gruppen (Umfeldsegmenten) zusammengefaßt.
2. Einen wesentlichen Schritt stellt das Aufzeigen von Entwicklungsmöglichkeiten der (Schlüssel-)Faktoren dar. Dabei ist es günstig, ein optimistisches, pessimi-

[24] vgl. Strunz, Herbert; Dorsch, Monique: Internationalisierung der mittelständischen Wirtschaft, Frankfurt/M. 2001, 63

stisches und wahrscheinliches Szenario zu erstellen. So wird eine gewisse Bandbreite abgesteckt, innerhalb derer sich die betrachteten Faktoren entwickeln könnten.

3. Die Trendaussagen sollten aussagekräftig und knapp gehalten werden. Zudem werden sie bezüglich ihrer Wirkung auf die Zielgröße bewertet, beispielsweise anhand einer Skala von „++“ (für sehr günstige Wirkung) bis „--“ (für sehr ungünstige Wirkung) erfolgen.
4. Schließlich sollte untersucht werden, inwieweit die sich im Szenario abzeichnende Entwicklung die Durchführung des Projektes bzw. Vorhabens unterstützen oder gefährden kann.[25]

Da die Aufstellung von Szenarien üblicherweise von Unsicherheiten gekennzeichnet ist, sollte man sich bei der Erarbeitung von Problemlösungsmaßnahmen nicht nur auf ein Szenario verlassen, sondern verschiedene Varianten erstellen.

➧ Wie könnte sich das Umfeld, in dem die Wassertalbahn betrieben wird, mittel- bis langfristig entwickeln?

Umfeldsegmente	Schlüsselfaktoren	Entwicklung – Trendaussagen	Wirkung auf Wassertalbahn
Holzwirtschaft	Holznachfrage	O) steigt P) sinkt W) bleibt	+ - +/-
	Holztransport-aufkommen	O) steigt P) sinkt W) bleibt	+ - +/-
	Arbeitskräfte-verfügbarkeit	O) steigt P) sinkt W) bleibt	+ - +/-
Regionale Verkehrs-infrastruktur	Instandhaltung Straßen	O) findet statt P) findet kaum statt W) findet statt	+ - +
	Neubau Straßen	O) findet nicht statt P) findet statt W) findet nicht statt	+ - +
Bevölkerung	Mobilitätsbedürfnisse	O) steigen P) sinken W) steigen	+ - +
	Lebensbedingungen	O) steigen P) sinken W) steigen langsam	++ - +
	Abwanderungsraten	O) sinken P) steigen W) bleiben	+ - +/-

[25] vgl. Karbach, Rolf; Dorsch, Monique: Vernetztes Denken II, Berlin 2000, 7f

Fortsetzung

Umfeldsegmente	Schlüsselfaktoren	Entwicklung – Trendaussagen	Wirkung auf Wassertalbahn
Tourismus	touristisches Interesse an der Wassertalbahn	O) nimmt zu P) nimmt ab W) nimmt zu	+ - +
	Nachfrage nach weiteren touristischen Dienstleistungen	O) nimmt zu P) nimmt ab W) nimmt zu	+ - +
O) Entwicklung bei optimistischer Betrachtung P) Entwicklung bei pessimistischer Betrachtung W) Wahrscheinliche Entwicklung		++ (sehr günstige Wirkung) bis -- (sehr ungünstige Wirkung)	

Tabelle 2-5 *Mögliche Entwicklungen*

Welche Steuerungsmöglichkeiten gibt es?

Mithilfe der bisherigen Instrumente wurde die Problemsituation bzw. das betrachtete System hinsichtlich des Eigenverhaltens untersucht. Nun ist es von Interesse, welche Möglichkeiten des eigenen Eingreifens sich bieten. Was allerdings steuerbar ist, hängt davon ab, wer in einer vorliegenden Problemsituation der eigentliche Problemlöser ist und welche Kompetenzen bzw. Machtbefugnisse er besitzt. Zunächst gilt es also, die Entscheidungsebene bzw. Lenkungsebene zu bestimmen, da diese die Steuerungsmöglichkeiten entscheidend beeinflussen.

Zudem ist es von Relevanz, ob die möglichen Steuerungseingriffe auch langfristig erfolgreich sind. Deshalb sollten geeignete Indikatoren identifiziert werden, anhand derer sich die Wirksamkeit der Steuerungsmaßnahmen beurteilen läßt.

Die zuvor im Szenario identifizierten Schlüsselfaktoren werden in dem folgenden Schritt hinsichtlich ihrer Steuerbarkeit durch den Problemlöser untersucht. Dabei werden vier Kategorien von Faktoren unterschieden:

- **Steuerbare Faktoren** sind Umfeldfaktoren, die der Betrachter generell beeinflussen kann.
- Aus der Gruppe der steuerbaren Faktoren werden die sogenannten **wirksam steuerbaren Faktoren** ermittelt. Dabei handelt es sich um Umfeldfaktoren, die man mit einem vertretbaren Aufwand wirksam beeinflussen kann. Es sollte ebenfalls untersucht werden, welche der betrachteten Faktoren auf einen Steuerungseingriff rasch und welche mit Verzögerung reagieren. Dadurch kann man vermeiden, daß bei nicht sofortigem Eintreten der erwarteten Wirkung ungeachtet der zeitlichen Verzögerung weitere Steuerungsmaßnahmen folgen und diese dann in Verbindung mit den anfänglichen Eingriffen zu einer Übersteuerung des Systems führen.
- Umfeldfaktoren, die sich durch den Problemlöser nicht oder nur unwesentlich beeinflussen lassen, stellen **nicht steuerbare Faktoren** dar. Oft kann auf solche Faktoren nur indirekt (d.h. über andere Faktoren) eingewirkt werden.

- **Frühwarnindikatoren** sind jene Faktoren, die geeignet sind, frühzeitig Veränderungen im Umfeld anzuzeigen.[26]

➧ Inwieweit können die im Szenario erfaßten Schlüsselfaktoren aus Sicht der Wassertalbahn gesteuert werden?

	Faktoren	Begründung
Steuerbare Faktoren	• Holznachfrage • Holztransportaufkommen	• Die R.G.Holz Company betreibt sowohl die Wassertalbahn als auch ein Sägewerk und Waldbewirtschaftung. • Die Nachfrage kann über die Angebotsgestaltung beeinflußt werden.
	• Instandhaltung Straßen • Neubau Straßen	• Diese Faktoren sind über Lobbyarbeit z.T. beeinflußbar.
	• touristisches Interesse an der Wassertalbahn • Nachfrage nach weiteren touristischen Dienstleistungen	• Über Werbemaßnahmen können die Betreiber auf die Bahn aufmerksam machen, deren Besonderheiten darstellen und damit das Interesse wecken. • Ebenso können auf diese Weise weitere Leistungen bekanntgemacht werden.
Wirksam steuerbare Faktoren	• touristisches Interesse an der Wassertalbahn • Nachfrage nach weiteren touristischen Dienstleistungen	• s.o.
Nicht steuerbare Faktoren	• Arbeitskräfteverfügbarkeit • Mobilitätsbedürfnisse • Lebensbedingungen • Abwanderungsraten	• Diese Faktoren sind als gegeben hinzunehmen.
Frühwarnindikatoren	• Arbeitskräfteverfügbarkeit • Mobilitätsbedürfnisse • Lebensbedingungen • Abwanderungsraten	• Diese Faktoren entwickeln sich im Zeitverlauf, Veränderungen sind beobachtbar.

Tabelle 2-6 *Steuerbarkeit der Faktoren*

[26] vgl. Karbach, Rolf; Dorsch, Monique: Vernetztes Denken II, Berlin 2000, 10ff

Welche Umfeldeinflüsse sind relevant?

Im Rahmen dieses Instruments werden die Einflüsse der Umfeldfaktoren auf die strategischen Aktionsfelder im Rahmen der Problemsituation untersucht. Strategische Aktionsfelder sind diejenigen Bereiche, die der Betrachter innerhalb seines Systems aktiv beeinflussen und damit auf die Erfüllung seiner Ziele hinarbeiten kann.

Um die Einflußintensität der Umfeldfaktoren zu analysieren, kann auf eine sogenannte Umfeldeinflußmatrix zurückgegriffen werden.[27]

Zur konkreten Bewertung wird wie folgt vorgegangen:

1. In der linken Spalte der Matrix werden die einzelnen strategischen Aktionsfelder, in den Kopfspalten die relevanten Umfeldfaktoren eingetragen.
2. Nun wird die Wirkungsstärke der Umfeldfaktoren auf die Aktionsfelder anhand einer Skala von 0 (kein bzw. sehr geringer Einfluß) bis 3 (sehr starker Einfluß) bewertet.
3. Anschließend addiert man die Ergebnisse zeilen- und spaltenweise. Eine hohe Zeilensumme gibt dabei an, welche der Aktionsfelder den stärksten Einflüssen von außen unterlegen sind. Eine hohe Spaltensumme zeigt, welche Umfeldfaktoren am stärksten auf die Aktionsfelder wirken.[28]

Wie bei allen anderen Instrumenten gilt natürlich auch hier, daß die Ergebnisse der Analyse interpretiert werden sollten. Zunächst geht es darum, Konsequenzen für die strategischen Aktionsfelder abzuleiten. Nachdem in der Umfeldeinflußmatrix die Wirkungsstärken bewertet wurden, sollte nun überlegt werden, um welche Art von Einflüssen es sich im einzelnen handelt.

Schließlich gilt es, Maßnahmen ausarbeiten, um auf die strategischen Aktionsfelder wirkende positive Einflüsse effizient nutzen bzw. negative Einflüsse entsprechend abfedern zu können. Beispielsweise könnten durch positive Einflüsse bereits implementierte Maßnahmen im Rahmen der strategischen Aktionsfelder gefördert und beschleunigt werden. Andererseits ist es natürlich auch möglich, daß externe Einflüsse den Verlauf eines Vorhabens negativ beeinflussen. Gerade dieser Aspekt ist erfahrungsgemäß nicht zu unterschätzen.

---

[27] Diese Matrix leitet sich aus dem von Vester entwickelten „Papiercomputer" ab (vgl. Vester, Frederic: Die Kunst vernetzt zu denken: Ideen und Werkzeuge für einen neuen Umgang mit Komplexität, Stuttgart 1999, 165).

[28] vgl. Karbach, Rolf; Dorsch, Monique: Instrumente zum Management komplexer Problemsituationen, Hamburg 1999, 17f

➡ Welche Einflüsse haben die betrachteten Faktoren aus dem Umfeld auf die strategischen Aktionsfelder der Wassertalbahn?

Im vorliegenden Beispiel wurden als strategische Aktionsfelder die Infrastruktur, das Personal, die finanzielle Lage, die Holz- und Personentransporte sowie das touristische Angebot identifiziert. Als relevante Umfeldfaktoren wurden die im Szenario betrachteten Schlüsselfaktoren herangezogen.

	Umfeldfaktoren										
Strategische Aktionsfelder	Holznachfrage	Holztransportaufkommen	Arbeitskräfteverfügbarkeit	Instandhaltung Straßen	Neubau Straßen	Mobilitätsbedürfnisse	Lebensbedingungen	Abwanderungsraten	touristisches Interesse an der Wassertalbahn	Nachfrage nach weiteren touristischen Dienstleistungen	**Summe**
Infrastruktur	0	3	0	2	3	1	0	0	1	1	**11**
Personal	0	3	3	0	0	0	0	3	0	1	**10**
finanzielle Lage	0	3	0	0	0	0	0	0	0	2	**5**
Holztransporte	0	3	0	0	3	1	0	0	0	0	**7**
Personentransporte	0	1	0	2	2	3	1	2	2	1	**14**
touristisches Angebot	0	0	0	0	0	0	0	0	3	3	**6**
Summe	**0**	**13**	**3**	**4**	**8**	**5**	**1**	**5**	**6**	**8**	**x**

0 = kein oder sehr geringer Einfluß; 2 = mittelstarker Einfluß
1 = geringer Einfluß; 3 = starker Einfluß

Tabelle 2-7 *Umfeldeinflußmatrix*

Aus der Matrix geht hervor, daß bei den hier untersuchten Einflußfaktoren aus dem Umfeld der Bahn die Personentransporte den stärksten Einflüssen unterliegen. Starke Wirkungen sind ebenfalls bei der Infrastruktur sowie beim Personal zu verzeichnen. Diesen strategischen Aktionsfeldern sollte deshalb besonders große Aufmerksamkeit zuteil werden.

Aus der Gruppe der Umfeldfaktoren stellt sich insbesondere das Holztransportaufkommen als stark beeinflussend dar, da bei der Waldbahn der Holztransport dominiert. Eine recht hohe Beeinflussung der strategischen Geschäftsfelder ergibt sich auch aus der Nachfrage nach touristischen Dienstleistungen, was – wie beschrieben – langfristig zum zweiten Standbein der Bahn werden soll. Hohe Werte zeigen sich auch im Falle eines Straßenneubaus im Tal, wodurch die Existenz der Bahn als Waldbahn in Frage gestellt wird.

Wie können Ideen systematisiert werden?

Hierzu bietet sich die Technik des Mindmapping an, das an verschiedenen Stellen des Analyseprozesses zum Einsatz kommen kann. Es eignet sich z.B. besonders gut zur Analyse und Strukturierung komplexer Problemsituationen, zur Planung oder zur Strategiesuche.

Die Technik des Mindmapping geht auf Tony Buzan[29] zurück. Es handelt sich dabei um ein Instrument zur Erleichterung der Brainstorming-Technik, wobei das zu bearbeitende Problem bildlich dargestellt wird. Identifizierte Faktoren oder gefundene Ideen werden in Form von „Ästen“ (bzw. auch „Kästen“) systematisiert bzw. thematisch angeordnet. Hierbei können wichtige Aspekte besonders herausgestellt oder auch Zusammenhänge verdeutlicht werden. Durch seine offene Struktur kann ein Mindmap nach allen Seiten wachsen und jederzeit ergänzt werden. Nachteilig ist die starke Vereinfachung komplizierter Sachverhalte: So leicht, wie es sich in einem Mindmap darstellt, lassen sich komplexe Situationen nicht überschauen.

Wie wird zur Erstellung eines Mindmaps vorgegangen?

1. Den Ausgangspunkt bildet das zu lösende Problem, das in der Mitte eines möglichst großen Blattes notiert wird.
2. Ausgehend davon werden die einzelnen Ideen bzw. Aspekte in Form von „Ästen“ (oder auch „Kästen“) festgehalten. Neue Aspekte und Ideen, die mit bereits notierten zusammenhängen, werden an den jeweiligen Ästen ergänzt. Auf diese Weise kann das Mindmap nach allen Seiten wachsen.
3. Zusammenhänge zwischen den einzelnen Ästen können durch Verbindungslinien oder Pfeile deutlich gemacht werden.
4. Ebenso können zur Unterscheidung bzw. Hervorhebung von Ideen bzw. Aspekten unterschiedliche Farben, Unterstreichungen, Umrandungen usw. verwendet werden

Wird ein Mindmap im Team erstellt, können sich die Beteiligten gegenseitig inspirieren. Anschließend sollten die Aufzeichnungen auf ihre Sinnhaftigkeit und Brauchbarkeit untersucht werden.[30]

---

[29] siehe dazu auch Buzan, Tony; Buzan, Barry: Das Mind-Map-Buch, Heidelberg 2005; Buzan, Tony; North, Vanda: Business Mind Mapping – visuell organisieren, übersichtlich strukturieren, Arbeitstechniken optimieren, Frankfurt/M./Wien 2002; Müller, Horst: Mind Mapping, Planegg 2008

[30] vgl. Karbach, Rolf; Dorsch, Monique: Kreativitätstechniken, Hamburg 2000, 24ff

➡ Warum sollte die Wassertalbahn trotz der enormen Hochwasserschäden vom Juli 2008 unbedingt erhalten bleiben?

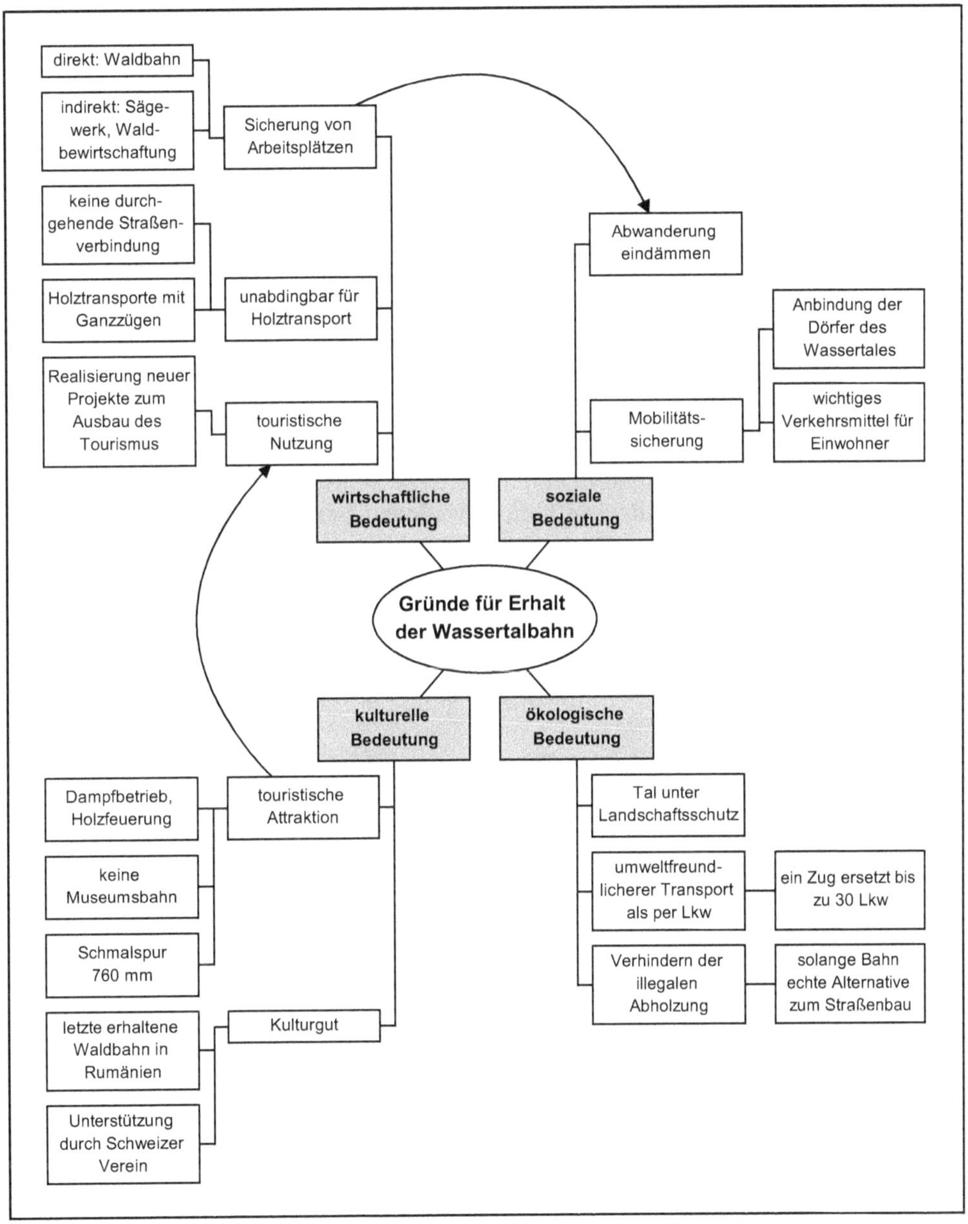

***Abbildung 2-6** Mindmap: Gründe für den Erhalt der Wassertalbahn*

Wie geht es weiter?

Die bisherige Analyse bildet den Grundstock für die weitere Arbeit. Nachdem eine komplexe Problemsituation aus verschiedenen Blickrichtungen untersucht wurde, sollen nun verschiedene Handlungsalternativen aufgezeigt und letztendlich Handlungsempfehlungen erarbeitet werden. Dabei stehen folgende Problemkreise im Vordergrund:

- Komplexe Problemsituationen lassen im allgemeinen viele verschiedene Handlungsmöglichkeiten zu. Um ein Problem zu lösen, sind oft verschiedene Maßnahmen erforderlich. Hierbei ist es von besonderer Bedeutung, daß diese Maßnahmen sowohl inhaltlich als auch zeitlich aufeinander abgestimmt sind.
- Wurden verschiedene Handlungsmöglichkeiten oder Strategien entwickelt, muß die beste bzw. effektivste Strategie ausgewählt werden. Dazu werden die einzelnen Möglichkeiten bewertet und hinsichtlich ihrer Wirksamkeit in der Problemsituation analysiert.
- Insgesamt gilt es also, grundsätzlich mögliche Handlungsalternativen und Strategien zu identifizieren und in einem weiteren Schritt inhaltlich und zeitlich zueinander passende, möglichst effektive Maßnahmen abzuleiten.[31]

Komplexe Problemsituationen lassen sich durch ein einmaliges steuerndes Eingreifen nicht dauerhaft lösen. Da sie sich ständig weiterentwickeln, ist zum einen eine weitere Beobachtung, zum anderen eine Anpassung der eingeleiteten Maßnahmen notwendig. Um (mögliche) Veränderungen der Situation richtig einschätzen und die Maßnahmen entsprechend adaptieren zu können, bedarf es einer Vielzahl von Informationen.

Im Rahmen einer abschließenden Betrachtung der Problemanalyse sind folgende Fragen von Bedeutung:

- Wie kann sichergestellt werden, daß die Auswirkungen der Steuerungseingriffe und damit verbundene Veränderungen der Problemsituation in Zukunft wahrgenommen, erfaßt und entsprechend interpretiert werden?
- Wie kann zukünftig – unter Nutzung vorhandener Regelkreise – ein selbsttätiger Ablauf von Problemlösungsprozessen gefördert werden?
- Wie kann die Weiterentwicklung einer Problemlösung unterstützt bzw. die Lernfähigkeit des Systems entwickelt und forciert werden?

---

[31] vgl. Karbach, Rolf; Dorsch, Monique: Vernetztes Denken II, Berlin 2000, 16ff

Straßenverkehr

A

1 Innenstadt transitfrei! – Bau einer Umgehungsstraße

In Oelsnitz/Vogtland, einer Kleinstadt nahe der Grenze zur Tschechischen Republik, führte eine Bundesstraße direkt durch die Innenstadt, vorbei an Rathaus und Kirche, Wohn- und Geschäftshäusern. Die Anwohner fühlten sich insbesondere durch den Schwerlastverkehr stark belästigt. Nach Einführung der Autobahnmaut nahm das zuvor schon hohe Verkehrsaufkommen durch „Mautflüchtlinge“ stark zu.

Seit Jahren hat man bereits über die Notwendigkeit einer Ortsumgehung diskutiert. Inzwischen wurde die knapp 5 km lange Umgehungsstraße, die insgesamt zwischen 25 und 30 Mio. Euro kostet, fertiggestellt.

Der innerstädtische Verkehr nahm in der Folge stark ab. Die Fußgänger können nun nahezu ungehindert über den Marktplatz und angrenzende Straßen flanieren. Auch abseits des Zentrums sind die Wirkungen der neuen Umgehungsstraße nicht mehr übersehbar ...

Neue Stadtansicht durch Umgehungsstraße

Verkehrsberuhigte Innenstadt

Aufgabe 1

Welche Faktoren beeinflussen die Intensität des Transitverkehrs in einer Stadt? Untersuchen Sie diese Faktoren in bezug auf ihre Steuerbarkeit aus der Sicht der Kommune bzw. des Kreises!

Aufgabe 2

Welche Vor- und Nachteile sind mit dem Bau einer Umgehungsstraße verbunden? Erstellen Sie dazu ein Mindmap!

Aufgabe 3

Wie kann sich eine Innenstadt durch den Bau einer Umgehungsstraße entwickeln? Erstellen Sie dazu ein Szenario!

Lösungen

Aufgabe 1

Steuerbarkeit	Faktoren	Begründung
Steuerbare Faktoren	• fehlende Alternativen bei der Routenwahl	• Alternativen können geschaffen werden.
	• „Mautflucht“	• Von Kommune oder Kreis kann Ausweitung der Mautpflicht angeregt werden.
	• Verkehrseinschränkungen für Schwerlastverkehr	• Diese können eingeführt werden.
Nicht steuerbare Faktoren	• Lage an Hauptverkehrsachsen	• Diese Faktoren sind als gegeben hinzunehmen.
	• Nähe zu Industriezentren	
	• Nähe zu Grenzübergängen	
	• Vorgaben von Spediteuren	• Dies sind freie unternehmerische Entscheidungen.

Tabelle 1-1 *Steuerbarkeit der Faktoren*

Aufgabe 2

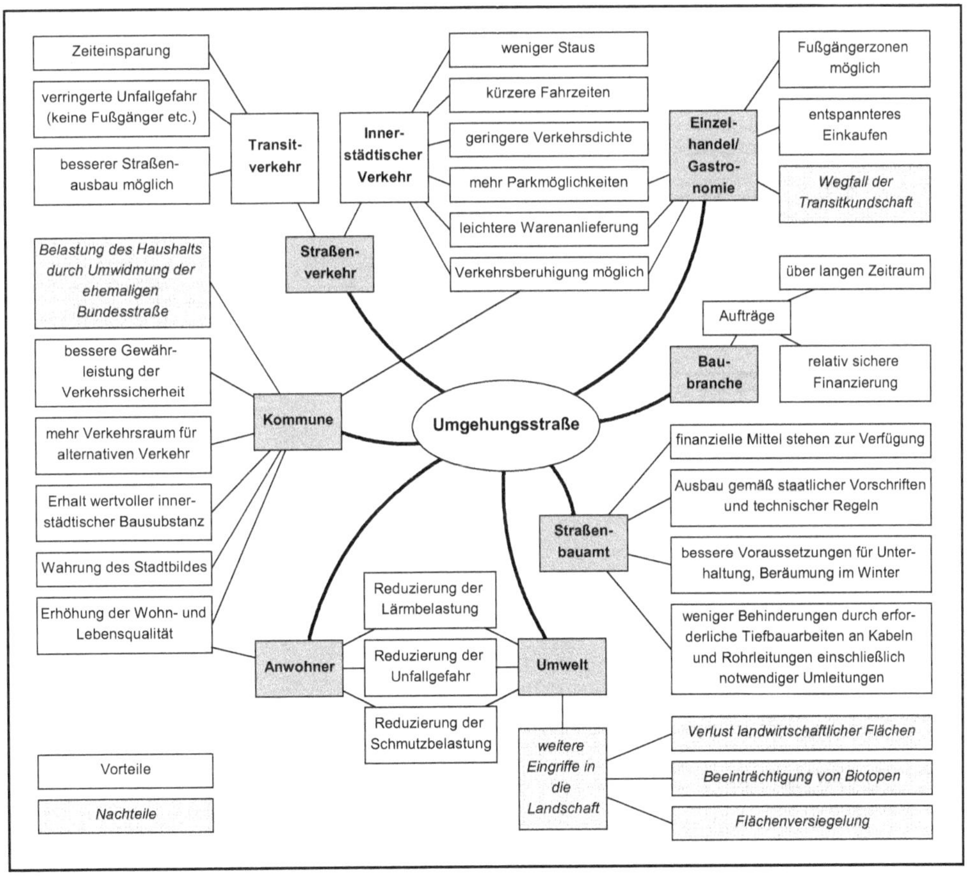

Abbildung 1-1 *Mindmap: Vor- und Nachteile einer Umgehungsstraße*

Aufgabe 3

Umfeldsegmente	Schlüsselfaktoren	Entwicklung – Trendaussagen	Wirkung auf Innenstadt
Einzelhandel/ Gastronomie	Kundenzahl Einheimische	O) steigt P) bleibt W) steigt	+ +/- +
	Kundenzahl Durchgangsverkehr	O) nimmt ab P) nimmt stark ab W) nimmt stark ab	- -- --
Anwohner	Wohnqualität	O) nimmt stark zu P) nimmt zu W) nimmt stark zu	++ + ++
	Lärmbelästigung durch Durchgangsverkehr	O) stark reduziert P) reduziert W) stark reduziert	++ + ++
	Schmutz durch Durchgangsverkehr	O) stark reduziert P) reduziert W) stark reduziert	++ + ++
	Unfallgefahr durch Durchgangsverkehr	O) stark reduziert P) reduziert W) stark reduziert	++ + ++
Umwelt	Lärmbelästigung durch Durchgangsverkehr	O) stark reduziert P) reduziert W) stark reduziert	++ + ++
	Schmutz durch Durchgangsverkehr	O) stark reduziert P) reduziert W) stark reduziert	++ + ++
	Unfallgefahr durch Durchgangsverkehr	O) stark reduziert P) reduziert W) stark reduziert	++ + ++
Kommune	Lebensqualität	O) steigt P) bleibt W) steigt	+ +/- +
	touristische Attraktivität	O) steigt P) bleibt W) steigt	+ +/- +
	Verkehrsraum für alternativen Verkehr	O) nimmt zu P) bleibt W) nimmt zu	+ +/- +

Tabelle 1-2 *Mögliche Entwicklungen*

2 Innenstadt transitfrei? – Transitverbot geplant

Die Bundesstraße B92 führt quer durch die Stadt Plauen. Nach Einführung der Lkw-Maut im Januar 2005 stieg der Lkw-Durchgangsverkehr sprunghaft an, was zu einer erhöhten Lärm- und Schadstoffbelastung führt: „*Vor allem Fahrer aus osteuropäischen Ländern nutzen die Bundesstraßen 92 und 282 als Abkürzung. Damit sparen sie die Gebühr für rund 80 Autobahnkilometer. Lenker von Lastern über zwölf Tonnen Masse müssen zwölf Cent Autobahngebühr pro Kilometer berappen. Macht bei 80 Kilometern 9,60 Euro eingespartes Geld. Somit holt ein Laster-Fahrer bei in Osteuropa üblichen Stundenlöhnen von zwei bis drei Euro etwa vier Stunden heraus.*“[1]

Unter der Lärm- und Schmutzbelastung haben sowohl Mieter als auch Vermieter an den betroffenen Straßen zu leiden: „*Häuserzeilen mit wertvollen Jugendstilgebäuden wurden auf diese Weise an der Strecke entwertet, weil dort kaum noch jemand wohnen will. Die Fassaden sind verdreckt, die Fenster blind.*“[2] Einer Analyse des Sächsischen Landesamtes für Umwelt und Geologie zufolge entstehen 60 % des Feinstaubs in der Luft der Stadt durch den Verkehr.[3]

Nachdem sich eine Stadtratsfraktion für die Thematisierung der Problematik eingesetzt hatte, beriet der Stadtrat im Juli 2007 über ein neues Verkehrskonzept. Dieses zielt auf ein Fahrverbot für Schwerlastfahrzeuge im Transitverkehr ab. Dazu sollen Sperrschilder für Lkw ab zwölf Tonnen angebracht werden, die die Ortsdurchfahrt verbieten.[4] Statt dessen sollten im Transit-Güterverkehr aus Tschechien in Richtung Mitteldeutschland die Europastraßen E48/E49 über den Grenzübergang Schirnding, die Autobahn A93 bis zum Autobahndreieck Hochfranken, die Autobahn A72 weiter bis zum Autobahndreieck Bayerisches Vogtland und schließlich die Autobahn A9 benutzt werden. Für die Gegenrichtung gilt dies entsprechend. An den zu entlastenden Strecken sollen Kontrollstellen eingerichtet werden.[5] In Umsetzung des Stadtratsbeschlusses von 2007 beantragte die damals noch kreisfreie Stadt in der Folge die Sperrung für den Lkw-Transitverkehr beim damaligen Regierungspräsidium Chemnitz. In diesen Antrag aufgenommen wurde darüber hinaus die Verlegung der E49 von der B92 auf die A72.[6]

Zunächst gab man sich im damaligen Regierungspräsidium, das für Genehmigungen von Lkw-Transitverboten verantwortlich war, skeptisch. Ohne Zweifel gilt es, eine Lösung zu finden, allerdings muß sich ein entsprechender Handlungsbedarf erst aus Verkehrszählungen ergeben.[7]

---

[1] Hergert, Lutz: Plauen will Brummi-Stopp, in: Freie Presse, 28.03.2008, 13

[2] Kirchner, Lutz: Anti-Brummi-Initiative gewinnt an Tempo, in: Freie Presse, 28.05.2008, 11

[3] vgl. Hergert, Lutz: Der Coup: Plauen für Transit-Laster tabu, in: Freie Presse, 18.07.2007, 18

[4] vgl. Prase, Eva: Plauen plant Fahrverbot für Schwerlaster, in: Freie Presse, 29.07.2007, 2

[5] vgl. Räch, Rainer: Wie Plauen die Mautpreller verprellen will, in: Freie Presse, 27.09.2007, 11; o.V.: Weiter warten auf Verbot für Brummis, in: Freie Presse, 18.12.2008, 15

[6] vgl. Hergert, Lutz: Plauen will Brummi-Stopp, in: Freie Presse, 28.03.2008, 13

[7] vgl. Räch, Rainer: Wie Plauen die Mautpreller verprellen will, in: Freie Presse, 27.09.2007, 11

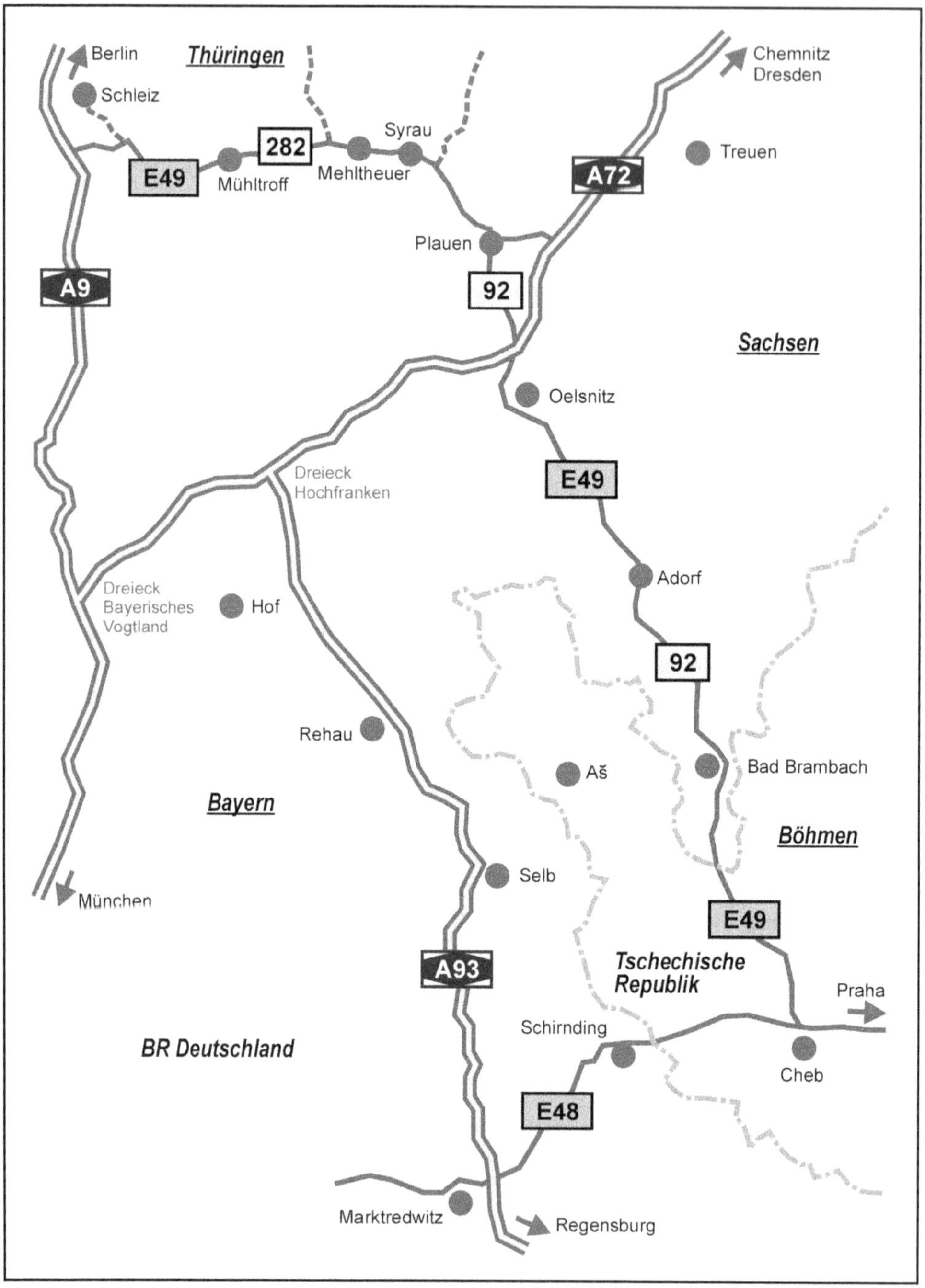

***Abbildung 2-1** Fernverkehrstrassen im Grenzraum von Bayern, Böhmen, Sachsen und Thüringen*

Für den Bau einer Umgehungsstraße sind die Chancen in Plauen relativ gering, da der Durchfahrtsverkehr bei lediglich rund 9 % liegt. Hinzu kämen die mit dem Bau verbundenen Einschnitte in die Natur.[8] Ähnliche Probleme hat man in Greifendorf und Arnsdorf, die an der B169, einer „Abkürzungsstrecke“ zwischen der A4 und der A14, liegen. Von den Orten beantragte verkehrsberuhigende Maßnahmen wurden allerdings abgelehnt. Dort hatten Messungen 555 Fahrzeuge pro Stunde ergeben – zu wenig, um eine Finanzierung für derartige Maßnahmen zu bekommen.[9]

Der Stadt wurde Anfang 2008 aus dem sächsischen Wirtschaftsministerium wenig Hoffnung gemacht: *„Die Straßenverkehrsordnung lässt zwar das Sperren von Städten und Gemeinden aus Gründen der Ordnung und Sicherheit sowie zum Schutz der Einwohner vor Verkehrslärm zu. Das wird aber zurückhaltend gehandhabt.“*[10]

Mitte 2008 schöpfte man jedoch erneut Hoffnung. Die Strecke zwischen Plauen und dem Autobahnanschluß Schleiz – gleichzeitig B282 und E49 – war als „überregionale Verbindung“ im neuen Entwicklungsplan für Sachsen gestrichen worden. Eine zusätzliche Herabstufung durch das Ministerium für Verkehr, Bau und Stadtentwicklung würde eine günstige Voraussetzung dafür schaffen, daß Sperrschilder für Transit-Lkw angebracht werden können. Zudem werde vom Ministerium schon seit 2006 die Verlegung der E49 auf Autobahnen geplant.[11]

Im Dezember 2008 war allerdings noch keine Entscheidung gefallen. Über ein Jahr bereits liegt der Antrag bei den übergeordneten Behörden, mittlerweile im Sächsischen Innenministerium.[12] Im Februar 2009 wurde bekannt, daß eine halbjährige Testphase geplant sei, innerhalb derer die Abkürzungsstrecke zwischen den Autobahnen A9 und A72 für Transit-Lkw über 12 Tonnen gesperrt werden soll.[13]

Aufgabe 1

Welche Entwicklungen liegen dem Transitproblem zugrunde?

Aufgabe 2

Stellen Sie den idealtypischen Ablauf eines politischen Prozesses am Beispiel von Plauens Kampf gegen die Mautflüchtlinge dar!

Aufgabe 3

Diskutieren Sie die Voraussetzungen für die Durchsetzbarkeit der Forderungen der Stadt Plauen!

[8] vgl. o.V.: Weiter warten auf Verbot für Brummis, in: Freie Presse, 18.12.2008, 15
[9] vgl. Prase, Eva: Plauen plant Fahrverbot für Schwerlaster, in: Freie Presse, 29.07.2007, 2
[10] Hergert, Lutz: Plauen will Brummi-Stopp, in: Freie Presse, 28.03.2008, 13
[11] vgl. Kirchner, Lutz: Anti-Brummi-Initiative gewinnt an Tempo, in: Freie Presse, 28.05.2008, 11
[12] vgl. o.V.: Weiter warten auf Verbot für Brummis, in: Freie Presse, 18.12.2008, 15
[13] vgl. Beyer, Tino: Plauen für Brummis tabu: Halbjähriger Test geplant, in: Freie Presse, 05.02.2009, 15

Lösungen

Aufgabe 1

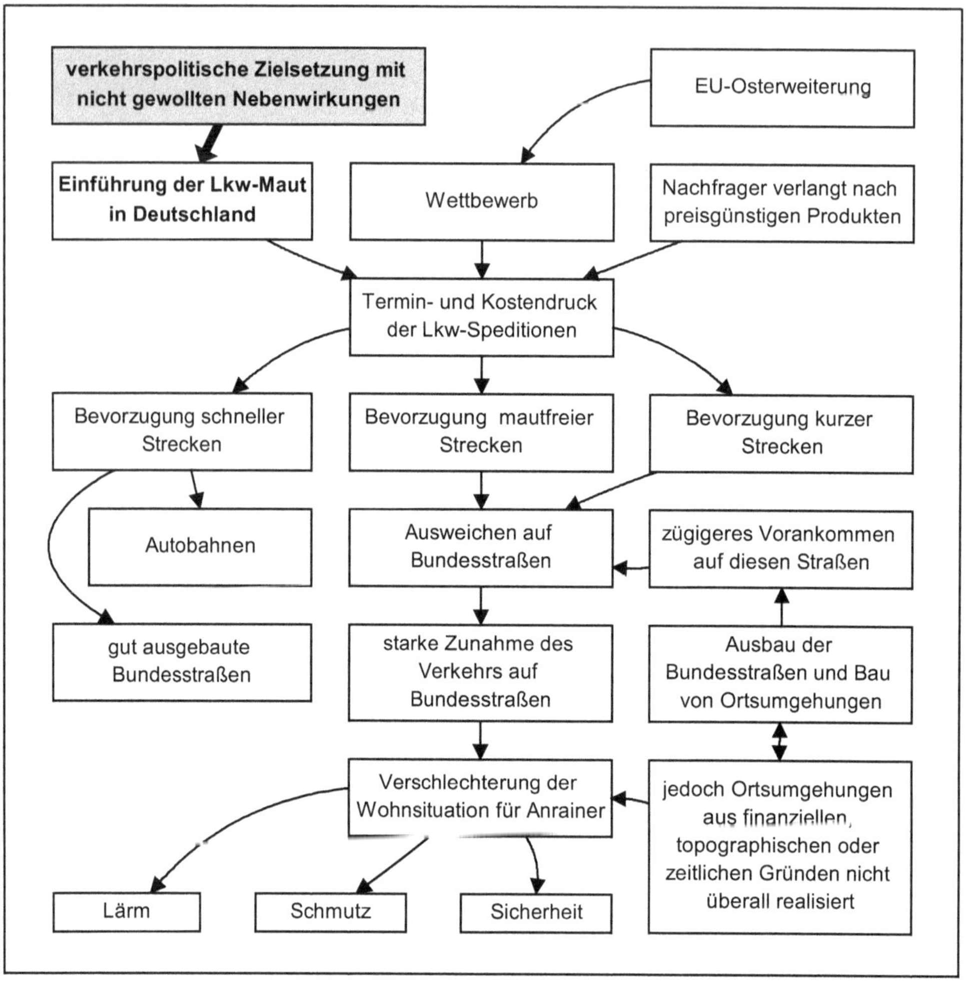

Abbildung 2-2 *Vorausgehende Entwicklungen*

Aufgabe 2

Phasen eines politischen Prozesses[14]	... am Beispiel des geplanten Transitverbots
Ausgangspunkt • bestimmtes verkehrspolitisches Problem • verkehrspolitische Interessengruppen oder einzelne Personen äußern ihre Wünsche bzw. richten ihre Forderungen an einen Politiker oder direkt an die Verwaltung und erwarten von diesen Lösung des Problems	• Transitverkehr durch Mautflüchtlinge • Anrainer fühlen sich durch starken Transitverkehr belästigt • zulässige Feinstaubbelastung in der Stadt an mehr als den zumutbaren Tagen überschritten • Stadtverwaltung Plauen bereits aktiv
Diskussion • in der Öffentlichkeit (teilweise informell, teilweise formell; jeder kann sich beteiligen)	• Bürger • Presse • Stadtrat → öffentliche Sitzungen
Entscheidung • durch die dafür von der Verfassung vorgesehenen politischen Institutionen	• Bundesland • hier: Landesdirektion (ehemals Regierungspräsidium) Chemnitz → kann Transitverbot genehmigen, ist aber skeptisch
Ausführung und Durchsetzung • der politischen Entscheidung durch die Verwaltung	• Beschilderung durch das Straßenbauamt Plauen • Organisation von Kontrollen, z.B. anhand von Frachtbriefen

Tabelle 2-1 *Phasen eines politischen Prozesses am Beispiel des geplanten Transitverbots*

Aufgabe 3

Voraussetzungen für Durchsetzbarkeit	Analyse der Voraussetzungen im Falle Plauens
ein berechtigtes Anliegen bzw. eine gute Idee	gegeben: Einführung der Maut zielte nicht auf Verkehrsverlagerung auf Bundesstraßen ab → unbeabsichtigte Nebenwirkung, gegen die nun von seiten der Stadt vorgegangen werden soll
Durchhaltevermögen	gegeben: Stadtverwaltung bereits längere Zeit um Durchsetzung der Interessen bemüht
der richtige Ansprechpartner	gegeben: über Stadtverwaltung wurde Problem an damaliges Regierungspräsidium (jetzt Landesdirektion) herangetragen
Öffentlichkeitswirksamkeit des Themas	gegeben: Thematik wurde und wird in Presse mehrfach diskutiert
technische Machbarkeit	gegeben: Anbringen entsprechender Beschilderung aus technischer Sicht unproblematisch; Durchführung von Kontrollen an geeigneten Stellen möglich, z.B. anhand von Frachtbriefen
rechtliche Zulässigkeit	gegeben: Verbot kann rein rechtlich genehmigt werden; zumutbare Streckenführung über Autobahnen (A 72, A 93, bzw. A 9) ist vorhanden
finanzielle Machbarkeit	gegeben: Beschilderung und Durchführung von Kontrollen wenig kapitalintensiv; aufwendige Infrastrukturbauten sind nicht nötig
politischer Wille der entscheidenden Instanz	fraglich: entscheidungsbefugtes Gremium zeigt sich skeptisch

Tabelle 2-2 *Analyse der Voraussetzungen für die Durchsetzbarkeit der Forderungen*

[14] vgl. Grandjot, Hans-Helmut: Verkehrspolitik – Grundlagen, Funktionen und Perspektiven für Wissenschaft und Praxis, Hamburg 2002, 45ff

3 Kostendruck – Spediteure flaggen aus

Nicht nur im Bereich der Schiffahrt, auch im Speditionsgewerbe wird zunehmend „ausgeflaggt", indem Zugmaschinen und Anhänger in anderen Ländern angemeldet werden. Als Hauptgründe dafür werden die hohen Lohn- und Lohnnebenkosten sowie die hohe Kraftfahrzeugsteuer im Inland genannt. Üblicherweise dreht sich der Alltag eines Spediteurs um einen wichtigen Aspekt: Geld. Gewinnspannen werden durch hohe Investitionskosten, steigende Treibstoffpreise, vor allem aber auch durch die wachsende Konkurrenz beeinträchtigt. Unterschiedliche Lohnkosten innerhalb Europas benachteiligen jene Fuhrunternehmer, die in Hochpreisländern angesiedelt sind.

In Österreich wurde der Prozeß des Ausflaggens durch die Wirtschaftskammern, die einheimischen Spediteuren Tips zur Flucht ins Ausland gaben, unterstützt. Begründet wurde dies damit, daß die Spediteure durch extreme Wettbewerbsnachteile durch Steuer- und Kostendruck im Inland zur Verlagerung ihrer Aktivitäten ins Ausland gezwungen seien. Bevorzugte Zielländer sind neben Tschechien und der Slowakei auch Deutschland oder Rumänien. 2003 wurden bereits mehr als 20 % der von österreichischen Transportdienstleistern neu gekauften Fahrzeuge im Ausland angemeldet, Tendenz steigend. 2006 betrug der Anteil der ausgeflaggten Fahrzeuge bereits über 30 %.[1]

Für den Staat bleibt dies nicht ohne Folgen: Man spricht von gesamtwirtschaftlichen Einnahmeausfällen in dreistelliger Millionenhöhe, wobei sich diese Summe aus verschiedenen Faktoren zusammensetzt: Zum einen erhalten österreichische Fahrer, die ihren Arbeitsplatz verlieren, Arbeitslosengeld. Zudem werden dadurch weniger Sozialversicherungsbeiträge eingezahlt. Zum anderen verliert der Staat hohe Summen an Steuereinnahmen aus Lohn-, Kfz-, Versicherungs-, Körperschaft- und Mineralölsteuer. Es wird geschätzt, daß der öffentlichen Hand durch jeden im Ausland angemeldeten Lkw jährlich mehr als 50.000 Euro entgehen. Neben wirtschaftspolitischen Problemen, die die „Ausflaggung" mit sich bringt, entstehen auch umweltpolitische Probleme: Während im Ausland vorwiegend moderne Fahrzeuge eingesetzt werden, fahren die alten auf Österreichs Straßen. Die Tatsache, daß rund 80 % des Spediteursgeschäfts immer noch im Inland gemacht werden, läßt die ökologischen Folgen erahnen.[2]

Auch in Dänemark zeichnet sich ein stärkerer Ausflaggungsprozeß ab. Der dänische Branchenverband International Transport Danmark führt dies auf unangemessene Sonderregelungen und Sanktionen gegenüber Spediteuren, v.a. in Verbindung mit den Lenkzeitregelungen sowie Tiertransporten, zurück. Dänische Speditionen

---

[1] vgl. Staudinger, Martin: Die Flucht der Frächter, in: Profil, 01.03.2004, 56; o.V.: Der österreichische Frächter ist am Sterben (27.01.2009), in: Die Presse, http://www.diepresse.com, 27.01.2009; Kummer, Sebastian; Nagl, Philipp; Einbock, Marcus: Untersuchung der Bedeutung der Ausflaggung von Fahrzeugen und Darstellung der Auswirkungen auf die österreichische Volkswirtschaft, Wien 2006, 11ff

[2] vgl. Staudinger, Martin: Die Flucht der Frächter, in: Profil, 01.03.2004, 56; Depolo, Tamara: Frächter flüchten vor hohen Kosten ins Ausland, in: Wirtschaftsblatt, 30.06.2005, 33

siedeln ihre Tochtergesellschaften bevorzugt in Deutschland (41 %), Schweden (23 %) und Osteuropa (18 %) an.[3]

Aufgabe 1

Stellen Sie das Zusammenwirken wesentlicher betriebswirtschaftlicher Faktoren im System „Spedition" in einem Wirkungsgefüge dar!

Aufgabe 2

Leiten Sie aus Ihrem Wirkungsgefüge eine Wirkungsmatrix ab!

Aufgabe 3

Entwickeln Sie ausgehend von Ihrer Wirkungsmatrix ein Intensitätsportfolio!

Aufgabe 4

Welche Standortfaktoren sind für eine Spedition von besonderer Bedeutung?

Aufgabe 5

Welche Faktoren beeinflussen die in einem Fuhrunternehmen entstehenden Kosten?

Aufgabe 6

Was bedeutet „Ausflaggen" in der Schiffahrt? Was sind die Ursachen für das Ausflaggen im Speditionsgewerbe?

Aufgabe 7

Wie könnte dem Trend zum Ausflaggen entgegengewirkt werden?

[3] vgl. Schumann, Christoph: Wachstum unter fremder Flagge, in: Nordis, September/Oktober 2008, 49f

Lösungen

Aufgabe 1

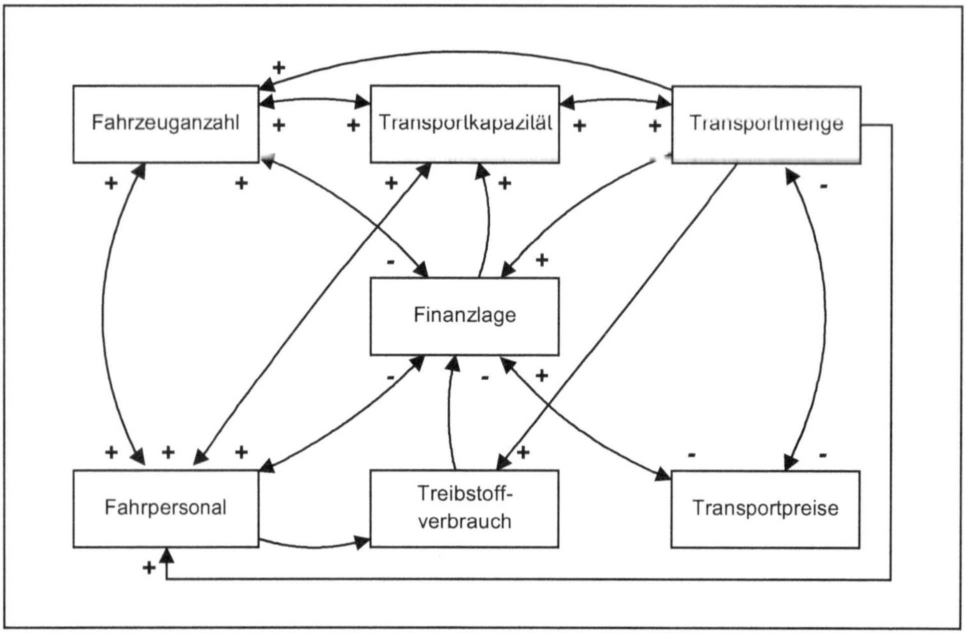

Abbildung 3-1 *Wirkungsgefüge*

Wirkung von ...	auf ...	Beschreibung der Wirkungsbeziehungen
Fahrzeuganzahl	Transportkapazität	je höher die Fahrzeuganzahl, um so größer die Transportkapazität
	Fahrpersonal	je höher die Fahrzeuganzahl, um so mehr Fahrpersonal wird benötigt
	Finanzlage	je höher die Fahrzeuganzahl, um so schlechter die Finanzlage (z.B. durch Fixkosten)
Transport-kapazität	Fahrzeuganzahl	je größer die erforderliche Kapazität, um so mehr Fahrzeuge werden benötigt
	Transportmenge	je größer die Kapazität, um so größer die mögliche Transportmenge
	Fahrpersonal	je größer die Kapazität, um so mehr Fahrpersonal wird benötigt (vgl. Schichtauslastung)
Transportmenge	Fahrzeuganzahl	je größer die Transportmenge, um so höher muß die Fahrzeuganzahl sein
	Transportkapazität	je größer die Transportmenge, um so größer muß die Transportkapazität sein
	Transportpreise	je größer die Transportmenge, um so niedriger können die Transportpreise (pro transportierter Einheit) sein
	Fahrpersonal	je größer die Transportmenge, um so mehr Fahrpersonal wird benötigt
	Treibstoffverbrauch	je größer die Transportmenge, um so höher der Treibstoffverbrauch

Fortsetzung

Wirkung von ...	auf ...	Beschreibung der Wirkungsbeziehungen
Transportmenge	Finanzlage	je größer die Transportmenge, um so besser die Finanzlage
Transportpreise	Transportmenge	je höher die Transportpreise, um so geringer wahrscheinlich die Transportmenge
	Finanzlage	je höher die Transportpreise, um so besser die Finanzlage
Treibstoff-verbrauch	Finanzlage	je höher der Treibstoffverbrauch, um so schlechter die Finanzlage
Fahrpersonal	Fahrzeuganzahl	je mehr Fahrpersonal, um so höher kann die (eingesetzte) Fahrzeuganzahl sein
	Transportkapazität	je mehr Fahrpersonal, um so höher die Kapazität (vgl. Mehrschichtsystem)
	Treibstoffverbrauch	Fahrpersonal kann durch Fahrweise Einfluß auf Treibstoffverbrauch ausüben
	Finanzlage	je mehr Fahrpersonal, um so schlechter die Finanzlage
Finanzlage	Fahrzeuganzahl	je besser die Finanzlage, um so eher kann Fahrzeuganzahl gesteigert werden
	Transportkapazität	je besser die Finanzlage, um so eher kann Transportkapazität ausgebaut werden
	Transportpreise	je besser die Finanzlage, um so niedriger können Transportpreise angesetzt werden
	Fahrpersonal	je besser die Finanzlage, um so mehr Fahrpersonal kann eingestellt werden

***Tabelle 3-1** Beschreibung der Wirkungsbeziehungen*

Aufgabe 2

Wirkung von / auf	Fahrzeuganzahl	Transportkapazität	Transportmenge	Transportpreise	Treibstoffverbrauch	Fahrpersonal	Finanzlage	**Zeilensumme**
Fahrzeuganzahl	x	3	0	0	0	3	0	**6**
Transportkapazität	3	x	3	0	0	2	0	**8**
Transportmenge	1	2	x	3	2	2	3	**13**
Transportpreise	0	0	3	x	0	0	3	**6**
Treibstoffverbrauch	0	0	0	0	x	0	3	**3**
Fahrpersonal	3	3	0	0	1	x	3	**10**
Finanzlage	1	1	0	3	0	1	x	**6**
Spaltensumme	**8**	**9**	**6**	**6**	**3**	**8**	**12**	**x**

***Abbildung 3-2** Wirkungsmatrix*

Die stärksten Wirkungen gehen hierbei von der Transportmenge, die alle anderen Faktoren beeinflußt, aus. Die Menge entscheidet über Fahrzeug- und Personaleinsatz, Treibstoffverbrauch und mögliche Preise. Gleichzeitig ist sie ausschlaggebendes Kriterium für die erfolgreiche Entwicklung einer Spedition. Die Finanzlage unterliegt den stärksten Einflüssen und spiegelt somit Entwicklungen in Transportmengen, Treibstoffverbrauch und beim Fahrpersonal wider.

Aufgabe 3

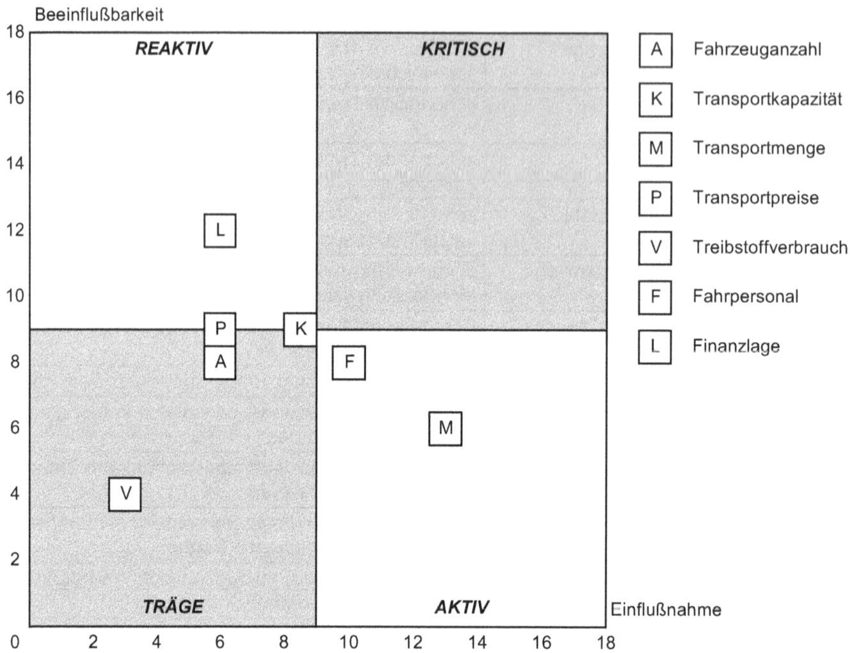

Abbildung 3-3 *Intensitätsportfolio*

Kritische Faktoren	• bei dieser Faktorenauswahl **keine**
Aktive Faktoren	• **Transportmenge**: Güter zu transportieren, ist der Unternehmenszweck einer Spedition. Die Transportmenge beeinflußt daher aktiv (wenngleich nur bedingt durch den Spediteur selbst steuerbar) den Erfolg des Unternehmens. • **Fahrpersonal**: Auch das Fahrpersonal kann aktiv auf den Erfolg des Gesamtsystems „Spedition" einwirken, z.B. durch effiziente Fahrweise, Einhaltung von Unternehmensgrundsätzen usw.
Reaktive Faktoren	• **Finanzlage**: Die Finanzlage spiegelt den Stand und die Entwicklung des Systems „Spedition" wider und gilt daher als reaktiver Faktor.
Träge Faktoren	• **Transportkapazität**: Wenngleich rechnerisch im trägen Bereich, findet sich die Transportkapazität im Zentrum des Portfolios wieder. Entsprechend bedacht sollten Steuerungseingriffe vorgenommen werden. • **Transportpreise**: Die Transportpreise liegen im reaktiv-trägen Bereich. (Überlegt vorgenommene) Steuerungseingriffe können hier überschaubare Änderungen bewirken. • **Fahrzeuganzahl**: Auch bei der Fahrzeuganzahl können Steuerungsmaßnahmen überschaubare Änderungen hervorrufen. Allerdings sollten auch hier die Maßnahmen bedacht gewählt werden, da sich dieser Faktor ebenfalls in der Nähe der Portfoliomitte befindet. • **Treibstoffverbrauch**: Beim Treibstoffverbrauch sind – da nur zwei Faktoren direkt einwirken – schon wesentlich weniger Ansatzpunkte zu Steuerungsmaßnahmen gegeben.

Tabelle 3-2 *Erläuterung der Faktoren*

Aufgabe 4

Standortfaktoren[4]		Erläuterung
Infrastruktur	gegebene Infrastruktur geplante Infrastruktur eigene Investitionen in die Infrastruktur	• Binnenland, Großstädte, Grenznähe • ausgebautes Straßennetz und Schienennetz, Wasserwege • Nähe zu Verkehrsknotenpunkten (z.B. Bahn, Flughäfen, Seehäfen): Güterverkehrszentren, Drehkreuze • wie wird sich Infrastruktur zukünftig entwikkeln? • sind Erweiterungen möglich?
Produktion	Optimierung von Fahrzeugumläufen Optimierung von Umschlags- und Lagervorgängen	• kurze Laufzeiten, transparente Sendungsabwicklung, moderne Informationslogistik, reibungslose Prozesse durch Einsatz geeigneter Software • Kooperationen mit anderen Spediteuren
Nachfrage	Aufkommen an Verkehrsobjekten	• handelt es sich um Umschlagsknotenpunkte? • welches Verkehrsaufkommen wird verzeichnet bzw. kann zukünftig erwartet werden?
	Wirtschaftszweigorientierung	• Spezialisierung auf bestimmte Branchen? • Konzentration auf bestimmte Regionen, Länder?
	Regionalorientierung	• können z.B. Synergieeffekte im innerstädtischen bzw. regionalen Transport genutzt werden?
	Verkehrsbedürfnisse an Versand-/Empfangsorten	• welche Bedürfnisse haben Kunden?
Wettbewerb	Wettbewerbsintensität	• Konzentration von Speditionen, Zulieferern, Logistikunternehmen
	Preisverhalten	• stehen Preis oder Qualität im Vordergrund?
	Angebotsformen	• Konkurrenz
Internationale Aspekte	Verkehrsentwicklung	• weltweit stetig zunehmend • Flughäfen zum schnelleren Versand wichtiger denn je
	Netzergänzung	• Anbindung zum Flughafen und zur Autobahn • Kooperation mit kombiniertem Verkehr
	Marktattraktivität	• Verkehrsknotenpunkte • bedeutende Umschlagzentren
	Risikostreuung	• Absicherung möglichst vieler Kunden, Branchen, Ländermärkte

***Tabelle 3-3** Standortfaktoren*

Aufgabe 5

- Verkehrsart (Anbieten besonderer Nah- und Fernverkehre beeinflußt Fahrleistungen, Versicherungskosten, Personalkosten usw.)
- Betriebsart (Solo- oder Hängerbetrieb)
- Fahrzeugauslastung

[4] vgl. Dorsch, Monique: Verkehrswirtschaft, Plauen 2005, 61

- Transportgut
- Fuhrparkalter
- Konditionen bei Fahrzeugbeschaffung

Aufgabe 6

Ausflaggen in der Schiffahrt:

- Registrierung von Schiffen in Destinationen, die eine Senkung der Personalkosten, der Betriebskosten und/oder der zu zahlenden Steuern ermöglichen sowie weniger restriktive Vorschriften, Kontrollen und Bürokratie aufweisen

Hauptgründe im Speditionsgewerbe:

- hohe Lohn- und Lohnnebenkosten sowie die hohe Kraftfahrzeugsteuer im Inland
- Verschlechterung der Konkurrenzfähigkeit gegenüber in Niedrigpreisländern angesiedelten Fuhrunternehmern → extreme Wettbewerbsnachteile durch Steuer- und Kostendruck im Inland zwingen Spediteure quasi zur Verlagerung ihrer Aktivitäten ins Ausland
- Unterstützung durch Wirtschaftskammern, die einheimischen Spediteuren Tips zur Flucht ins Ausland geben

Aufgabe 7

- Schaffung von Anreizen, im Inland zu bleiben: Erleichterungen für Spediteure hinsichtlich Personalkosten und Steuern
- Anhebung entsprechender Kosten im Ausland, so daß „Ausflaggen“ nicht mehr lukrativ erscheint
- damit: eine Annäherung von beiden Seiten schaffen

4 Die rollende Bombe – Verkehrssicherheit von Lkw

Nicht selten hört man von unsicheren Lkw – manipulierte Fahrtenschreiber, ungesicherte Ladung, Fahrzeuge in technisch schlechtem Zustand. Von seiten der Polizei reagiert man und führt groß angelegte Kontrollen und Razzien durch. Ganze Autobahnabschnitte werden gesperrt, um Fahrzeuge des gewerblichen Güter-, Personen- und Gefahrgutverkehrs prüfen zu können. Häufige beanstandete Mängel sind nicht oder nicht ausreichend gesicherte Ladungen oder Überschreitungen der Lenkzeiten.[1]

Ein vom Bundesamt für Güterverkehr veröffentlichter Bericht belegt dies mit Zahlen: Im Jahr 2007 wurden insgesamt 637.178 Fahrzeuge kontrolliert. Dabei wurden 114.110 der kontrollierten Fahrzeuge beanstandet (17,9 %). In 17.210 Fällen wurde die Weiterfahrt wegen akuter Gefährdung des Straßenverkehrs und der Umwelt untersagt bzw. ausländische Fahrzeuge bereits bei der Einreise wegen schwerwiegender Mängel an der Grenze abgewiesen.[2] Festgestellt wurden dabei in der Mehrzahl Verstöße gegen das Fahrpersonalrecht, aber auch gegen das Straßenverkehrsrecht bzw. Güterverkehrsgesetz.[3] Doch die Kontrollen sprechen sich schnell herum. Die Fahrer warnen sich gegenseitig per Funk. Viele umfahren die Kontrollen und entgehen so der Gefahr, daß ihr Fehlverhalten entdeckt und bestraft wird.

Teilweise wird durch Speditionen bzw. Auftraggeber Fehlverhalten gefördert. Die zur Verfügung stehenden Fahrzeiten sind i.d.R. knapp kalkuliert. Entstehen durch Staus oder Verkehrskontrollen längere Wartezeiten, sehen sich die Fahrer mitunter gezwungen, Zeit aufzuholen und überschreiten gegebenenfalls auch die Lenkzeiten. Während bei manchen Speditionen die Fahrer selbst für von der Polizei verhängte Geldstrafen aufkommen müssen, übernehmen andere Speditionen derartige Kosten, so daß die Fahrer keinerlei Anreiz haben, sich an bestehende Vorschriften zu halten.[4]

Aufgabe 1

Wie gestaltet sich die Situation im Verkehrsgewerbe? Wie wirkt sich diese auf die Einhaltung der Lenk- und Ruhezeiten aus?

Aufgabe 2

Warum ist Ladungssicherung notwendig? Wer ist für die Sicherung der Ladung verantwortlich? Mit welchen Konsequenzen ist im Falle von Mängeln oder Unfällen zu rechnen?

---

[1] vgl. Hübler, Ulrich: Organisierte Blockade am Montagmorgen, in: Freie Presse, 15.03.2005; Zistl, Sandra: Vor dem Totalausfall, in: Focus, 06.10.2008, 52f

[2] o.V.: Straßenkontrollen des BAG im Jahr 2007, http://www.bag.bund.de, 27.01.2009

[3] vgl. Bundesamt für Güterverkehr: Übersicht Straßenkontrollen im Jahr 2007, http://www.bag.bund.de, 27.01.2009

[4] vgl. Die Invasion der Trucks (Film von Jan Peter), Arte, 14.09.2004

Lösungen

Aufgabe 1

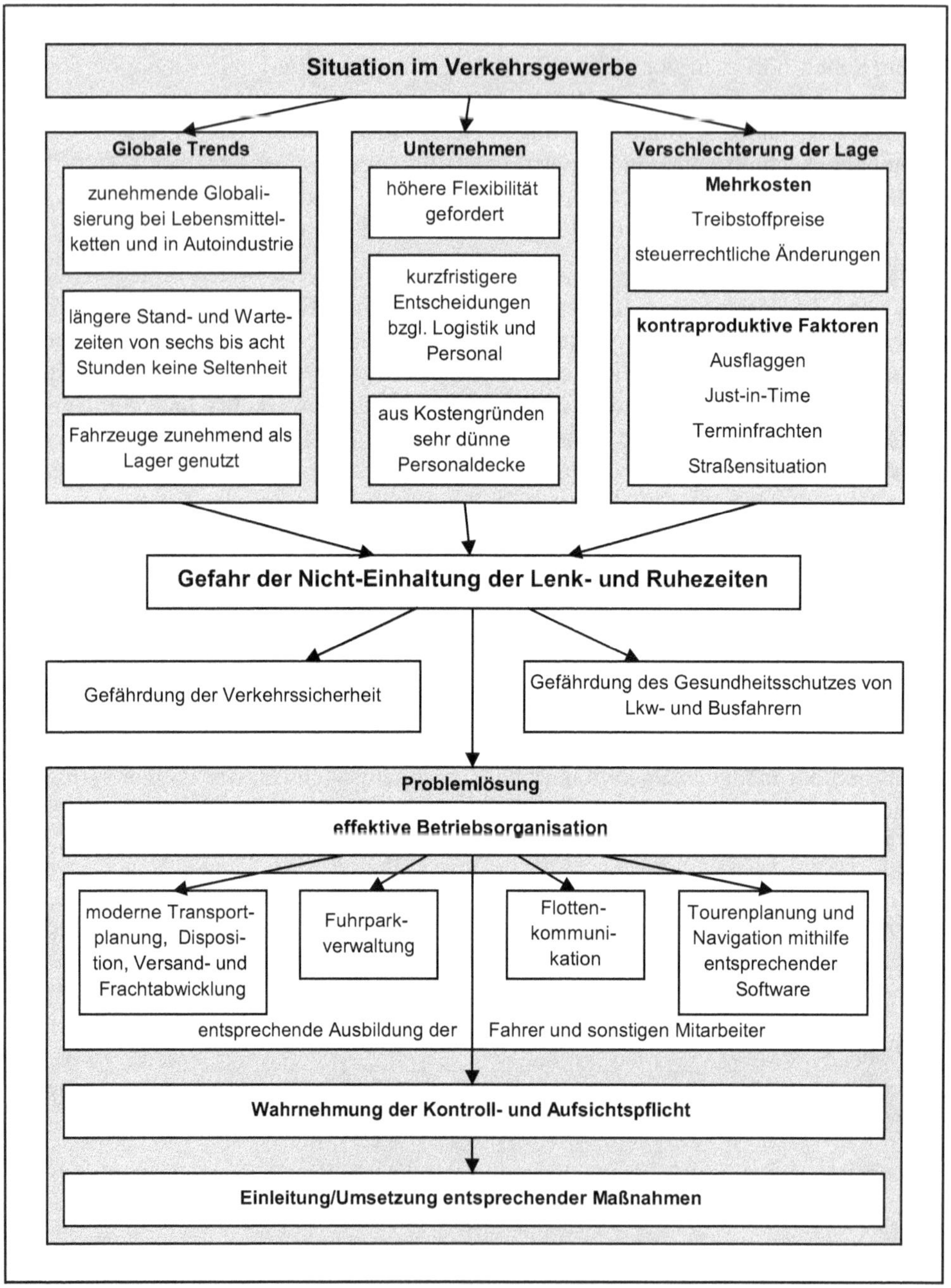

Abbildung 4-1 *Situation im Verkehrsgewerbe und mögliche Konsequenzen*

Aufgabe 2

Notwendigkeit	Mögliche Auswirkungen
• Gefahr, daß Ladung beim Anfahren, beim Durchfahren von Kurven, aufgrund der Straßenverhältnisse oder bei Bremsvorgängen aufgrund entstehender Kräfte ins Rutschen gerät und dabei Schwerpunktverlagerungen auftreten können	• Ladung kann auf Ladefläche beschädigt werden • Ladung kann Transportfahrzeug beschädigen • Ladung kann vom Fahrzeug herunterfallen • weitere Folgen: (schwere) Verkehrs- und Arbeitsunfälle; materielle Schäden (Ladungsschäden in Europa jährlich ca. 1 Mrd. Euro, Ladungsschäden in Deutschland jährlich 200 bis 300 Mio. Euro[5])

Tabelle 4-1 *Notwendigkeit und mögliche Auswirkungen mangelhafter Ladungssicherung*

Verantwortlichkeiten			
Absender	**Verlader**	**Fahrzeughalter/ Beförderer**	**Fahrzeugführer**
• muß das Gut beförderungssicher laden, stauen, befestigen (§ 412 HGB) • Gut muß während der Beförderung gegen Umfallen, Verschieben oder Herabfallen vom Fahrzeug gesichert sein	• ordnungsgemäße Ladungssicherung (§ 22 StVO), d.h. • ordnungsgemäße Verpackung und Kennzeichnung der Güter • Überprüfung der Fahrzeugeignung für den Transport • Unterweisung der an der Ladungssicherung Beteiligten • Bestellung eines Verantwortlichen für die Verladung	• Bereitstellung und Ausrüstung eines geeigneten Fahrzeuges (§§ 30, 31 StVZO) • Einsatz von geeigneten Fahrzeugführern (§ 31 StVZO) • Unterweisung zur Ladungssicherung • Bereitstellung von geeigneten Ausrüstungsteilen zur Ladungssicherung (9 Abs. 12 Nr. 7 GGVSE)	• Verpflichtung zur Ladungssicherung (§§ 22 und 23 StVO) • vor Fahrtantritt: Kontrolle der Ladungssicherung, Last und Lastverteilung • während der Fahrt: Kontrolle und Nachbesserung der Ladungssicherung → auch, wenn ein anderer das Fahrzeug beladen hat

Tabelle 4-2 *Verantwortlichkeiten*[6]

Mögliche Rechtsfolgen		
Bei einer routinemäßigen Verkehrskontrolle	**Bei einem Verkehrsunfall aufgrund mangelhaft gesicherter Ladung**	**Daraus resultierende Haftungsansprüche**
• Untersagung der Weiterfahrt bis zur ordnungsgemäßen Sicherung der Ladung • Verkehrsordnungswidrigkeitenanzeige	• bei Sachschaden: Verkehrsordnungswidrigkeitenanzeige • bei Personenschaden: Strafanzeige mit Geld- oder Freiheitsstrafe	• bei Fremdschäden: Haftung im Rahmen des § 823 BGB (Schadenersatz) • bei Eigenschäden: kann § 254 BGB (Mitwirkendes Verschulden) greifen (verminderte eigenen Ansprüche an Versicherung) • bei Ladungsschäden: Haftung bei Beschädigung der Ladung gemäß HGB

Tabelle 4-3 *Mögliche Rechtsfolgen*[7]

---

[5] vgl. Lampen, Alfred: Mangelnde Ladungssicherung und ihre Folgen, http://www.ladungssicherung.de, 25.01.2009

[6] vgl. Bundesministerium für Wirtschaft und Arbeit: Ladung sichern – aber richtig, Dresden 2007

[7] erstellt nach: o.V.: Mögliche Rechtsfolgen für den Fahrer, den Verlader und den Fahrzeughalter, http://www.ladungssicherung.de, 25.01.2009

5 Rollende Monster – Die Mega-Laster kommen

Ideen zur Bewältigung des zukünftigen Verkehrsaufkommens im Güterverkehr kommen auch von den Lastkraftwagen-Herstellern: *„Die Nutzfahrzeuge sind jeweils 25,25 Meter lang, vier Meter hoch, 2,50 Meter breit – und trumpfen mit 60 Tonnen Kampfgewicht auf.*"[1] Statt der bisherigen 26 Tonnen könnte solch ein Lkw 40 Tonnen transportieren, 52 statt 34 Europaletten verstauen und 150 statt 100 Kubikmeter Ladevolumen bieten. Könnten diese Fahrzeuge in der gesamten EU fahren, wäre es möglich, bei gleichbleibendem Güteraufkommen die Zahl der Lkw um ein Drittel zu vermindern. Auch der Kraftstoffverbrauch ließe sich um bis zu 20 % pro Tonnenkilometer reduzieren. Damit würden auch die Betriebskosten und die Emissionen sinken. Die Rede ist von sogenannten schweren Güterkraftfahrzeugkombinationen, auch bekannt als EuroCombi.[2]

In Schweden und Finnland gehören die Fahrzeuge bereits seit langem zum Straßenbild, ebenso nun auch in Dänemark und den Niederlanden. In Deutschland ist der Einsatz solcher Fahrzeuge aus gesetzlichen Gründen nicht möglich. Allerdings könnte sich die Lage durch eine kürzlich im Auftrag der EU erstellte Studie, die die Vorteile des Einsatzes von Gigalinern hervorhebt, ändern. Die EU-Kommission will noch darüber entscheiden, ob diese Fahrzeuge EU-weit zugelassen werden sollen. Allerdings sind Transitländer wie Deutschland, Österreich und Polen dagegen.[3]

Als problematisch erweisen sich hier insbesondere die ca. 37.000 Brücken, von denen zwei Drittel älter als 25 Jahre sind. Man schätzt, daß die Hälfte des Brückenbestandes verstärkt oder erneuert werden müßte. Die Kosten würden sich auf 7-12 Mrd. Euro belaufen.[4] Auch um die Haltbarkeit der Straßendecken fürchtet die Bundesregierung. Forscher sind allerdings der Ansicht, daß sich die Mega-Laster so konstruieren lassen, daß sie den Autobahnen weniger schaden als bisher im Einsatz befindliche Lkw. Spurrinnen ließen sich zum Beispiel durch unterschiedlich breit gestaltete Achsen vermeiden. So würden die Reifen nicht mehr wie bei den heutigen Lkw in einer Spur hintereinander, sondern leicht versetzt laufen, wodurch sich der auf der Fahrbahn lastende Druck besser verteilen könnte. Ein weiteres Problem besteht darin, daß ein durch kleinste Unebenheiten in der Fahrbahn hervorgerufenes Auf- und Abfedern des schweren Hängers zu einem zeitweise doppelt so hohen Druck auf die Fahrbahn führt. Schäden wären somit vorprogrammiert. Doch auch dieses Problem wollen die Ingenieure mit modernen Achsen und Achsaufhängun-

---

[1] Mayer, Bettina: Kampf um Giganten, in: Focus, 20.09.2004, 60

[2] vgl. Nagl, Philipp: Segen, Fluch oder Notwendigkeit? Kontroverse um die Zulassung größerer und schwererer Nutzfahrzeuge, in: Internationales Verkehrswesen 9/2007, 407; Krumrey, Brigitta; Speth, Charlotte: Gigaliner auf deutschen Straßen (09.10.2007), http://www.tagesschau.de, 27.01.2009

[3] vgl. o.V.: 60-Tonner in den Niederlanden erlaubt, in: Internationales Verkehrswesen, 6/2008, 216; Roth, Hanna: EU-Studie gibt Monster-Trucks gute Noten, in: Freie Presse, 22.01.2009, 4

[4] vgl. Mayer, Bettina: Kampf um Giganten, in: Focus, 20.09.2004, 62

gen in den Griff bekommen.[5] Weitere Neuerungen sollen der Beanspruchung der Straßen und Brücken entgegenwirken. „*Alles in allem [...] würde ein technisch aufgemotzter Giga-Liner Deutschlands Straßen um 25 Prozent weniger strapazieren als ein heutiger 40-Tonner.*“[6] Doch selbst die modernste Technik kann das Problem nicht komplett lösen. Auch die Straßen müßten sich ändern. In Schweden und Finnland sind aufgrund der dort zugelassenen EuroCombis zwar keine Straßenschäden bekannt, doch das könnte auch an den frostbedingt robusteren Straßen liegen.[7]

Aber selbst wenn die EuroCombis nicht nach Deutschland kommen, die Forschung wäre nicht vergebens: „*Auch konventionelle Lkw ließen sich mit der neuen Technik erheblich straßenschonender bauen. Über die Mautgebühr könnte den Spediteuren ein Anreiz gegeben werden, diese Lkw auch zu kaufen.*“[8]

Aufgabe 1

Welche Konsequenzen hätte der Einsatz der sogenannten EuroCombis auf deutschen Straßen? Erstellen Sie dazu ein Mindmap!

Aufgabe 2

Wie kann den Problembereichen der Verkehrssicherheit begegnet werden?

Aufgabe 3

Welche Auswirkungen auf die einheimische Wirtschaft wären denkbar, sollte es im Gegensatz zu anderen europäischen Ländern in Deutschland zu keiner Zulassung dieser EuroCombis kommen?

Aufgabe 4

Wie beurteilen Sie das Ziel der EU, EuroCombis europaweit zuzulassen?

---

[5] vgl. o.V.: Bund und Länder diskutieren Klimaschutz und Gigaliner (19.04.2007), http://www.bmvbs.de, 27.01.2009; Jensen, Annette: Die Monster von der rechten Spur (07.10.2007), http://www.taz.de, 27.01.2009; Gäthke, Sönke: Der 60-Tonner – ein umstrittenes Schwergewicht, in: Financial Times Deutschland, http://www.ftd.de, 27.01.2005; vgl. dazu auch die Ergebnisse der Studie Bundesanstalt für Straßenwesen (Hrsg.): Auswirkungen von neuen Fahrzeugkonzepten auf die Infrastruktur des Bundesfernstraßennetzes, Bergisch Gladbach 2006

[6] Gäthke, Sönke: Der 60-Tonner – ein umstrittenes Schwergewicht, in: Financial Times Deutschland, http://www.ftd.de, 27.01.2005

[7] vgl. ebd.

[8] ebd.

Lösungen

Aufgabe 1

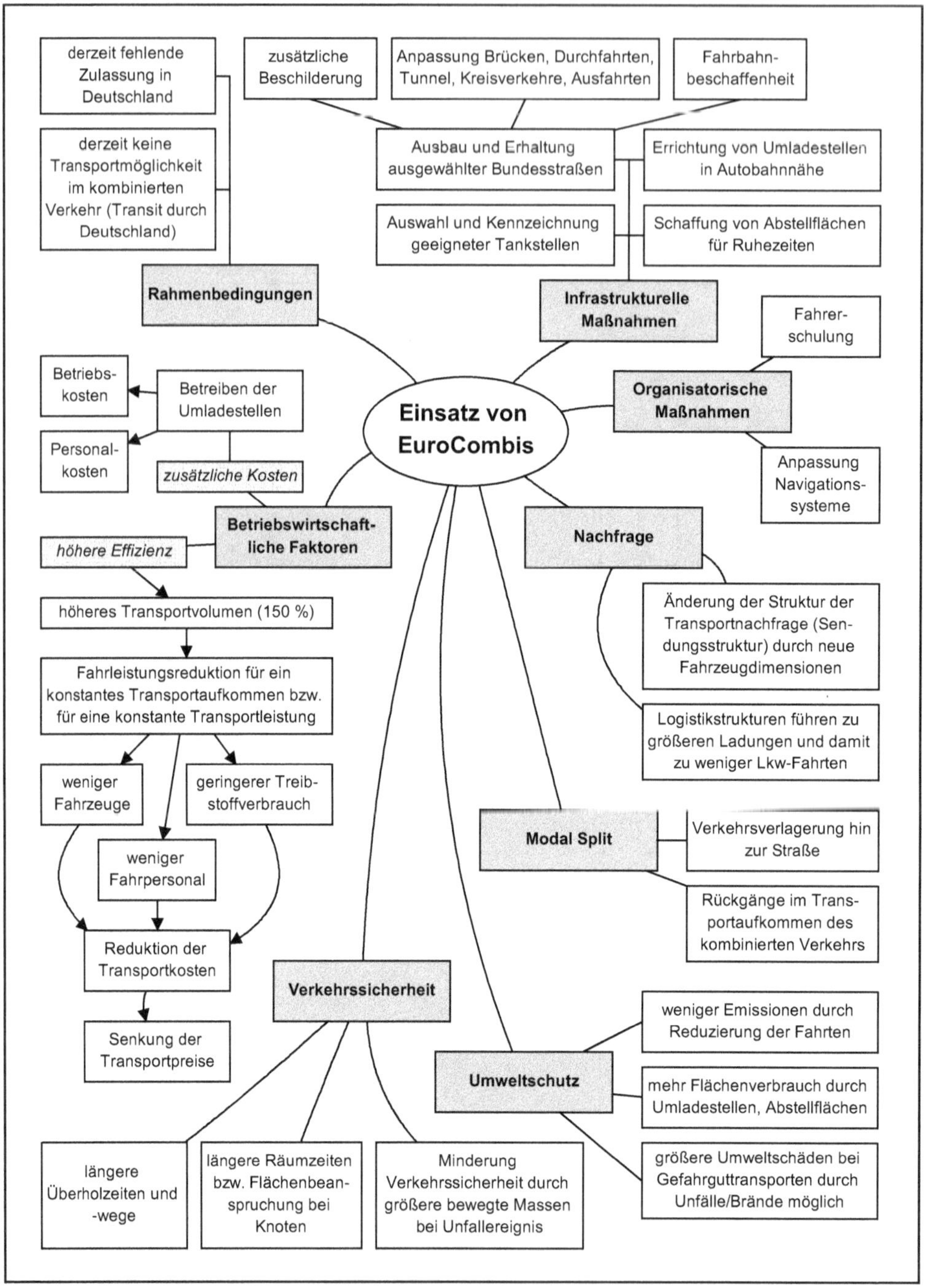

Abbildung 5-1 *Mindmap: Konsequenzen des Einsatzes von EuroCombis*

Aufgabe 2

Durch Einsatz verschiedener technischer Maßnahmen:

- Spurhaltewarnsysteme
- Spurhalteassistenten
- automatische Abstandskontrolle
- elektronisches Stabilisierungsprogramm (ESP) usw.

Aufgabe 3

Internationale Transportrouten in Nord-Süd-Richtung könnten Deutschland umgehen (entgehende Mautgebühren, Verringerung Treibstoffumsatz, Verringerung gastronomische Serviceleistungen, Verbesserung der Verkehrsbedingungen durch Abnahme des Güterfernverkehrs auf den Autobahnen). Da eine Umgehung bei internationalen Transporten in Ost-West-Richtung nicht realisierbar erscheint (vgl. geographische Lage Deutschlands), dürfte es hier keine unmittelbaren Auswirkungen geben.

Positive Auswirkungen könnte es auf die Entwicklung von Eisenbahn-Spezialwaggons geben, die diese EuroCombis bzw. Auflieger im kombinierten Verkehr über das deutsche Territorium transportieren (Bau dieser Waggons, stärkere Verlagerung des Straßenverkehrs auf die Schiene, Entlastung der Fernstraßen); erforderlich wäre hierzu aber eine Zulassung solcher Spezialwaggons in Deutschland.

Aufgabe 4

Verkehrs- und umweltpolitisch betrachtet, ist es nicht nachvollziehbar, warum die EU den weiträumigen Einsatz dieser Fahrzeuge fördern will. Die Verbilligung von Gütertransporten auf der Straße wird ein diesbezügliches Verkehrswachstum nach sich ziehen. Dies steht im Widerspruch zum Bestreben, den Güterverkehr langfristig auf die Schiene zu verlagern.

6 Die Alpen als Verkehrshindernis? – Alpenquerender Güterverkehr

2007 durchquerten rund 117,3 Mio. t Güter den inneren Alpenbogen zwischen Fréjus/Mont-Cenis und Brenner.[1] Kennzeichen des Transitverkehrs ist seine Konzentration auf wenige Achsen, die allerdings immer weiter ausgebaut werden.[2]

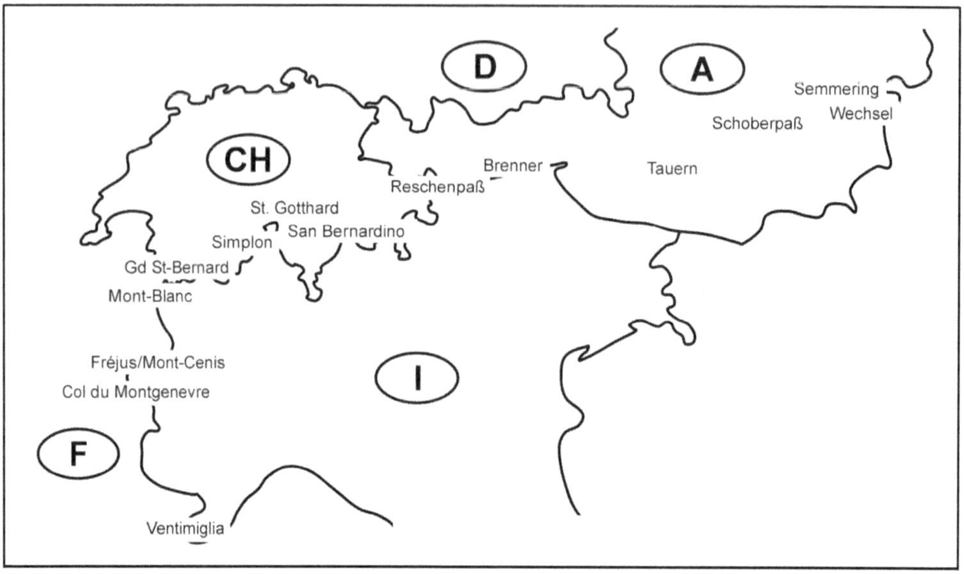

Abbildung 6-1 *Alpenübergänge*

Vom Transitverkehr betroffen ist der gesamte Alpenraum. Das transalpine Verkehrsaufkommen nimmt ständig zu, Autobahnen sind Bestandteil der alpinen Landschaft geworden. „*Gerade Österreich, das wie ein schmaler Keil vor und in den Alpen liegt, leidet massiv unter diesem Transitverkehr.*"[3] 2007 hatte der Transitverkehr im inneren Alpenbogen einen Anteil von rund 68 % (Frankreich: 20 %, Österreich 90 %, Schweiz 74 %).[4]

---

[1] vgl. Eidgenössisches Departement für Umwelt, Verkehr, Energie und Kommunikation: Alpinfo 2007: Alpenquerender Güterverkehr auf Strasse und Schiene, Bern 2008, 1

[2] vgl. Bätzing, Werner: Die Alpen – Geschichte und Zukunft einer europäischen Kulturlandschaft, München 2003, 206; Borkenstein, Heinz-Jörg: Alpenkonvention: Verkehrsprotokoll und dessen Umsetzung, in: Internationales Verkehrswesen, 4/2008, 114

[3] Beyerl, Beppo: Die Eisenbahn – Historische Weichenstellungen entlang des österreichischen Schienennetzes, Wien 2004, 148f

[4] vgl. Eidgenössisches Departement für Umwelt, Verkehr, Energie und Kommunikation: Alpinfo 2007: Alpenquerender Güterverkehr auf Strasse und Schiene, Bern 2008, 1

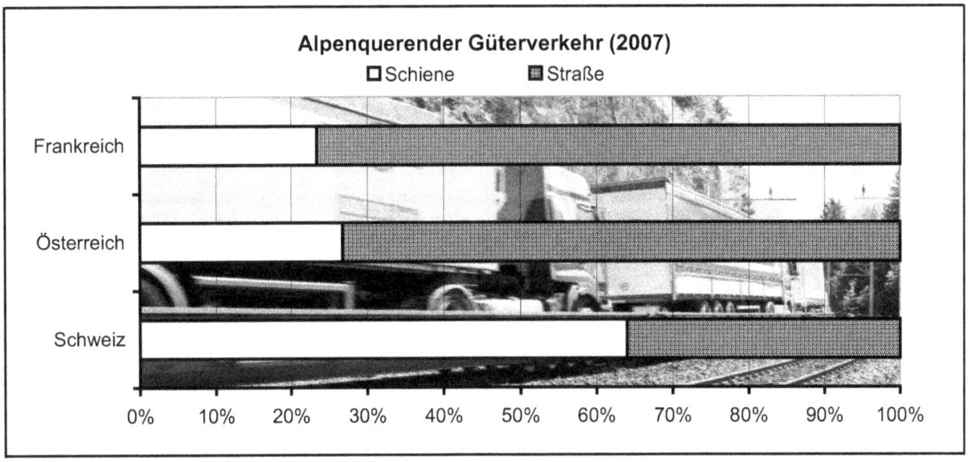

Abbildung 6-2 *Alpenquerender Güterverkehr (2007)*[5]

Ernsthafte Versuche, den Güterverkehr auf die Schiene zu verlagern, gibt es bislang nur in der Schweiz und in Österreich. Bei den übrigen Alpenanrainerstaaten wurde in dieser Hinsicht wenig unternommen.[6] Doch zumindest bei der Bevölkerung findet – spätestens seit den großen Brandunfällen im Mont-Blanc- (März 1999), Tauern- (Mai 1999) und Gotthard-Tunnel (Oktober 2001) – ein Umdenken statt[7], wie beispielsweise die Protestaktionen zur Wiedereröffnung des Mont-Blanc-Tunnels im Sommer 2002 zeigten.[8]

Aufgabe 1

Versuchen Sie, die Dimensionen des Transitverkehrs in einem Mindmap darzustellen!

Aufgabe 2

Wie ließe sich die Problematik des Transitverkehrs in einem Wirkungsgefüge erfassen?

Aufgabe 3

Was müßte aus Sicht der Alpenanrainerstaaten unternommen werden, um das Verkehrsproblem langfristig zu lösen?

---

[5] erstellt nach: Eidgenössisches Departement für Umwelt, Verkehr, Energie und Kommunikation: Alpinfo 2007: Alpenquerender Güterverkehr auf Strasse und Schiene, Bern 2008, 1

[6] vgl. Schmidt, Bernhard: Alpentransitbörse – eine Chance für die Region?, in: Internationales Verkehrswesen, 12/2007, 592

[7] vgl. o.V.: Die Spitze des Eisberges (Filmtexte), in: http://www-x.nzz.ch/format/broadcasts, 04.09.2003; Bätzing, Werner: Die Alpen – Geschichte und Zukunft einer europäischen Kulturlandschaft, München 2003, 208

[8] vgl. o.V.: Tunnelgeschichten, in: alpMedia-Newsletter (wöchentlicher Informationsdienst der CIPRA – Internationale Alpenschutzkommission) 16/2002

Lösungen

Aufgabe 1

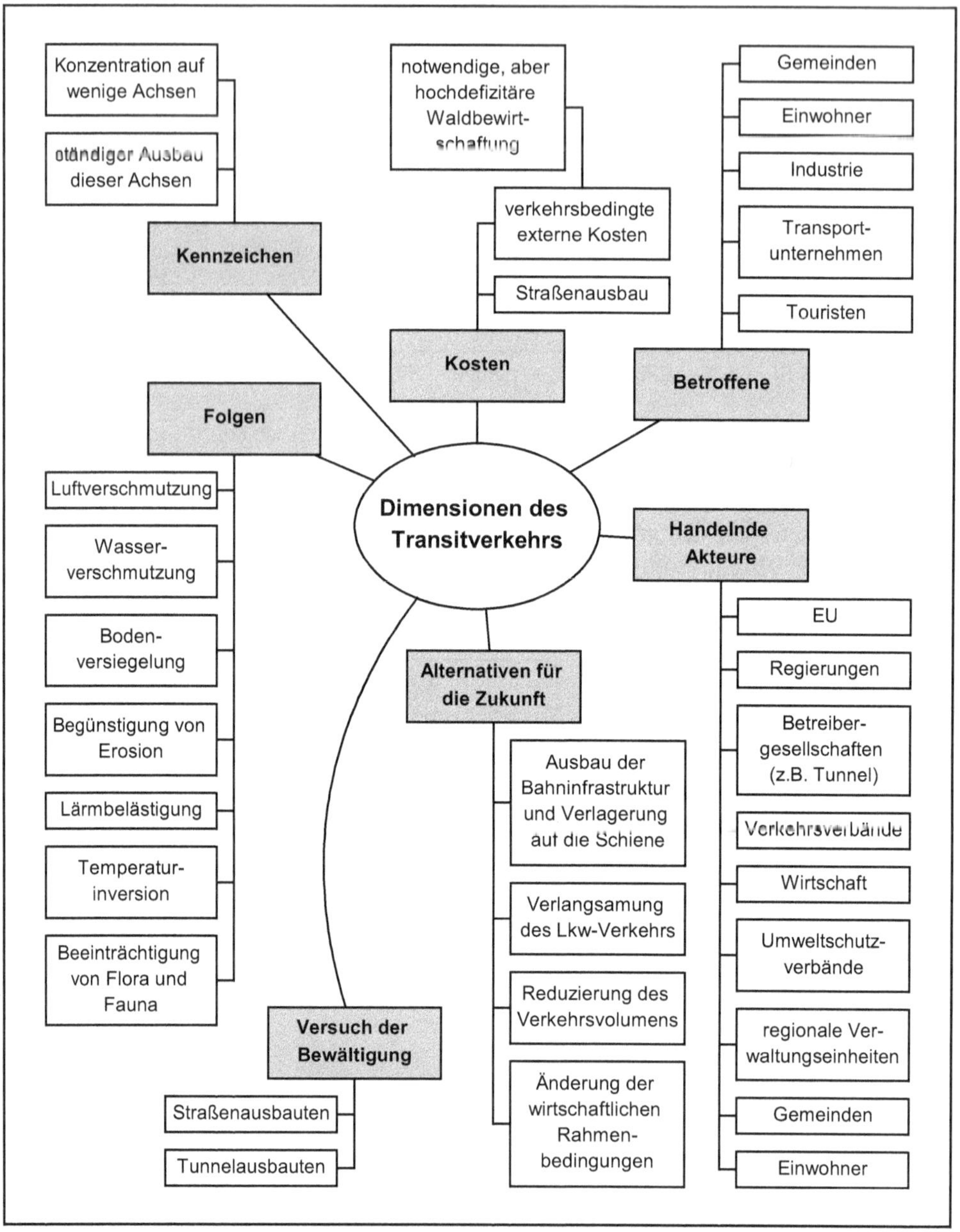

Abbildung 6-3 *Mindmap: Dimensionen des Transitverkehrs*

Aufgabe 2

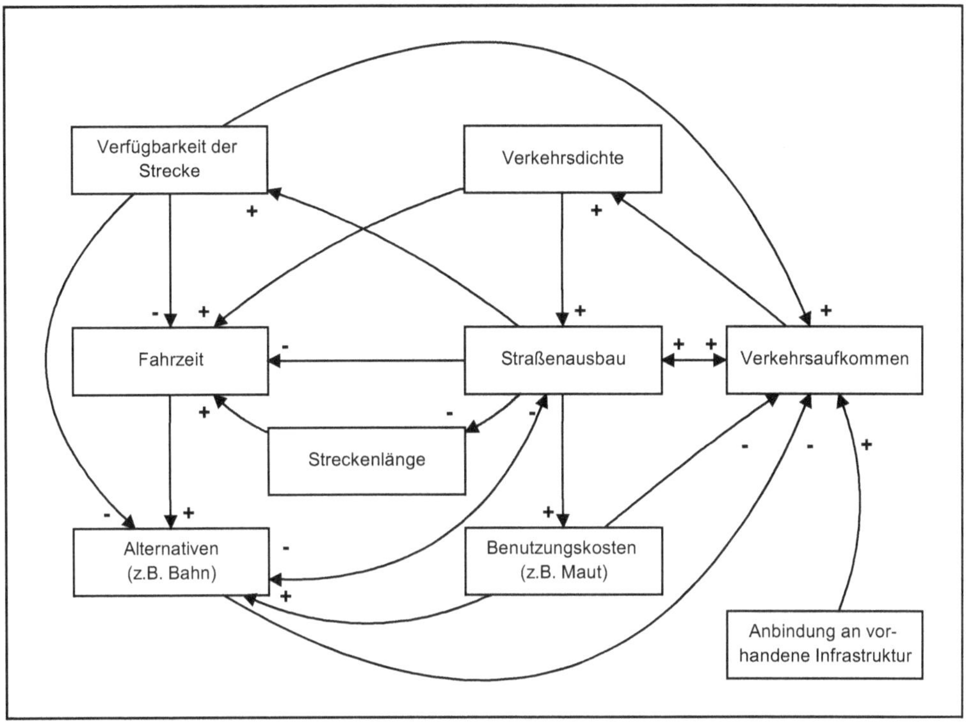

Abbildung 6-4 *Wirkungsgefüge*

Wirkung von ...	auf ...	Beschreibung der Wirkungsbeziehungen
Verfügbarkeit der Strecke	Fahrzeit	wenn Strecke nicht verfügbar (z.B. im Winter gesperrt), Verlängerung der Fahrzeit
	Verkehrs-aufkommen	je geringer die Verfügbarkeit einer Strecke, um so geringer dort das Verkehrsaufkommen
	Alternativen	je geringer die Verfügbarkeit, um so attraktiver werden Alternativen
Verkehrsdichte	Fahrzeit	je höher die Verkehrsdichte, um so länger die Fahrzeit
	Straßenausbau	je höher die Verkehrsdichte, um so notwendiger der weitere Ausbau der Straßen
Fahrzeit	Alternativen	je länger die Fahrzeit, um so attraktiver werden die Alternativen
Straßenausbau	Verfügbarkeit der Strecke	je besser der Straßenausbau, um so höher die Verfügbarkeit der Strecke (vgl. Galerien und Tunnel bieten Schutz vor Schnee, Geröll usw.)
	Verkehrs-aufkommen	je besser der Straßenausbau, um so höher das Verkehrsaufkommen (gute Straßen ziehen Verkehr an)
	Benutzungs-kosten	je besser der Straßenausbau, um so höher wahrscheinlich die Benutzungskosten (vgl. Refinanzierung)
	Streckenlänge	je besser der Straßenausbau, um so geringer die Streckenlänge (vgl. Basistunnel, geringere Anstiege usw.)
	Fahrzeit	je besser der Straßenausbau, um so kürzer die Fahrzeit
	Alternativen	je besser der Straßenausbau, um so unattraktiver die Alternativen

Fortsetzung

Wirkung von ...	auf ...	Beschreibung der Wirkungsbeziehungen
Verkehrs-aufkommen	Straßenausbau	je höher das Verkehrsaufkommen, um so notwendiger der Ausbau der Straßen
	Verkehrsdichte	je höher das Verkehrsaufkommen, um so höher die Verkehrs-dichte
Streckenlänge	Fahrzeit	je länger die Strecke, um so länger die Fahrzeit
Alternativen	Straßenausbau	je besser die Alternativen, um so weniger notwendig der weitere Ausbau von Straßen
	Verkehrs-aufkommen	je besser die Alternativen, um so geringer das Verkehrsaufkommen auf der Straße
Benutzungs-kosten	Alternativen	je höher die Benutzungskosten, um so eher werden Alternativen in Betracht gezogen
	Verkehrs-aufkommen	je höher die Benutzungskosten, um so geringer das Verkehrs-aufkommen
Anbindung an vorhandene Infrastruktur	Verkehrs-aufkommen	je besser die Anbindung an vorhandene Infrastruktur, um so höher das Verkehrsaufkommen

Tabelle 6-1 *Beschreibung der Wirkungsbeziehungen*

Aufgabe 3

Zunächst müßte ein stärkeres Bewußtsein für die Problematik sowohl auf Seiten der Wirtschaft (z.B. Unternehmen, Speditionen) als auch auf Seiten der Politik geschaffen werden. Die wirtschaftlichen Rahmenbedingungen müssen sich ändern: Die Schweiz weist eine „Eisenbahnkultur" auf, in den übrigen Ländern steht die Politik rund um das Auto im Vordergrund. Kurzfristige Maßnahmen, die zwar die Auswirkungen beseitigen, aber nicht bei den Ursachen ansetzen, bringen keine langfristigen Erfolge. Notwendig ist eine Suche nach echten Alternativen und nicht ein weiterer Ausbau der Straßen, der nur ein höheres Verkehrsaufkommen nach sich ziehen wird. Um bereits vorhandenen alternativen Transportmethoden (z.B. Huckepackverkehr bei der Bahn) eine Chance zu geben, dürften Lkw-Transporte im Vergleich dazu nicht mehr so attraktiv erscheinen, z.B. durch Umlegung der externen Kosten.

Bätzing nennt zur Lösung der Verkehrsfragen in den Alpen zwei zentrale Punkte: Zum einen ist eine einheitliche, alpenweite Lösung vonnöten, so daß einzelne Regionen nicht in Konflikt geraten können. Zum anderen bedarf es innerhalb dieser Lösung aber regionsspezifisch differenzierter Maßnahmen, um den Besonderheiten der einzelnen Regionen gerecht werden zu können.[9] *„Wenn also der ‚Dachgarten Europas' – der neben den 8.000 Kilometern an Bahnstrecken bereits durch 500.000 Kilometer an Straßen und Wirtschaftswegen erschlossen ist, zu denen noch 12.000 Seilbahnen und 300 Flugplätze hinzukommen – in seiner ökologischen Funktion erhalten werden soll [...], dann gehört dazu ein gemeinsames Verkehrskonzept aller Alpenanliegerstaaten. Ein Konzept, das die gesamte dortige Mobilität – und die betrifft vor allem die Alpenbewohner selbst – auf ein neues Qualitätsniveau hebt."*[10] Einzelne Lösungsansätze zur Verlagerung der Verkehrslawine von der Straße auf die Schiene existieren bereits. Vester kritisiert in diesem Zusammenhang aber, daß milliardenschwere Projekte wie der Brenner-Basistunnel oder die Neue Eisenbahn-Alpen-Transversale auch nicht bei den eigentlichen Ursachen ansetzen.[11]

---

[9] vgl. Maier, Hermann: „Der Mensch scheint heute von der Angst getrieben, etwas zu verpassen" (Interview mit Werner Bätzing), http://www.aurora-magazin.at, 19.04.2005

[10] Vester, Frederic: Crashtest Mobilität. Die Zukunft des Verkehrs – Fakten, Strategien, Lösungen, München 1999, 59

[11] vgl. ebd., 57f

7 Erholung pur – Autofreie Tourismusorte

Urlaub ohne Auto ist für viele kaum vorstellbar. Bietet der Pkw doch nahezu uneingeschränkte Flexibilität und ermöglicht die bequeme Anreise von der eigenen Haustür bis zur Urlaubsunterkunft und maximale Mobilität in der Urlaubsregion. Gleichzeitig möchte niemand Urlaub neben einer Autobahn machen, stattdessen soll der Ferienort saubere Luft und Ruhe sowie eine intakte Landschaft bieten. Leider sieht die Realität oft anders aus: Bereits bei der An- oder Abreise ärgern sich Urlauber über Staus, in den Tourismusdestinationen herrscht Parkplatznot – und dies nur, weil alle das Gleiche wollen.

Obwohl auch im Bereich des Tourismus der Wettbewerb härter wird und zahlreiche Tourismusgemeinden um Gäste kämpfen, gibt es Destinationen, die den motorisierten Individualverkehr bewußt einschränken. Ein Beispiel dafür sind die Gemeinden Wengen und Mürren (BE), Bettmeralp, Riederalp, Saas-Fee und Zermatt (VS), Rigi-Kaltbad (LU), Stoos (SZ) und Braunwald (GL), die vor zehn Jahren die Gemeinschaft Autofreier Schweizer Tourismusorte (GAST)[1] gründeten.

Abbildung 7-1 *Gemeinschaft Autofreier Schweizer Tourismusorte*

Mürren (1.683 m ü.d.M.) gilt als höchstgelegenes, ganzjährig bewohntes Bergdorf des Kantons Bern. Oberhalb des Orts thront das u.a. durch einen James-Bond-Film bekannt gewordene Schilthorn. Die Region, die wegen des herrlichen Ausblicks zu

[1] Gemeinschaft Autofreier Schweizer Tourismusorte, http://www.gast.org

Eiger, Mönch und Jungfrau als Panoramawandergebiet beworben wird, eignet sich im Sommer sehr gut zum Wandern, ist aber auch im Winter äußerst beliebt und verfügt über 42 km schneesichere Skipisten. In das Dorf gelangt man von Lauterbrunnen aus zunächst mit einer Schwebeseilbahn bis Grütschalp, von dort fährt die Mürrenbahn weiter nach Mürren. Alternativ kann vom Lauterbrunnental aus die Seilbahn Stechelberg–Mürren genutzt werden, die Talstation bietet 1.500 Pkw-Stellplätze.

Wengen (1274 m ü.d.M.), zweitgrößter Wintersportort des Berner Oberlandes, ist am Fuße von Eiger, Mönch und Jungfrau gelegen. Der Ort hat keinen Straßenanschluß. Die Pkw-Nutzung ist bis Lauterbrunnen möglich; von dort bringt die Wengernalpbahn die Fahrgäste in den Ort.

Mürrenbahn in Grütschalp

Wengen

Bettmeralp (1950 m ü.d.M.) und Riederalp (1925 m ü.d.M.) gehören zur Region Jungfrau-Aletsch-Bietschhorn, die 2001 als erstes Alpengebiet in die Liste des UNESCO Weltnaturerbes aufgenommen wurde. Als einzigartige Attraktion gilt der 24 km lange Aletschgletscher, der längste Gletscher Europas. Der Ort Riederalp, der über den höchsten Golfplatz der Schweiz sowie ein gut erschlossenes und schneesicheres Skigebiet verfügt, ist von Mörel aus mit zwei Seilbahnen erreichbar. Zum Bergdorf Bettmeralp, als Sommer- und Winterferienort beliebt, gelangt man vom Rhônetal aus ab Betten per Luftseilbahn. Die Talstationen der Seilbahnen liegen an der meterspurigen Eisenbahnstrecke der Matterhorn-Gotthard-Bahn.

Blick vom Bettmerhorn zur Bettmeralp

Aletschgletscher oberhalb Bettmeralp

Saas-Fee (1.800 m ü.d.M.), Luftkurort und Wintersportzentrum, liegt am Ende des Saastales, zu dem auch die Orte Saas-Grund, Saas-Almagell und Saas-Balen gehören. Bis zum „Straßenterminus" vor Saas-Fee (4 km hinter Saas-Grund) ist es möglich, mit dem eigenen Pkw zu fahren, von dort aus gelangt man mit dem in Visp beginnenden Postbus bis nach Saas-Fee. Die Postautostation befindet sich unmittelbar am Ortseingang, so daß – von Notdiensten und Elektromobilen abgesehen – keinerlei motorisierte Fahrzeuge im Ort unterwegs sind. Die umliegende Bergwelt läßt sich mithilfe verschiedener Aufstiegshilfen (Luftseilbahnen zur Längfluh, zum Plattjen, zur Hannig-Alp und zum Felskinn, von hier mit der Metro Alpin zum Mittelallalin [3.500 m ü.d.M.]) erkunden.

Blick auf Saas-Fee

Postautostation Saas-Fee

Ortsstraße in Saas-Fee

Elektromobil in Saas-Fee

Zermatt, auf 1.620 m ü.d.M. am Talschluß des Mattertales gelegen, gilt mit dem markanten Matterhorn als Inbegriff des Schweizer Alpentourismus. Der Bahnhof Zermatt ist Ausgangspunkt der berühmten Glacier-Express-Strecke, die bis nach St. Moritz in Graubünden führt. Wer mit dem Pkw anreisen möchte, muß sein Fahrzeug spätestens in Täsch, etwa 5,5 km vor Zermatt, im kürzlich neu errichteten Parkhaus stehen lassen und die restliche Strecke mit einem der regelmäßig verkehrenden Pendelzüge zurücklegen. Vor dem Bahnhof Zermatt warten zahlreiche Pferdekutschen und Elektromobile der ansässigen Hotels, um Gäste samt Gepäck bequem zur Unterkunft zu befördern.

Die nähere (hochalpine) Umgebung ist durch die Gornergratbahn sowie verschiedene Luftseilbahnen (z.B. zum Schwarzsee und zum Trockenen Steg, von dort aus mit der Luftseilbahn zur höchstgelegenen öffentlichen Seilbahnstation Europas in der Nordwand des Klein Matterhorn und mit einem Aufzug zum Gipfel [3.883 m ü.d.M.]) erschlossen.

Blick auf Zermatt

Bahnhof Zermatt

Ortsstraße in Zermatt und Gornergratbahn

Transport per Pferdekutsche in Zermatt

Stoos liegt auf 1.280 m ü.d.M. auf einer Bergterrasse und verfügt über ein gutes Skigelände. Erreichbar ist das Dorf über eine bis zum Schlattli führende Straße; von dort aus gelangt man mit einer Standseilbahn zum Ort.

Rigi-Kaltbad (1.435 m ü.d.M.) ist unterhalb des Rigi Kulm, dem laut Tourismuswerbung wohl berühmtesten Aussichtsberg der Schweiz, gelegen. Die Rigi-Region wird als Wanderparadies in klimatisch günstiger Höhenlage beworben, bietet aber im Winter auch die Möglichkeit zum Skifahren. Erreichbar ist Rigi-Kaltbad entweder mit der in Weggis beginnenden Luftseilbahn oder mit der zum Rigi Kulm führenden Bergbahn ab Vitznau; hier besteht auch Anschluß zum Schiff nach Luzern über den Vierwaldstätter See.

Rigi Kulm

Vitznau

Der Höhenkurort Braunwald liegt auf 1.256 m ü.d.M. Erschlossen wird er durch die ab Linthal verkehrende Braunwaldbahn. In Linthal, das über ein großes Parkhaus verfügt, besteht Anschluß an das Netz der Schweizerischen Bundesbahnen sowie an die westwärts verlaufende Postbuslinie über den Klausenpaß.

Bahnhof Linthal

Postauto am Klausenpaß

Aufgabe 1

Welche Arten von tourismusbedingtem Verkehr gibt es?

Aufgabe 2

Welche Auswirkungen hat Tourismusverkehr?

Aufgabe 3

Was sind mögliche Ursachen für den Rückgang der Bahn- und Busnutzung im Tourismus?

Aufgabe 4

Welche Gemeinsamkeiten weisen die in GAST zusammengeschlossenen Orte auf?

Aufgabe 5

Welche Voraussetzungen müssen gegeben sein, um trotz der Autofreiheit eine hohe Qualität für die Gäste zu gewährleisten? Gehen Sie dabei auf die verschiedenen beteiligten Akteure ein!

Lösungen

Aufgabe 1

Grundsätzlich kann zwischen zwei Arten von tourismusbedingtem Verkehr unterschieden werden: zum einem dem An- und Abreiseverkehr, der zwischen Wohnort und Destination stattfindet, zum anderen dem lokalem Tourismusverkehr am Zielort, der Transfers, Besuchsaktivitäten und Exkursionen dient. Dabei macht der An- und Abreiseverkehr ein Vielfaches des lokalen Tourismusverkehrs aus.

Aufgabe 2

Tourismusverkehr führt zum einen zu einer Beeinträchtigung der Umweltqualität durch Emissionen, Flächenverbrauch (Verkehrswege und -bauten) und Lärm. Zum anderen leidet unter diesen Folgen auch die Attraktivität der Urlaubsorte. Zur Wahrung von Umweltqualität und Attraktivität ist eine Umsetzung umweltfreundlicher Lösungen und Entwicklung sanftmobiler Urlaubsangebote notwendig.

Aufgabe 3

- **Deregulierung des Schienenverkehrs** → keine Preissenkung, überhöhte Entgelte für Infrastrukturnutzung durch ausländische Bahnen, gleichzeitig Qualitätsverluste (Zuverlässigkeit, Pünktlichkeit)
- **strukturelle Besonderheiten im Schienenbereich** (z.B. unterschiedliche Netzspannungen, Signalsysteme, Vorschriften, tw. Spurweite) → teure Fahrzeuge, Lokomotivwechsel oder Einsatz von Dieselmotoren auch bei verfügbarer Elektrizität erforderlich
- **Praxis des internationalen Fahrkartenverkaufes**: behindert Absatzausweitung → mangelnde Kooperation, Internetverkauf nicht entsprechend forciert, insgesamt abnehmende Zahl der Verkaufsstellen für internationale Bahnkarten
- **Unterschiede in der steuerlichen Behandlung der Verkehrsträger** (Verzerrung der Produktionskosten, z.B. keine Mehrwert- oder Verbrauchssteuer für Treibstoff für Fluglinien auf internationalen Routen)
- **Deregulierung des Luftverkehrsmarktes** → rascher Aufstieg der Billigflieger
- **Destinationskosten**: EU vs. Aufschwung-Destinationen außerhalb → Verlagerung des Pauschaltourismus in Richtung Fernreisen[2]

Aufgabe 4

Bei allen Gemeinden handelt es sich um äußerst attraktive, in idyllischer hochalpiner Berglandschaft gelegene Destinationen, die national wie international als Reiseziele geschätzt werden und über das gesamte Jahr ein hohes Gästeaufkommen aufweisen. Sie liegen teilweise an Steilhängen oder am Talschluß, so daß sie über Straßen nur schwer erreichbar sind bzw. sich die Zufahrtsmöglichkeiten auf eine Achse konzentrieren. Würde unter diesen infrastrukturellen Bedingungen jeder Gast individuell mit Pkw anreisen und diesen auch vor Ort nutzen, wären Zufahrtsstraßen und innerörtliche Wege völlig überlastet, und viele der touristisch so attraktiven Reize gingen verloren.

---

[2] vgl. Peeters, Paul: Tourismusbedingter Verkehr in Europa – Trends und Auswirkungen, in: Bundesministerium für Land- und Forstwirtschaft, Umwelt und Wasserwirtschaft (Hrsg.): Umweltfreundlich reisen, Konferenzbroschüre der Europäischen Fachkonferenz und europäischer Wettbewerb: „Umweltfreundlich Reisen in Europa. Herausforderungen und Innovationen für Umwelt, Verkehr und Tourismus“, Wien 30./31.01.2006, 22

Trotz der exponierten Lagen sind alle Orte mit öffentlichen Verkehrsmitteln sehr gut erreichbar, was Grundvoraussetzung für die Autofreiheit ist. Für Gäste, die dennoch mit dem eigenen Pkw anreisen, wird eine hohe entgeltliche Parkqualität sichergestellt, wodurch Parksuchverkehr und wildes Parken eingeschränkt werden können. In den Orten kommen alternative Transportmöglichkeiten zum Einsatz. Aufgrund der Autofreiheit können die Destinationen eine entspannte Atmosphäre bieten. Die Umgebung ist durch verschiedene Verkehrsmittel (Berg- und Seilbahnen, aber auch Skibusse) gut erschlossen, wodurch der Verzicht auf das eigene Fahrzeug leichter fällt.

Aufgabe 5

Verkehrsunternehmen	• Bereitstellung eines qualitativ hochwertigen, kundenorientierten Angebots an umweltfreundlichen Reisemöglichkeiten (insbesondere mit Bahn und Bus) • Schaffung komfortabler, möglichst umsteigefreier An- und Abreisemöglichkeiten (auch grenzüberschreitend) • Schaffung lückenloser umweltfreundlicher Wegeketten auch vor Ort • Etablierung einer attraktiven Reise- und Gepäcklogistik (von zu Hause bis zur Unterkunft und zurück) • Bereitstellung eines modernen, benutzerfreundlichen und verkehrsträgerübergreifenden Mobilitätsdienstleistungs- und Informationsangebotes • Berücksichtigung der Situation am Herkunftsort (optimale Erreichbarkeit der Haltestellen; Abholung von zu Hause) bei der Gestaltung des Verkehrsangebotes
Technologiesektor	• Entwicklung neuer, emissionsarmer und lokal emissionsfreier Antriebstechnologien (Ersetzen herkömmlicher Verbrennungsmotoren im Regional- und Lokalverkehr) • Bereitstellung kundenfreundlicher Lösungen der Informations- und Kommunikationstechnologie, z.B. leicht abrufbare Fahrplanauskunftssysteme (für alle öffentlichen Verkehrsmittel) • Einsatz innovativer Auskunftssysteme für MitarbeiterInnen von Auskunftsstellen der Verkehrsunternehmen und im Tourismus • Bereitstellung innovativer Kommunikationssysteme während der Reise (z.B. Anschlußsicherung, aktuelle Informationen, routenbezogene Informationen)
Destinationen	• Ermöglichung der An- und Abreise in Verknüpfung mit den überörtlichen Verbindungen • Mobilitätsgarantie: Sicherstellung der umweltfreundlichen Mobilität in den Regionen (öffentlicher Verkehr, flexible Verkehrsmittel wie Anrufsammeltaxis, Verleih von Verkehrsmitteln mit alternativen Antriebsformen, Fuß- und Radwege, Pferdegespanne usw.) • Treffen verkehrsberuhigender Maßnahmen und Schaffung autofreier Bereiche
Tourismuswirtschaft	• Schaffung attraktiver neuer Tourismusangebote unter Berücksichtigung umweltfreundlicher Mobilität • Entwicklung eines entsprechenden Marketings (vgl. autofreie Erlebnis- und Mobilitätsangebote im Urlaubsort, geführte Wanderungen, Ausflüge usw.) • nicht erhobener Zeigefinger, sondern hohe Qualität der Angebote sollte überzeugen und zu umweltfreundlichem Verhalten führen • Kooperation von Destinationen, Beherbergungsbetrieben, Tourismusverbänden und Mobilitätszentralen

Tabelle 7-1 *Voraussetzungen*[3]

[3] erstellt nach: Thaler, Robert et al.: Umweltfreundlich Reisen – Chancen und Herausforderungen für Umwelt, Verkehr und Tourismus, in: Bundesministerium für Land- und Forstwirtschaft, Umwelt und Wasserwirtschaft (Hrsg.): Umweltfreundlich reisen, Konferenzbroschüre der Europäischen Fachkonferenz und europäischer Wettbewerb: „Umweltfreundlich Reisen in Europa. Herausforderungen und Innovationen für Umwelt, Verkehr und Tourismus“, Wien 30./31.01.2006, 13

8 City-Maut – In London, Stockholm und anderswo

Im Juli 2006 endete der Pilotversuch zur Einführung einer City-Maut in Stockholm erfolgreich. Die Einwohner entschieden sich im September 2006 in einem Referendum mehrheitlich für die endgültige Einführung der Innenstadt-Maut.[1] Dies war Anlaß für eine erneute Diskussion über Für und Wider einer solchen Maut auch in Österreich. Der Verkehrsclub Österreich forderte die Einführung einer City-Maut in österreichischen Großstädten, insbesondere in Wien.[2] Ständig steigende Pendlerzahlen, die erhöhte Abgasbelastungen für Anrainer und ständige Staus zu den Stoßzeiten zur Folge haben, lassen die Einführung einer Innenstadt-Maut sinnvoll erscheinen.

Eine Vorreiterrolle im Rahmen dieser Thematik nimmt London ein. Die 8-Millionen-Einwohner-Stadt galt als diejenige mit den schlimmsten Verkehrszuständen in Großbritannien: *„Im Jahr 2000 betrug die durchschnittliche Fahrgeschwindigkeit in London 16 Stundenkilometer, der daraus resultierende Zeitverlust kostete London wöchentlich zwischen drei und sechs Millionen Euro.“*[3] Im Februar 2003 wurde in London eine Innenstadt-Maut (*Congestion Charge*) eingeführt. Seitdem sind für das Befahren der Innenstadt an Werktagen zwischen 7:00 Uhr und 18:30 Uhr fünf Pfund zu entrichten, zahlbar bis spätestens 22:00 Uhr des jeweiligen Tages an Automaten, bei Postämtern, Tankstellen, Einzelhändlern sowie über die Webseite http://www.cclondon.com. Sobald ein Auto in die mautpflichtige Zone einfährt, werden dessen Kennzeichen registriert. Eigens dazu wurden an allen Zufahrten sowie in der Innenstadt über 500 Kameras installiert. Nichtregistrierten Fahrzeugen drohen Geldstrafen. Die Statistiken zeigen, daß das Verkehrsaufkommen seit der Mauteinführung zurückgegangen ist. Mittlerweile sollen in Londons Innenstadt bis zu 40 % weniger Fahrzeuge als zuvor unterwegs sein, der Verkehrsfluß hat sich um 37 % beschleunigt. Aufgrund des Erfolgs der City-Maut, die anfangs heftig umstritten war, wurde inzwischen eine Ausdehnung der gebührenpflichtigen Mautzone sowie eine Erhöhung der Gebühr auf acht Pfund vorgenommen. Mithilfe der Mauteinnahmen soll in den kommenden zehn Jahren eine Milliarde Pfund zur Verbesserung des öffentlichen Nahverkehrs sowie zur Realisierung verschiedener Straßenbauprojekte eingesetzt werden.[4]

---

[1] vgl. auch Algers, Staffan et al.: The Stockholm congestion charging trial – what happened?, o.O. 2006; Ertel, Manfred: Stockholm startet umstrittenen City-Maut-Test (03.01.2006), in: Spiegel online, http://www.spiegel.de, 21.09.2006; Stockholms stad: Facts and results from the Stockholm Trials, Stockholm 2006; Vägverket (Utgivare): The implementation of congestion charging in Stockholm, Solna 2006

[2] vgl. o.V.: City-Maut wird angedacht (14.09.2006), in: http://derstandard.at, 21.09.2006; siehe dazu auch City-Maut gegen Verkehrshölle, in: Willkommen Österreich, ORF2, 20.09.2006

[3] o.V.: Gebührenpflichtig – Wie die Londoner City-Maut funktioniert, in: Profil, 17.01.2005, 69

[4] vgl. Sempelmann, Peter: Dicke Luft, in: Profil, 17.01.2005, 68f; o.V.: Gebührenpflichtig – Wie die Londoner City-Maut funktioniert, in: Profil, 17.01.2005, 69; Schwarz, Axel: Fast jeder Weg hat seinen Preis: Maut und Trassenentgelte – Verkehrspolitische Steuerungsinstrumente, in: Inter-

Obwohl Stockholm mit rund 780.000 Einwohnern wesentlich kleiner als London ist, ist die Mautzone hier mit 34,5 km^2 um die Hälfte größer. Von der „*Trängselskatt*“ (Gedrängesteuer) betroffen sind Fahrzeuge, die werktags zwischen 6:30 Uhr und 18:29 Uhr bei der Einfahrt in oder Ausfahrt aus der Mautzone eine Mautstation passieren. In Abhängigkeit von der Tageszeit sind zwischen 10 und 20 Kronen pro Passage zu entrichten, maximal jedoch 60 Kronen pro Tag. Ausnahmen gelten für Einsatzfahrzeuge, Busse mit einem Gesamtgewicht von mindestens 14 t, Fahrzeuge mit Diplomatenkennzeichen, Taxifahrzeuge, Motorräder, Fahrzeuge mit ausländischem Kennzeichen, Militärfahrzeuge, Fahrzeuge, die ganz oder teilweise mit Elektrizität, Alkohol oder anderen Gaskraftstoffen als Propan bzw. Butan betrieben werden können und als solche amtlich zugelassen sind.[5] Im Rahmen der Beförderung von Behinderten können Steuerbefreiungen beantragt werden.

An 18 Einfallstraßen zur Mautzone werden von 162 Kameras die Nummernschilder der Fahrzeuge erfaßt. Da an den Mautstationen selbst keine Bezahlung möglich ist, müssen die fälligen Beträge selbst ermittelt und an die entsprechende Stelle überwiesen werden, was mit relativ hohem Aufwand verbunden ist, da von der Steuer einziehenden Stelle weder Einzahlungsscheine noch Rechnungen verschickt werden. Einfacher gestaltet sich die Abrechnung für den Fahrzeughalter, wenn er am Autogirosystem teilnimmt. Dazu ist die Anbringung eines gratis erhältlichen Transponders an der Frontscheibe des Fahrzeugs notwendig. Positiv wirkte sich auf den Pilotversuch aus, daß das technische System problemlos funktionierte.[6]

Das Stockholmer Mautsystem verursacht Kosten in Höhe von 400 Mio. Euro, die allerdings auch die Anschaffung 200 neuer Busse für 16 neue Expressbuslinien sowie die Schaffung neuer Parkflächen am Stadtrand beinhalten. Dadurch konnten 800 neue Arbeitsplätze geschaffen werden.

Die Pilotphase zeigte, daß die Mauteinführung in Stockholm äußerst sinnvoll ist: Das Verkehrsaufkommen ging um ca. 20 % zurück, die Stauzeiten reduzierten sich um 30 bis 50 %. Innerhalb der Mautzone verringerte sich die Abgasbelastung um 14 %, im gesamten Raum Stockholm um 3 %. In bezug auf bei Verkehrsunfällen verletzte Personen erwartet man einen Rückgang von 5 bis 10 %. Dank des um ca. 100.000 Pkw täglich reduzierten Verkehrsaufkommens können nun auch die öffentlichen Verkehrsmittel ihre Fahrpläne in der Innenstadt besser einhalten.[7]

---

nationales Verkehrswesen, 10/2007, 470; Mayor of London: What do I need to know about the central London Congestion Charging zone?, London 2007, 2

[5] vgl. Vägverket: Versuch einer City-Maut in Stockholm, o.O. 2006

[6] vgl. ebd.; Lucius, Robert von: Autofahrer reagieren mißmutig auf City-Maut, in: FAZ, 03.01.2006, 7; Borchers, Detlef: Maut in Stockholm ohne Datenschutz (03.01.2006), http://www.heise.de, 21.09.2006; Wolff, Reinhard: Erfolgsbilanz für Stockholmer Straßenmaut, in: taz, 19.07.2006, 9

[7] vgl. Vägverket (Utgivare): Försöket med trängselskatt i Stockholm 3 januari – 31 juli 2006, Borlänge 2006; Algers, Staffan et al.: The Stockholm congestion charging trial – what happened?, o.O. 2006; Stockholms stad: Facts and results from the Stockholm Trials, Stockholm 2006; Vägverket (Utgivare): The implementation of congestion charging in Stockholm, Solna 2006; Borchers, Detlef: Maut in Stockholm ohne Datenschutz (03.01.2006), http://www.heise.de, 21.09.2006; Wolff, Reinhard: Erfolgsbilanz für Stockholmer Straßenmaut, in: taz, 19.07.2006, 9;

Aufgabe 1

Die Einführung einer City-Maut wird vielerorts kritisch diskutiert und oft schon von vornherein abgeblockt. Hinderlich wirken die meist unterschiedlichen Meinungen und Standpunkte zahlreicher Interessengruppen.

Stellen Sie in einem Mindmap dar, wie die einzelnen Akteure einer Maut-Einführung grundsätzlich gegenüber stehen könnten!

Aufgabe 2

Welche Auswirkungen könnte die Einführung einer City-Maut in der 1,58 Mio. Einwohner zählenden Stadt Wien haben?

Stellen Sie diese Auswirkungen unter Berücksichtigung der Bereiche „Individueller Innenstadtverkehr", „Öffentlicher Nahverkehr", „Wirtschaft", „Umwelt" sowie „Ordnung und Sicherheit" in einem Wirkungsgefüge dar!

Aufgabe 3

Erstellen Sie ein Szenario für die weitere Entwicklung der innerstädtischen Verkehrslage in Wien für den Fall, daß

a) tatsächlich eine City-Maut eingeführt wird bzw.

b) weiterhin wie bisher lediglich auf die Parkraumbewirtschaftung gesetzt wird!

---

o.V.: Erfolgreiche City-Maut in Stockholm, http://www.sonnenseite.com, 21.09.2006; Marner, Torsten: City-Maut in Stockholm – eine politökonomische Analyse, in: Internationales Verkehrswesen, 11/2007, 505ff

Lösungen

Aufgabe 1

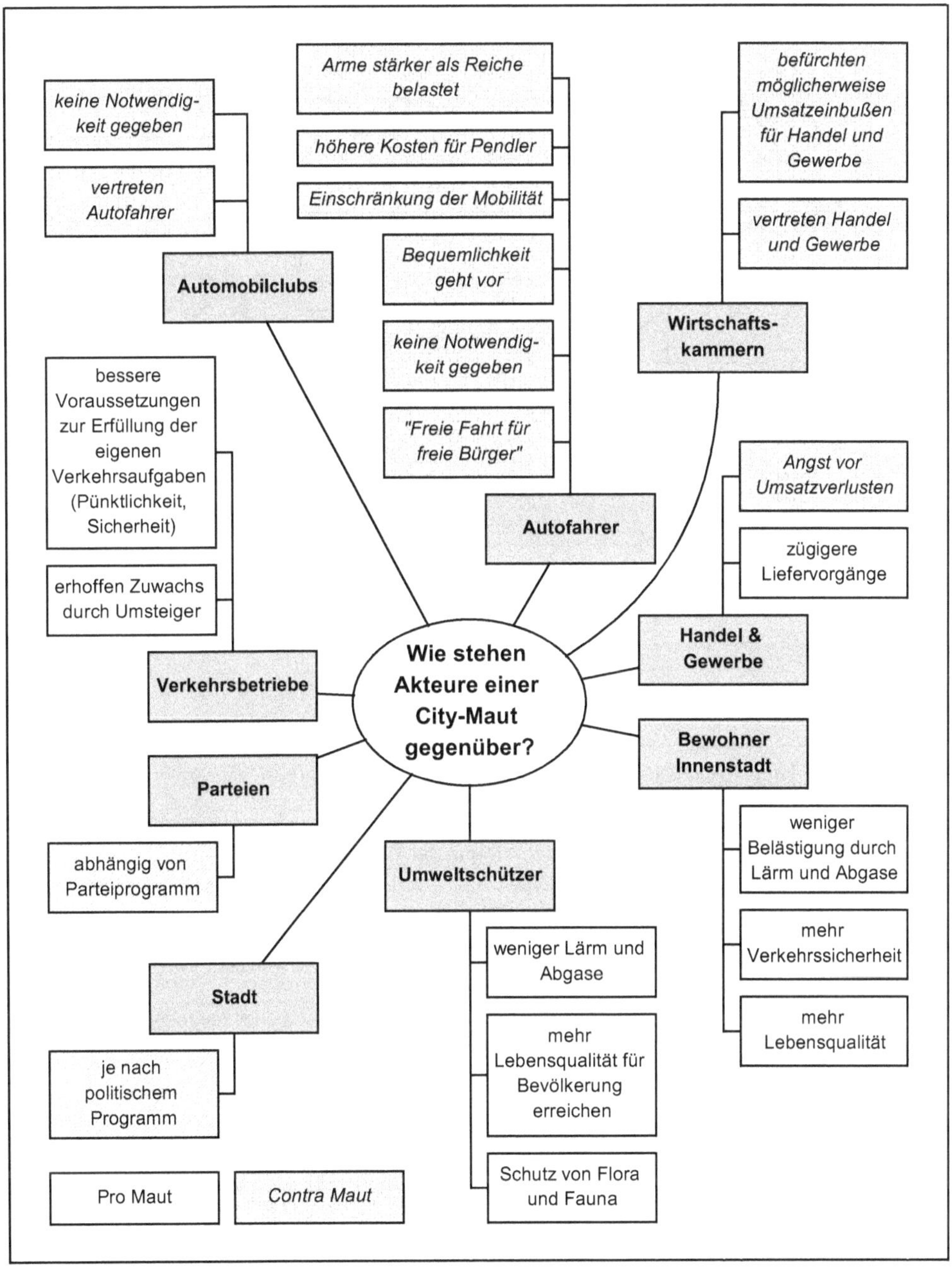

***Abbildung 8-1** Mindmap: Standpunkte der einzelnen Akteure*

Aufgabe 2

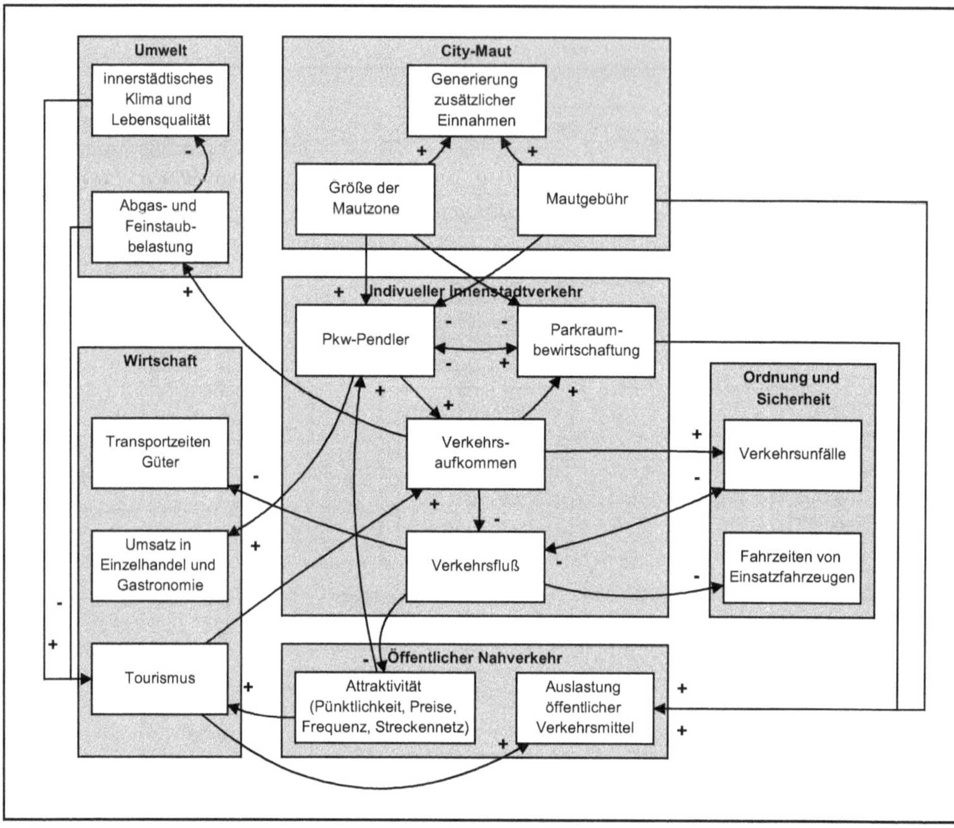

Abbildung 8-2 *Wirkungsgefüge*

Wirkung von ...	auf ...	Beschreibung der Wirkungsbeziehungen
Mautgebühr	Generierung zusätzlicher Einnahmen	je höher die Mautgebühr, um so mehr zusätzliche Einnahmen werden generiert
	Pkw-Pendler	je höher die Mautgebühr, um so weniger Pkw-Pendler werden wahrscheinlich fahren
	Auslastung öffentlicher Verkehrsmittel	je höher die Mautgebühr, um so höher wahrscheinlich die Auslastung der öffentlichen Verkehrsmittel
Größe der Mautzone	Pkw-Pendler	je größer die Mautzone, um so mehr Pkw-Pendler sind betroffen
	Parkraumbewirtschaftung	je größer die Mautzone, um so weniger restriktiv muß dort die Parkraumbewirtschaftung sein
Pkw-Pendler	Parkraumbewirtschaftung	je mehr Pkw-Pendler, um so restriktiver muß Parkraumbewirtschaftung sein
	Verkehrsaufkommen	je mehr Pkw-Pendler, um so höher das Verkehrsaufkommen
	Umsatz in Einzelhandel und Gastronomie	je mehr Pkw-Pendler, um so höher wahrscheinlich der Umsatz

Fortsetzung

Wirkung von ...	auf ...	Beschreibung der Wirkungsbeziehungen
Parkraumbewirtschaftung	Pkw-Pendler	je restriktiver die Parkraumbewirtschaftung, um so weniger Pkw-Pendler
	Auslastung öffentlicher Verkehrsmittel	je restriktiver die Parkraumbewirtschaftung, um so höher die Auslastung der öffentlichen Verkehrsmittel
Verkehrsaufkommen	Parkraumbewirtschaftung	je höher das Verkehrsaufkommen, um so restriktiver sollte die Parkraumbewirtschaftung sein
	Verkehrsfluß	je höher das Verkehrsaufkommen, um so geringer der Verkehrsfluß
	Verkehrsunfälle	je höher das Verkehrsaufkommen, um so mehr Verkehrsunfälle
	Abgas- und Feinstaubbelastung	je höher das Verkehrsaufkommen, um so höher die Abgas- und Feinstaubbelastung
Verkehrsfluß	Verkehrsunfälle	je besser der Verkehrsfluß, um so weniger Verkehrsunfälle
	Fahrzeiten von Einsatzfahrzeugen	je besser der Verkehrsfluß, um so kürzer die Fahrzeiten von Einsatzfahrzeugen (Rettungswagen, Feuerwehr, Polizei)
	Attraktivität öffentlicher Nahverkehr	je besser der Verkehrsfluß, um so weniger attraktiv erscheint öffentlicher Nahverkehr (aus Sicht der Pkw-Nutzer)
	Transportzeiten Güter	je besser der Verkehrsfluß, um so kürzer die Transportzeiten für Güter
Verkehrsunfälle	Verkehrsfluß	je mehr Verkehrsunfälle, um so geringer der Verkehrsfluß
Attraktivität öffentlicher Nahverkehr	Pkw-Pendler	je attraktiver der öffentliche Nahverkehr, um so mehr wird dieser von Pendlern genutzt
	Tourismus	je attraktiver der öffentliche Nahverkehr, um so günstiger für den Tourismus
Abgas- und Feinstaubbelastung	innerstädtisches Klima und Lebensqualität	je höher die Abgas- und Feinstaubbelastung, um so schlechter das innerstädtische Klima bzw. geringer die Lebensqualität
	Tourismus	je höher die Abgas- und Feinstaubbelastung, um so negativer für Tourismus
innerstädtisches Klima und Lebensqualität	Tourismus	je besser das innerstädtische Klima und die Lebensqualität, um so günstiger für Tourismus
Tourismus	Auslastung öffentlicher Verkehrsmittel	je mehr Tourismus, um so höher die Auslastung der öffentlichen Verkehrsmittel
	Verkehrsaufkommen	je mehr Tourismus, um so höher das Verkehrsaufkommen

Tabelle 8-1 *Beschreibung der Wirkungsbeziehungen*

Aufgabe 3

Umfeldsegmente	Schlüsselfaktoren	Entwicklung – Trendaussagen	Wirkung auf Verkehrslage
individueller Stadtverkehr	Zahl Pkw-Pendler	a) nimmt ab b) bleibt (kann sogar zunehmen)	+ +/- (-)
	Parkraumbewirtschaftung	a) wird leichter b) bleibt schwierig	+ +/-
	Verkehrsaufkommen	a) nimmt ab b) bleibt (bzw. kann sogar steigen)	+ +/- (-)
	Verkehrsfluß	a) wird besser b) bleibt (bzw. kann schlechter werden)	+ +/- (-)
	Stauzeiten	a) geringer b) bleibt	+ +/-
	Anzahl Fahrzeuge in der Innenstadt	a) nimmt ab b) bleibt	+ +/-
	Umsteigebereitschaft auf Alternativen (z.B. ÖPNV, Fahrgemeinschaften, Rad)	a) höher b) bleibt	+ +/-
	Bereitschaft zum Verzicht auf Fahrten	a) höher b) bleibt	+ +/-
öffentlicher Nahverkehr	Pünktlichkeit	a) steigt b) bleibt	+ +/-
	Frequenz	a) kann zunehmen b) bleibt	+ +/-
	Streckennetz	a) u.U. Änderung/Erweiterung nötig b) bleibt	+ +/-
	Auslastung öffentlicher Verkehrsmittel	a) steigt b) bleibt	+ +/-
Wirtschaft	Transportzeiten Güter	a) werden kürzer b) bleiben (bzw. werden länger)	+ +/- (-)
	Erreichbarkeit von Geschäften und Lokalen	a) bleibt b) bleibt	+ +/-
	Umsatz in Einzelhandel und Gastronomie	a) bleibt bzw. nimmt ab[8] b) bleibt	+ +/-
Umwelt, Ordnung und Sicherheit	innerstädtisches Klima und Lebensqualität	a) besser b) bleibt (bzw. schlechter)	+ +/- (-)
	Abgas- und Feinstaubbelastung	a) nimmt ab b) bleibt (bzw. höher)	+ +/- (-)
	Verkehrsunfälle	a) weniger b) Anzahl konstant (oder steigend)	+ +/- (-)
	Fahrzeiten von Einsatzfahrzeugen	a) kürzer b) bleiben (bzw. länger)	+ +/- (-)

***Tabelle 8-2** Mögliche Entwicklungen*

[8] Dies hängt von der Einsicht der bisherigen Pkw-Nutzer ab.

Schienenverkehr

B

1 Neue Bahnhöfe für Österreich – Die Bahnhofsoffensive

„**Alle Bahnhöfe gleichen einander**,
es macht nichts, wenn die Lampen
kaum über den fahlen Lichthof hinausleuchten,
allzu gut kennst du dieses Milieu
mit seinem Geruch von Zügen, der hängenbleibt,
auch wenn alle Züge schon abgefahren sind ...“[1]

„**Jeder Bahnhof ist anders**,
jeder reißt eine andere Form in sich hinein,
jeder Hafen, jedes Schiff bringt eine andere Fracht.
Sie sind die Welt in unseren Städten.“[2]

Bahnhöfe für den Personenverkehr müssen heute Sicherheit, Sauberkeit und Orientierung vermitteln. Sie weisen wesentlich längere Lebenszyklen als andere Immobilien auf und müssen sowohl entsprechend nachhaltiger als auch architektonischer Gesichtspunkte sinnvoll gestaltet sein sowie jederzeit die Erfüllung ihrer Hauptfunktionen garantieren.[3]

Der durchschnittliche österreichische Bahnhof war bislang leicht überschaubar und mutete eher trist an. Man fand darin i.d.R. einen Haupteingang, eine von Schaltern flankierte Kassenhalle, eine große Ankündigungstafel und eine Gepäckaufbewahrung. Daneben gab es ein Bahnhofsrestaurant und eine Trafik, und schließlich noch einen Warteraum und Toiletten. Alles in allem sehr übersichtlich und leicht auffindbar.[4] Und auch wenn inzwischen Fahrkartenautomaten die Schalterbeamten ersetzen, genügen die Bahnhöfe längst nicht mehr den Erfordernissen der Zeit. Es wäre lange Zeit niemand auf die Idee gekommen, einen österreichischen Bahnhof mit einem Einkaufserlebnis in Verbindung zu bringen, wie dies etwa auf zahlreichen Bahnhöfen oder Flughäfen westeuropäischer Länder durchaus üblich ist.[5]

Im Rahmen der bereits 1997 von den ÖBB gestarteten Bahnhofsoffensive soll sich dies ändern: *„Helle, saubere Foyers mit tollen Geschäften sollen in den meist tristen und oft übel riechenden Bahnhofsgebäuden entstehen. Wo sich heute kaum jemand länger als nötig aufhalten will [...], sollen attraktive Läden oder sogar richtige Shopping Malls zum Verweilen und Kaufen einladen.*“[6]

Die ÖBB betreiben ca. 1.400 Bahnhöfe in Österreich. In Abhängigkeit vom Fahrgastaufkommen wurden die österreichischen Bahnhöfe und Haltestellen in vier Kategorien eingeteilt, entsprechend dazu sollen Einzelhandelsflächen geschaffen

---

[1] Calvino, Italo: Wenn ein Reisender in einer Winternacht; Wien/München 1983, 323
[2] Stefan Zweig, zit. in: Mertz, Peter: Mit Stefan Zweig durch Europa, Innsbruck 1990, 12
[3] vgl. Steiner, Dietmar M.: Vieles neu lernen ... (Interview mit ÖBB-Generaldirektor Helmut Draxler), in: Profil, 28.02.2000, 145
[4] vgl. Steiner, Dietmar M.: Wir verstehen nur Bahnhof, in: Profil, 28.02.2000, 144
[5] vgl. o.V.: Zug um Zug in die Offensive, in: Profil, 24.01.2000, 53
[6] Pint, Jutta: Lok-Angebot, in: Profil, 24.01.2000, 50f

werden. Für die Handelsketten stellen stark frequentierte Bahnhöfe lukrative Standorte dar. Aufgrund ihres quasi „extraterritorialen“ Status gilt hier die Ladenschlußregelung nicht, d.h., solange Züge fahren, darf auch verkauft werden.[7]

Bis 2011 sollen alle Bahnhöfe mit einem täglichen Fahrgastaufkommen von mehr als 5.000 Reisenden – insgesamt 28 Bahnhöfe – entsprechend modernisiert werden.[8] Österreichweit werden dabei rund 300 Mio. Euro investiert. Obwohl nur etwa 2 % der Bahnhöfe in die Bahnhofsoffensive einbezogen werden, erfaßt man dort ca. 82 Mio. Reisende, was 45 % der Bahnkunden entspricht.[9]

Die Umsetzung erfolgt in zwei Phasen. Im Zeitraum von 2001 bis 2005 wurden bereits zehn Bahnhöfe (Baden bei Wien, Feldkirch, Graz, Innsbruck, Klagenfurt, Krems an der Donau, Leoben, Linz, Wels und Wiener Neustadt) umgebaut. Von 2005 bis 2011 arbeitet man an weiteren zehn Bahnhöfen (Attnang-Puchheim, Bruck an der Mur, Salzburg, St. Pölten, Wien Hauptbahnhof, Wien Heiligenstadt, Wien Hütteldorf, Wien Mitte, Wien Nord und Wien West).

Wien West vor dem Umbau

Bauarbeiten im Gange

Das Erscheinungsbild der Bahnhöfe verändert sich. Funktionalität und Wirtschaftlichkeit stehen im Vordergrund. Es werden übersichtliche Leitsysteme installiert, die Bahnhofshallen werden freundlicher, leicht pflegbare Materialien erleichtern die Reinigung. Ein wesentliches Anliegen ist es auch, die Mobilitätskette vom Bahnhofsvorplatz bis zum Bahnsteig zu verbessern, so daß sie auch von in ihrer Mobilität eingeschränkten Personen problemlos bewältigt werden kann.[10]

Die ÖBB setzen dabei auf den „Hybridbahnhof“, der unterschiedliche Funktionen – Verkehr, Arbeit, Einkauf, Unterhaltung – verbinden soll. Architektonisch gibt es dabei unterschiedliche Gestaltungsmöglichkeiten. Manchen Bahnhöfen sieht man ihre Funktion als Verkehrsgebäude kaum mehr an. Der Bahnbetrieb wird unterirdisch angesiedelt, auf klassische Empfangsgebäude weitgehend verzichtet. Demge-

---

[7] vgl. ebd., 51

[8] vgl. ÖBB-Immobilienmanagement GmbH: Bahnhofsoffensive, http://www.oebb-immobilien.at, 08.03.2007

[9] vgl. ÖBB-Personenverkehr AG: Bahnhofsoffensive, http://oebb.at, 27.01.2009

[10] vgl. ÖBB-Immobilienmanagement GmbH: Bahnhofsoffensive, http://www.oebb-immobilien.at, 08.03.2007

genüber gibt es Bauten, bei denen die klassische Bahnhofshalle – mit zeitgemäßen Einflüssen – extra hervorgehoben wird.[11]

Mit der Umsetzung der Bahnhofsoffensive, die als derzeit wichtigstes und größtes Architekturvorhaben gilt, will man die Versäumnisse der letzten Jahrzehnte nachholen: „*Der österreichische Bahnhof der Zukunft wird extrem funktional sein. Er wird dem Bahnkunden mit Übersichtlichkeit, Transparenz und Sauberkeit ein optimales Ambiente bieten.*“[12]

Aufgabe 1

Welche Bedeutung haben Empfangsgebäude von Bahnhöfen? Welche Grundüberlegungen sind bei deren Gestaltung zu treffen?

Aufgabe 2

Wie hat sich das Angebot in Empfangsgebäuden im Laufe der Zeit verändert?

Aufgabe 3

Vielerorts sind Bahnhofsgebäude mittlerweile viel zu groß dimensioniert. Die Flächen werden nicht mehr in vollem Umfang benötigt.

Welchen externen Einflüssen unterliegt die weitere Nutzung bzw. Verwertung von Bahnhofsimmobilien? Erstellen Sie dazu eine Umfeldeinflußmatrix!

Aufgabe 4

Welche Ziele werden mit dem Bahnhofsumbau im Rahmen der ÖBB-Bahnhofsoffensive von den einzelnen Akteuren verfolgt? Welche Bedenken könnten u.U. bestehen?

Aufgabe 5

Welche Funktionen hat ein Bahnhof der Größenordnung „5.000 bis 20.000 Fahrgäste täglich“ zu erfüllen?[13] Erstellen Sie dazu ein Mindmap!

---

[11] vgl. Kos, Wolfgang; Dinhobl, Günter (Hrsg.): Großer Bahnhof – Wien und die weite Welt, Wien 2006, 428

[12] Steiner, Dietmar M.: Wir verstehen nur Bahnhof, in: Profil, 28.02.2000, 146

[13] Anmerkung: Hierbei geht es **nicht** um Funktionen des Bahnbetriebs (wie z.B. Zusammenstellen von Zügen, Rangierarbeiten, Fernmelde- und Signalwesen).

Lösungen

Aufgabe 1

Bedeutung	• Empfangsgebäude ist das eigentliche Herz des Bahnhofs, ist der erste Raum, den der Reisende betritt • dort sollten alle jene Einrichtungen untergebracht sein, die der Reisende unmittelbar für seine Reise benötigt • darüber hinaus enthält es solche Räumlichkeiten, die für innerbetriebliche Zwecke unabdingbar sind • Größe und Umfang sind abhängig von Dimensionen und Wichtigkeit des Bahnhofs
Grundüberlegungen[14]	• Lenkung der Verkehrsströme im Empfangsgebäude: der vom Straßenverkehr bekannte Rechtsverkehr, der den Reisenden beim Betreten des Empfangsgebäudes von der Straße durch die Empfangshalle hin zu den Bahnsteigen leiten soll • gewisse Weiträumigkeit der Empfangshalle, die auch größere Verkehrsströme zu Spitzenverkehrszeiten problemlos verkraften kann, gleichzeitig aber Übersichtlichkeit bietet • idealerweise wird Ankömmling bei Weg zum Zug direkt an den für ihn relevanten Einrichtungen wie Auskunft und Fahrkartenschalter vorbeigeführt • zusätzlich allerlei Annehmlichkeiten, die die Reise direkt oder indirekt bequemer machen sollen

***Tabelle 1-1** Bedeutung von Empfangsgebäuden*

Aufgabe 2

	Früher	**Heute**
Fahrkartenverkauf	• in großstädtischen Bahnhöfen mehrere Fahrkartenschalter • Trennung Nah- und Fernverkehr • räumliche Trennung von Reisendem und Mitarbeiter	• in großstädtischen Bahnhöfen mehrere Fahrkartenschalter • oft auch Express-Schalter • offene Theken im Sinne der Corprate Identity • Fahrkartenautomaten, teilweise ausschließlich in kleinen Stationen
Auskunft	• Fahrplanaushänge • Ankunfts- und Abfahrtstafeln • Lautsprecherdurchsagen • Zuganzeiger auf den Bahnsteigen • Schalter	• Fahrplanaushänge • Ankunfts- und Abfahrtstafeln • Lautsprecherdurchsagen • Zuganzeiger auf den Bahnsteigen (elektronisch) • Serviceschalter (sofern noch vorhanden)
Gepäckaufbewahrung	• Standard	• Schließfächer, teilweise noch personenbesetzte Gepäckaufbewahrung
Gepäckauf- und -ausgabe	• Standard	• wird mittlerweile nicht mehr angeboten

[14] vgl. Strüber, Oliver: Service und Kommerz, in: Modell-Eisenbahner Spezial „Bahnhöfe – Kathedralen des Verkehrs“, 5/2004, 57ff

Fortsetzung

	Früher	**Heute**
Wartesäle	• Trennung nach Wagenklassen	• altes Konzept wurde mit Einführung der „Lounges" wieder aufgegriffen • meist weniger bequeme Sitzgelegenheiten im Empfangsgebäude und auf den Bahnsteigen
Toiletten	• z.T. außerhalb des Empfangsgebäudes	• teilweise durch Konzessionäre betrieben
Sozialstation, Bahnhofsmission	• vorhanden	• in größeren Bahnhöfen vorhanden
Einzelhandel, Gastronomie	• Restaurant	• Ansiedlung typischer Ladenlokale (z.B. Zeitschriften, Bäcker, Blumen, Drogerie, Souvenirs) • auch kleine Verkaufsstände sowie Automaten auf den Bahnsteigen • „Warenhaus mit Gleisanschluß"

Tabelle 1-2 *Angebot in Empfangsgebäuden früher und heute*

Aufgabe 3

	Umfeldfaktoren						
Strategische Aktionsfelder	Anzahl bzw. Größe potentieller Mieter	Fahrgastaufkommen	Denkmalschutz	Stadtentwicklung	Attraktivität des Umfelds (→ Touristen)	Technologische Entwicklung	**Zeilensumme**
selbstgenutzte Räumlichkeiten/Flächen	0	3	0	0	0	2	**5**
zur Vermietung/zum Verkauf bereitgestellte Räumlichkeiten/Flächen	3	3	0	0	0	2	**8**
Ausbauzustand (Attraktivität)	3	3	3	2	2	1	**14**
Erhaltungskosten	2	3	3	1	1	2	**12**
Automatisierung	0	3	0	0	0	3	**6**
Spaltensumme	**8**	**15**	**6**	**3**	**3**	**10**	**x**

Tabelle 1-3 *Umfeldeinflußmatrix*

Die stärksten Wirkungen gehen vom Fahrgastaufkommen aus. Den stärksten Einflüssen unterliegen der Ausbauzustand und die Kosten zum Erhalt der Immobilien. Die Praxis zeigt, wie viele Bahnhöfe aufgrund mangelnder Nachfrage geschlossen oder einer anderen Nutzung zugeführt wurden. Gleichzeitig werden die stark frequentierten Bahnhöfe zu modernen Hybridbahnhöfen ausgebaut.

Aufgabe 4

Akteure	Ziele	Bedenken
ÖBB	• Anstieg der Fahrgastzahlen und Gewinnung von Fahrgästen • größere Sicherheit für Reisende im Rahmen ihrer Verantwortung • Gewährleistung einer reibungslosen Verkehrsführung mit Auswirkungen auf den Betriebsdienst • bessere Nutzung von Bahnhofsgebäuden und bahneigenen Flächen • bessere Arbeitsbedingungen für ÖBB-Mitarbeiter	• Projekte teurer als geplant • (potentielle) Fahrgäste lassen sich von Baumaßnahmen abschrecken und sind später nur schwer zurückzugewinnen
Reisende	• angenehmeres Reisen durch optimierte Verknüpfung der Funktionen eines Bahnhofs • angenehmeres Überbrücken von Wartezeiten • Nutzung der neu geschaffenen Einkaufsmöglichkeiten	• Bahnfahren während der Baumaßnahmen mit großen Behinderungen verbunden • Baukosten werden sich auf Fahrpreise niederschlagen
Besucher	• Nutzung der neu geschaffenen Einkaufsmöglichkeiten (auch außerhalb der gesetzlichen Ladenöffnungszeiten) → Erlebnisshopping	
Anwohner	• Wohnen in einem attraktiveren Umfeld • Nutzung zusätzlicher Einkaufsmöglichkeiten (auch außerhalb der gesetzlichen Ladenöffnungszeiten)	• Bedenken bezüglich einer möglichen Verkehrszunahme (motorisierter Individualverkehr) bei stärkerer Frequentierung des Bahnhofs → dadurch mehr Lärm und Emissionen • evtl. Sicherheitsbedenken
Mieter im Bahnhof	• Betreiben eines Geschäfts an einem attraktiven Standort • Gewinnung neuer Kunden, insbesondere Laufkundschaft • Steigerung des Bekanntheitsgrades • Umgehen der üblichen gesetzlichen Ladenöffnungszeiten • Ausnutzung von Synergieeffekten	• schleichende Mieterhöhung • stark schwankende Nachfrage (Wochenende vs. Woche, Schul- vs. Ferienzeit) • nachteilige Änderungen in der Bahnpolitik
etablierte Gewerbetreibende außerhalb des Bahnhofs	• Tätigkeit in einem attraktiveren Umfeld • Nutzung von Synergieeffekten	• Angst vor Konkurrenz
Stadt	• Entwicklung der Bahnhofsviertel • höhere Attraktivität der Bahnhöfe als Subcenter • Gewährleistung der Daseinsvorsorge • Imagewirkung • Anlocken von (Einkaufs-)Touristen • zusätzliche Steuereinnahmen	• nachlassender Umsatz im innerstädtischen Bereich → „Händlersterben“

***Tabelle 1-4** Akteure, deren Ziele und Bedenken*

Aufgabe 5

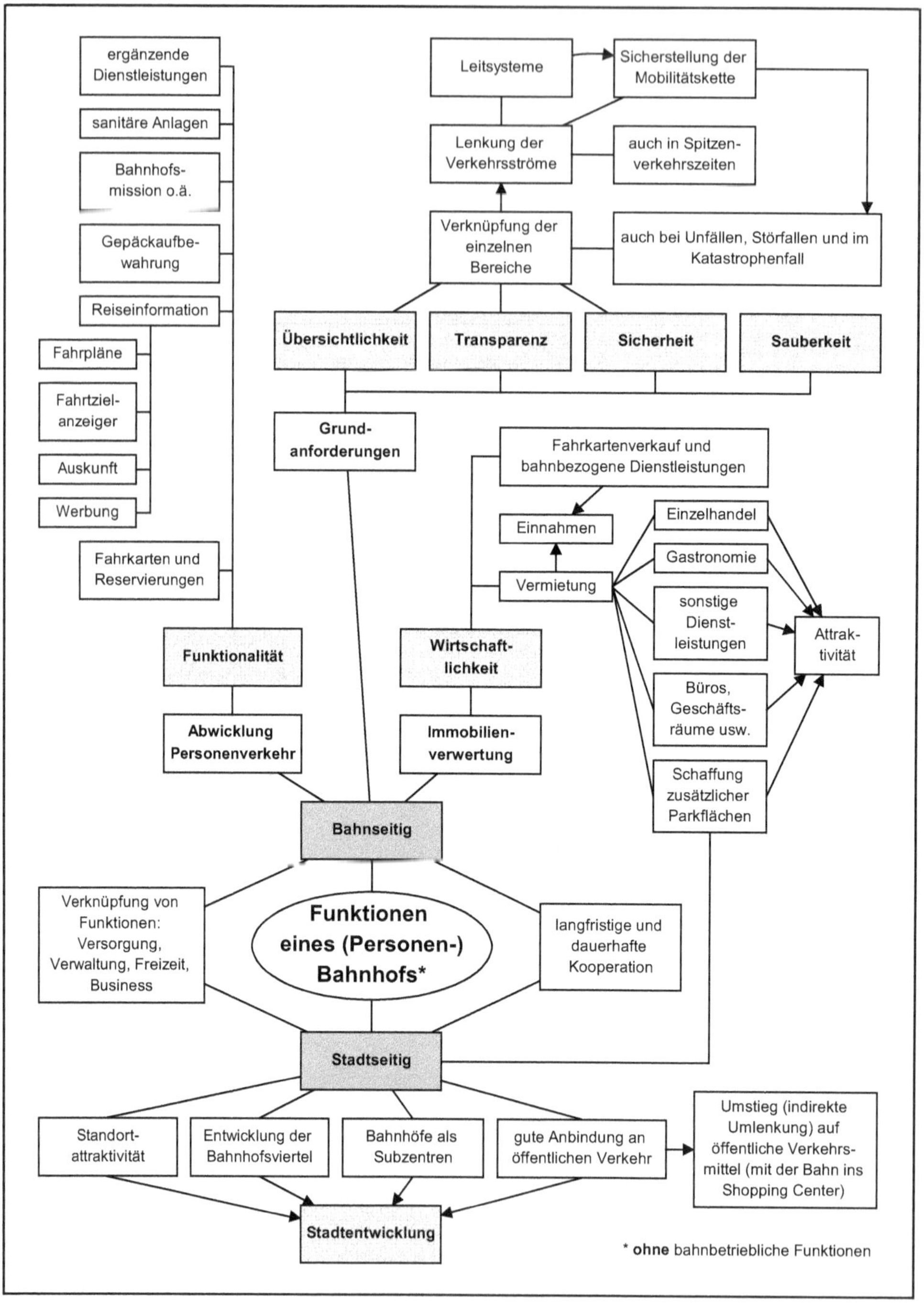

***Abbildung 1-1** Mindmap: Funktionen eines (Personen-)Bahnhofs*

2 Die Bahn im Geschwindigkeitsrausch – Hochgeschwindigkeitszüge

Ende der 1980er Jahre haben die damaligen EU-Mitgliedstaaten sowie Österreich und die Schweiz ihr Projekt zur Errichtung eines europäischen Hochgeschwindigkeitsnetzes, das ein Ausmaß von rund 30.000 km annehmen sollte, präsentiert. Vordergründiges Ziel war die Verknüpfung der einzelnen Netze über die bis dahin bestehenden technischen Probleme[1] hinweg. Die Vorteile eines solchen Netzes sollten im Zeitgewinn, in einer erhöhten Verkehrssicherheit, geringerem Schadstoffausstoß, weniger Flächenbedarf sowie einer besseren Ausnutzung von Energie bei weniger Abhängigkeit vom Erdöl liegen. Zudem sollten durch die notwendigen Baumaßnahmen zahlreiche Arbeitsplätze geschaffen bzw. gesichert werden. Dieses Verkehrssystem wurde vor allem auch als politische Aufgabe gesehen, um die vorhandenen infrastrukturellen Engpässe zu beseitigen. Beträchtliche Mittel wurden von Seiten der beteiligten Staaten und auch von privaten Investoren bereitgestellt. Die Beschaffung der einzelnen Züge wollten die Länder selbst übernehmen.[2]

In vielen europäischen Ländern gibt es mittlerweile Hochgeschwindigkeitszüge, die sich jedoch in Ausstattung und Einsatz teilweise stark unterscheiden. Eine Vorreiterrolle nimmt hier der TGV (*Train à grande vitesse*) ein, der bereits seit 1981 – zunächst nur in Frankreich, später auch in die Schweiz und nach Italien – verkehrt.

TGV in Brig/CH

Wagenlauf Brig–Paris–Lyon

Anfang der 1990er Jahre nahm der ICE (*InterCityExpress*) in Deutschland seine Fahrt auf. Mittlerweile deckt er ca. zwei Drittel des innerdeutschen Fernverkehrs ab und bedient über 100 deutsche Städte. Zudem ist er grenzüberschreitend nach Belgien, Dänemark, Frankreich, Österreich, in die Niederlande und in die Schweiz im Einsatz.[3]

---

[1] z.B. unterschiedliche Spurweiten, Fahrstrom- und Sicherheitssysteme

[2] Temming, Rolf L.: Eisenbahn für morgen schon heute – mit 300 Stundenkilometern durch Europa, Klagenfurt 1990, 25

[3] vgl. Koschinski, Konrad: ICE – Zugkräftige Marke, gewandeltes Produktprofil, in: Eisenbahnjournal, Spezialausgabe „ICE – Hochgeschwindigkeitsverkehr bei der DB: Züge, Technik, Einsatz", 2/2008, 3

Anders als beispielsweise in Frankreich sind die einzelnen Hochgeschwindigkeitsstrecken in Deutschland nicht miteinander verknüpft.[4]

Verschiedene technische Weiterentwicklungen, die sowohl der Deutschen Bahn als auch der an der Entwicklung beteiligten Industrie zu einem Imagegewinn verhelfen sollten, waren nicht nur von Erfolgen gekrönt.[5]

ICE 3 in Nürnberg/D

Innenansicht ICE-TD

Weitere namhafte Hochgeschwindigkeitszüge sind der Cisalpino (Italien, Schweiz), der X2000 (Schweden), der Talgo (Spanien), der Thalys (Frankreich, Belgien, Niederlande, Deutschland) oder der Eurostar (Frankreich, Großbritannien).

Die einzelnen Betreiber verfolgen mit ihren Zügen unterschiedliche Einsatzkonzepte: So fahren Hochgeschwindigkeitszüge entweder auf eigenen Netzen oder im Mischverkehr. Teilweise wird eine Auslastungssteuerung über Reservierungspflicht betrieben, so daß es nicht zur Überfüllung der Züge kommen kann. Einer höheren Nachfrage wird man dann über den Einsatz von zusätzlichen Zügen gerecht.

Cisalpino in Domodossola/I

Innenansicht Cisalpino

---

[4] vgl. Meyer-Eppler, Thomas: Die schnellsten Züge der Welt, München 2007, 134

[5] siehe hierzu auch die nachfolgende Fallstudie „Die Bahn innovativ – Die unendliche Leidensgeschichte des ICE-TD"

X2000 in Alvesta/S

Zuganzeiger in Stockholm

Thalys in Köln Deutz/D

Innenansicht Thalys

Hochgeschwindigkeitszüge im grenzüberschreitenden Einsatz sind, sofern nötig, auf die unterschiedlichen Strom- und Bahnsicherungssysteme der eingebundenen Länder ausgelegt.

Aufgabe 1

Was erwarten Fahrgäste von einem modernen Hochgeschwindigkeitszug? Stellen Sie dies in einem Mindmap dar!

Aufgabe 2

Welche Ziele verfolgen Bahnunternehmen mit dem Einsatz von Hochgeschwindigkeitszügen?

Aufgabe 3

Inwieweit beeinflussen äußere Faktoren die strategischen Aktionsfelder der Bahnunternehmen in diesem Zusammenhang?

Aufgabe 4

Inwiefern sind die oben betrachteten Umfeldfaktoren aus Sicht der Bahnunternehmen steuerbar?

Lösungen

Aufgabe 1

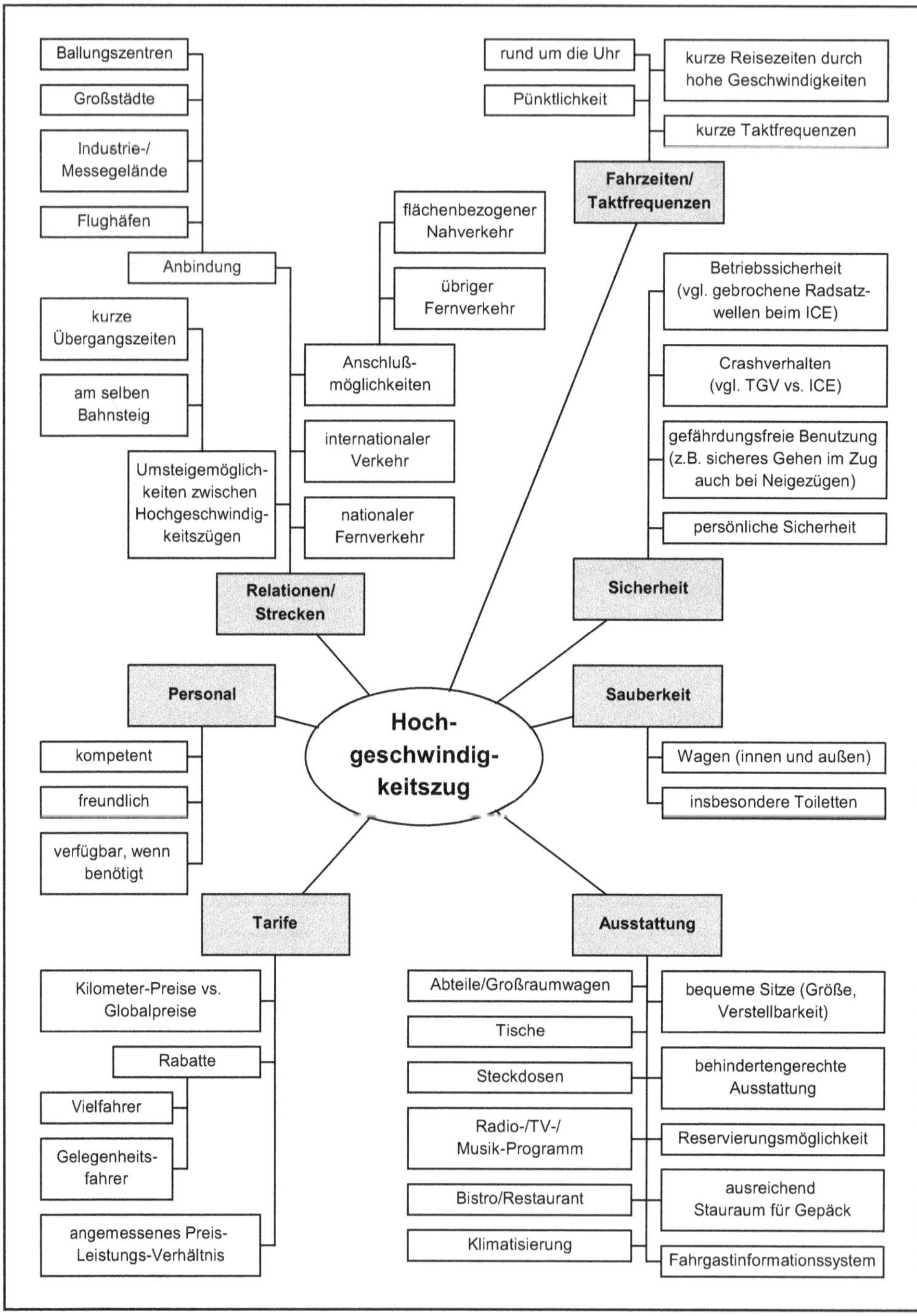

Abbildung 2-1 *Mindmap: Erwartungen der Fahrgäste an einen Hochgeschwindigkeitszug*

Aufgabe 2

- Leistungsfähigkeit des Verkehrsträgers Schiene erhöhen
- attraktive Angebote schaffen und damit Konkurrenz zu Auto und Flugzeug
- vergleichbare oder kürzere Reisezeiten bei besserer Umweltverträglichkeit
- weniger Flächenbedarf
- hohe Kapazitäten schaffen
- hohe Auslastung erreichen
- Schaffung rentabler Strecken durch hohe Deckungsbeiträge
- Vernetzung von Metropolen und Ballungszentren
- Imageaufwertung: modernes und attraktives Erscheinungsbild bieten

Aufgabe 3

	Umfeldfaktoren						
Strategische Aktionsfelder	geographische Gegebenheiten	technischer Stand der Trassen	technischer Stand der Züge (was ist technisch möglich?)	Fahrgastaufkommen auf geplanten Strecken/ Destinationen	Angebote der Konkurrenz (z.B. Billigflieger)	Angebote der Kooperationspartner (andere Bahnunternehmen)	**Zeilensumme**
Strecken/ Destinationen	3	3	0	3	3	3	**15**
Fahrzeiten	2	3	3	0	0	0	**8**
Taktzeiten	0	3	1	3	3	3	**13**
Tarife	0	1	3	0	3	2	**9**
Ausstattung der Züge[6]	2	1	3	2	0	0	**8**
Spaltensumme	**7**	**11**	**10**	**8**	**9**	**8**	**x**

Tabelle 2-1 *Umfeldeinflußmatrix*

Den stärksten Einfluß übt der technische Stand von Trassen und Zügen aus. Insbesondere die möglichen Fahrzeiten unterliegen diesbezüglichen Einflüssen. Sie sind zum einen abhängig von der zulässigen Streckengeschwindigkeit, zum anderen von der Höchstgeschwindigkeit des Fahrzeugs.

Am stärksten beeinflußt werden die Auswahl der zu befahrenden Strecken sowie die Taktzeiten. Die angefahrenen Destinationen sind von allen äußeren Faktoren (Ausnahme: technischer Stand der Züge) sehr stark abhängig: Der technischer Stand der Trassen muß das Befahren mit entsprechenden Zügen erlauben; zudem müssen genügend Fahrgäste das Angebot nutzen. Ferner erfolgt die Auswahl der Destinationen in Abstimmung mit den Zielorten konkurrierender Verkehrsmittel sowie der Angebote der Kooperationspartner. Ebenso unterliegen die Taktzeiten sehr starken Einflüssen.

[6] Ausstattung: z.B. Klimatisierung, Sonnenschutz, Heizung, Neigetechnik

Aufgabe 4

Steuerbarkeit	Faktoren	Begründung
Steuerbare Faktoren	technischer Stand der Trassen	• Der Netzbetreiber sollte – sofern er an der Vermietung der Trasse interessiert ist – die von Bahnunternehmen gewünschten Bedingungen schaffen.
	technischer Stand der Züge (was ist technisch möglich?)	• Bahnunternehmen sind i.d.R. an der Entwicklung der Züge beteiligt und können damit beeinflussen, in welche Richtung die Entwicklung geht.
	Angebote der Kooperationspartner (andere Bahnunternehmen)	• Im Rahmen von Kooperationen sollten alle Beteiligten über Mitsprache- und Steuerungsmöglichkeiten verfügen.
Wirksam steuerbare Faktoren	technischer Stand der Züge (was ist technisch möglich?)	• s.o.
	Angebote der Kooperationspartner (andere Bahnunternehmen)	• s.o.
Nicht Steuerbare Faktoren	geographische Gegebenheiten	• Diese sind als gegeben hinnehmen. • Möglich sind Anpassungen oder Umfahrungen (z.B. Tunnel).
	Angebote der Konkurrenz (z.B. Billigflieger)	• Hier ist man den vorhandenen Angeboten der Konkurrenz ausgesetzt. • Reaktion sind möglich.
Frühwarnindikatoren	Fahrgastaufkommen auf geplanten Strecken/Destinationen	• Enorme Fahrgastzuwächse oder -abnahmen finden nicht von heute auf morgen statt – dabei handelt es sich um einen kontinuierlichen Prozeß, der beobachtet werden kann und sollte. • Durch gezielte Maßnahmen kann gegengesteuert werden.

Tabelle 2-2 *Steuerbarkeit der Faktoren*

3 Die Bahn innovativ – Die unendliche Leidensgeschichte des ICE-TD

Die aktuellen Probleme der Deutschen Bahn mit den Baureihen 403 „ICE 3“ (Bruch einer Radsatzwelle) und 411/415 „ICE-T“ (Rißbildungen an zwei Radsatzwellen) sind in aller Munde. Mittlerweile ist davon auszugehen, daß all diese Radsatzwellen zwar auf der Grundlage heute noch gültiger Normen konstruiert sind, daß aber dieselben vom Erarbeitungsstand um 1980 keinesfalls die neuen Belastungen aus dem Hochgeschwindigkeitsverkehr und insbesondere der Neigetechnik widerspiegeln.[1]

Dabei sind dies nicht die ersten ICE-Probleme in der Bahngeschichte. Bereits im Jahr 2001, nur knapp einen Monat nach Inbetriebnahme, traten auf der „Franken-Sachsen-Magistrale“ von Nürnberg nach Dresden (ehemalige ICE-Linie 17), die über mehrere Jahre hinweg ausgebaut wurde bzw. noch wird, die ersten Probleme mit den damals neuen ICE-TD der Baureihe 605 auf.

Ausbau der „Sachsenmagistrale“

BR 605: ICE-TD

Durch den Einsatz der Diesel-Neige-ICE, von denen 20 Stück zum Preis von je ca. 7,6 Mio. Euro beschafft worden waren, sollte die Fahrzeit merklich verkürzt werden. Insbesondere auf der kurvenreichen Strecke durch das Vogtland sollte mit der neuen Technik ein schnelleres Fahren möglich sein.

Bereits die Einführung der neuen ICE-Züge mußte mehrmals verschoben werden, da die Hersteller (Bombardier und Siemens) nicht in der Lage waren, termingerecht zu liefern. Schon damals mußten Fahrpläne immer wieder korrigiert werden. Als die neuen Züge dann endlich einsatzbereit waren, traten bald die ersten Störfälle auf: Die BR 605 galt seit jeher als Sorgenkind der ICE-Familie. Schon in den ersten Wochen ihres Einsatzes führten Softwarekonflikte zum Ausfall der Neigetechnik, wodurch auf der ICE-Linie 17 Verspätungen von durchschnittlich 30 Minuten ent-

---

[1] vgl. Vockrodt, Stefan: Stars in der Krise – die Probleme mit den ICE-Radsätzen, in: Bahn extra „Bahn-Jahrbuch 2009“, 1/2009, 12ff

standen.[2] Obwohl für derartige Strecken entwickelt, verkraftete *„[d]ie Neigetechnik monatelang die Kurven im Vogtland nicht. Später streikten Fahrmotoren, Kupplungen und Klimaanlagen. Russische Dieselloks mussten wiederholt die lahmen Hightech-Züge von der Strecke schleppen.“*[3]

Nach einem Unfall bei Gutenfürst, bei dem solch ein ICE-TD infolge eines Achsbruches aus den Gleisen sprang, ordnete das Eisenbahn-Bundesamt im Dezember 2002 an, daß diese Züge bis zur detaillierten Klärung der Unfallursachen ohne Einsatz der Neigetechnik zu fahren haben.[4] Dies bedeutete natürlich, daß es nicht mehr möglich war, die Fahrpläne einzuhalten. Um den Beschwerden der Fahrgäste zuvor zu kommen, teilten manche Zugbegleiter auf dieser Strecke schon während der Fahrt Verspätungsgutscheine aus, da sicher war, daß man mit mehr als 30 Minuten Verspätung in Nürnberg bzw. Dresden ankommen würde. Reisende, die ihre Anschlußzüge verpaßten, konnte dies aber auch nicht immer besänftigen. Deshalb hat man entschieden, die Fahrpläne zu korrigieren und eine verlängerte Fahrzeit von vornherein einzuplanen, wodurch sich die Bahn die Verspätungsgutscheine sparen konnte. Die ICE-Züge wurden zu InterCitys „degradiert“. Vom 27. April 2003 an galt deshalb offiziell ein Notfahrplan zwischen Nürnberg und Chemnitz.[5] Zwei Zugpaare wurden ersatzlos gestrichen, nur noch ein Zugpaar täglich wurde über Bayreuth geführt. Damit wurde der ICE-Einsatz auf dieser Strecke in Frage gestellt, denn die Züge waren chronisch leer.[6]

Da es dem Herstellerkonsortium auf absehbare Zeit nicht möglich war, die Fehler in der Technik zu beheben, entschied das Eisenbahn-Bundesamt am 24.07.2003, die ICE-TD-Züge[7] komplett aus dem Verkehr zu nehmen.[8] Auf der Strecke kamen nun die – zum Glück noch nicht alle verschrotteten – alten InterRegio-Garnituren, bespannt mit Lokomotiven russischer Bauart, als „InterCity“ zum Einsatz.

Der Hersteller, insbesondere der Siemens-Konzern sicherte zu, bis Jahresende die Probleme mit der Neigetechnik behoben zu haben.[9] In der Zwischenzeit wurde die Strecke von umlackierten Triebwagen der Baureihe 612, die sonst als InterRegioExpress unterwegs sind, bedient – und dies zum IC-Tarif! In diesen, auf den Nahverkehr ausgelegten Zügen, waren Reservierungen nicht möglich. Außerdem gab es kein BordBistro. Die Zugbegleiter halfen sich in dieser Situation, indem sie in einem Abteil am Ende der Triebwagen Thermoskannen mit Kaffee oder Tee und kleine

---

[2] vgl. o.V.: Anmerkungen zu den ICE-TD-Triebzügen (Baureihen 605), in: Lok-Report (22.09.2003), http://www.lok-report.de, 10.10.2003; o.V.: Bruchlandung, in: Modelleisenbahner 7/2003, 4; Koschinski, Konrad: ICE-TD: „Spätzünder auf Nordkurs“, in: Eisenbahnjournal, Spezialausgabe „ICE – Hochgeschwindigkeitsverkehr bei der DB: Züge, Technik, Einsatz“, 2/2008, 65f

[3] o.V.: Stehen die Pannen-ICE auf der Sachsenmagistrale Dresden-Chemnitz-Nürnberg vor dem Aus? (22.09.2003), http://www.lokomotive.de, 10.10.03

[4] vgl. o.V.: Stillgelegt, in: Modelleisenbahner 9/2003, 9

[5] Dresden konnte ohnehin wegen der Trassenschäden im Weißeritztal nach dem Augusthochwasser 2002 nicht angefahren werden.

[6] vgl. o.V.: Bruchlandung, in: Modelleisenbahner 7/2003, 4

[7] Triebwagen dieser Bauart waren auch auf der Strecke München–Zürich im Einsatz und mußten dort ebenfalls aus dem Verkehr gezogen werden.

[8] vgl. o.V.: Stillgelegt, in: Modelleisenbahner 9/2003, 9

[9] vgl. ebd.

Snacks bereithielten. Kritik ließ nicht lange auf sich warten: „*Dass sich die DB Reise und Touristik nach Ersatzfahrzeugen für die problembehafteten VT 605 umschaut, ist nachzuvollziehen. Dass sie zwischen Nürnberg und Chemnitz VT 612 verkehren lässt, ist der Tiefpunkt der Reisekultur auf einer als Magistrale bezeichneten Fernverbindung. Es beginnt mit der Bestuhlung, die zu eng und zu hart ist, der man aber im Falle der Gesamtstrecke fast vier Stunden im Wortsinne ausgesetzt ist. Es pflanzt sich fort über die nicht vorhandene Möglichkeit der Sitzplatzreservierung und findet seinen Abschluss darin, dass – immerhin in einem als Intercity deklarierten Zug – nicht mal ein Minimum an gastronomischen Service angeboten wird.*“[10]

In der Zwischenzeit wurden die ersten beiden ICE-TD-Fahrzeuge[11] ausgemustert und als Ersatzteilspender zerlegt.[12] Auf dem Hofer Hauptbahnhof standen derweil die übrigen „millionenschweren“ ICE-TD auf dem Abstellgleis und sahen einer ungewissen Zukunft entgegen: „*Der Einsatz von Schienenfahrzeugen mit gleisbogenabhängiger Wagenkastensteuerung, Neigetechnik genannt, entwickelt sich in Deutschland zu einem industriepolitischen Skandal. […] Serienreife hat sie bislang nur im Ausland erreicht. […] Dem deutschen Hersteller aber fehlte es noch an Erfahrung. So erwiesen sich dessen Fahrzeuge bisher als äußerst störanfällig. Ihr Einsatz schädigt nachhaltig den guten Ruf der deutschen Bahnindustrie und den des größten deutschen Bahnunternehmens, der Deutschen Bahn AG.*“[13]

Hof Hbf: Der ICE-TD ist nicht einsatzbereit, sondern auf dem Mittelgleis abgestellt.

BR 612: Die für den Nahverkehr konzipierten Triebwagen sind als IC im Einsatz.

Nachdem auch die Baureihe 612 nicht mehr unter Einsatz der Neigetechnik verkehren durfte, wurden die IC-Fernverbindungen auf der Franken-Sachsen-Magistrale mit umlackierten, ehemaligen InterRegio-Waggons bedient. Ab dem Fahrplanwechsel im Dezember 2004 verkehrten die InterCitys auf der Strecke Dresden–Nürnberg nur noch im 4-Stunden-Takt, zudem verlängerten sich die Fahrzeiten (insbesondere auch durch das nunmehr notwendig gewordene Umspannen von Elektro- auf Diesellokomotiven und umgekehrt) von ehemals 4,5 auf durchschnitt-

[10] o.V.: Flop: VT 612 als Intercity, in: Modelleisenbahner 10/2003, 10

[11] Dabei handelt es sich um den bei Gutenfürst verunglückten Triebwaren sowie einen, der im Neigetechnikzentrum Hof von einer Hebebühne gestürzt war.

[12] vgl. o.V.: Anmerkungen zu den ICD-TD-Triebzügen (Baureihen 605), in: Lok-Report (22.09.2003), http://www.lok-report.de, 10.10.2003; o.V.: Bruchlandung, in: Modelleisenbahner 7/2003, 4

[13] Schäfer, Jörg: Pannen statt Schwung, in: ProBahn 2/2001, 30

auf Diesellokomotiven und umgekehrt) von ehemals 4,5 auf durchschnittlich 5,5 Stunden. Mit dem Fahrplanwechsel im Dezember 2006 wurde der Fernverkehr komplett von der Strecke verbannt.

Mehrfache Bemühungen, die verbleibenden 19 Dieseltriebzüge an andere Bahnverwaltungen abzugeben, scheiterten. Hierzu zählen frühere Kaufinteressen aus dem Iran sowie ein Einsatz im Liniendienst der Österreichischen Bundesbahnen.[14] Reaktiviert wurde ein Teil der ausrangierten Züge in Deutschland selbst anläßlich der Fußballweltmeisterschaft zur Beförderung der verschiedenen Nationalmannschaften zwischen den Austragungsorten.

Seit dem Fahrplanwechsel im Dezember 2007 wird ein Teil der Diesel-ICE im Reiseverkehr zwischen Deutschland und Dänemark auf den Strecken Hamburg–Arhus sowie Hamburg–Kopenhagen eingesetzt. Eine Nutzung der Neigetechnik ist vorerst allerdings wegen des fehlenden Streckenausbaus nicht möglich.[15]

Aufgabe 1

Wie haben sich möglicherweise die beschriebenen Probleme auf das Verhalten der (potentiellen) Bahnkunden ausgewirkt?

Aufgabe 2

Wie hätte die Bahn Schadenbegrenzung betreiben können?

Aufgabe 3

Während die hydraulisch arbeitende Neigetechnik für die elektrisch betriebenen ICE-T (bei denen zwar die selben Achswellen-Probleme auftreten, aber nicht die oben beschriebenen Probleme in der Ansteuerung der Neigetechnik) aus dem Hause Fiat Ferroviaria stammt, wurde für die ICE-TD von Siemens zur Platzeinsparung eine elektromechanische Technologie entwickelt.

Welche Risikofaktoren sind mit einer derartigen F&E-Tätigkeit verbunden?

Aufgabe 4

Bei der Entwicklung der ICE-TD-Züge waren federführend die Hersteller Bombardier und Siemens tätig.

Welche Vorteile und Gefahren sind mit Kooperationen im F&E-Bereich verbunden?

Aufgabe 5

Welche Schlußfolgerungen sollten angesichts der geschilderten Probleme für künftige Neuentwicklungen von Fahrzeugen durch die Partner Deutsche Bahn und Hersteller gezogen werden?

---

[14] vgl. Koschinski, Konrad: ICE-TD: „Spätzünder auf Nordkurs“, in: Eisenbahnjournal, Spezialausgabe „ICE – Hochgeschwindigkeitsverkehr bei der DB: Züge, Technik, Einsatz“, 2/2008, 66f

[15] vgl. o.V.: Erste Fahrt eines ICE-TD nach Dänemark, in: Schweizer Eisenbahn-Revue 6/2007, 282f; Deutsche Bahn: Kursbuch A – Fernverbindungen, gültig vom 09.12.2007 bis 13.12.2008, KBS 10.3 und 10.4

Lösungen

Aufgabe 1

- Die Bahnkunden waren unsicher, genervt.
- Sie verstanden nicht, daß der eigentlich gewollte technische Fortschritt bei schrittweiser Fahrpreiserhöhung mit Serviceabbau einher geht.
- Sie kritisierten u.U. schneller, waren schneller unzufrieden, die Frustrationstoleranzschwelle sank.
- Andere kleinere Probleme wurden vielleicht dramatisiert (die Mücke zum sprichwörtlichen Elefanten gemacht).
- Das Image der Bahn litt.
- Bahnkunden suchten letztendlich nach Alternativen, stiegen für den Übergangszeitraum oder auch dauerhaft auf andere Verkehrsmittel, insbesondere Privatauto, um.

Aufgabe 2

Technisch	Kaufmännisch/marktorientiert
• an Hersteller herantreten, wenn noch Gewährleistungsfrist läuft → Nachbesserung, Schadenersatz fordern • enge Kooperation zwischen Bahn und Hersteller, um Probleme zufriedenstellend und in einem angemessenen Zeitrahmen zu lösen	• versuchen, Imageverluste zu minimieren, sich Kunden gegenüber kulant zeigen: – eingesetzte BR 612, die als InterCity fuhr, als InterRegio verkehren lassen (also noch einmal herabstufen), weil der Komfort eines InterCity bei weitem nicht erreicht wurde → BR 612 ist ausschließlich für Nahverkehr konzipiert – außerdem wäre damit Nutzung der Züge mit Normalfahrkarte (nicht höherer InterCity-Preis) möglich gewesen • anderweitiger Einsatz der für ICE-TD spezialisierten Lokführer (evtl. Gehaltsdifferenz, wenn Einsatz auf anderen Zügen) • anderweitiger Einsatz des Bistropersonals (da Intercity, wie er zum Einsatz kam, nicht über Bistro verfügte)

Tabelle 3-1 *Möglichkeiten der Schadensminimierung*

Aufgabe 3

Objektive Risikofaktoren	Subjektives Verschulden
• nicht alle wirtschaftlichen Auswirkungen sind vom Entscheidungsgremium mit Sicherheit vorausbestimmbar: Einnahmeausfälle bei zu spätem Einsatz sowie Ersatzlösungen bei hoher Störanfälligkeit, Kosten für Nachbesserungen, Kosten durch Imageverluste • Suche nach neuem Wissen läßt in bestimmten Zeiträumen das angestrebte Ergebnis nicht erreichen: ICE-TD wurden bereits planmäßig setzt, obwohl Technologie noch nicht ausgereift war (ein derartiges Vorgehen wird auch treffend als Bananenschema bezeichnet: „reift beim Kunden")	• Projekte werden aus Prestigegründen durchgeführt bzw. fortgeführt: Entwicklung einer neuen Technologie, obwohl bewährte Neigetechniklösungen – mit Adaptionen – einsetzbar gewesen wären • Marktanalysen werden nur unzureichend vorgenommen und infolgedessen falsche F&E-Strategien abgeleitet: Argument der Betreiber, die Neigetechnik-Software sei nicht völlig kompatibel mit den kurvenreichen Strecken → aber genau für diese Strecken waren diese Züge entwickelt worden

Fortsetzung

Objektive Risikofaktoren	**Subjektives Verschulden**
Weitere generell mögliche Risiken: • Mitbewerber treten mit einer gleichartigen oder ähnlichen Lösung eher auf dem Markt auf • Regierung erlegt Restriktionen durch neue bzw. geänderte Gesetzgebung auf	• betriebswirtschaftlich erzielbare Ergebnisse werden mit einer unrealistisch hohen Erwartungshaltung verknüpft: Einnahmenmaximierung steht im Vordergrund Weitere mögliche Probleme: • die in den Bearbeitungsprozeß einbezogenen Funktionsbereiche unterliegen einer unzureichenden Führung und Koordination

Tabelle 3-2 *Mit der F&E-Tätigkeit verbundene Risikofaktoren*

Aufgabe 4

Vorteile	**Gefahren**
• Vergrößerung des F&E-Potentials • Erzielen von Synergieeffekten aus unterschiedlichem Wissensstand und unterschiedlichen fachlichen Erfahrungen der Partner • reduzierte Aufwendungen für das einzelne beteiligte Unternehmen und damit erst gegebenenfalls ein tragfähiges finanzielles Risiko • Verringerung des Bearbeitungszeitraumes bei straffer Planung und Realisierung	• Transparenz und Offenlegung eigener Innovations- und Produkt-Markt-Strategien • Know-how-Abfluß bei Zulieferern und Ausrüstern • Abwerbung eigener Entwicklungspotentiale • Verlust an technologischer Unabhängigkeit • Siemens: "*Unser Fehler lag vor allem darin, dass wir bei dem Projekt federführend sind.*"[16]

Tabelle 3-3 *Vorteile und Gefahren von Kooperationen im F&E-Bereich*

Aufgabe 5

- Man sollte nicht unbedingt neu entwickeln wollen, wenn gut funktionierende technische Lösungen bereits existieren .
- Man sollte eine ausreichende Probezeit gewährleisten und Fahrzeuge erst dann einsetzen, wenn Marktreife erreicht ist bzw. Produkt den Anforderungen in der Praxis wirklich gerecht wird.
- Zeitdruck darf nicht über den Markteinführungszeitpunkt entscheiden.
- Eine engere Kooperation (Zulieferer, Hersteller, Abnehmer) während der Entwicklungsphase ist erforderlich.
- Derzeit werden viele Kleinserien mit jeweils unterschiedlicher Technologie produziert, Erfahrungen anderer Hersteller werden dabei nicht ausreichend genutzt.
- Technische Normen sollten nicht schematisch angewendet werden, sondern man sollte unter Berücksichtigung veränderter Belastungssituationen (vgl. Radsatzwellen) vorausschauend konstruieren, auch wenn dies teurer wird.

[16] o.V.: Siemens schiebt Pannen beim ICE auf Zulieferer (15.05.2003), in: Financial Times Deutschland, http://www.ftd.de, 10.10.2003

4 Mehr Zug für die Schweiz – Das Projekt Bahn 2000

In der Schweiz wurde am 12. Dezember 2004 die erste Etappe des Projektes „Bahn 2000“ in Betrieb genommen. Mit dem Ausbau der Infrastruktur und mit neuem Rollmaterial erhöhten sich die Anzahl an Zugkilometern um 14 % und die Anzahl der Züge um 12 %.[1] Anzumerken ist hierbei, daß die Eisenbahn in der Schweiz eine wesentlich größere Rolle spielt als in anderen Ländern, charakteristisch ist vor allem die Liebe der Bevölkerung zur Bahn. In Angriff genommen wurde dieses Projekt, weil in der Vergangenheit hauptsächlich in den Straßenbau investiert worden war und zunehmend Engpässe auf Schiene und Straße auftraten, aber laut Verkehrsprognose mit einer starken Zunahme der Verkehrsleistungen zu rechnen ist.

Die Bahn 2000 ist gekennzeichnet durch einen dichteren Fahrplan und durch kürzere Reisezeiten, aber auch durch die Modernisierung von Bahnhöfen, durch Streckenaus- und Neubauten. Dabei gilt der Leitsatz: „*häufiger, rascher, direkter, bequemer*“. Viele Strecken sollen mit dem Zug schneller und zuverlässiger zurückzulegen sein als mit dem Auto.

Bahnhof Luzern

Neubau Bahnhof Zug

Typisch für die Bahn 2000 ist das System der großen „Knotenbahnhöfe“: Dabei wird die Fahrzeit zwischen zwei Knoten auf knapp eine Stunde reduziert. In den Knotenbahnhöfen besteht dann die Möglichkeit, die Züge zur vollen und zur halben Stunde zu bündeln, da sie kurz vorher aus verschiedenen Richtungen eintreffen und kurz danach wieder in die jeweiligen Richtungen abfahren. Für die Reisenden ergeben sich so gute Umsteigebeziehungen. In einem früheren Werbeslogan wurde dieses Prinzip treffend zusammengefaßt: „*Die Züge der Bahn 2000 rollen nicht so schnell wie möglich, sondern so schnell wie nötig.*“[2]

---

[1] vgl. Lalive d'Epinay, Thierry: Schritt für Schritt mehr Bahnvergnügen, in: Kräuchi, Christian; Stöckli, Ueli: Mehr Zug für die Schweiz – Die Bahn-2000-Story, Zürich 2004, 7

[2] Krebs, Peter: Die wechselvolle Geschichte der Bahn 2000, in: Kräuchi, Christian; Stöckli, Ueli: Mehr Zug für die Schweiz – Die Bahn-2000-Story, Zürich 2004, 14

Unter den für die Schweiz spezifischen topographischen Bedingungen wird in Verbindung mit den Tram- und Buslinien, den Bergbahnen und den Schiffsrouten eine fast lückenlose Erschließung aller Wohnorte und Touristikziele gewährleistet. Nur bis zu fünf Minuten sind für über zwei Drittel der Haushalte erforderlich, um zu Fuß die nächste Haltestelle des öffentlichen Verkehrs zu erreichen. Lediglich 5 % wohnen in einer Entfernung von mehr als einem Kilometer vom nächsten Haltepunkt.

Bahnhof Brig als Schnittstelle zwischen Normal- und Schmalspur und Postbusnetz

Auch im Dorf Fiesch sind die Anschlüsse garantiert

Postauto am Nufenenpaß

Engadin-Bus in Sils

Seilbahn „Rotair“ zum Titlis, Engelberg

Seilbahn zum Klein Matterhorn, Zermatt

DS „Luzern" auf dem Urner See

MS „Verbania" auf dem Lago Maggiore

Die Grundlage dafür bildet ein Streckennetz von insgesamt 22 000 Kilometern:

Schweizerische Bundesbahnen (SBB)	3000 km
Privatbahnen	2000 km
Bergbahnen	1000 km
Nahverkehrsbetriebe	1500 km
Postautodienste	8500 km
Busunternehmen	5000 km
Schiffahrt	1000 km

Tabelle 4-1 *Länge des öffentlichen Verkehrsnetzes in der Schweiz*[3]

Das Projekt Bahn 2000 geht auf das Jahr 1985 zurück. Nach der Beratung im Parlament und der Genehmigung durch die Bundesversammlung stimmte Ende 1987 das Volk über das Konzept Bahn 2000 ab. Damit standen 5,4 Mrd. Franken für das Gesamtprojekt zur Verfügung. Vier Jahre später betrug aber die geschätzte Summe bereits das Drei- bis Fünffache. Deshalb erfolgte Anfang 1993 eine Reduzierung auf 8 Mrd. Franken (5,4 Mrd. plus Teuerungszuschlag). Bedingt durch die Redimensionierung wurde der Bau in zwei Etappen unterteilt.[4]

Die erste Etappe bezieht sich auf die am stärksten frequentierten Trassen. Hierbei konnte eine Verkürzung der Zugfolge auf einigen Hauptstrecken von bisher drei Minuten auf zwei Minuten erreicht werden. Von den geplanten vier Neubaustrekken kommt nur die von Mattstetten nach Rothrist zur Ausführung. Die Anzahl der acht Knotenbahnhöfe wurde auf drei (Basel, Bern, Zürich) reduziert. An den anderen großen Bahnhöfen werden Anschlüsse um die Minuten 15 und 45 geboten. Insgesamt sind die Taktfahrpläne symmetrisch gestaltet, wobei die Minute 00 als Symmetrieachse gilt.[5]

---

[3] vgl. Meiner, Hans: Enge Abstimmung unter den Bahnen – Bahn 2000 als Konzept für den ganzen Schweizer öffentlichen Verkehr, in: Kräuchi, Christian; Stöckli, Ueli: Mehr Zug für die Schweiz – Die Bahn-2000-Story, Zürich 2004, 56

[4] vgl. Urech, Pierre-Alain: Die Umleitung führt zum Ziel – Über das Redimensionieren des Milliarden-Projekts, in: Kräuchi, Christian; Stöckli, Ueli: Mehr Zug für die Schweiz – Die Bahn-2000-Story, Zürich 2004, 42ff

[5] vgl. Wilderner, Werner: Der gordische Fahrplanknoten – Vom Planen in Langen Zeiträumen, in: Kräuchi, Christian; Stöckli, Ueli: Mehr Zug für die Schweiz – Die Bahn-2000-Story, Zürich 2004, 34

Zusätzliches Rollmaterial hat die Bahn selbst zu finanzieren. Gleichzeitig erlangt der Einsatz von Neigezügen eine größere Bedeutung, um kürzere Fahrzeiten ohne den zu aufwendigen Infrastrukturausbau zu erreichen („*Elektronik statt Beton*“). Verstärkt fahren Doppelstockzüge zur Erhöhung der Beförderungskapazität.[6]

Es gibt aber auch Kritiker des Projektes und insbesondere des Systems der Knotenbahnhöfe. So wird beispielsweise die Meinung vertreten, daß damit die Stand- bzw. Reisezeiten im Knotenbahnhof verlängert würden und außerdem der Ausbau der Bahnhöfe für eine hohe Fahrgastkapazität erforderlich sei, die aber nur für wenige Minuten pro Stunde in Anspruch genommen wird. Andererseits wird auf den vorgesehenen verstärkten Einsatz von Doppelstockzügen hingewiesen, die es nie in Neigetechnik-Ausführung geben kann.[7]

Eine zweite Etappe beinhaltet die Verbesserung der Anschlüsse an das europäische Hochgeschwindigkeitsnetz, die Beseitigung noch vorhandener Engpässe im Schweizer Netz und die zielstrebige Verlagerung der Gütertransporte auf die Schiene.

Doch auch damit ist die Entwicklung der Bahninfrastruktur noch nicht beendet. Bereits beschlossen sind das ZEB-Programm (Zukünftige Entwicklung der Bahninfrastruktur) sowie die Erarbeitung einer Vorlage zum weiteren Ausbau des Schienennetzes für die Zeitspanne zwischen 2017 und 2040. Letztere läuft unter dem Namen „Bahn 2030“. Dafür wird es eine erneute Volksabstimmung geben müssen.[8]

Aufgabe 1

Weshalb wurde das Projekt Bahn 2000 in Angriff genommen?

Aufgabe 2

In welchem Verhältnis stehen Bahn 2000 und NEAT (Alp Transit) zu einander?

Aufgabe 3

Welche Vorstellungen waren damals mit dem bereits genehmigten Projekt verknüpft?

Aufgabe 4

Welche Änderungen bzw. Korrekturen mußten im Hinblick auf die derzeitige Realisierbarkeit vorgenommen werden?

Aufgabe 5

Was konnte mit der Inbetriebnahme nach Abschluß der ersten Etappe im Dezember 2004 erreicht werden?

---

[6] vgl. Urech, Pierre-Alain: Die Umleitung führt zum Ziel – Über das Redimensionieren des Milliarden-Projekts, in: Kräuchi, Christian; Stöckli, Ueli: Mehr Zug für die Schweiz – Die Bahn-2000-Story, Zürich 2004, 42ff

[7] vgl. Rellstab, Mathias: ETH-Professor zweifelt am Knotenprinzip, Schweizer Eisenbahn-Revue 8-9/2007, 371

[8] o.V.: Parlament stellt erste Weichen für Bahn 2030, in: Schweizer Eisenbahn-Revue, 2/2009, 63

Lösungen

Aufgabe 1

In der Vergangenheit wurde hauptsächlich in den Straßenbau investiert. Es entstanden zunehmende Engpässe auf Schiene und Straße: Verkehrsprognosen sprachen von starker Zunahme der Verkehrsleistungen (damit verbunden starke Zunahme der Emissionen).

Aufgabe 2

Es sind zwei verschiedene Eisenbahngroßprojekte der Schweiz: Während sich Bahn 2000 vorwiegend auf den Personenverkehr orientiert, ist das Vorhaben NEAT entsprechend einer Forderung der EU auf einen leistungsfähigeren Gütertransitverkehr gerichtet. Zwischen beiden Projekten gibt es viele gegenseitige Beeinflussungen (mehr Gütertrassen durch Bahn 2000, schnellerer Personenverkehr durch Basistunnel), deshalb werden Bahn 2000 und NEAT auch als „Geschwisterpaar" bezeichnet.

Aufgabe 3

- Es gilt der Bahn-2000-Leitsatz: „häufiger, rascher, direkter, bequemer".
- **Knotenbahnhöfe**: Die Bahn 2000 zeichnet sich durch das System der großen „Knotenbahnhöfe" aus. In diesem System muß die Fahrzeit zwischen zwei Knoten auf je etwas weniger als eine Stunde reduziert werden. In den Bahnknoten wird es so möglich, die Züge zur vollen und zur halben Stunde zu bündeln: Sie treffen kurz vorher aus allen Richtungen ein und fahren wenig später wieder ab. Dadurch entstehen gute und kurze Umsteigemöglichkeiten (sogenannte „Anschlußspinnen"). Acht derartige Stundenknoten waren vorgesehen.
- **Verdichtungen zum Halbstundentakt**: Man bietet zweimal pro Stunde ideale Anschlüsse statt Höchstgeschwindigkeiten. Das Knotenprinzip von Bahn 2000 paßt sich der Schweizer Topographie und den Distanzen an und sorgt für kurze Umsteigezeiten in den großen Bahnhöfen. Die Züge fahren nicht so schnell wie möglich, sondern gerade so schnell wie nötig, um im nächsten Knoten günstige Anschlüsse zu erreichen. Der Fahrplan ist die Basis für alle späteren Infrastrukturbauten. Dies spart Kosten und bringt optimalen Nutzen.
- **Anwendung des symmetrischen Taktfahrplanes**: Fahr-, Aufenthalts- und Umsteigezeiten, aber auch die Halteorte für die Hin- und Rückfahrt sind spiegelbildlich angeordnet. Die Symmetriezeit oder Symmetrieachse auf der Minute 00. Damit läßt sich die Rückfahrtzeit mit der Differenz zur Symmetriezeit 00 ermitteln.
- **Anschluß an europäisches Hochgeschwindigkeitsnetz**: Gute Anschlüsse bewirken Standortvorteile für die Schweiz. Durch die Beseitigung der sich abzeichnenden Engpässe auf dem Schweizer Hauptnetz kann eine weitere Verdichtung des S-Bahn-Taktes und die konsequente Verlagerung der Güter auf die Schiene erfolgen.
- Das Projekt umfaßt das gesamte öffentliche Verkehrsnetz, wenn auch die Bahn die Hauptrolle spielt.

Aufgabe 4

Anfang 1991, vier Jahre nach der Volksabstimmung, mußte man feststellen, daß die geschätzte Summe um das Drei- bis Fünffache höher liegt. Anfang 1993 wurde das Projekt auf eine erste Etappe im gesetzlichen Kostenrahmen zurückgestutzt (8 Mrd. Franken). Dieser Betrag entsprach der vom Volk beschlossenen 5,4 Mrd. Franken plus der inzwischen aufgelaufenen Teuerung. Der Bau erfolgt in zwei Etappen. Eine erste Etappe beschränkt sich auf die nachfragestarken Verbindungen.

Man verzichtet auf drei Neubaustrecken. Anstelle von vier Neubaustrecken wird nur die Strecke von Mattstetten nach Rothrist realisiert.

Die ursprüngliche Vorstellung von knapp einstündigen Fahrzeiten zwischen acht Knotenbahnhöfen mußte allerdings teilweise aufgegeben werden. Nur noch in Zürich, Bern und Basel treffen sich die Züge jeweils zur vollen und halben Stunde. In den übrigen größeren Bahnhöfen werden die Anschlüsse um die Minuten 15 und 45 sichergestellt. Das ist, was das Umsteigen betrifft, kein Nachteil, wenn die Züge im Halbstundentakt verkehren.

Zusätzliches Rollmaterial hat die SBB aus ihren eigenen Mitteln zu finanzieren. Neu aufgenommen wurde das Rollmaterialkonzept mit Neigezügen, um Reisezeitgewinne ohne allzu große Investitionen in die Infrastruktur zu ermöglichen („Elektronik statt Beton"). Außerdem werden Doppelstockwagen mit zusätzlichem Sitzplatzangebot eingesetzt.

Aufgabe 5

Mit der Inbetriebnahme wurde der erste wichtige Schritt abgeschlossen – 130 Infrastrukurmaßnahmen wurden realisiert. Es wurden viele Streckenausbauten vorgenommen. Die Neubaustrecke Mattstetten–Rothrist wurde eröffnet. Viele Bahnhöfe wurden modernisiert. Gemäß dem Leitsatz „Elektronik vor Beton" wird neues Rollmaterial eingesetzt.

Ein ganzes System von Bahnknoten vernetzt die Schweiz (System der großen Knotenbahnhöfe, davon die drei Stundenknoten Basel, Bern und Zürich). In weiten Teilen der Schweiz sind Strecken schneller mit dem Zug zu bewältigen als mit dem Auto. Das Angebot an Zugkilometern erhöht sich um 14 %, die Anzahl der Züge um 12 %. Die Grundlage bildet ein systematischer Taktfahrplan (Fahrplansymmetrie), der rasche Umsteigezeiten, häufige Verbindungen und kürzere Fahrzeiten ermöglicht. Es erfolgte eine Verkürzung der Zugfolge auf einigen Hauptstrecken von bisher drei Minuten auf zwei Minuten.

Bahn 2000 hat unmittelbare Auswirkungen auf den gesamten öffentlichen Verkehr in der Schweiz: Zusammen mit den Tram- und Buslinien, den Bergbahnen und den Schiffsbetrieben (insgesamt ca. 22 000 km Länge) wird eine praktisch lückenlose Erschließung aller Siedlungen und touristischen Gebiete sichergestellt. Über zwei Drittel der Haushalte sind nur bis zu fünf Minuten Fußweg von einer Haltestelle des öffentlichen Verkehrs entfernt. Nur 5 % der Bevölkerung haben einen längeren Weg als einen Kilometer zur nächsten Haltestelle zurückzulegen.

5 Netzzugang für alle – Liberalisierung im Schienenverkehr

Schweden gilt als eines der Länder, das die größten Fortschritte im Rahmen der Deregulierung im Eisenbahnsektor zu verzeichnen hat. Langfristig betrachtet haben die Eisenbahnunternehmen in Schweden ihren Anteil am Güterverkehr halten und im Personenverkehr ausbauen können.[1]

Erste Schritte zur Strukturreform wurden in Schweden bereits Ende der 1970er Jahre unternommen. 1988 begann man – als erstes Land in Europa – mit einer grundlegenden Neuordnung der Eisenbahnstruktur. Man gab das bisherige geschlossene System der Staatsbahn auf und gliederte die Staatsbahn in ein Bahnamt (Banverket) und ein Transportunternehmen (Statens Järnvägarna – SJ).[2] Hintergrund der Reform waren die zu verzeichnenden finanziellen Probleme sowie die nicht befriedigende Entwicklung der Produktivität der Schwedischen Staatsbahnen.[3]

1988 wurde das staatliche Banverket, das das gesamte staatliche Eisenbahnnetz vermarktet, gegründet. Grundlage der Vermarktung sind allerdings nicht nur die entstehenden Kosten der Infrastruktur, sondern der Nutzer wird auch entsprechend der staatlichen Vorgaben (welche die marginalen sozialen Kosten widerspiegeln sollen) belastet. Hinzu kommt eine schienenfahrzeugbezogene Fixkostenbelastung.[4]

Die Kernelemente des schwedischen Modells stellen sich wie folgt dar:

„*1. Eine Verselbständigung des Eisenbahnnetzes in einer eigenen Infrastrukturgesellschaft (Banverket), die eine staatliche Behörde ist.*

2. Ein Versuch, externe Kosten der Verkehrsträger und ihre betrieblichen Infrastrukturkosten anzulasten, um sie mit dieser Belastung in einen freien Wettbewerb gegeneinander treten zu lassen.

3. Eine konsequente Durchführung des Besteller-Prinzips.

4. Eine differenzierte Behandlung verschiedener Netzteile, die sich aus der Entwicklung seit 1979 ergab und ein kommerzielles-überregionales sowie ein regionales Netz unterscheidet. Das erstgenannte muß prinzipiell am Markt zu Vorkosten arbeiten, das letztere wird weitgehend in der finanziellen Verantwortung der Provinzen (Läns) betrieben.“[5]

---

[1] vgl. Banverket: Årsredovisning 2007, Borlänge 2008, 4

[2] vgl. Holst, Axel: Deregulierungserfahrungen der Eisenbahnen im Ausland (USA, Japan, Schweden), in: Frank, Hans-Joachim; Walter, Norbert: Strategien gegen den Verkehrsinfarkt, Stuttgart 1993, 219; Sittig, Stefanie; Stober, Norman; Trubbach, Knud: Die Verkehrsmärkte in Schweden und Dänemark – Organisation und Wettbewerb 2000-2007, Berlin 2008, 25

[3] vgl. Aberle, Gerd; Eisenkopf, Alexander: Schienenverkehr und Netzzugang, Hamburg 2002, 82f

[4] vgl. Allemeyer, Werner: Europäische Modelle für eine Privatisierung der Eisenbahnen, in: Allemeyer, Werner; Brenck, Andreas; Wittenbrink, Paul; Stackelberg, Friedrich v.: Privatisierung des Schienenverkehrs, Göttingen 1993, 23

[5] ebd., 22

Durch die Trennung in Bahnamt und Transportunternehmen mußten auch Aufgaben und Personal eindeutig zugeordnet werden. Während Statens Järnvägarna verantwortlich zeichnet für Zugverkehr, Lokomotiven, Waggons, Bahnhöfe usw., ist das (staatlich finanzierte) Bahnamt für ca. 80 % des Schienennetzes zuständig. 1999 wurde auch die Fahrplangestaltung Banverket übertragen. Das Personal des Transportunternehmens ist Statens Järnvägarna unterstellt. Daraus ergeben sich folgende Verantwortlichkeiten: Transportpolitik – Regierung bzw. Parlament, Infrastruktur – Banverket, Betrieb Statens Järnvägarna.[6]

Der Schienengüterverkehr ist seit 1996 vollständig liberalisiert. Außer Statens Järnvägarna befahren etwa zehn kleinere Güterverkehrsunternehmen und Betreiber von Nahverkehrszügen das Banverket-Netz.[7]

Im Personenverkehr existieren noch einige Einschränkungen: Statens Järnvägarna hält noch das Monopol auf profitablen Langstreckenverbindungen. Als nicht-profitabel angesehene Strecken werden von Rikstrafiken bedient. Darüber hinaus sind lokale und regionale Verkehrsunternehmen aktiv. Im Zuge der Deregulierung wurden auch ausländische Eisenbahnbetriebe auf den schwedischen Markt aufmerksam. So betreibt z.B. Connex die Nachtverbindungen nach und von Norrland.[8] Verbesserungen zeigten sich vor allem hinsichtlich der Angebote und auch der Kundenorientierung.[9]

Kritisiert wird, daß die Teilung von Svenska Järnvägarna ungenügend vorbereitet wurde und das Unternehmen dadurch beispielsweise 2003 auf einen staatlichen Zuschuß von 207 Mio. Euro angewiesen war.[10]

Langfristiges Ziel ist es, ein zugängliches, gleiche Bedingungen bietendes Transportsystem, eine hohe Transportqualität, einen sicheren Verkehr, eine gesunde Umwelt sowie eine positive Regionalentwicklung zu gewährleisten.[11] Zusammen mit den übrigen Akteuren im Eisenbahnsektor verfolgt Banverket eine Vision: „*Järnvägssektorn ska – i samverkan med andra transportslag – erbjuda resenärer och godstransportkunder de mest prisvärda, pålitliga och miljöanpassade transporterna.*“[12]

Zur Realisierung dieser Vision sind derzeit große Investitionen geplant, auch um Versäumnisse der Vergangenheit aufzuholen. Einerseits geht es dabei um Infra-

---

[6] vgl. Kammer für Arbeiter und Angestellte für Wien (Hrsg.): Märkte – Wettbewerb – Regulierung. Wettbewerbsbericht der AK 2004, Teil 1 – Schwerpunkt: Wohin rollt die Bahn?, Wien 2004, 14; Holst, Axel: Deregulierungserfahrungen der Eisenbahnen im Ausland (USA, Japan, Schweden), in: Frank, Hans-Joachim; Walter, Norbert: Strategien gegen den Verkehrsinfarkt, Stuttgart 1993, 219f

[7] vgl. Kammer für Arbeiter und Angestellte für Wien (Hrsg.): Märkte – Wettbewerb – Regulierung. Wettbewerbsbericht der AK 2004, Teil 1 – Schwerpunkt: Wohin rollt die Bahn?, Wien 2004, 14

[8] vgl. Banverket: Årsredovisning 2003, Borlänge 2004, 5

[9] vgl. Aberle, Gerd; Eisenkopf, Alexander: Schienenverkehr und Netzzugang, Hamburg 2002, 92

[10] vgl. Sittig, Stefanie; Stober, Norman; Trubbach, Knud: Die Verkehrsmärkte in Schweden und Dänemark – Organisation und Wettbewerb 2000-2007, Berlin 2008, 28

[11] Banverket: Årsredovisning 2003, Borlänge 2004, 4

[12] ebd.; Übersetzung: Der Eisenbahnsektor soll – in Zusammenarbeit mit den anderen Transportgesellschaften – Reisenden und Gütertransportkunden die preiswertesten, zuverlässigsten und umweltfreundlichsten Transportleistungen anbieten.

strukturausbauten, um Engpässe im Schienennetz zu beseitigen. Andererseits sind auch Neuentwicklungen beim Rollmaterial geplant (z.B. „Gröna Tåget" – „Grüner Zug" als Nachfolgelösung für den X2000).[13]

Einen Schritt weiter ging man in Großbritannien, wo nicht nur „*das Erbringen von Verkehrsleistungen, sondern auch die Infrastruktur privatisiert und der staatlichen Aufsicht entzogen*" wurde.[14] Auch hier war die schlechte technisch-wirtschaftliche Lage ausschlaggebend für die – als ambitioniert, aber auch risikoreich zu bezeichnende – Bahnreform.[15]

Gebildet wurden das Infrastrukturunternehmen Railtrack, 25 regionale Personenverkehrsbahnen, verschiedene Güterbahnen, Fahrzeugleasinggesellschaften sowie Serviceunternehmen.[16]

Railtrack war zunehmend Kritik ausgesetzt. Im Mittelpunkt standen dabei die Vernachlässigung der Instandhaltung, die eine hohe Sicherheitsgefährdung zu Folge hatte, die Vernachlässigung von Netzinvestitionen v.a. im Güterbereich, nicht vorhandene Anreize für Railtrack zur Steigerung der Netzauslastung sowie zur Qualitätsverbesserung aufgrund zu niedrig angesetzter nutzungsabhängiger Trassenpreisbestandteile.[17]

Im weiteren Verlauf verschlechterte sich die wirtschaftliche Situation von *Railtrack* erheblich. Die Folgen waren verheerend: „*Diesem Schritt folgte der völlige Niedergang der Infrastruktur durch den Bankrott des Infrastrukturbetreibers Railtrack und die größte Krise im europäischen Eisenbahnwesen. Railtrack wurde nach deren Versagen unter staatliche Aufsicht gestellt. Eine Qualitätsoffensive im britischen Eisenbahnwesen konnte, trotz massiver Steigerung der staatlichen Zuschüsse, nicht erreicht werden. Gerade in Großbritannien ist davon auszugehen, dass eine Reform des ehemaligen Unternehmens British Rail zu weitaus effektiveren Ergebnissen geführt hätte. Dies um so mehr, als dadurch nur geringere staatliche Mittel über einen kürzeren Zeitraum notwendig gewesen wären.*"[18]

Railtrack wurde 2001 durch Network-Rail, ein staatlich gestütztes Nonprofit-Unternehmen, ersetzt.

Trotz all dieser Entwicklungen waren auch positive Tendenzen zu verzeichnen: So stieg sowohl absolut als auch relativ der Personen- und Güterverkehr. Durch innovative Marketingmaßnahmen konnten verstärkt Freizeitreisende angelockt werden.

---

[13] vgl. Schulz, Susanne: Schweden: Große Pläne – wenig Geld, in: Prima, 1/2009, 44ff; Rellstab, Mathiuas: „Gröna Tåget" – auf der Suche nach dem Zug der Zukunft, in: Schweizer Eisenbahn-Revue, 10/2008, 496f

[14] vgl. Lahounik, Gregor: EU Wettbewerbspolitik im Schienenverkehr, in: Kammer für Arbeiter und Angestellte für Wien (Hrsg.): Märkte – Wettbewerb – Regulierung. Wettbewerbsbericht der AK 2004, Teil 1 – Schwerpunkt: Wohin rollt die Bahn?, Wien 2004, 14

[15] vgl. Aberle, Gerd; Eisenkopf, Alexander: Schienenverkehr und Netzzugang, Hamburg 2002, 85

[16] vgl. Deutsche Bahn AG: Wettbewerbsbericht März 2004, Berlin 2004, 28

[17] vgl. Aberle, Gerd; Eisenkopf, Alexander: Schienenverkehr und Netzzugang, Hamburg 2002, 88f

[18] Lahounik, Gregor: EU Wettbewerbspolitik im Schienenverkehr, in: Kammer für Arbeiter und Angestellte für Wien (Hrsg.): Märkte – Wettbewerb – Regulierung. Wettbewerbsbericht der AK 2004, Teil 1 – Schwerpunkt: Wohin rollt die Bahn?, Wien 2004, 14

Durch umfangreiche Investitionen in neue bzw. neu ausgestattete Waggons konnte der Komfort verbessert werden.[19]

Die zunehmende Nachfrage brachte allerdings auch Probleme mit sich: Durch die Erhöhung der Anzahl der Züge kam es zeitweise zu Überfüllung bzw. Staus im Schienennetz, was zu Unpünktlichkeit und Verspätungen führte. Deshalb wurden bestimmte Züge wieder aus dem Netz genommen. Obwohl die Fahrpreise einer Regulierung unterliegen, kam es zu teilweise drastischen Fahrpreiserhöhungen.[20]

Derzeit gibt es große Investitionspläne: Von 2009 bis 2014 sollen Investitionen von rund 10 Mrd. Pfund den Personen- und Güterverkehr modernisieren. Vollständig privatwirtschaftlich arbeitet heute der Güterverkehr mit seinen neun Verkehrsunternehmen. Dagegen wird der Personenverkehr auf der Grundlage eines Franchise-Systems betrieben. Mit Lizenzen des Verkehrsministeriums sind ca. 30 Eisenbahnverkehrsunternehmen tätig.[21]

Aufgabe 1

Informieren Sie sich über das europäische Streckennetz der Eisenbahn! Gehen Sie dabei insbesondere auf die Verknüpfung der genannten Länder mit Mitteleuropa ein!

Aufgabe 2

Welche ordnungs- und preispolitischen Aspekte sind im Rahmen der Trennung von Infrastruktur und Bahnbetrieb von Relevanz?

Aufgabe 3

Welche Gemeinsamkeiten und Unterschiede sind hinsichtlich der Liberalisierungsbemühungen in Schweden und Großbritannien festzustellen? Welche positiven bzw. negativen Effekte haben sich daraus ergeben?

Aufgabe 4

Kennzeichnen Sie die Funktionen eines wirtschaftlichen Trassenpreissystems!

---

[19] vgl. Shaw, Jon: Britain's railways since privatisation, in: Kammer für Arbeiter und Angestellte für Wien (Hrsg.): Märkte – Wettbewerb – Regulierung. Wettbewerbsbericht der AK 2004, Teil 1 – Schwerpunkt: Wohin rollt die Bahn?, Wien 2004, 55; Latten, Richard: Jahrbuch Europäische Eisenbahnen 2006, Berlin 2005, 180

[20] vgl. ebd.

[21] o.V.: England: Aufschwung durch hohe Investitionen, in: Prima, 05/2008, 36ff

Lösungen

Aufgabe 1

Europa verfügt über ein zusammenhängendes Eisenbahnnetz mit einer Länge von ca. 200.000 Kilometern. Dieses wird in einigen wenigen Fällen auch durch Eisenbahnfähren aufrechterhalten. Sizilien ist per Eisenbahnfähre über die Straße von Messina erreichbar, eine Überbrückung ist bereits länger im Gespräch. Einige weitere Inseln mit eigenen Eisenbahnen (z.B. Irland, Mallorca) sind zwar mit Fähren erreichbar, Eisenbahnfahrzeuge können hier aber nicht trajektiert werden.

Die vorhandenen weiteren Fährverbindungen für Eisenbahnfahrzeuge dienen hauptsächlich der Abkürzung existierender Landverbindungen (Brücken, Tunnel) bzw. zur Ergänzung sowie Erschließung weiterer Territorien. Oft ist der Parallelbetrieb von Brücke und Fähre zur Gewährleistung ausreichender Kapazitäten notwendig. Von Bedeutung sind sie auch zur Erhaltung der Arbeitsplätze im Fährverkehr.

Trotz des relativ eng verflochtenen Gesamtnetzes der europäischen Eisenbahnen gibt es Barrieren: die unterschiedlichen Spurweiten, die Probleme für den internationalen Verkehr mit sich bringen. Neben der Regelspur von 1.435 mm Spurweite (auch Normalspur genannt) ist die Breitspur anzutreffen, und diese mit unterschiedlichen Abmessungen: 1.520 mm (in Rußland, den Nachfolgestaaten der UdSSR und Finnland), 1.600 mm (Irland, jedoch ohne Anbindung an das übrige europäische Eisenbahnnetz), 1.665 mm (Portugal) und 1.674 mm (Spanien). Beim Übergang ist immer ein Lokwechsel erforderlich, Wagen können zum Teil umgeachst werden. Ansonsten hilft nur das Umladen.

Großbritannien und Schweden sind mit Mitteleuropa durch je eine Eisenbahntrasse verbunden – ohne die Inanspruchnahme von Fähren. Die Verknüpfungsstellen sind der Kanaltunnel zwischen Folkestone (Großbritannien) und Calais (Frankreich) und die Öresundbrücke zwischen Malmö (Schweden) und Kopenhagen (Dänemark). Nutzbar sind diese Trassen sowohl von Personen- als auch von Güterzügen. Ende 2008 hat die Öresundbrücke bereits ihre Kapazitätsgrenze erreicht. Anträge auf weitere Brückentrassen für Güterzüge wurden in der Folge abgelehnt. Eine Lösung wären eine zusätzliche Brückenverbindung über den Öresund zwischen Helsingborg (Schweden) und Helsingør (Dänemark).

Aufgabe 2

- Festsetzung von Trassenpreisen, Rabattsystemen und Laufzeiten von Trassenverträgen
- Abgrenzung von Fahrweg und Bahntransportunternehmen in Bezug auf die genutzten Anlagen
- Vermeidung mißbräuchlicher Ausnutzung der Marktmacht der Trassenanbieter[22]

Aufgabe 3

	Schweden	**Großbritannien**
Gemeinsamkeiten	• finanzielle Probleme • Produktivitätsprobleme • Gründung eines Infrastrukturunternehmens: Banverket	• schlechte technisch-ökonomische Lage • Gründung eines Infrastrukturunternehmens: Railtrack

[22] vgl. Aberle, Gerd; Eisenkopf, Alexander: Schienenverkehr und Netzzugang, Hamburg 2002, 348

Fortsetzung

	Schweden	Großbritannien
Unterschiede	• institutionelle Trennung von Netz und Bahnbetrieb • vollständige Liberalisierung des Schienengüterverkehrs • Infrastrukturunternehmen ist staatliche Behörde • im Personenverkehr liegt das Monopol auf Langstreckenverbindungen in staatlicher Hand	• vollständige Deregulierung mit fast vollständiger Privatisierung aller Aktivitäten • risikoreich • Infrastrukturunternehmen anfangs privat, nunmehr staatlich gestütztes Unternehmen • zahlreiche Fehlentwicklungen • Gründung zahlreicher neuer, selbständiger Unternehmen im Bereich des Personen- und Gütertransports • Anpassungs- und Strukturprobleme
Positive Effekte	• Verbesserung von Angebotsqualität und Kundenorientierung • gelungene institutionelle Trennung von Netz und Bahnbetrieb • Ziele auf hohe Transportqualität, einen sicheren Verkehr, eine gesunde Umwelt sowie eine positive Regionalentwicklung gerichtet	• Steigerung der Fahrgastzahlen und Marktanteile der Bahn • Verbesserung des Komforts durch Investitionen • Stabilisierung des Schienengüterverkehrs
Negative Effekte	• ungenügende Vorbereitung der Teilung von Svenska Järnvägarna → hohe staatliche Zuschüsse notwendig	• zu geringe Trassenpreise • fehlende Mittel für Investitonen • Unpünktlichkeit und Verspätungen durch Staus im Schienenverkehr, Grund: mehr Züge wegen gestiegener Nachfrage • teilweise drastische Fahrpreiserhöhungen • anfangs Vernachlässigung der Sicherheit → Eintreten schwerer Eisenbahnunfälle

Tabelle 5-1 *Bahnreformen in Schweden und Großbritannien im Vergleich*

Aufgabe 4

Betriebswirtschaftliche Funktionen	Gesamtwirtschaftliche Funktionen
• Erwirtschaftung kostendeckender, gewinnsichernder Erlöse durch den Verkauf von Trassen • Unterstützung eines wirtschaftlichen Trassenpreismanagements (Berücksichtigung qualitativer und auslastungsbezogener Unterschiede von Trassen in der Preisgestaltung)	• optimale Ressourcennutzung der Infrastruktur (Optimierung Modal Split zu Gunsten der Bahn)

Tabelle 5-2 *Funktionen eines wirtschaftlichen Trassenpreissystems*[23]

[23] erstellt nach Aberle, Gerd; Eisenkopf, Alexander: Schienenverkehr und Netzzugang, Hamburg 2002, 351

6 Europaweit unterwegs – Mehrsystemlokomotiven

Das vereinte Europa wird immer größer. Die Anforderungen an den Austausch von Gütern zwischen den Mitgliedsstaaten steigen ständig. Die Hauptlast des Güterverkehrs liegt derzeit noch auf der Straße mit all den nachteiligen Auswirkungen auf die Umwelt. Obwohl die Eisenbahn bessere Voraussetzungen für die Durchführung umweltgerechter Transporte bietet, wird sie auf vielfache Weise benachteiligt. Anders als im Straßenverkehr gibt es in der Europäischen Union noch technische, organisatorische und administrative Grenzen.

Zu nennen sind hier insbesondere die unterschiedlichen Fahrstromsysteme, die entsprechende Anforderungen an die Triebfahrzeuge stellen. Innerhalb der EU gibt es im wesentlichen vier verschiedene Stromsysteme. Recht unterschiedlich sind auch die jeweiligen im Einsatz befindlichen Zugsicherungssysteme. Angestrebt wird zwar ein einheitliches Zugsicherungssystem, doch dies ist in absehbarer Zeit nicht realisierbar. Hinzu kommen viele länderspezifische Vorschriften für Eisenbahntriebfahrzeuge.

Eine Lösung der beschriebenen Problematik bietet der Einsatz von sogenannten Mehrsystemslokomotiven, die unter verschiedenen Stromsystemen betrieben werden können. Möglich wird dabei auch die Integration der in den Einsatzgebieten erforderlichen Zugsicherungssysteme in die Technik. Doch auch hier existieren Grenzen: Obwohl z.B. eine moderne Universallok für den Einsatz in 15 Ländern konzipiert ist, können nicht alle erforderlichen Systeme in diese Lokomotive eingebaut werden, da sie dann viel zu lang und zu schwer werden würde. Man arbeitet deshalb mit sogenannten Länderpaketen, die jeweils für eine Ländergruppe zugeschnitten sind. Von seiten der Bahnindustrie (insbesondere von Siemens und Bombardier) wurden in den letzten Jahren schwerpunktmäßig Lokfamilien für den Güterverkehr entwickelt. Diese Lokfamilien sind modular aufgebaut, so daß sie – jeweils innerhalb einer Familie – eine Vielzahl gleicher Bauteile und Systeme aufweisen.

ES 64 U2 in Neumark, Zweisystemlokomotive der Taurus-Familie

BR 363 der ČD in Cheb, Zweisystemlokomotive für Gleich- und Wechselstrom

Doch auch wenn diese Lokomotiven über die technischen Voraussetzungen für einen grenzüberschreitenden Einsatz verfügen, bedeutet dies noch lange nicht, daß sie im Nachbarland fahren dürfen. Für jedes gewünschte Land ist bei der jeweiligen Zulassungsbehörde eine gesonderte Zulassung zu beantragen. Das kostet in der Regel viel Zeit und Geld. Werden Änderungen an einer Lok erforderlich, beginnt nach deren Realisierung die Prozedur von vorn.[1]

Aufgabe 1

Welche sind die kritischen Erfolgsfaktoren eines Eisenbahnverkehrsunternehmens im Gütersektor, das in verschiedenen Eisenbahnnetzen (vgl. unterschiedliche Stromsysteme, Zugsicherungssysteme) bzw. verschiedenen Ländern tätig ist?

Erstellen Sie ein Wirkungsgefüge, das das Zusammenspiel dieser Faktoren zeigt!

Aufgabe 2

Leiten Sie aus Ihrem Wirkungsgefüge eine Wirkungsmatrix ab und interpretieren Sie diese kurz!

Aufgabe 3

Welche Vorteile bringt der europaweite Einsatz von Mehrsystemlokomotiven für Eisenbahnunternehmen mit sich?

[1] vgl. dazu auch: Becker, Christian; Köck, Alexander: Die Viersystem-Hochleistungslokomotive Eurosprinter ES 64 U4, in: Schweizer Eisenbahn-Revue 2/2006, 65ff; Feldmann, Thomas: GPS serienmäßig – Die Baureihe 189, in: LOK-Magazin September 2005, 34ff; Schurig, Jörg: Die Mehrsystem-Lokomotive ES 64 U4 (Teil 1), in: Schweizer Eisenbahn-Revue 5/2005, 220ff; Vitins, Janis; Landolt, Martin: Elektrische Lokomotiven für den internationalen Güterverkehr, in: Schweizer Eisenbahn-Revue 4/2006, 170ff

Lösungen

Aufgabe 1

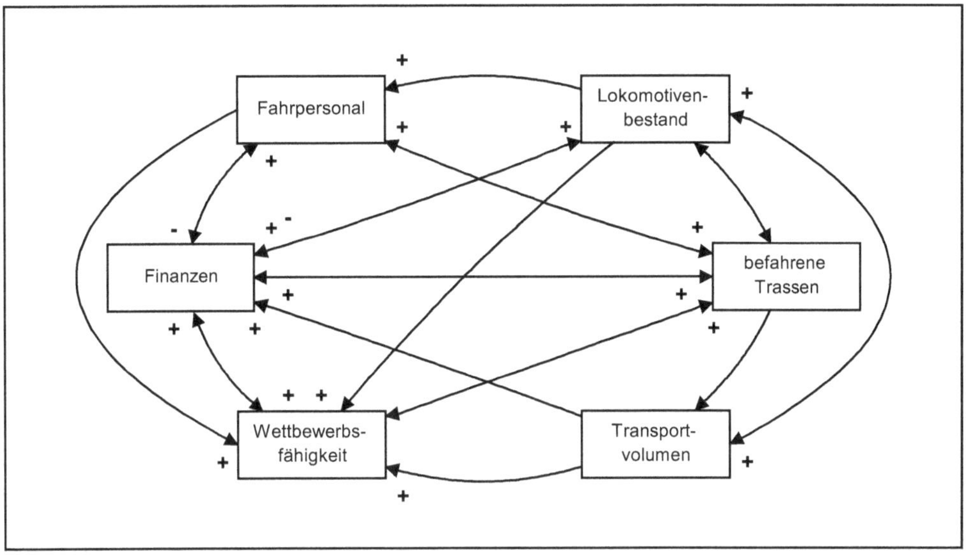

Abbildung 6-1 *Wirkungsgefüge*

Wirkung von ...	auf ...	Beschreibung der Wirkungsbeziehungen
Lokomotiven-bestand	befahrene Trassen	der Bestand entscheidet, auf welchen Trassen aus technischer Sicht (Stromsysteme, Zugsicherungssysteme) überhaupt gefahren werden kann
	Transportvolumen	je größer und leistungsfähiger der Bestand, um so mehr kann transportiert werden
	Wettbewerbsfähigkeit	je besser das technische Niveau des Bestands, um so größer die Wettbewerbsfähigkeit
	Finanzen	je stärker der Bestand modernisiert und/oder vergrößert wird, um so stärker wird die Finanzlage belastet bzw. je größer der Bestand, um so größer die Aufwendungen für Wartung und Instandhaltung bzw. je größer der Bestand an Lokomotiven einer Lokfamilie, um so geringer die Lagerkosten für Ersatzteile (da Austauschbarkeit)
	Fahrpersonal	je größer der (genutzte) Bestand, um so mehr Fahrpersonal ist nötig bzw. je moderner der Lokomotivenbestand, um so besser geschult muß das Personal sein
befahrene Trassen	Lokomotivenbestand	die zu befahrenden Trassen erfordern bestimmte Loktypen (Stromsysteme, Zugsicherungssysteme)
	Transportvolumen	die Auswahl der befahrenen Trassen bestimmt das potentielle Transportvolumen (z.B. Trassen, die von Rohstoffgewinnungsbetrieben zu Verarbeitungsbetrieben führen, sind stark ausgelastet, ohne daß es sich dabei um ein weitverzweigtes Netz handeln muß)
	Wettbewerbsfähigkeit	die Auswahl der befahrenen Trassen beeinflußt die Wettbewerbsfähigkeit
	Finanzen	je attraktiver die Trasse, um so höher wahrscheinlich die Trassennutzungsgebühren → um so stärkere Belastung der finanziellen Lage

Fortsetzung

Wirkung von ...	auf ...	Beschreibung der Wirkungsbeziehungen
befahrene Trassen	Fahrpersonal	je differenzierter die Trassen (länder- und/oder netzübergreifend), um so qualifizierter muß das Fahrpersonal sein (Streckenkenntnis, Sprachkenntnisse)
Transportvolumen	Lokomotivenbestand	je größer das Transportvolumen, um so leistungsfähiger sollte der Bestand sein
	Wettbewerbsfähigkeit	je größer das Transportvolumen, um so höher wahrscheinlich der Marktanteil und um so größer damit die Wettbewerbsfähigkeit
	Finanzen	je größer das Transportvolumen, um so höhere Umsätze
Wettbewerbsfähigkeit	befahrene Trassen	je größer die Wettbewerbsfähigkeit, um so leichter gestaltet sich die Neugewinnung attraktiver Trassen
	Finanzen	je wettbewerbsfähiger ein Unternehmen, um so besser wahrscheinlich auch dessen finanzielle Lage
Finanzen	Lokomotivenbestand	je besser die Finanzlage, um so mehr und/oder modernere Fahrzeuge können in den Bestand aufgenommen werden
	befahrene Trassen	je besser die Finanzlage, um so größer kann der zu befahrenden Anteil auch teurer Trassen sein
	Wettbewerbsfähigkeit	je besser die Finanzlage, um so größer die Wettbewerbsfähigkeit
	Fahrpersonal	je besser die Finanzlage, um so mehr kann in die Qualifikation des Personals investiert werden bzw. je besser die Finanzlage, um so besser kann das Personal entlohnt werden
Fahrpersonal	befahrene Trassen	je besser das Fahrpersonal qualifiziert, um so anspruchsvollere Trassen (länder- und/oder netzübergreifend) können befahren werden
	Wettbewerbsfähigkeit	je besser das Fahrpersonal qualifiziert, um so größer die Wettbewerbsfähigkeit
	Finanzen	je mehr Fahrpersonal vorhanden, um so mehr belasten die Lohn- und Lohnnebenkosten die finanzielle Lage

Tabelle 6-1 *Beschreibung der Wirkungsbeziehungen*

Aufgabe 2

Wirkung von auf	Lokomotivenbestand	befahrene Trassen	Transportvolumen	Wettbewerbsfähigkeit	Finanzen	Fahrpersonal	**Zeilensumme**
Lokomotivenbestand	x	3	3	2	3	3	**14**
befahrene Trassen	3	x	2	2	1	2	**10**
Transportvolumen	3	0	x	2	3	0	**8**
Wettbewerbsfähigkeit	0	2	0	x	2	0	**4**
Finanzen	3	1	0	2	x	2	**8**
Fahrpersonal	0	2	0	2	3	x	**7**
Spaltensumme	**9**	**8**	**5**	**10**	**12**	**7**	**x**

Tabelle 6-2 *Wirkungsmaxtrix*

Die stärksten Wirkungen gehen vom Lokomotivenbestand aus. Dieser entscheidet sowohl darüber, auf welchen Trassen aus technischer Sicht überhaupt gefahren werden kann, als auch über die Transportkapazität des Unternehmens insgesamt.

Die finanzielle Lage unterliegt den stärksten Einflüssen durch andere Faktoren. Entscheidend sind hierbei die Kosten für Neu- und Ersatzbeschaffungen und Wartung und Instandhaltung des Rollmaterials. Hinzu kommen Personalkosten und Trassennutzungsgebühren. Andererseits führen hohe Transportleistungen bei günstigen Transportkosten zu einer positiven Beeinflussung der Finanzlage.

Aufgabe 3

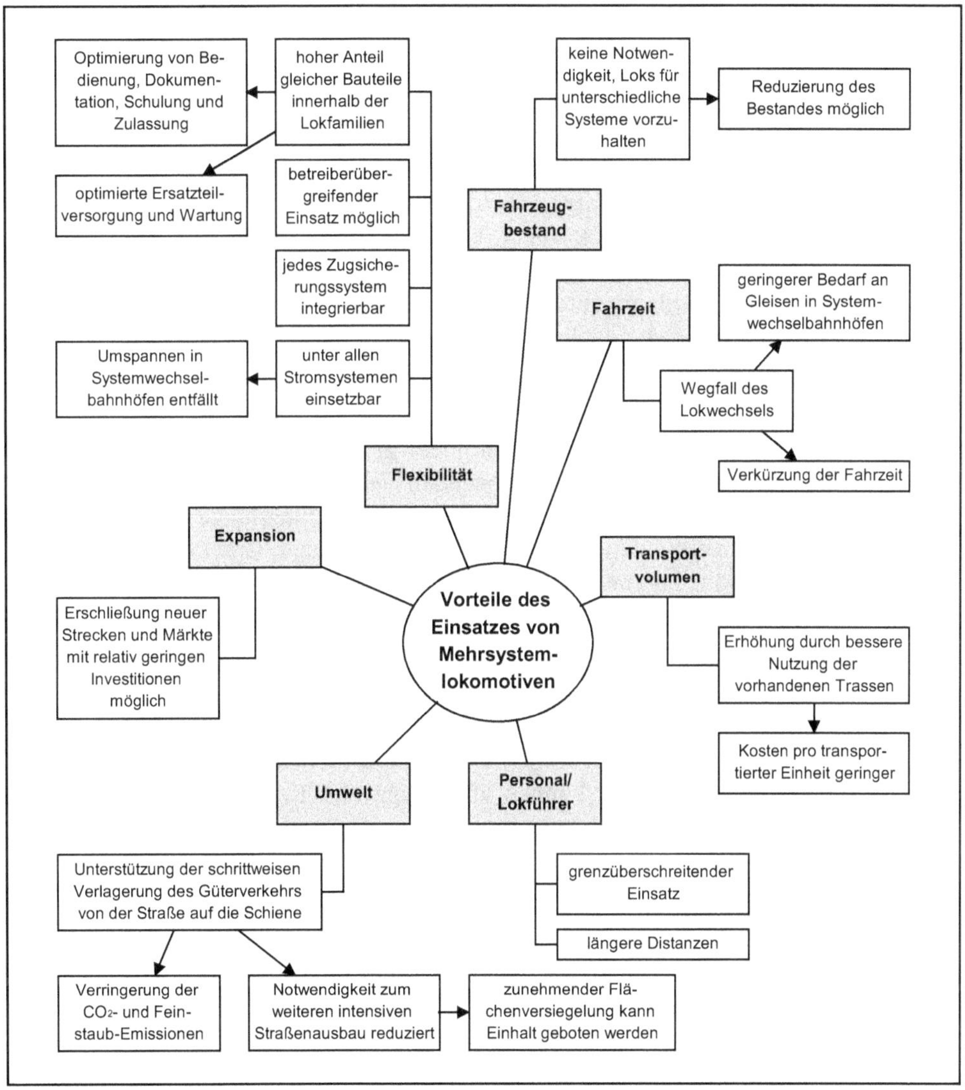

Abbildung 6-2 *Mindmap: Vorteile des Einsatzes von Mehrsystemlokomotiven*

7 Unter den Alpen hindurch – Die NEAT

„Der Gotthard ist – wie auch der Lötschberg – inzwischen zum Synonym für ein Großprojekt europäischen Ausmaßes geworden. Die unaufhaltsame Zunahme vor allem des Straßengüterverkehrs beschert den Berggegenden eine Verschlechterung der Luftqualität, der nur durch die Öffnung neuer Verkehrswege begegnet werden kann."[1]

Transitverkehr – quo vadis?

Die Bedeutung der Schweiz als Transitland in Europa ist unumstritten. Als sensibles und einzigartiges Ökosystem bilden die Alpen jedoch ein verkehrstechnisches Hindernis bei der Bewältigung der zunehmenden Güterströme. Langfristig plant die Schweiz, den Schwerlast-Transitverkehr der nördlich der Alpen liegenden Staaten mit Italien auf die Schiene zu verlagern. Konkret soll dabei die Zahl der alpenquerenden Lkw auf 650.000 jährlich reduziert werden. Bereits heute werden in der Schweiz ca. 66 %[2] des alpenquerenden Güterverkehrs mit der Bahn transportiert.[3] Erforderlich sind dazu leistungsfähige Eisenbahntunnel.

Wurden bisher Tunnel gebaut, so waren dies in der Regel Scheiteltunnel. Das heißt, man führte die Schiene oder Straße bis zum höchstmöglichen Punkt im Gebirge und arbeitete sich von dort aus durch den Gebirgsstock durch. Vorteil dieser Vorgehensweise war, daß die zu durchdringenden Gebirgsmassen minimiert werden konnten. Allerdings bedeutete dies bei der späteren Nutzung lange Anfahrtsrampen zur Tunneleinfahrt, verbunden mit zahlreichen Serpentinen, Brücken und Galerien, um allmählich an Höhe zu gewinnen.

In der heutigen Zeit steht der Zeitaspekt an vorderster Stelle. Man möchte Waren schnell von einem Ort zum anderen transportieren. Kurvenreiche Strecken, die nur langsames Fahren ermöglichen, sind also weniger gefragt. Deshalb ist man zum Bau von Basistunneln übergegangen. Das heißt, der Tunnel wird am Fuße des Gebirges bzw. von der Talsohle aus errichtet. Dies erfordert zwar in der Bauphase einen enormen Aufwand, später können aber Züge und Kraftfahrzeuge auf relativ geraden Strecken mit wesentlich höheren Geschwindigkeiten fahren.

Die Neue Eisenbahn-Alpen-Transversale

Um die zahlreichen Reise- und Verkehrszüge nicht mehr über lange Rampen und Kehrtunnels mit entsprechend langer Fahrzeit schleppen zu müssen, wurde in der

---

[1] o.V.: Die Schweizer Alpen, in: Bahn-Atlas Schweiz 3/1994, 55

[2] In Österreich und in Frankreich werden im Vergleich dazu ca. 75 % der Transitgüter auf der Straße transportiert.

[3] vgl. Aregger, Benedicta: Schweizer Verkehrspolitik zur Verlagerung des Transits auf die Schiene, in: Eisenbahntechnische Rundschau, Mai 2007, 250

Schweiz bereits seit Jahrzehnten über den Bau je eines Basistunnels durch den St. Gotthard (Strecke Zürich–Chiasso) und den Lötschberg (Strecke Basel–Bern–Brig–Domodossola/Italien) diskutiert. Aber erst durch das stetig wachsende Transitaufkommen und den zunehmenden Druck der Nachbarländer, die auf den Alpentransit angewiesen sind, wurde das Projekt „Neue Eisenbahn-Alpen-Transversale“[4] (NEAT) ins Leben gerufen, im Rahmen dessen mittlerweile zwei neue Eisenbahntunnel,

- ein 35 km langer Basistunnel auf der Lötschbergstrecke aus dem Kander- ins Rhônetal mit Anschluß an den bereits bestehenden Simplontunnel (Bauzeit acht Jahre, Inbetriebnahme der ersten Tunnelröhre 2007) sowie
- ein 57 km langer Basistunnel auf der Gotthardstrecke mit Fortsetzung durch den Monte Ceneri und über Chiasso nach Italien (geplante Bauzeit 15 Jahre),

gebaut werden. Das offiziell auch unter der Bezeichnung „AlpTransit“ geführte Projekt dient dazu, leistungsfähige Schienenwege für den Nord-Süd-Transit durch die Schweiz sicherzustellen, die einzelnen Schweizer Landesteile besser miteinander zu verbinden, die Verbindungen nach Italien zu beschleunigen sowie die Schweiz insgesamt besser in Europa zu integrieren.[5]

In einer Volksabstimmung am 27.09.1992 stimmten die Schweizer Bürger mit 63,5 % Ja-Stimmen deutlich für das NEAT- bzw. AlpTransit-Projekt. Die Kosten des Projektes einschließlich der Zufahrtsstrecken aus den östlichen Teilen des Landes wurden anfangs auf rund 15 Mrd. Franken (ohne Teuerung und Zinsen) geschätzt, verteilt auf 15 Jahre Bauzeit.[6] Wie hoch die Kosten bei Fertigstellung tatsächlich liegen werden, kann heute noch niemand genau sagen.[7] Die Milliardenausgaben der öffentlichen Hand bringen neben den Problemen der Mittelaufbringung auch Vorteile: Durch das gewaltige Investitionsprogramm werden allein auf dem Bausektor 9.000 Arbeitsplätze gesichert. Zudem kann die Umsetzung des Projekts als „Weichenstellung“ für den Beitritt der Schweiz zum Europäischen Wirtschaftsraum (EWR) und einem etwaigen EU-Beitritt gesehen werden.

Der Lötschberg-Basistunnel übernimmt zudem die Funktion einer rollenden Autobahn. Seine Aufgabe ist es, die bestehende Lücke zwischen den Nationalstraßen N6 und N9 durch eine für Fahrzeuge aller Größen geeignete Autoverladung zu überbrücken.

Die NEAT stellt auch eine Verpflichtung der Schweiz gegenüber der Europäischen Union dar, die im Landverkehrsabkommen Schweiz-EU geregelt ist. Darin erkennt

---

[4] Als Transversalen werden die großen durchgehenden Hauptstrecken bezeichnet, die die Schweiz von Ost nach West oder von Nord nach Süd (= Alpen-Transversalen) durchziehen.

[5] vgl. AlpTransit Gotthard AG: Die neue Gotthardbahn, Luzern 2005, 2ff; Hochuli, Monika: Lötschberg-Basistunnel: Ein Jahrhundertbauwerk ist vollendet, in: Eisenbahningenieur 58/2007, 30ff

[6] vgl. o.V.: Votum für AlpTransit, in: Blickpunkt Bahn 11/1992, o.S.; Waldis, Alfed: Es begann am Gotthard – eine Verkehrsgeschichte mit Pionierleistungen, Luzern 2002, 74

[7] Bereits 2006 ging man von Mehrkosten allein für den Gotthard-Basistunnel von über 20 % aus (vgl. AlpTransit Gotthard AG: Der Gotthard-Basistunnel – Sedrun, Altdorf 2006, 5).

die EU die Ziele der Schweiz, d.h. die Verlagerungspolitik einschließlich der leistungsabhängigen Schwerverkehrsabgabe, an.[8]

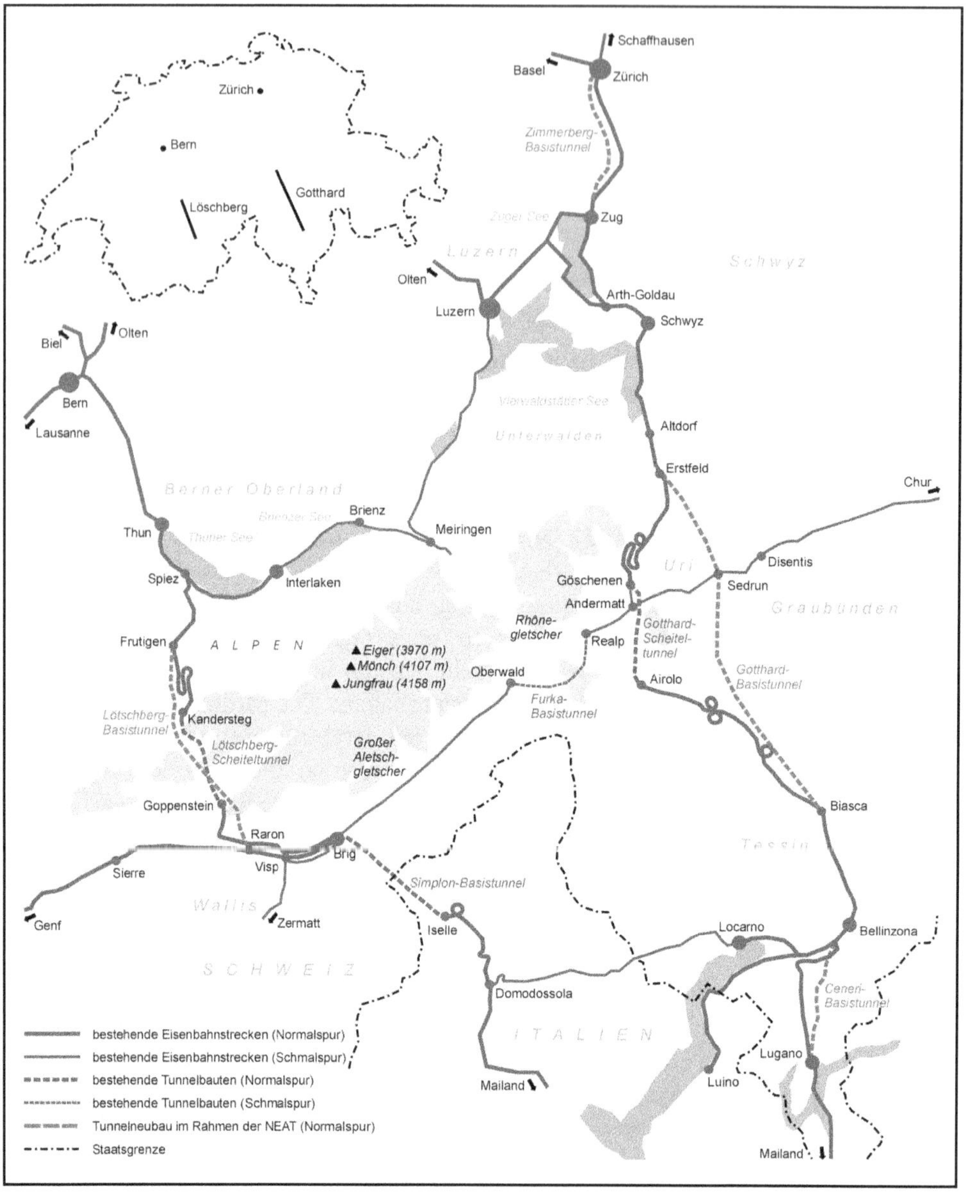

Abbildung 7-1 *Verlauf der NEAT*

[8] vgl. Aregger, Benedicta: Schweizer Verkehrspolitik zur Verlagerung des Transits auf die Schiene, in: Eisenbahntechnische Rundschau, Mai 2007, 251

Der Lötschberg-Basistunnel

Die Strecke Bern–Spiez–Frutigen–Kandersteg–Goppenstein–Brig–Domodossola/ Italien stellte eine der Hauptverbindungen von der Zentralschweiz nach Italien dar. Hierbei befährt die Bahn einen Scheiteltunnel zwischen Kandersteg (Norden) und Goppenstein (Süden), wobei bis zu 31 mal täglich auch eine Autoverladung für Pkw (Fahrzeit 15 min) angeboten wird. Lkw im Transitverkehr nach Italien, die diese Strecke befuhren, wurden bereits in Freiburg i. Br. (Deutschland) verladen. Auf dieser Relation verkehrten täglich 14 Züge, die Fahrzeuge bis zu einer Höhe von 4,0 m befördern können.[9]

Erst in den 1990er Jahren war die Lötschbergstrecke doppelspurig ausgebaut worden, um dem ständig steigenden Transitaufkommen gerecht zu werden. So konnten nach Abschluß des Streckenausbaus statt der vorherigen 3-4 Mio. Tonnen Güter jährlich bereits 10 Mio. Tonnen pro Jahr transportiert werden. In Spitzenzeiten wurden bis zu 3.700 Lkw monatlich im Huckepackverkehr[10] transportiert. Doch auch diese Kapazitäten reichten bald nicht mehr aus, weshalb der Bau des Basistunnels um so dringender war.

Bahnhof Kandersteg mit Halt internationaler Züge

Transit per Bahn im Huckepackverkehr

Im Herbst 1999 wurde mit dem Bau der Tunnelröhren begonnen, im Juni 2007 konnte der 35 km lange Lötschberg-Basistunnel zwischen Frutigen im Kandertal (Kanton Bern) und Raron im Rhônetal (Kanton Wallis) feierlich eingeweiht werden. Die Aufnahme des vollen fahrplanmäßigen Betriebes erfolgte mit dem Fahrplanwechsel am 9. Dezember 2007.[11] Seitdem beträgt die Zuverlässigkeit der Tunnelinfrastruktur 99,8 %.[12]

Durch ihren Mischverkehr von Reise- und Güterzügen mit Geschwindigkeiten zwischen 100 bis 250 km/h sowie dem 21 km langen einspurigen Abschnitt stellt die Lötschberg-Basisstrecke besonders hohe Anforderungen an die Betriebsführung

[9] vgl. o.V.: Schnelle Röhren durch die Schweiz, in: Blickpunkt Bahn 11/93

[10] Hierbei werden die komplett beladenen Lkw auf den Zug verladen.

[11] vgl. Andrian, Walter von: Lötschberg-Basistunnel eingeweiht, in: Schweizer Eisenbahn-Revue, 8-9/2007, 380ff

[12] vgl. o.V.: Neues von der NEAT, in: Modell-Eisenbahner, 3/3009, 6

und die beteiligten Eisenbahnverkehrsunternehmen. Entsprechend einer Vereinbarung über die Aufgabenteilung zwischen der BLS Lötschbergbahn und den Schweizerischen Bundesbahnen (SBB) übernimmt die BLS die Betriebsführungsverantwortung für die gesamte Lötschberg-Simplon-Achse. In Spiez wurde hierfür die Betriebszentrale errichtet.[13]

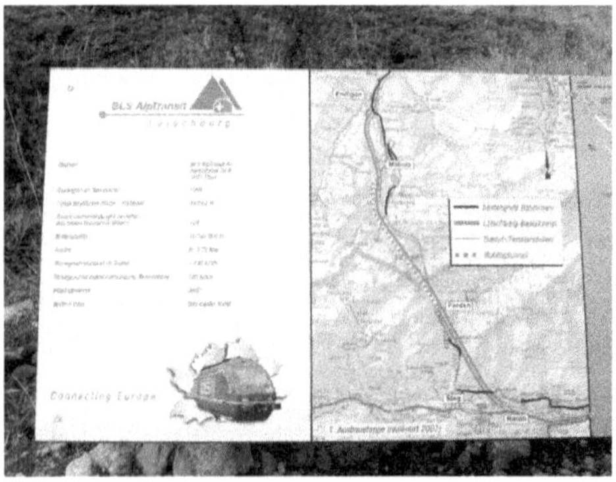

Informationstafel an der Lötschberg-Südrampe

Tunnelbaustelle bei Raron

Gemäß der Finanzierungsvorlage waren für die Lötschberg-Achse folgende Zielvorgaben festgeschrieben worden:

- eine bahnverkehrstechnisch optimale Anbindung des Kantons Wallis an das Schweizer Mittelland mit Verbindungen im Stundentakt (im Rahmen von Bahn 2000[14]),
- die Bereitstellung von 110 Güterzugtrassen innerhalb 24 Stunden in beiden Richtungen zwischen Basel und Domodossola sowie
- die Aufnahme der Achse Basel–Lötschberg–Simplon–Milano in das europäische Hochgeschwindigkeitsnetz.

Diese hohen Anforderungen können nur unter Einbeziehung der Lötschberg-Berg- sowie der Lötschberg-Basisstrecke erfüllt werden: So bleiben die Pkw-Autoverladung (bis zu einem 7,5 Minuten-Takt zwischen Kandersteg und Goppenstein) auf der Bergstrecke, weiterhin Trassen für 36 Regio-Express-Züge sowie 38 Trassen für den Güterverkehr.[15]

Der Grundfahrplan der Basisstrecke basiert auf einer Normstunde. Dabei werden *„zwei IC-Trassen des nationalen Personenfernverkehrs (eine pro Richtung), drei Gütertrassen Nord–Süd [sowie] eine Gütertrasse Süd–Nord [vergeben]. Zusätzlich verkehren sechs Zugpaare des internationalen Personenfernverkehrs stündlich alternierend zwischen 8 Uhr und 20 Uhr durch den Lötschberg-Basistunnel [...] Beim Verkehren eines internationalen Personenfernverkehrszuges Süd–Nord wer-*

[13] vgl. Flühman, Walter; Mosimann, Adrian; Bayard, Olivier: Der künftige Betrieb der Lötschberg-Simplon-Achse, in: Schweizer Eisenbahn-Revue 2/2007, 72f

[14] siehe dazu auch die Fallstudie „Mehr Zug für die Schweiz – Das Projekt Bahn 2000“

[15] vgl. Flühman, Walter; Mosimann, Adrian; Bayard, Olivier: Der künftige Betrieb der Lötschberg-Simplon-Achse, in: Schweizer Eisenbahn-Revue 2/2007, 74

den entgegen der Normstunde die drei Gütertrassen Nord–Süd über die Lötschberg-Bergstrecke gelenkt."[16]

Autoverladestation Goppenstein an der Lötschberg-Südrampe

Rhônetal bei Visp, am Hang die Lötschberg-Südrampe

Aus diesem Fahrplan ist zu entnehmen, daß die Lötschberg-Bergstrecke entgegen mancher Befürchtungen auch in den kommenden Jahren benötigt und ihre Bedeutung für den Eisenbahnverkehr behalten wird. Der zwischenzeitlich bereits geforderte vollständige Ausbau der zweiten Tunnelröhre, mit der die Betriebsführung wesentlich erleichtert werden könnte, ist im Moment finanzierungsmäßig nicht realisierbar. Nachdem aber das Parlament bereits die Linie für „Bahn 2030" vorgegeben hat, wäre ein Ausbau des Lötschberg-Basistunnels im Zeitraum von 2017 bis 2040 durchaus machbar.[17] Denn man sollte bedenken, daß die gegenwärtig als Zeitreserve zur Verfügung stehende freie Kapazität für den Lötschberg-Basistunnel bei einer vollen Auslastung lediglich 3 %[18] beträgt – das sind pro Stunde 1,8 Minuten.

Mit Hilfe des neuen Basistunnels gelangen die Reisenden von der Nord- und Mittelschweiz schneller ins Wallis, sie sparen über eine Stunde an Fahrzeit.[19] Allerdings verzichten sie dabei auf die herrliche Fahrt über die Bergstrecke. Und gerade die Dörfer und Landschaften dort haben einen hohen touristischen Wert.

Veränderungen ergeben sich auch für die Bahnhöfe in Brig und in Visp. Brig stellte bislang einen bedeutenden Umsteigeknoten zwischen der normalspurigen Nord-Süd-Achse der BLS, der vom Westen einmündenden SBB-Strecke und der schmalspurigen Ost-Westachse der Matterhorn-Gotthard-Bahn (MGB) dar. Durch den veränderten Streckenverlauf mündet die Nord-Südachse nun in Raron nahe Visp ins Rhônetal. Brig wird zwar nach wie vor von Zügen auf beiden Achsen angefahren, allerdings hat sich Visp als neuer Umsteigebahnhof bereits etabliert. So wurde der Bahnhof komplett umgebaut und dabei u.a. die bislang vor dem Empfangsgebäude liegenden Gleise der Schmalspurbahn in den Bahnhof verlegt.

---

[16] ebd.
[17] vgl. o.V.: Parlament stellt die Weichen, in: Schweizer Eisenbahn-Revue, 2/2009, 63
[18] vgl. ebd.
[19] vgl. Wallis Tourismus: Eine Stunde dem Wallis näher, Sion 2007, o.S.

Aber auch in Brig wurde umgebaut: Der bislang als Kopfbahnhof ausgelegte Schmalspurbahnhof wurde zum Durchgangsbahnhof umgestaltet, der zeitintensive Lokwechsel entfällt nun.[20] Dennoch halten die Züge nach wie vor auf dem Bahnhofsvorplatz. Geplant ist, die Schmalspurgleise wie bereits in Visp in den Bahnhof zu integrieren.

Alter Knotenpunkt Brig

Visp als neuer Knotenpunkt im Wallis

Der Gotthard-Basistunnel

Der 57 km lange Basistunnel stellt neben dem Lötschberg-Basistunnel das Kernstück der Neuen Eisenbahn-Alpentransversale dar. Er liegt an der Strecke von Zürich nach Milano/Italien zwischen den Orten Erstfeld (Kanton Uri) und Bodio (Kanton Tessin). Baubeginn für diese zwei einspurigen Tunnelröhren, die durch Querschläge untereinander verbunden sind und eine Gesamtlänge des Tunnelsystems von 153,5 km[21] aufweisen, war im Jahr 1999. Die Kosten für diesen Tunnel werden sich auf 8 Mrd. Franken belaufen.[22]

Deutliche Verbesserungen im Angebot wird es sowohl im Güter- als auch im Personenverkehr geben. Gleichzeitig wird er die Schweiz in das europäische Hochgeschwindigkeitsnetz einbinden. Zusammen mit dem im Tessin zu errichtenden 15 km langen Ceneri-Basistunnel wird eine leistungsfähige Flachbahn durch den Alpenkamm geschaffen. Von Bedeutung ist, daß die Scheitelhöhe des Tunnels lediglich bei 550 m über Meereshöhe liegt. Deshalb sind für die Alpenquerung keine maßgeblichen Steigungen zu überwinden. Die Inbetriebnahme des längsten Eisenbahntunnels der Welt war für das Jahr 2014 geplant, wird aber aufgrund von geologischen Problemen bzw. auch bedingt durch eine mißglückte Bauvergabe seitens der AlpTransit AG erst später als 2016 erfolgen können, die des Ceneri-Basistunnels voraussichtlich 2019.

---

[20] vgl. o.V.: Durchgangsbahnhof in Brig und neue Triebzüge für Matterhorn-Gotthard-Bahn, in: Schweizer Eisenbahn-Revue, 1/2008, 24

[21] Rellstab, Mathias: Gotthard-Basistunnel: 17 Kilometer in einem Jahr, in: Schweizer Eisenbahn-Revue 3/2007, 121

[22] vgl. Steiner, Reto: Die neue Alpentransversale (NEAT) am Gotthard, in: Eisenbahn-Kurier Special Nr. 84 „125 Jahre Gotthardbahn", 1/2007, 80

Gotthard-Basistunnel, Teilabschnitt Erstfeld

Förderbandanlagen, Siebstation

Nordportal

Bahnverladeanlage

Stollenbahn

Tunnelbau

Den Nutzen der neuen Gotthardbahn beschreibt der Vorsitzende der Geschäftsleitung AlpTransit AG, Peter Zbinden, wie folgt: „*Die Anzahl der Güterzüge wird auf der neuen Gotthardstrecke von heute rund 140 auf 220 Züge täglich zunehmen. Zudem verkürzt sich die Fahrzeit, was den Bahntransport auch zeitsensitiver Güter (Flug-Cargo, verderbliche Waren) wieder interessant macht. Die flache, gestreckte Trassierung der neuen Strecke erlaubt die produktive Führung von langen und schweren Zügen, weil dadurch zeitraubende Rangiermanöver entfallen. Heute muss nämlich ein schwerer Güterzug in Erstfeld beziehungsweise Bellinzona geteilt oder mit einer Schiebe- respektive Zwischenlok versehen werden. Und selbst mit diesen zusätzlichen Transportmitteln lässt sich nur eine Anhängelast von höchstens 2000 Tonnen erreichen. Das Ziel, Güterzüge von mehr als 2000 Tonnen Anhängelast ohne Halt und ohne Schiebelok durch die Schweiz zu führen, kann nur mit den beiden Basistunneln am Gotthard und am Ceneri erreicht werden.*"[23]

Die den Gotthard-Basistunnel mit 250 bis 250 km/h durchfahrenden Hochgeschwindigkeitszüge bewirken im Personenverkehr eine Reisezeitverkürzung um eine Stunde und bringen optimale Anschlußverbindungen auf Schweizer wie auch auf italienischer Seite. Von den kürzeren Reisezeiten könnten 20 Mio. Menschen, die im Einzugsgebiet wohnen, profitieren.

Während des Tunnelbaus treten jedoch auch Probleme auf, die hohe Anforderungen an die Logistik stellen: der Transport und die Aufbereitung des gesamten Ausbruchmaterials (13,5 Mio. Kubikmeter) einschließlich seiner maximalen Verwertung, wobei Wirtschaftlichkeit und minimale Umweltbelastungen Grundbedingungen sind. So werden im Rahmen des Materialbewirtschaftungskonzepts

- Betonzuschlagstoffe wie Kies- und Sandprodukte im Rahmen der Eigenversorgung selbst hergestellt (Schonung von Kiessandressourcen und Landschaften),
- Transporte vorwiegend mit Transportbändern, Bahn und Schiff vorgenommen und
- Schallschutzmaßnahmen an Transporteinrichtungen sowie Kieswerken durchgeführt.

Im Urner See, einem Teil des Vierwaldstätter Sees, wird das Ausbruchmaterial dazu benutzt, Bade- und Naturschutzinseln zu errichten.[24]

Um die Gesamtbauzeit in einem überschaubaren Rahmen halten zu können, wurde von verschiedenen Punkten aus mit dem Tunnelbau begonnen. In der Mitte der Großbaustelle liegt der bedeutendste und geologisch kritischste Zwischenangriff Sedrun. Dort wurden ein 1.000 m langer waagerechter Zugangsstollen sowie zwei je 800 m tiefe Vertikalschächte eingerichtet. Zukünftig werden diese Infrastrukturen als Nothaltestellen genutzt werden. Es kam aber auch die Idee auf, diese Nothaltestellen zu einer öffentlichen Station, der Porta Alpina, auszubauen. Dazu wäre die Einrichtung von je zwei Wartehallen pro Haltestelle, der Ausbau der Bahnsteige und die entsprechende Gestaltung der Personenverkehrswege notwendig. Die erforderlichen Baukosten wurden von den Befürwortern der Idee auf 40-50 Mio. Franken geschätzt, die Betriebskosten würde sich auf ca. 2,5 Mio. Franken (abzüglich der Verkehrserlöse) jährlich belaufen. Die Porta Alpina könnte gleich zwei Rekorde vereinen: den längsten Eisenbahntunnel der Welt und den höchsten Lift

---

[23] Zbinden, Peter: Die neue Flachbahn durch die Alpen, in: Jeker, Rolf E.: Die Zukunft beginnt, Zürich 2002, 32f

[24] vgl. Kassubek, Daniel; Weber, Robert; Thalmann-Suter, Cedric: Ein Gewinn für Umwelt und Projekt, in: Jeker, Rolf E.: Die Zukunft beginnt, Zürich 2002, 106f; Stiftung Hänggiturm Ennenda „Museum für Ingenieurbaukunst": NEAT – Eine Schweizer Pionierleistung, Ennenda 2006, 44ff

der Welt.[25] Insbesondere die Bevölkerung der Surselva verspricht sich viel von dieser Idee, könnte der Tourismus doch durch eine optimierte Anbindung (Kreuzung der Ost-West- sowie der Nord-Süd-Eisenbahnachse) an die Schweizer Ballungsräume profitieren. Zwischenzeitlich steht allerdings fest, daß der Traum von der Porta Alpina vorerst auch ein Traum bleiben wird. Aufgrund nicht absehbarer Risiken und Kosten wurde die Realisierung des Projekts abgelehnt.[26]

Eingang zum Gotthard-Scheiteltunnel

Göschenen als Umsteigeknoten zur MGB

MGB in der Schöllenenschlucht

Andermatt

Sicherlich wird sich mit der Inbetriebnahme dieses Basistunnels das Betriebskonzept für die alte Gotthard-Bergstrecke wesentlich verändern. Eine erste Neukonzipierung gab es bereits mit der vollen Inbetriebnahme des Lötschberg-Basistunnels am 9. Dezember 2007. Wenn auch der Großteil der Züge später durch das Gotthard-Massiv fährt, sollte die 125jährige Jubiläumsstrecke unbedingt der Nachwelt erhalten bleiben, und dies keinesfalls nur als Museumsbahn! Man sollte bedenken, daß gerade die Bergstrecke von enormer touristischer Bedeutung ist, verbindet sie doch die Innerschweiz bzw. das Tessin mit den Gebirgsgemeinden am Gotthard. Auch der Übergang zur Matterhorn-Gotthard-Bahn bzw. in Fortsetzung zur Rhäti-

---

[25] BVFD Graunbünden; Gemeinde Tujetsch; Verein Visiun Porta Alpina: Porta Alpina – Die wichtigsten Resultate der von Bund und Kanton in Auftrag gegebenen dreiteiligen Machbarkeitsstudie, Chur/Sedrun/Ilanz 2004, 2ff

[26] vgl. o.V.: Kein Bahnhof im Basistunnel, in: Schweizer Eisenbahn-Revue, 11/2007, 521

schen Bahn in Richtung Graubünden besteht nur in Göschenen, dem Beginn des Gotthard-Scheiteltunnels. Wer aus den Schweizer Urkantonen mit der Bahn zum Glacier-Express möchte, muß die Schöllenen-Bahn von Göschenen nach Andermatt benutzen.

Anläßlich der Jubiläumsfeierlichkeiten äußerte der SBB-Chef Andreas Meyer, daß die Bergstrecke trotz der Kosten „*in der einen oder anderen Form*" bewahrt werden müsse.[27]

Aufgabe 1

Welche Ziele verfolg(t)en die Befürworter der NEAT im speziellen Fall des Lötschberg-Basistunnels? Welcher Zeitrahmen war für die Umsetzung der einzelnen Ziele realistisch?

Aufgabe 2

Analysieren Sie die Sichtweisen/Ziele/Bedenken der am Tunnelbau am Lötschberg beteiligten bzw. davon betroffenen Akteure!

Aufgabe 3

Identifizieren Sie wichtige Faktoren des vorliegenden Systems und stellen Sie deren Zusammenhänge in einem Wirkungsgefüge dar!

Aufgabe 4

Erstellen Sie ausgehend von Ihrem Netzwerk eine Wirkungsmatrix!

Aufgabe 5

Erstellen Sie aus obiger Wirkungsmatrix ein Intensitätsportfolio und interpretieren Sie dieses!

Aufgabe 6

Welche Auswirkungen hatte die Verlagerung des Umsteigeknotens von Brig nach Visp? Wie könnte man in Brig darauf reagieren?

Aufgabe 7

Welche Rolle könnte die Lötschberg-Bergstrecke in der Zukunft spielen?

Aufgabe 8

Warum ist der Gotthard-Basistunnel der bedeutendere der beiden Basistunnel?

Aufgabe 9

Was hatten sich die Initiatoren von der Umsetzung des Projekts „Porta Alpina" versprochen? Warum wird das Projekt nicht realisiert?

---

[27] vgl. Andrian, Walter von; Rellstab, Mathias: Festwochenende zum Gotthard-Jubiläum, in: Schweizer Eisenbahn-Revue 11/2007, 536; zum Weiterlesen siehe auch: Isliker, Hans Rudolf: Lötschberg-Basistunnel: Der erste Schritt zur NEAT, in: Eisenbahntechnische Rundschau, Juni 2007, 347-351; Moser, Beat; Jossi, Urs: Die BLS – Eine moderne Alpenbahn, Eisenbahn-Journal Special 1/98, Fürstenfeldbruck 1998; Simoni, Renzo: Die neue Gotthardbahn – Überblick 2007, in: Eisenbahntechnische Rundschau, September 2007, 514-523

Lösungen

Aufgabe 1

Prioritäten	Ziele	Zeitrahmen[28]
Oberziel	Transitverkehr komplett auf die Schiene bringen	langfristig
1	Sicherstellen leistungsfähiger Schienenwege für den Nord-Süd-Transit durch die Schweiz	langfristig
2	Entlastung der Tunnel und Paßstraßen	mittel- bis langfristig
3	Reduzierung der Umweltbelastung (Lärm, Abgase usw.)	mittel- bis langfristig
4	die einzelnen Schweizer Landesteile besser miteinander verbinden	mittel- bis langfristig
5	Verbindungen nach Italien beschleunigen	mittel- bis langfristig
6	Schweiz insgesamt besser in Europa integrieren	langfristig

***Abbildung 7-2** Ziele der NEAT-Befürworter*

Aufgabe 2

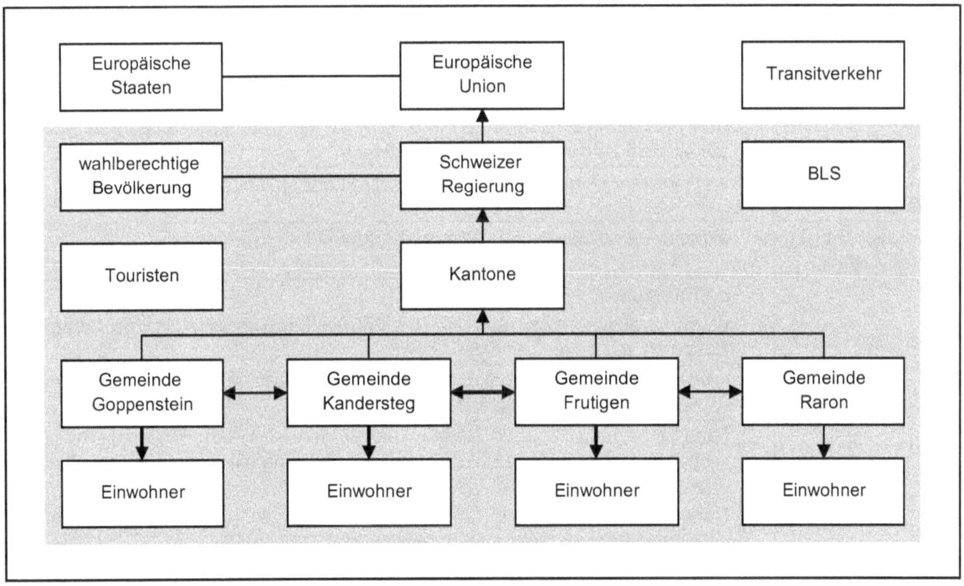

***Abbildung 7-3** Am Tunnelbau beteiligte bzw. betroffene Akteure*

Akteure	Sichtweisen/Ziele/Bedenken
Gemeinden Kandersteg und Goppenstein	• vor Inbetriebnahme des Basistunnels hielten am Bahnhof noch internationale und überregionale Züge wie IC/EC und Cisalpino • z.Z. noch Beginn/Ende der Autoverladung • bisherige Strecke über Scheiteltunnel soll weiter betrieben werden bzgl. des Personenverkehrs

[28] Bei einem strategischen Vorhaben dieser Art handelt es sich naturgemäß um die Realisierung langfristiger Zielsetzungen.

Fortsetzung

Akteure	Sichtweisen/Ziele/Bedenken
Gemeinden Kandersteg und Goppenstein	• sind über Emissionsreduzierung durch verminderten Güterverkehr sicher froh • sind nach wie vor auf Touristen angewiesen
Gemeinden Frutigen und Raron	• befürchteten u.U. Beeinträchtigungen durch Großbaustelle → stört sowohl Einwohner als auch Touristen (Lärmbelästigung, Dreck, erhöhtes Verkehrsaufkommen durch Materialtransporte usw.) • sind daran interessiert, daß ihre Umgebung nach Beendigung der Großbaustellen wieder saniert wird
Einwohner	• viele Einwohner verdienen ihr Geld in der Tourismusbranche • ihnen ist sicher daran gelegen, daß auch in Zukunft genügend Touristen in ihre Region kommen • werden darauf drängen, daß unabhängig vom durch den Basistunnel geführten Fern- und Transitverkehr die Bedienung der Scheiteltunnel-Strecke aufrechterhalten wird
Kantone Bern und Wallis und Bezirke	• sind an wirtschaftlicher Aufwertung der Region interessiert, wollen aber auch Touristen in der Region halten • Wallis ist für Touristen aus nördlicher Richtung jetzt schneller erreichbar
Schweizer Regierung	• mit Transitabkommen der EU gegenüber verpflichtet, den Transitverkehr effektiver zu gestalten • dazu soll die „Neue Eisenbahn-Alpen-Transversale" (NEAT) beitragen, dessen Bestandteil auch der Lötschberg-Basistunnel ist
Europäische Union	• an Basistunnel interessiert, um Transitverkehr effektiver zu gestalten • übte diesbezüglich Druck auf die Schweizer Regierung aus, die durch Transitabkommen zu Kooperation verpflichtet ist
Europäische Staaten	• an Basistunnel interessiert, um Transitverkehr effektiver zu gestalten
Wahlberechtigte Bevölkerung	• stimmte dem Projekt neue Eisenbahn-Alpen-Transversale zu
BLS	• an Basistunnel interessiert • durch attraktiveres Angebot (kürzere Fahrzeiten) wahrscheinlich größerer Zuspruch von seiten der Speditionen • muß weniger in Instandhaltung und Wartung investieren als auf freier Strecke (Schnee, Eis, Windbruch, Bergrutsch usw.) • kann Bedienung der alten Strecken sicher nicht im selben Rhythmus aufrechterhalten → diesbezügliche Kompromißlösung (Regional-Express-Züge „Der Lötschberger") • Bahnpersonal (Lokführer, Zugbegleiter) schätzen sicher die landschaftlich schönen Strecken mehr als Tunnelstrecken
Transitverkehr	• an Bau Basistunnel stark interessiert • Ausweichmöglichkeiten zum Gütertransport bestehen kaum, trotzdem sollte Angebot (hinsichtlich Fahrzeiten, Taktzeiten und Preisen) den Vorstellungen entsprechen
Touristen (nicht im Transit)	• schätzen früheres Bahnangebot: Fernzüge (aus Zentralschweiz/Bern und Italien) hielten auch in touristisch attraktiven, kleinen Dörfern; kurze Taktzeiten (Stundentakt in jede Richtung) • schätzen landschaftlichen Reiz der bisherigen Strecke, sind (außer für den Fall, daß sehr lange Strecken zurückgelegt werden müssen) sicher nicht an „Untergrundfahrten" interessiert

Tabelle 7-1 *Sichtweisen/Ziele/Bedenken der Beteiligten bzw. Betroffenen*

Aufgabe 3

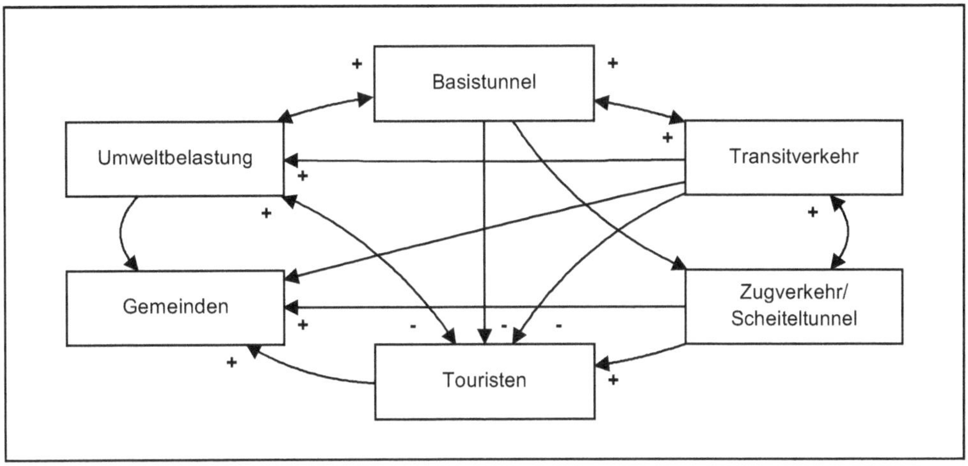

Abbildung 7-4 *Wirkungsgefüge*

Wirkung von ...	auf ...	Beschreibung der Wirkungsbeziehungen
Transitverkehr	Zugverkehr/ Scheiteltunnel	je mehr Verkehr, um so stärker wird Scheiteltunnel beansprucht
	Basistunnel	je mehr Verkehr, um so notwendiger Basistunnel
	Umweltbelastung	je mehr Verkehr, um so höher die Belastung
	Touristen	je mehr Verkehr, um so unangenehmer für Touristen
	Gemeinden	je mehr Verkehr, um so belasteter die Gemeinden
Zugverkehr/ Scheiteltunnel	Transitverkehr	je attraktiver das Angebot (Takte, Fahrzeiten und Preise), um so mehr Lkw werden Angebot in Anspruch nehmen
	Touristen	je attraktiver das Angebot (Takte, Fahrzeiten und Preise), um so mehr Pkw werden Angebot in Anspruch nehmen bzw. um so mehr Touristen werden Züge nutzen
	Gemeinden	je mehr Verkehr (Autoverladung und Huckepackverkehr) durch den Tunnel, um so stärker sind die Gemeinden belastet
Basistunnel	Transitverkehr	je attraktiver das Angebot (Takte, Fahrzeiten und Preise), um so mehr Lkw werden Angebot in Anspruch nehmen bzw. je eher der Basistunnel fertig ist, um so eher kann der Transitverkehr umgeleitet werden
	Zugverkehr/ Scheiteltunnel	je mehr Verkehr durch den Basistunnel rollt, um so weniger wird der Scheiteltunnel beansprucht
	Umweltbelastung	je mehr Transitverkehr durch den Basistunnel umgeleitet werden kann, um so geringer die Umweltbelastung
	Touristen	je länger die Bauphase, um so unangenehmer für Touristen
Umwelt-belastung	Basistunnel	je höher die Umweltbelastung, um so notwendiger der Basistunnel
	Touristen	je höher die Umweltbelastung, um so schlechter für die Touristen
	Gemeinden	je höher die Umweltbelastung, um so schlechter für die Gemeinden
Touristen (nicht Transit)	Umweltbelastung	je mehr Touristen, um so höher die Umweltbelastung
	Gemeinden	je mehr Touristen, um so mehr Einnahmen für die Gemeinden

Tabelle 7-2 *Beschreibung der Wirkungsbeziehungen*

Aufgabe 4

Wirkung von auf	Transitverkehr	Zugverkehr/ Scheiteltunnel	Basistunnel	Umweltbelastung	Touristen	Gemeinden	**Zeilensumme**
Transitverkehr	x	3	3	3	2	3	**14**
Zugverkehr/ Scheiteltunnel	3	x	0	0	3	3	**9**
Basistunnel	3	3	x	3	2	0	**11**
Umweltbelastung	0	0	2	x	2	3	**7**
Touristen	0	0	0	1	x	3	**4**
Gemeinden	0	0	0	0	0	x	**0**
Spaltensumme	**6**	**6**	**5**	**7**	**9**	**12**	**x**

Tabelle 7-3 *Wirkungsmatrix*

Aufgabe 5

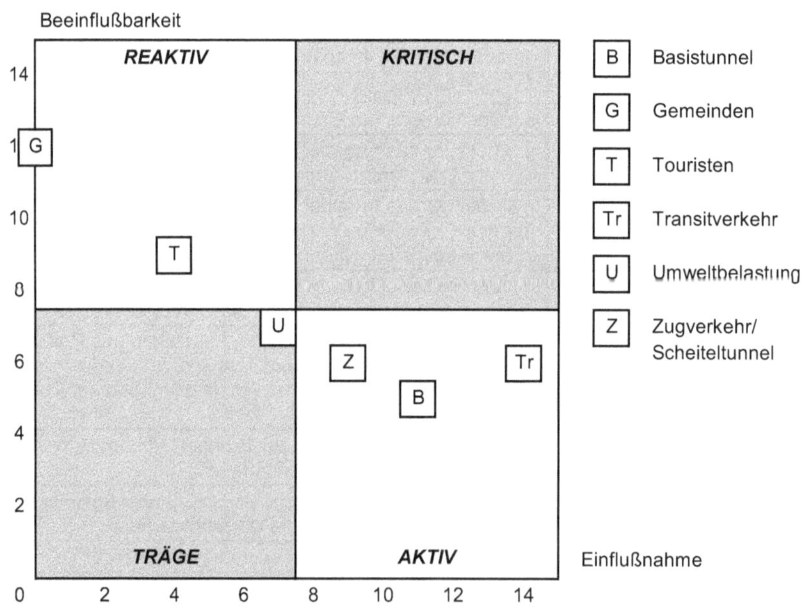

Abbildung 7-5 *Intensitätsportfolio*

Kritische Faktoren	• Kritische Faktoren ergeben sich bei dieser Faktorenauswahl nicht.
Aktive Faktoren	• **Transitverkehr**: wirkt stark auf alle anderen Faktoren; der zunehmende Transitverkehr war schließlich auch der Auslöser für die neuen Tunnelprojekte

Fortsetzung

Aktive Faktoren	• **Basistunnel**: wirkt auf fast alle Faktoren stark; soll die Lösung des Transitproblems sein und sollte deshalb bei den betrachteten anderen Faktoren Wirkung zeigen • **Zugverkehr/Scheiteltunnel**: wirkt sich bei einem Teil der Faktoren stark aus; stellte mit Autoverladung und der rollenden Landstraße bisher eine Alternative zum Transitproblem dar; ist den Ansprüchen allerdings nicht mehr gewachsen
Reaktive Faktoren	• **Gemeinden**: werden von den anderen Faktoren beeinflußt; spüren sowohl die Auswirkungen des Transitverkehrs als auch des Tunnelbaus; sind zudem von den Einnahmen der Touristen abhängig • **Touristen**: werden mehr von den anderen Faktoren beeinflußt, als daß sie beeinflussen; spüren – wie auch Gemeinden – die Auswirkungen des Transitverkehrs und des Tunnelbaus; sind als Zugtouristen von den Angeboten der Bahn abhängig
Träge Faktoren	• **Umweltbelastung**: wird hier zwar dem trägen Bereich zugeordnet, wirkt aber gleichzeitig beeinflussend und wird auch beeinflußt; durch den zunehmenden Transitverkehr stieg auch die Umweltbelastung; eine Reduzierung der Belastung ist durch den Umstieg auf die rollende Landstraße möglich; gleichzeitig werden die Auswirkungen der zunehmenden Verschmutzung bei Gemeinden und Touristen spürbar

Tabelle 7-4 *Erläuterung der Faktoren*

Aufgabe 6

Brig	Visp
• massiver bahnmäßiger Bedeutungsverlust des Standorts Brig • freiwerdende Kapazitäten • Umgestaltung Bahnhofsgelände einschließlich Empfangsgebäude • MGB: vom Kopfbahnhof zum Durchgangsbahnhof • Umnutzung: Büro- und Geschäftsflächen (wie in 22 anderen größeren Schweizer Bahnhöfen auch wird hier das Konzept „Mehr Bahnhof" umgesetzt, welches ein einheitliches Grundangebot an Geschäften mit attraktiven Öffnungszeiten enthält[29])	• gleichzeitig starke Aufwertung des Standorts Visp: neue Drehscheibe im Oberwallis • Verbesserung der Umsteigebeziehungen zwischen BLS, SBB und MGB sowie Postbus-Linien • Neubau Empfangsgebäude • Schaffung zusätzlicher Kapazitäten

Tabelle 7-5 *Auswirkungen der Verlagerung des Umsteigeknotens von Brig nach Visp*

Aufgabe 7

Die Lötschberg-Bergstrecke wird entgegen mancher Befürchtungen auch weiterhin benötigt und ihre Bedeutung für den Eisenbahnverkehr behalten. Sie stellt auch eine wichtige Kapazitätsreserve dar, da der zwischenzeitlich bereits geforderte vollständige Ausbau der zweiten Tunnelröhre in absehbarer Zeit finanzierungsmäßig noch nicht abgesichert ist. Die Pkw-Autoverladung (bis zu einem 7,5 Minuten-Takt zwischen Kandersteg und Goppenstein) bleibt auf der Bergstrecke, ebenfalls verbleiben dort auch Trassen für 36 Regio-Express-Züge sowie 38 Trassen für den Güterverkehr.

[29] vgl. o.V.: „Mehr Bahnhof" in Brig, in: Schweizer Eisenbahn-Revue, 10/2007, 463

Aufgabe 8

Die Gotthard-Achse hatte immer schon eine größere Bedeutung als die Lötschberg-Achse. Das Gotthard-Basistunnel-Projekt sieht von Anfang an zwei getrennte Tunnelröhren vor. Dies führt zu einer größeren Durchlaßfähigkeit aufgrund der Doppelspurigkeit und dadurch zu einem vereinfachten Betriebsablauf. Die neue Gotthardstrecke bildet im Gegensatz zur Lötschberg-Achse (auf der Simplon-Südrampe sind nach wie vor Kehrtunnel zu bewältigen) eine reine Flachbahn.

Aufgabe 9

Nutzen der Porta Alpina	Gegenargumente
• optimierte Anbindung (Kreuzung der Ost-West- sowie der Nord-Süd-Eisenbahnachse) an die Schweizer Ballungsräume • Aufwertung der Region • Impulse für Tourismus, insbesondere Wintersport, durch Verkürzung der Fahrzeiten aus Ballungszentren (auch attraktiv für Tagestouristen) • Surselva könnte zur Wohngegend für Industriezentren werden, tägliches Pendeln möglich • Bremsen der schleichenden Abwanderung • zweifacher Rekord der Infrastruktureinrichtung: längster Tunnel der Welt kombiniert mit höchstem Lift der Welt	• nicht absehbare Risiken • hohes Gefahrenpotential auf dem Bahnsteig: Reisende dürften ihn erst nach Stillstand des Zuges betreten, vor einer Weiterfahrt müßten Reisende den Bahnsteig verlassen haben → lange Standzeiten der Züge • zu viele Umstiege ab dieser Station bis Sedrun, zu zeitaufwendige Personenbeförderung bei großem Andrang • enorme Kosten für adäquaten Ausbau der unterirdischen Station

Tabelle 7-6 *Nutzen der Porta Alpina und Gegenargumente*

8 Per Nachtzug über die Ostsee – Der Scandinavia Night Express

Während bis in die Mitte des 20. Jahrhunderts Nachtzugreisen oft die einzige wirtschaftliche Möglichkeit zur Überwindung langer Distanzen darstellten, gibt es mittlerweile zahlreiche Alternativen: Ob Pkw oder Mitfahrzentralen, erschwingliche Flugreisen, Fernreisebusse oder Hochgeschwindigkeitsverbindungen bei der Eisenbahn – der Nachtzug ist nur noch eine von vielen Möglichkeiten.

Im Zuge dieser Entwicklungen hatte die Deutsche Bahn im Jahr 2000 die Nachtzugverbindung Berlin–Malmö aus Rentabilitätsgründen eingestellt. Im September 2000 übernahm daraufhin die private Bahngesellschaft GVG Verkehrsorganisation GmbH in einem Joint Venture mit der Svenska Järnvägarna AB den Betrieb der Verbindung.[1]

Die Linie verläuft von Berlin bis zum Fährhafen Sassnitz. Von dort aus bewältigt man unter Nutzung der Scandlines-Fähren die Strecke über die Ostsee bis Trelleborg, wo eine Lokomotive der schwedischen Eisenbahnen den Zug nach Malmö übernimmt. Seit Dezember 2002 wird die Kooperation zwischen GVG und Scandlines auch nach außen hin kommuniziert: Die GVG-Lokomotiven tragen seitdem den Scandlines-Werbeslogan *„In einem Zug über die Ostsee"*.[2]

Scandinavia Night Express in Berlin

Ein Schlafwagen der Svenska Järnvägarna

Erfahrungen einer Nachtzugreisenden

Gegen Mitternacht verläßt der aus einer Lokomotive und drei Schlaf- und Liegewagen bestehende Zug den Bahnhof Berlin Ostbahnhof[3] in Richtung Norden. Der Zugbegleiter hat inzwischen die Formulare mit den Personalien der Reisenden wieder eingesammelt und sich gegebenenfalls eine Zeit notiert, zu der man am Morgen geweckt werden möchte.

---

[1] vgl. o.V.: Mit Scandlines in einem Zug über die Ostsee (13.01.2003), http://www.scandlines.com, 02.02.2009

[2] vgl. ebd.

[3] In den ersten Jahren begann die Reise im Scandinavia Night Express in Berlin Ostbahnhof. Seit Eröffnung des neuen Berliner Hauptbahnhofes fahren die Züge dort ab.

Wer sich den Luxus eines Abteils im Schlafwagen gönnt, findet auf ca. 5 m^2 zwei schmale, übereinander liegende Betten und ein Bad *en miniature* vor. Einige Abteile verfügen allerdings nicht über solch ein Minibad, sondern nur über ein Waschbecken, das im geschlossenen Zustand als Tisch fungiert. Die Fahrgäste solcher Abteile teilen sich das am Waggonende befindliche Bad. Da es in den Bädern kein Trinkwasser gibt, stehen für jeden Passagier zwei geschlossene Becher mit Trinkwasser zum Zähneputzen bereit.

Wenn man es geschafft hat, sein Gepäck so zu verteilen, daß es möglichst wenig stört, kann man versuchen, in einem der Betten ein wenig Ruhe zu finden. Das obere Bett ist zusätzlich mit einem Netz gesichert, um ein Herausfallen im Schlaf zu verhindern. Allerdings ist bis zur Ankunft im Fährhafen sowieso nicht an Schlaf zu denken.

Knapp vier Stunden später erreicht der Zug die Insel Rügen. Im Fährhafen Sassnitz rollt er auf die Scandlines-Fähre nach Trelleborg. Bei ruhiger See kann man nun den Schlafwagen endlich dazu nutzen, wozu man ihn gebucht hat: zum Schlafen.

Nachdem der Zug die Fähre in Trelleborg verlassen hat, fährt er noch etwa eine halbe Stunde weiter bis zu seinem Zielbahnhof Malmö Centralen, wo er zur besten Frühstückszeit ankommt. Doch auch im Zug besteht die Möglichkeit, Getränke oder einen kleinen Imbiß zu bekommen.

Frühstück im Zug

Ankunft in Malmö Centralen am Morgen

Die Nachtzugpassagiere steigen aus

Bereit zur Rückfahrt als Berlin Night Express

Die Nachtzüge verkehren derzeit von April bis November. Zwischen dem 2. Mai und dem 23. August 2009 fahren die Züge täglich. Außerhalb dieser Kernzeit werden drei Verbindungen pro Woche in jede Richtung bzw. Verbindungen an ausgewählten Tagen angeboten. Abfahrt des EN 210 in Berlin Hbf ist um 23:13 Uhr, Malmö Centralen wird um 8:08 Uhr erreicht.[4] Von Malmö aus bestehen gute Anschlußverbindungen. Per X2000 gelangt man nach Göteborg oder Stockholm, mit den Öresund-Zügen nach Kopenhagen.[5]

Der Erfolg der Linie basiert vor allem auf der starken Kunden- und Serviceorientierung – egal, ob sich Geschäftsleute, Pendler oder Touristen für eine Fahrt mit dem Nachtexpress entscheiden: „*Die Strecke ist sehr betreuungsbedürftig, und wir fahren eine Klientel, die ständig gebauchpinselt werden will.*“[6]

Die Abteile in den schwedischen Schlaf- und Liegewagen sind sauber und modern, das Personal freundlich und sehr daran interessiert, daß sich jeder Fahrgast wohl fühlt. Angeboten werden Schlafwagenabteile mit einem oder zwei Betten sowie Liegeplätze im Liegewagen mit je sechs Plätzen pro Abteil. Preisgünstig ist eine Reise vor allem für Nutzer von Pauschaltickets (wie z.B. InterRail, Eurail). Zudem werden reduzierte Preise für Gruppen ab sechs Personen offeriert.[7]

Nicht nur die Serviceorientierung, auch die Kostenstrukturen tragen zum Erfolg bei. Außer den Lokomotiven leiht sich die GVG alle zum Betrieb der Linie notwendigen Ressourcen: Betreuungsteam, Schlafwagen, Putzkolonne und Caterer. Die Lokomotiven wurden nur gekauft, weil es der GVG nicht gelungen war, Lokomotiven zu marktüblichen Preisen bei der Deutschen Bahn zu mieten. Probleme gab es anfangs auch mit den schwedischen Wagen. Hier erwies es sich als äußerst schwierig, eine Zulassung für das deutsche Netz zu bekommen, was letztendlich über ein Jahr dauerte.[8]

Aufgabe 1

Warum ist das Nachtzug-Angebot Berlin–Malmö erfolgreich?

Aufgabe 2

Welche Entwicklungen bzw. Faktoren ermöglichten die Betriebsaufnahme durch die GVG?

Aufgabe 3

Welche Faktoren spielen bei der Angebotsgestaltung des Produktes „Nachtzug“ eine Rolle? Stellen Sie deren Zusammenwirken in einem Wirkungsgefüge dar!

Aufgabe 4

Welche Alternativen zum Nachtzugreiseverkehr bestehen? Stellen Sie deren Vor- und Nachteile in einem Mindmap dar!

---

[4] vgl. Deutsche Bahn AG: Elektronisches Kursbuch, gültig vom 14.12.2008-12.12.2009; o.V.: Fahrplan, http://www.berlin-night-express.de, 02.02.2009; Der EN 211 „Berlin Night Express“ (in der Gegenrichtung) verläßt Malmö Centralen um 21:31 Uhr, Ankunft in Berlin Hbf ist um 6:05 Uhr.

[5] vgl. Resplus: Tågtider, 14.12.2008-13.06.2009, 135ff und 198ff

[6] Tichy, Andrea: Märklin für große Jungs, in: DMEURO, März 2003, 69

[7] vgl. o.V.: Preise, http://www.berlin-night-express.de, 02.02.2009

[8] vgl. Tichy, Andrea: Märklin für große Jungs, in: DMEURO, März 2003, 69; o.V.: EU eröffnet Kartellverfahren gegen Deutsche Bahn (16.10.2001), http://www.eisenbahn-webkatalog.de, 02.02.2009

Lösung

Aufgabe 1

- Kunden- und Serviceorientierung
- Produktpolitik
- Preispolitik
- günstige Kostenstrukturen: wenig gebundenes Kapital
- vorhandene Nachfrage

Aufgabe 2

- Liberalisierung im europäischen Eisenbahnverkehr
- Einstellung der Linie durch die Deutsche Bahn
- Nachfragepotential
- Hartnäckigkeit des neuen Betreibers
- engagierte und interessierte Kooperationspartner (Svenska Järnvägarna, Scandlines)

Aufgabe 3

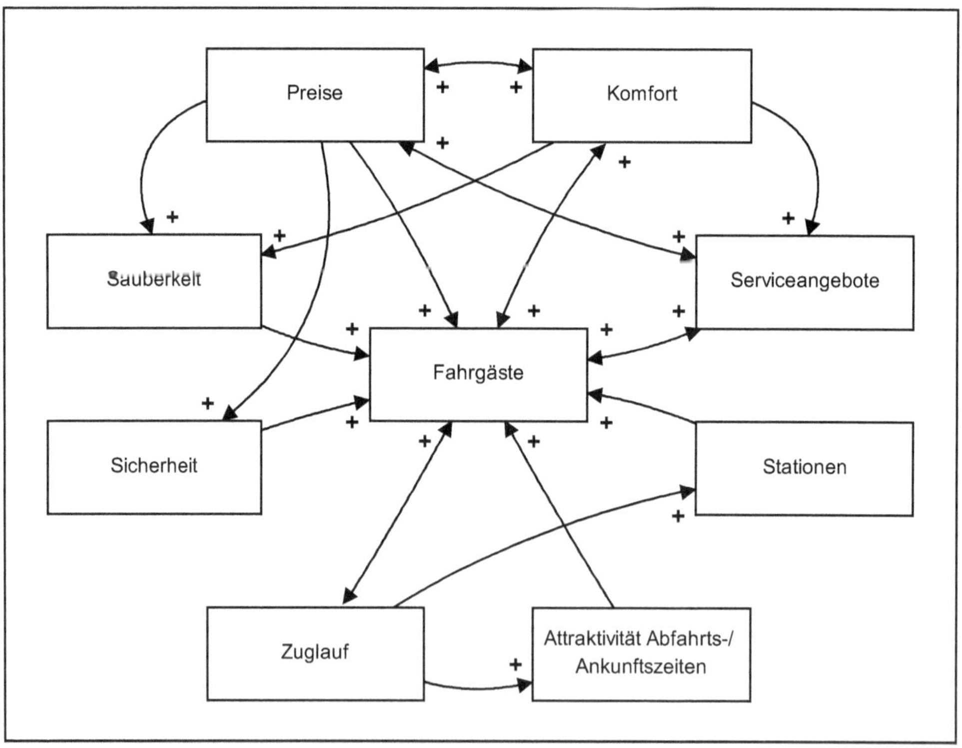

Abbildung 8-1 *Wirkungsgefüge*

Wirkung von ...	auf ...	Beschreibung der Wirkungsbeziehungen
Preise	Komfort	je höher die Preise, um so höher sollte der Komfort sein
	Serviceangebote	je höher die Preise, um so umfangreicher sollten Serviceangebote sein
	Sicherheit	je höher die Preise, um so höher sollte Sicherheit sein
	Sauberkeit	je höher die Preise, um so größer sollte Sauberkeit sein
	Fahrgäste	je höher die Preise, um so weniger Fahrgäste (vorausgesetzt, sie sind entsprechend preissensibel)
Komfort	Preise	je höher der Komfort, um so höher die Preise
	Serviceangebote	je höher der Komfort, um so umfangreicher sollten die Serviceangebote sein
	Sauberkeit	je höher der Komfort, um so größer sollte die Sauberkeit sein
	Fahrgäste	je höher der Komfort, um so zufriedener die Fahrgäste
Serviceangebote	Preise	je umfangreicher die Serviceangebote, um so höher die Preise
	Fahrgäste	je umfangreicher die Serviceangebote, um so besser können die differenzierten Ansprüche der Fahrgäste befriedigt werden
Stationen	Fahrgäste	je mehr Stationen eingebunden sind, um so mehr Fahrgäste können Angebot nutzen
Attraktivität Abfahrts-/ Ankunftszeiten	Fahrgäste	je attraktiver die Abfahrts- und Ankunftszeiten, um so mehr Fahrgäste
Zuglauf	Stationen	je länger der Zuglauf, um so mehr Stationen können eingebunden werden
	Fahrgäste	je länger der Zuglauf, um so mehr Fahrgäste können Angebot nutzen
Sicherheit	Fahrgäste	je höher die Sicherheit, um so entspannter die Fahrgäste
Sauberkeit	Fahrgäste	je größer die Sauberkeit, um so wohler fühlen sich die Fahrgäste
Fahrgäste	Komfort	je anspruchsvoller die Fahrgäste, um so höher sollte Komfort sein
	Serviceangebote	je anspruchsvoller die Fahrgäste, um so umfangreicher sollten Serviceangebote sein
	Zuglauf	Fahrgastpotential bestimmt Zuglauf

Tabelle 8-1 *Beschreibung der Wirkungsbeziehungen*

Aufgabe 4

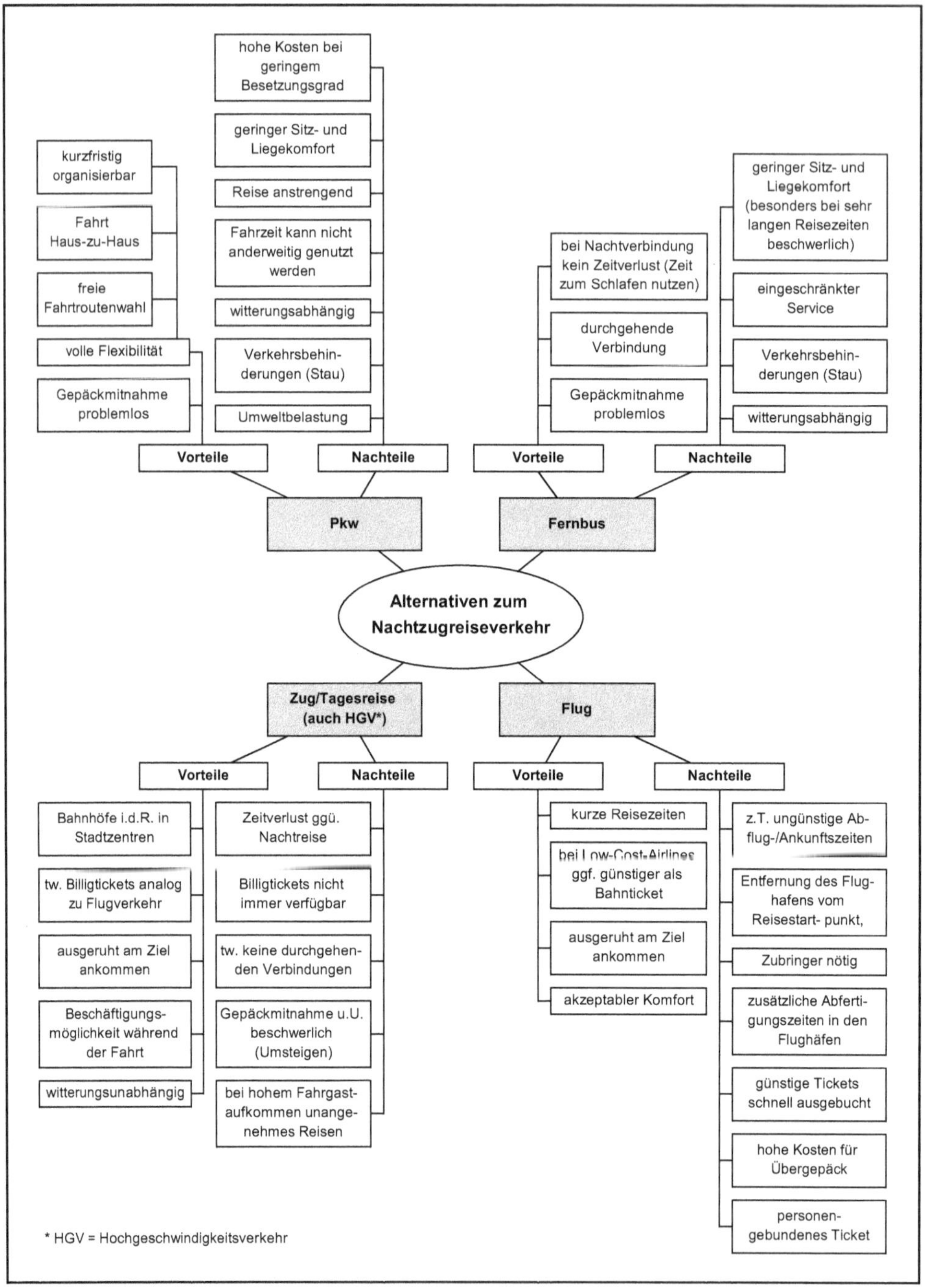

Abbildung 8-2 *Mindmap: Alternativen zum Nachtzugreiseverkehr*

Schiffahrt

C

1 Das Tor zum Osten – Sassnitz-Mukran

Der Fährhafen Sassnitz-Mukran ist an der östlichen Seite der Insel Rügen gelegen. Aufgrund der geographischen Lage sind von hier aus die kürzesten Seeverbindungen von Deutschland nach Schweden, Dänemark/Bornholm, Finnland, Rußland und ins Baltikum möglich. Mit Wassertiefen von 10,50 m stellt er den östlichsten Tiefwasserhafen Deutschlands dar und eignet sich für alle im Ostseeraum fahrenden Schiffstypen.

Der Fährhafen Sassnitz hat sich auf die Abwicklung kombinierter Fährverkehre spezialisiert. Am Standort befindet sich ein sowohl auf Normalspur als auch auf die russische Breitspur ausgelegtes Bahnareal mit entsprechenden Umschlageinrichtungen: *„Für das Umladen der verschiedenen Güter in die russischen Breitspurwaggons stehen auf dem 340 ha großen Bahnhofsgelände von Sassnitz-Mukran, bestückt mit zusammen rund 40 km Breitspur- und 70 km Normalspur-Gleisanlagen insgesamt 5 separate Hallen, 4 Freikrananlagen und eine Umachsanlage zur Verfügung. Der Umschlag der Güter wird sicher und zuverlässig durch qualifiziertes Personal nach russischen Verladevorschriften mit deutschem Qualitätsstandard abgewickelt.*“[1] Der Hafen ist damit der einzige Standort Mitteleuropas, an dem Eisenbahnwaggons russischer Breitspur umgeschlagen werden können. Deshalb bezeichnet er sich selbst auch als *„westlichster Cargo-Bahnhof der Transsibirischen Eisenbahn*“[2].

Als weitere Vorteile erweisen sich seine Lage an der offenen See und die damit verbundene unkomplizierte Ansteuerung, weshalb aufwendige Revierfahrten nicht notwendig sind und keine Lotsenpflicht herrscht. Zudem bestehen Ausbau- und Erweiterungsmöglichkeiten in der Industriezone.[3] Mit dem Hinterland ist der Hafen über die zweigleisige, elektrifizierte Hauptstrecke Stralsund–Sassnitz verbunden.

Aufgrund einer zu geringen Nachfrage war der Standort, der längst nicht mehr an die Umschlagszahlen aus DDR-Zeiten anknüpfen konnte, von der Deutschen Bahn vor Jahren schon einmal abgeschrieben worden. In DDR-Zeiten war der Hafen – eines der letzten großen Verkehrsprojekte der DDR – der wichtigste Umschlagplatz im Handel mit der Sowjetunion. Damals arbeiteten hier 2.200 Menschen. Täglich gingen rund 40.000 Waggons auf Seereise, jährlich wurden ca. 3 Mio. t Güter umgeschlagen. Der Fährverkehr nach Klaipeda wurde 1986 aufgenommen, bis 1989 fuhren auf dieser Relation fünf Eisenbahnfähren. Als sich nach der Wende der Güterverkehr zunehmend auf die Straße verlagerte und der Rußlandhandel weggebrochen war, kam dem Hafen der Abzug der Sowjetarmee zu Hilfe. Ein Drittel der Truppentechnik wurde hier bis 1994 verschifft.[4]

---

[1] o.V.: Bahnverkehre, http://www.faehrhafen-sassnitz.de, 14.07.2008

[2] Fährhafen Sassnitz, http://www.faehrhafen-sassnitz.de, 14.07.2008

[3] vgl. ebd.

[4] vgl. Franke, Jan-Dirk: Ein fast vergessener Hafen in Aufbruchstimmung, in: Freie Presse, 13.05.2008, 3

Heute arbeiten etwa 100 Bahn-Mitarbeiter im Warenumschlag, und die Chancen, daß der Hafen besseren Zeiten entgegensieht, stehen nicht schlecht. Nachdem die Bahn bereits einen Teil des Geländes verkauft hatte, hat man beschlossen, dem Standort Entwicklungsperspektiven zu geben.[5]

Ein umfangreiches Investitionsprogramm sollte dem Hafen zur Neupositionierung verhelfen. 1998 wurde das Skandinavienterminal in Betrieb genommen, seitdem gilt der Hafen als größter deutscher Umschlagplatz im Eisenbahnfährverkehr.[6] Wettbewerbsvorteile will man außerdem durch eine kundenorientierte Konzeption von Kontroll- und Abfertigungseinrichtungen sowie die Schaffung leistungsfähiger Infra- und Suprastrukturen[7] sowie Seehafendienstleistungen rund um die Uhr erlangen.[8]

• RoRo-Fährverkehre (Lkw, Pkw, Eisenbahn)	• Gefahrgutumschlag, Lagerung	• Modulbauplätze Ladungssicherung
• KLV-Umschlag	• Logistikdienstleistungen	• Schiffsreparatur
• Containerhandling	• offenes Zoll-Lager	• Ver- und Entsorgung
• Stückgutumschlag	• seemäßige Verpackung	• Klarierung
• Schüttgutumschlag		• Trailerchecking

Tabelle 1-1 *Hafenleistungen*[9]

In den vergangenen Jahren beliefen sich die Gütermengen bereits auf 4,8 bis 5,6 Mio. t jährlich. Railion zufolge fehlt dem Hafen nur noch eine höhere Frequenz an Fährverbindungen nach Schweden und ins Baltikum: Ideal wäre dabei alle zwei Stunden nach Skandinavien und sechs Mal pro Woche ins Baltikum. In der Hoffnung, daß zukünftig mehr Güter in Mukran umgeschlagen werden, ist eine neue Fährlinie bereits in Planung. Ab 2009 soll der russische Hafen Ust-Luga (150 km von St. Petersburg entfernt) angefahren werden.[10]

Zielländer	Zielhäfen	Reeder	Frequenz	Fahrzeit
Schweden	Trelleborg	Scandlines	5x täglich	3,5 Stunden
Dänemark	Rønne	Bornholmstrafiken	bis zu 2x täglich	3,5 Stunden
Rußland	St. Petersburg	TransRussiaExpress	2x wöchentlich	48 Stunden
Rußland	Baltijsk	DFDS LISCO	1x wöchentlich	16 Stunden
Litauen	Klaipeda	DFDS LISCO	2x wöchentlich	18-20 Stunden

Tabelle 1-2 *Liniendienste ab Sassnitz*[11]

[5] vgl. ebd.

[6] vgl. o.V.: Fährhafen Mukran, http://www.faehrhafen-sassnitz.de, 14.07.2008

[7] Infrastruktur = Hafenbecken, Piere, Kais; Suprastruktur = Umschlag- und Lagereinrichtungen, Anlagen für den Hinterlandverkehr

[8] vgl. o.V.: Fährhafen Mukran, http://www.faehrhafen-sassnitz.de, 14.07.2008

[9] vgl. o.V.: Leistungen, http://www.faehrhafen-sassnitz.de, 14.07.2008

[10] vgl. Franke, Jan-Dirk: Ein fast vergessener Hafen in Aufbruchstimmung, in: Freie Presse, 13.05.2008, 3

[11] erstellt nach o.V.: Liniendienste, http://www.faehrhafen-sassnitz.de, 14.07.2008; o.V.: Linieninformationen, htpt://www.faehrhafen-sassnitz.de, 14.07.2008

Diese Pläne korrespondieren mit ehrgeizigen Wachstumsplänen der baltischen Häfen. Die Häfen Litauens, Lettlands und Estlands sind klassische Transithäfen und nach wie vor stark abhängig von den Güterströmen nach und von Rußland und der GUS. In Riga (Lettland) beträgt der Anteil des Transitaufkommens dieser Länder am Gesamtumschlag etwa 80 %. Die Abhängigkeiten beruhen allerdings auf Gegenseitigkeit. Positiv für die baltischen Staaten erweist sich der Umstand, daß die Häfen Klaipeda sowie Ventspils und Liepaja (beide Lettland) als eisfrei gelten. Dies trifft lediglich noch auf den russischen Hafen von Kaliningrad zu. Zudem sind die russischen Ostseehäfen derzeit noch nicht in der Lage, den zunehmenden seewärtigen Außenhandel zu bewältigen. Schließlich weisen vor allem die baltischen Häfen leistungsfähige Hinterlandverbindungen von/nach Rußland und der GUS auf. Von großer Bedeutung ist dabei auch das Eisenbahnnetz, das in allen drei Ländern weiterhin in russischer Breitspur ausgelegt ist.[12]

Aufgabe 1

Was sind grundsätzlich wichtige Wettbewerbsdeterminanten von Häfen? Unterscheiden Sie dabei in hafenbezogene, wasserseitige und hinterlandbezogene Aspekte!

Aufgabe 2

Welche dieser Faktoren sind besonders für Sassnitz-Mukran von Bedeutung? Stellen Sie deren Zusammenwirken in Form eines Wirkungsgefüges dar!

Aufgabe 3

Leiten Sie aus dem Wirkungsgefüge eine Wirkungsmatrix ab!

Aufgabe 4

Erstellen Sie ausgehend von den Ergebnissen der Wirkungsmatrix ein Intensitätsportfolio!

Aufgabe 5

Welche Umfeldfaktoren können die strategischen Aktionsfelder des Hafens Sassnitz-Mukran beeinflussen? Erstellen Sie dazu eine Umfeldeinflußmatrix!

Aufgabe 6

Wie schätzen Sie die Perspektiven des Hafens Sassnitz-Mukran ein?

[12] vgl. Arndt, Eckhardt-Herbert: Häfen des Baltikums haben ehrgeizige Wachstumspläne, in: Internationales Verkehrswesen, 1+2/2008, 40

Lösungen

Aufgabe 1

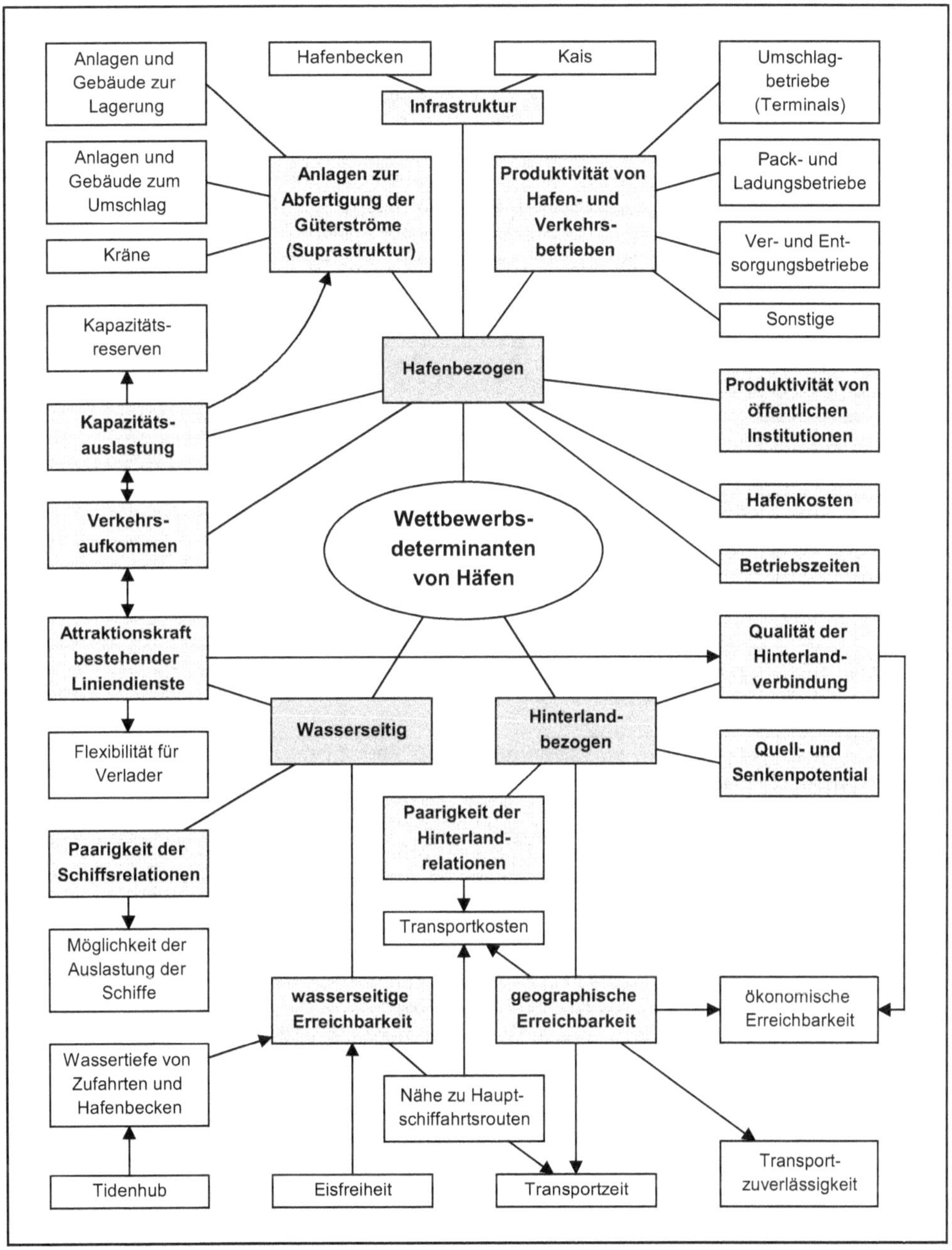

Abbildung 1-1 *Wettbewerbsdeterminanten von Häfen*[13]

[13] erstellt nach: Kummer, Sebastian: Einführung in die Verkehrswirtschaft, Wien 2006, 113ff; Schieck, Arno: Internationale Logistik, München/Wien 2008, 198ff

Aufgabe 2

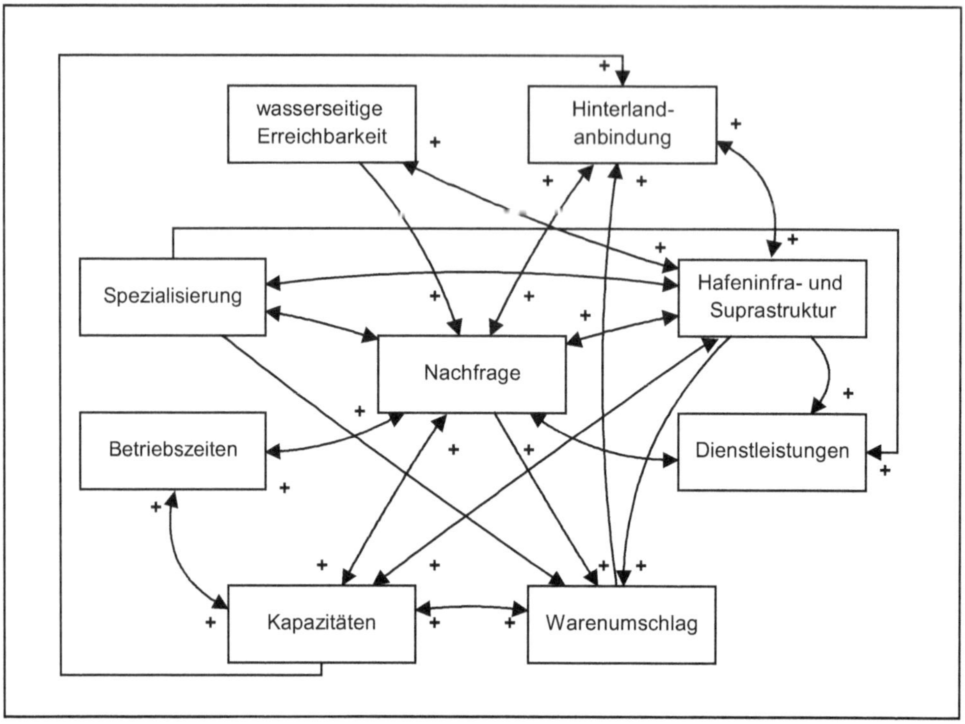

Abbildung 1-2 *Wirkungsgefüge*

Wirkung von ...	auf ...	Beschreibung der Wirkungsbeziehungen
wasserseitige Erreichbarkeit	Hafeninfra- und Suprastruktur	je besser die wasserseitige Erreichbarkeit, um so geringer die Aufwendungen zur Errichtung der Hafeninfrastuktur[14]
	Nachfrage	je besser die wasserseitige Erreichbarkeit, um so größer die Nachfrage
Hinterland-anbindung	Hafeninfra- und Suprastruktur	je vielseitiger die Hinterlandanbindung (bimodal vs. trimodal), um so größer die Aufwendungen zur Gestaltung der Suprastruktur[15]
	Nachfrage	je besser die Hinterlandanbindung, um so größer die Nachfrage
Spezialisierung	Hafeninfra- und Suprastruktur	entsprechend der Spezialisierung müssen geeignete Infra- und Suprastrukturen bereitgehalten werden
	Dienstleistungen	je stärker die Spezialisierung ausgeprägt, um so besser müssen die Dienstleistungen darauf zugeschnitten sein
	Warenumschlag	entsprechend der Spezialisierung werden dafür typische Waren umgeschlagen
	Nachfrage	Spezialisierung beeinflußt Art der Nachfrage
Hafeninfra- und Suprastruktur	wasserseitige Erreichbarkeit	je besser die Hafeninfrastruktur (z.B. Tiefe der Hafenbecken, Länge der Kais) ausgebaut, um so besser die wasserseitige Erreichbarkeit

[14] Suprastruktur wird davon nicht berührt
[15] Infrastruktur wird davon nicht berührt

Fortsetzung

Wirkung von ...	auf ...	Beschreibung der Wirkungsbeziehungen
Hafeninfra- und Suprastruktur	Hinterland-anbindung	je besser die Suprastruktur ausgebaut, um so besser die Hinterlandanbindung
Hafeninfra- und Suprastruktur	Spezialisierung	Hafeninfra- und Suprastruktur bestimmt Rahmenbedingungen für Spezialisierungsmöglichkeiten
	Dienstleistungen	je besser Hafeninfra- und Suprastruktur ausgebaut, um so bessere Bedingungen für die Erbringung von Dienstleistungen
	Kapazität	je leistungsfähiger die Hafeninfra- und Suprastruktur, um so größer die Kapazität
	Warenumschlag	je leistungsfähiger die Hafeninfra- und Suprastruktur, um so höher der mögliche Warenumschlag
	Nachfrage	je leistungsfähiger die Hafeninfra- und Suprastruktur, um so größer die Nachfrage
Betriebszeiten	Kapazität	je länger die Betriebszeiten, um so größer die Kapazität
	Nachfrage	je länger die Betriebszeiten, um so mehr Nachfrage ist zu erwarten
Dienstleistungen	Nachfrage	je besser das Dienstleistungsangebot, um so größer die Nachfrage
Kapazität	Hinterland-anbindung	je größer die Kapazität, um so leistungsfähiger sollte die Hinterlandanbindung sein
	Hafeninfra- und Suprastruktur	erforderliche Kapazität beeinflußt Ausbau der Hafeninfra- und Suprastruktur
	Betriebszeiten	je größer die Kapazität sein soll, um so längere Betriebszeiten sind erforderlich
	Warenumschlag	je größer die Kapazität, um so größer kann der Warenumschlag sein
	Nachfrage	je größer die Kapazität, um so größere Nachfrage kann bewältigt werden
Warenumschlag	Hinterland-anbindung	je höher der Warenumschlag, um so leistungsfähiger sollte die Hinterlandanbindung sein
	Kapazität	je höher der Warenumschlag, um so größer sollte die Kapazität sein
Nachfrage	Hinterland-anbindung	je größer die Nachfrage, um so besser sollte die Hinterlandanbindung sein
	Spezialisierung	Nachfrage beeinflußt die Spezialisierung
	Hafeninfra- und Suprastruktur	Nachfrage beeinflußt Ausbau der Hafeninfra- und Suprastruktur
	Betriebszeiten	je größer die Nachfrage, um so längere Betriebszeiten sind erforderlich
	Dienstleistungen	in Abhängigkeit von der Art der Nachfrage können Dienstleistungen spezialisiert bzw. differenziert sein
	Warenumschlag	je größer die Nachfrage, um so höher der Warenumschlag
	Kapazität	je größer die Nachfrage, um so größer sollte die Kapazität sein

Tabelle 1-3 *Beschreibung der Wirkungsbeziehungen*

Aufgabe 3

Wirkung von / auf	wasserseitige Erreichbarkeit	Hinterlandanbindung	Spezialisierung	Hafeninfra- und Suprastruktur	Betriebszeiten	Dienstleistungen	Kapazität	Warenumschlag	Nachfrage	**Zeilensumme**
wasserseitige Erreichbarkeit	x	0	0	1	0	0	0	0	3	**4**
Hinterlandanbindung	0	x	0	2	0	0	0	0	3	**5**
Spezialisierung	0	0	x	3	0	3	0	3	2	**11**
Hafeninfra- und Suprastruktur	1	3	1	x	0	1	3	3	3	**15**
Betriebszeiten	0	0	0	0	x	0	3	0	3	**6**
Dienstleistungen	0	0	0	0	0	x	0	0	2	**2**
Kapazität	0	3	0	1	3	0	x	3	3	**13**
Warenumschlag	0	3	0	0	0	0	3	x	0	**6**
Nachfrage	0	2	3	1	2	2	3	3	x	**16**
Spaltensumme	**1**	**11**	**4**	**8**	**5**	**6**	**12**	**12**	**19**	**x**

Abbildung 1-3 *Wirkungsmatrix*

Im vorliegenden Fall beeinflußt die Nachfrage die übrigen Faktoren am stärksten. Die Nachfrage entscheidet zum einen über erforderliche Kapazitäten, Warenumschlag sowie die Spezialisierung des Hafens – auch in Verbindung mit den Betriebszeiten und begleitenden Dienstleistungen. Zum anderen gehen von ihr auch Wirkungen auf die Infra- und Suprastruktur sowie die Hinterlandanbindung aus.

Gleichzeitig stellt die Nachfrage auch den am stärksten beeinflußten Faktor dar. Hierbei stehen insbesondere die wasser- und landseitige Erreichbarkeit, Infra- und Suprastruktur, Betriebszeiten sowie Kapazitäten im Vordergrund.

Aufgabe 4

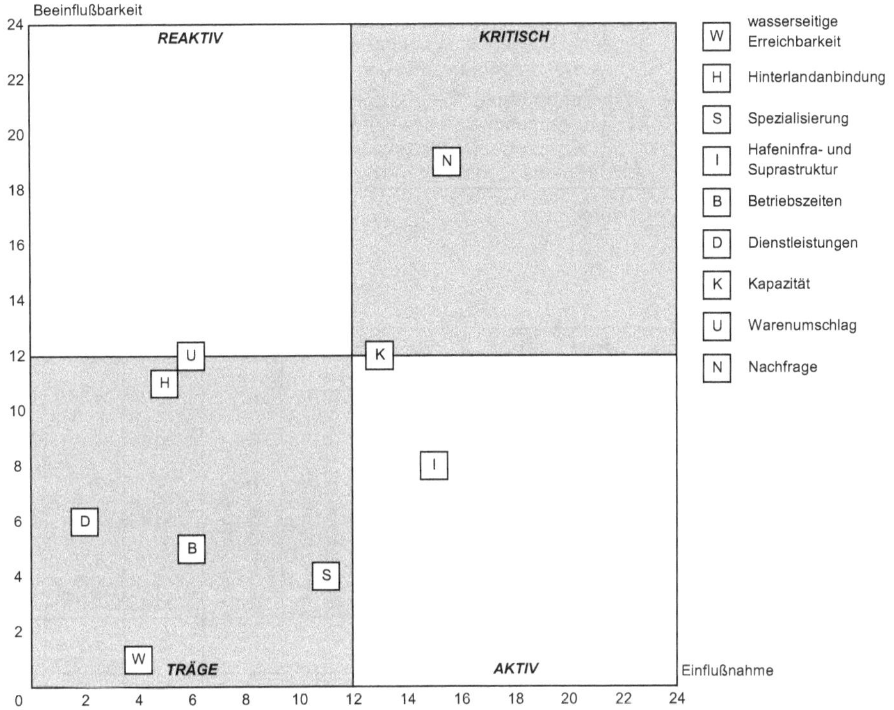

Abbildung 1-4 *Intensitätsportfolio*

Kritische Faktoren	• **Nachfrage**: sowohl im Intensitätsportfolio als auch in der Realität kritischer Faktor; Nachfrage entscheidet über Existenzfähigkeit des Hafens; von der Brisanz zeugt die Tatsache, daß der Hafen aufgrund zu geringer Nachfrage bereits aufgegeben werden sollte
Aktive Faktoren	• **Hafeninfra- und Suprastruktur**: wirkt (abgesehen von den Betriebszeiten) auf alle anderen Faktoren, wird aber im Gegenzug nur von wenigen Faktoren beeinflußt; der Ausstattungsumfang und Stand der Technik entscheiden über Leistungsfähigkeit und damit auch über die Attraktivität des Hafens für die Nachfrager; der Hafen kann selbst über Ausgestaltung der Infra- und Suprastruktur entscheiden (sofern finanzieller Rahmen dies ermöglicht) • **Kapazität**: relativ zentral angesiedelt, tendiert stark zu den anderen drei Bereichen; Kapazität entscheidet letztendlich aktiv darüber, welche Volumina und welche Arten von Gütern umgeschlagen werden können
Reaktive Faktoren	• bei dieser Faktorenauswahl **keine**
Träge Faktoren	• **wasserseitige Erreichbarkeit**: ist größtenteils als geographisch gegeben hinzunehmen, teilweise können Optimierungsmaßnahmen durchgeführt werden (z.B. Ausbaggern von Fahrrinnen, Schutzvorrichtungen) • **Hinterlandanbindung**: Tendenz um reaktiven Bereich; sollte entsprechend Nachfrage und Umschlagsvolumen entwickelt werden, kann aber auch durch Schaffung guter Voraussetzungen Nachfrage erzeugen • **Spezialisierung**: Tendenz zum aktiven Bereich; durch die Spezialisierung kann sich der Hafen eindeutig am Markt positionieren

Fortsetzung

Träge Faktoren	• **Betriebszeiten**: dienen im wesentlichen der Steuerung der nutzbaren Kapazität • **Dienstleistungen**: richten sich zum einen nach der Spezialisierung des Hafens, können auch entsprechend der Nachfrage angepaßt werden; konkretes Angebot kann auch zusätzliche Nachfrage schaffen • **Warenumschlag**: Tendenz um reaktiven Bereich; resultiert aus den Leistungsmerkmalen des Hafens und aus der Nachfrage; ausgehend vom tatsächlichen bzw. geplanten Umschlagsvolumen sollten Kapazität und Hinterlandanbindung ausgerichtet werden

Tabelle 1-4 *Erläuterung der Faktoren*

Aufgabe 5

	Umfeldfaktoren								
Strategische Aktionsfelder	Strategien der Zielhäfen	Strategien der Reede-reien	Strategie der beteiligten Bahnunternehmen	Ausbauzustand der Verkehrsnetze	Eigenschaften der Verkehrsmittel	Investitionsförder-maßnahmen	Warenströme	Konkurrenz	**Zeilensumme**
wasserseitige Erreich-barkeit	0	0	0	3	3	1	0	0	**7**
Hinterlandanbindung	0	0	3	3	0	1	0	0	**7**
Spezialisierung	3	1	0	0	3	0	3	2	**12**
Hafeninfra- und Supra-struktur	0	1	1	0	3	3	0	1	**9**
Betriebszeiten	2	3	1	0	0	0	0	3	**9**
Dienstleistungen	2	2	1	0	1	0	0	2	**8**
Warenumschlag	0	0	0	1	0	0	3	1	**6**
Kapazität	2	2	0	0	3	3	3	3	**16**
Spaltensumme	**9**	**9**	**6**	**7**	**13**	**8**	**9**	**12**	**x**

Abbildung 1-5 *Umfeldeinflußmatrix*

Die stärksten Einflüsse gehen von den Eigenschaften der Verkehrsmittel aus. Die Bauweise der Schiffe ist entscheidend für die Spezialisierung des Hafens. Ebenso müssen Umschlagsanlagen entsprechend ausgelegt sein. Zudem hängt beispielsweise von den Schiffsgrößen ab, ob der Hafen überhaupt angelaufen werden kann. Die Konkurrenz wirkt hier insofern beeinflussend, als der Hafen bewußt auf eine von der Konkurrenz im Schiffsverkehr nicht bediente Nische setzt. Weitere Konkurrenten wären Straßen- und Schienenverkehr. Um hiermit konkurrieren zu können, muß der Schiffsverkehr über Mukran mindestens ebenso effizient abgewickelt werden. Ebenfalls stark beeinflussend wirken die Strategien der Zielhäfen und der Reedereien. Nur wenn deren Strategien jene von Mukran ergänzen, kann der Hafen erfolgreich arbeiten. Schließlich sind die Warenströme entscheidend für die Orientierung in Richtung Baltikum.

Den stärksten Einflüssen unterliegt die Kapazität. In Abhängigkeit von den Rahmenbedingungen wird diese beibehalten, ausgebaut oder ggf. reduziert. Auch die Spezialisierung unterliegt relativ großen Einflüssen, wobei die Strategien der Zielhäfen, die Eigenschaften der Verkehrsmittel sowie die Warenströme im Vordergrund stehen.

Aufgabe 6

- Der Hafen hat im Prinzip gute Entwicklungsperspektiven, da er der einzige mitteleuropäische Hafen mit Breitspuranschluß ist.
- Von hier aus kann der Ostseeraum erschlossen werden, wobei Eisenbahntransporte durch Polen mit anschließender Umladung auf Breitspurwaggons Richtung Rußland vermieden werden können.
- Durch Waggonverladung in Sassnitz ist es möglich, Waren durchgängig (ohne Umladen) von hier zu Empfängern in Rußland, den Staaten der GUS und der Mongolei zu versenden.
- Ausbau- und Erweiterungsmöglichkeiten sind vorhanden, wodurch günstige Voraussetzungen für Investoren gegeben sind.
- Konkurrenz existiert von seiten des Straßenverkehrs, insbesondere im Baltikum.

2 Seemannsalltag – Arbeit und Leben an Bord

David León Rodríguez war als Offizier und Ingenieur im Auftrag der Spanischen Handelsmarine tätig und vor einiger Zeit mit der *Castillo de Arevalo* (66.000 BRT, 224 m Länge, 26 m maximale Breite, 13.000 PS) unterwegs. Zur Schiffsbesatzung gehörten 28 Personen: der Kapitän, drei Deckoffiziere, der Chefingenieur, zwei Offiziere, fünf Kadetten, der Rest Matrosen.

Auf See

Die Castillo de Arévalo

Herr León Rodriguez schildert nachfolgend einige seiner Erlebnisse anhand von Auszügen aus seinem Tagebuch:

Meine Hauptaufgabe ist es, die Betriebsbereitschaft und Sicherheit der technischen Anlagen auf dem Schiff zu gewährleisten. Die tägliche Arbeit an Bord ist hart. Bei solch einem Job sind physische und psychische Stärke gleichzeitig gefragt. Nach Monaten an Bord fühlt man sich oft am Ende seiner Kräfte.

8. Februar – Mit der *Castillo de Arevalo*, einem Schüttguttransporter, sind wir auf dem Weg von San Ciprian in Nordspanien nach Conakry, Guinea. Normalerweise fahren wir jedesmal eine andere Route, doch dieses Schiff fährt nun schon zum 12. Mal nach Guinea. – Mit der Mannschaft läßt es sich aushalten, was meiner Meinung nach einer der bedeutendsten Punkte ist, wenn man drei oder vier Monate seines Lebens mit ihr teilt. Die Offiziere sind jung, der Rest der Mannschaft sind gute und ehrliche Arbeiter. – Ich habe eine sehr große Kabine mit einem Sofa, einem Schrank, einem Bett und einem eigenen Schreibtisch. Und, das ist das Wichtigste, ich muß sie mit niemandem teilen.

13. Februar – Heute sind wir im Nuñez-Fluß, gegenüber der Stadt Kamsar vor Anker gegangen, wo wir auf einen freien Hafenplatz warten. Ein anderes Schiff wird gerade beladen. Von hier aus kann man auf beide Seiten des Flusses sehen. Man sieht nichts als Dschungel, – und mitten in diesem wundervollen Dschungel eine häßliche Bauxitfabrik. Der Fortschritt ... Die Fabrik ist von einer rostbraunen Schicht überzogen und jeder sagt, die Stadt hätte dieselbe Farbe. – Heute, nach zehn Tagen an Bord, wissen wir noch nicht, ob es möglich sein wird, an Land zu gehen.

Bauxitverladung ...

... am Nuñez

18. Februar – Schließlich war es heute doch möglich, die Stadt Kamsar zu besichtigen. Dieser Besuch war wie eine Reise in die Vergangenheit. Die Häuser sind aus Blech und altem Holz gebaut. Das Abwasser sammelt sich auf den Straßen. Bettelnde Kinder fragen nach Süßigkeiten und Dollars. – Nun fahren wir zurück nach Spanien, ohne zu wissen, wohin uns der nächste Auftrag führt.

***

1. März – Nachdem wir drei Tage ziellos unterwegs waren, haben wir heute eine neue Route bekommen. Wir fahren ins Rio de la Plata-Gebiet, an der Grenze zwischen Uruguay und Argentinien, wo wir eine Getreideladung aufnehmen sollen. Die Fracht soll zum Mittelmeer transportiert werden, wahrscheinlich nach Ägypten oder in die Türkei. Aber das sind nur Pläne. Die Wirklichkeit sieht sicher wieder anders aus.

Auf See

Entladung und Reinigung der Kammern

9. März – Heute, um 9:06 Uhr haben wir den Äquator überquert. Es ist sehr warm hier, in den kühleren Teilen des Maschinenraums haben wir mehr als 45 °C. Zwei bis drei Mal pro Tag müssen wir unsere Kleidung wechseln. – In sechs Tagen sollen wir in Brasilien ankommen. Dort müssen wir wahrscheinlich ein oder zwei

Wochen warten, bevor die Verladung der Fracht beginnen kann. Wenn wir Pech haben, gibt es nicht einmal ein Boot, um an die Küste zu gelangen.

20. März – Mittlerweile liegen wir schon sechs Tage lang etwa sieben Meilen vor der Küste von Paranaguá, in der Nähe von São Paulo und Rio de Janeiro. Mit uns warten noch 15 andere Schiffe auf einen freien Hafenplatz. Da sie vor uns angekommen sind, werden wir uns noch eine Weile gedulden müssen. Inzwischen sind uns die neuen Pläne für die Rückfahrt bekanntgegeben worden. Wir fahren jetzt nicht Richtung Mittelmeer, sondern nach Saint Nazaire und dann nach Burdeos. – Nach 22 Tagen auf See freue ich mich auf einen Landgang, denke aber, daß wir hier noch eine Weile liegen werden.

2. April – Wir warten immer noch auf einen Hafenplatz, und darauf, an Land gehen zu können. Täglich merken wir, daß die Essenportionen kleiner werden. Der Koch muß Lebensmittel sparen. Wir haben keinen Kaffee mehr, keinen Tee, keine Milch, keinen Kakao, keinen Whisky, kein Bier, kein Obst, keine Kekse ... Heute kam ein Fax vom Lotsen, daß wir morgen einen Hafenplatz bekommen könnten. Sicher ist es aber nicht. Vielleicht auch erst übermorgen.

5. April – Als wir in Brasilien ankamen, endete gerade der Karneval, und die Brasilianer arbeiteten für eine reichliche Woche nicht. – Der Hafen hatte Platz für drei Schiffe. Die Verladung des Getreides dauerte etwa drei Tage pro Schiff, abhängig vom Wetter und der Größe des Schiffs. Man konnte also damit rechnen, daß etwa ein Schiff pro Tag abgefertigt wird. 15 Schiffe bedeuteten 15 Tage. Unglücklicherweise begann es am zweiten Tag zu regnen, so daß die Verladung abgebrochen werden mußte. Letztendlich mußten wir bis zur Verladung 22 Tage lang rund sieben Meilen vor der Küste warten, ohne sie jedoch betreten zu können.

***

Da wir sehr „warme" Routen gefahren sind (Guinea, Brasilien), wurde die tägliche Arbeit durch die hohen Temperaturen (manchmal bis zu 53 °C) noch erschwert.

Viele glauben, bei der Seefahrt fremde, exotische Länder besuchen zu können und dabei noch viel Geld zu verdienen. Die Wirklichkeit sieht aber anders aus. Niemand wird ohne Leistung bezahlt.

Meiner Meinung nach erlebe ich die letzten Tage der Spanischen Handelsmarine, da Angehörige von Industriestaaten nicht mehr wirklich bereit sind, solche Jobs zu machen. In den 1960er Jahren begannen „große Gangster" wie Onassis damit, die Schiffe auszuflaggen, um im Heimatland Steuern zu minimieren und unter günstigeren Gesetzen Personal anheuern und besser ausbeuten zu können. Heute machen „kleine spanische Gangster" dasselbe, um in weniger Zeit noch mehr Gewinn zu erwirtschaften.

Wieviel sollte jemand verdienen, der vier bis sechs Monate lang 24 Stunden am Tag, ohne Wochenenden, ohne Urlaub arbeitet und dabei tagtäglich sein Leben riskiert? Es kann passieren, daß ein spanischer Seemann 3.000 US-Dollar verdient, während ein Seemann aus Peru oder Ecuador nur 1.800 oder 1.200 US-Dollar bekommt. Auf demselben Schiff. Für dieselbe Arbeit. Zur selben Zeit.

Dies wird früher oder später das Ende der Spanischen Handelsmarine bedeuten, denn wenn es genug Peruaner gibt, die bereit sind, für einen geringeren Lohn und zu schlechteren Bedingungen als ein Spanier zu arbeiten, werden sie auch dem spanischen Seemann nicht mehr zahlen.

Aufgabe 1

Nach welchen Kriterien können Schiffe mit Laderaum klassifiziert werden? Nennen Sie jeweils einige Beispiele!

Aufgabe 2

Wie reagier(t)en die Reeder auf Globalisierungstendenzen und Konkurrenzdruck?

Aufgabe 3

Was sind „Flags of Convinience"? Welche Kriterien müssen erfüllt sein, daß eine Flagge als „Flag of Convinience" gilt?

Aufgabe 4

Wodurch sind die Arbeit und das Leben an Bord gekennzeichnet?

Aufgabe 5

Welche Faktoren können die Arbeitszufriedenheit der Besatzungsmitglieder auf See fördern bzw. beeinträchtigen?

Lösungen

Aufgabe 1

Frachtschiffe	Containerschiffe	
	Massengutschiffe	• Trockengutschiffe (Drybulk) • Tankschiffe: Öl, Gas, Chemie usw.
	Mehrzweckschiffe	• ConRo Schiffe (Container + Roll-on-roll-off) • Oil/Bulk/Ore Schiffe • ConBulk Schiffe (Container + bulk)
	Konventionelle Stückgutschiffe	
	Spezialschiffe	• Car Carrier • Schwergutfrachter • Kühlschiffe • RoRo-Schiffe (Roll-on-roll-off): Straßenfahrzeuge, Eisenbahn
Kombinierte Passagier- und Frachtschiffe	RoPax Schiff (Roll-on-roll-off + Passagier)	• Autofähre • Eisenbahnfähre
	LoPax Schiff (Lift-on + Passagier)	• Postschiff
Passagierschiffe	Kreuzfahrtschiffe	
	Ausflugsschiffe	
	Passagierfähren	

Tabelle 2-1 *Klassifizierung von Schiffen mit Laderaum*

Aufgabe 2

Die Reeder reagieren auf diese Tendenzen mit Ausflaggen und Dumpingpreisen. Ursprünglich sehr stark reglementiert, ist die Schiffahrt heute eines der am stärksten globalisierten Gewerbe.

Aufgabe 3

Um eine sog. „Flag of Convenience" (auch Schattenflaggen, Billigflaggen) handelt es sich dann, „wenn der ökonomische Nutzen aus einem Schiff und die tatsächliche Kontrolle über seinen Betrieb sich in einem anderen Land befinden als in dem Land, dessen Flagge das Schiff führt."[1]

Nach Bergantino/Marlow sollen in Erweiterung obiger Definition all jene Flaggen als *„Flags of Convenience"* gelten, die Folgendes zulassen:

„1. Eine Senkung der Personalkosten, weil die Registrierung unter einer [Flag of Convenience] in der Regel zuläßt, daß die Besatzung ohne jede Beschränkung auf dem internationalen Markt angeheuert wird; daß es keine national vorgeschriebenen Heuersätze gibt; daß die Bemannungsvorschriften weniger strikt sind;

2. Niedrige Betriebskosten durch weniger strikte Wartungsvorschriften und weniger strikt überprüfte Sicherheitsvorschriften;

3. Weniger Kontrolle von Vorschriften und weniger Bürokratie;

4. Die wahrscheinliche Vermeidung von Steuern;

[1] International Transport Workers' Federation (ITF): The ITF Handbook, London 1999, 13:1

5. Zusicherung von Anonymität;

6. Leichter Zugang zum Register und leichtes Verlassen des Registers."[2]

Den größten Bestand an Handelsschiffen weist gegenwärtig Panama, gefolgt von Liberia, den Bahamas und Griechenland auf.

Aufgabe 4

- Verlassen des Sprachraumes
- Verlassen des Kulturraumes
- Verlassen der gewohnten Zeitzone und damit einer verläßlichen und eingeübten Zeitstruktur → veränderter Lebensrhythmus
- Verlassen der Familie
- Enge an Bord
- zeitlich begrenzte Zwangsgemeinschaft an Bord
- zahlreiche Einschränkungen: soziale Kontakte, Individualität, Wahrnehmung
- Lebensrhythmus: Arbeit – Essen – Schlafen

Aufgabe 5

Arbeitszufriedenheit fördernde Faktoren	Arbeitszufriedenheit dämpfende Faktoren
• ansprechende Tätigkeit • gutes Arbeitsumfeld • attraktives Gehalt • angenehmes soziales Umfeld • Aufstiegsmöglichkeiten • gute Kommunikation innerhalb der Besatzung • private Zufriedenheit, vor allem Verständnis des Partners für diese Art von Tätigkeit	• Unterforderung, Monotonie • Streß • nicht leistungsgemäße Entlohnung, insbesondere Gehaltsunterschiede bei gleicher Tätigkeit • soziale Spannungen durch räumliche Enge • eingeschränkte soziale Kontakte • fehlende Möglichkeit zu Landgängen bzw. Urlaub • private Probleme

***Tabelle 2-2** Arbeitszufriedenheit fördernde bzw. dämpfende Faktoren*[3]

[2] Gerstenberger, Heide; Welke, Ulrich: Arbeit auf See – Zur Ökonomie und Ethnologie der Globalisierung, Münster 2004, 30

[3] vgl. Dorsch, Monique: Abenteuer Wirtschaft, München/Wien 2003, 53

3 Harter Wettbewerb auf der Ostsee – Fährverkehr in Nordeuropa

„Fährverbindungen spielen in Nordeuropa eine wichtige und lebensnotwendige Rolle für den Güter- und Personentransport."[1]

Nachdem die Wirtschaftskrise Anfang der 1990er Jahre zunächst zu eher verhaltener Nachfrage und zurückhaltenden Investitionen im nordeuropäischen Fährschiffmarkt geführt hatte, wirkte sich die anschließend boomende Wirtschaft in den nordischen Ländern auch auf den Fährverkehr aus. In der Folge stellte sich der Ostseefährverkehr, insbesondere der Frachttransport, so attraktiv dar, daß selbst südeuropäische Reedereien Interesse bekundeten.[2]

Umkämpfter Fährschiffmarkt

Silja Line nimmt Kurs auf Åland

Fährhafen Mariehamn/Åland

Entladung in Mariehamn

[1] Giese, Uwe: Klar Schiff für die Zukunft, in: Nordis, März/April 2004, 50
[2] vgl. Eckmann, Jan Philip: Wachsender Fährverkehr auf Nord- und Ostsee, in: Nordis, März/April 2007, 55

Die in der Nord- und Ostseeregion aktiven Fährunternehmen haben deshalb mit umfangreichen Investitionen auf die veränderten Rahmenbedingungen reagiert bzw. planen derartige Schritte auch in der Zukunft:

Reederei	Beispielhafte Entwicklungen
Color Line (Norwegen)	• Umstrukturierung und Modernisierung der Flottenstruktur, dadurch Ansprechen neuer Zielgruppen möglich • Indienststellung der größten Kreuzfahrtfähre der Welt, *Color Fantasy*, im Dezember 2004 auf der Route Kiel–Oslo (mehr als die Hälfte der Fahrgäste auf der Strecke sind Kurzurlauber; Kapazitätssteigerung im Frachtverkehr auf der neuen Fähre um 12 %) • Indienststellung des Schwesterschiffes *Color Magic* im September 2007 • Einsatz von SuperSpeed-Fähren (1.600 Passagiere, 764 Pkw) im Skagerrak seit März bzw. Juni 2008, dadurch Verkürzung der Überfahrtszeit zwischen Norwegen und Dänemark
Stena Line (Schweden)	• RoPax-Schiffe (RoRo-Frachtschiff mit Passagiertransport, wobei Fracht überwiegt) lösen alte Passagierfähren nach und nach ab • hohe Wachstumsraten vor allem zwischen Karlskrona und Gdanks, 2006 Steigerung des Frachttransports um 10 % • Wachstum auch auf Strecke Göteborg–Travemünde, Zunahme um 12 % in den letzten beiden Jahren • Bestellung von vier neuen RoPax-Fähren für je 1.200 Passagiere und 5.500 Lademeter, Fertigstellung für 2010 geplant
Scandlines (Deutschland, Dänemark)	• Wachstum im Frachttransport um 4,1 % (Deutschland–Schweden) bzw. 9,8 % (Vogelfluglinie Puttgarden–Rødby) • ebenfalls Zunahme der Passagierzahlen • Steigerung auch auf der Route Rostock–Ventspils, in Hochsaison bereits Kapazitätsgrenzen erreicht • Fahrplanerweiterung, insbesondere aufgrund zunehmender Nachfrage im Frachtbereich • Konzentration auf Verkehrsdrehscheiben (Hubs) mit hochfrequenten Verbindungen und optimaler Hinterlandanbindung • Kapazitätserhöhung durch Umbauten: Einbau zusätzlicher Hängedecks für Pkw zum Abbau der Wartezeiten in der Hochsaison; Einbau leistungsfähigerer Motoren, dadurch Verkürzung der Überfahrtzeiten
Bornholmstrafikken (Dänemark)	• zwischen Sassnitz, Køge bzw. Ystad und Bornholm sind seit 2005 zwei neue RoPax-Fähren im Einsatz • Schnellfähre *Villum Claussen*, konventionelle Fähre *Povl Anker*
Tallink (Estland)	• Übernahme der finnischen Reederei Silja Line • Indienststellung mehrerer neuer Schiffe in den letzten Jahren, u.a. Kreuzfahrtfähre „Baltic Princess“, eine der größten Fähren auf der Ostsee, die auf der Route Helsinki–Tallinn verkehrt • Übernahme der Linie Rostock–Hanko (mittlerweile Rostock–Helsinki) samt Schnellfähren der griechischen Reederei Superfast • Anlaufen des åländischen Hafens Mariehamn, dadurch Ausnutzen von Ålands steuerlichem Sonderstatus, der nach wie vor zollfreien Einkauf gestattet
Viking Line (Finnland)	• Indienststellung der neuen Fähre *Viking XPRS* für 2.500 Passagiere auf der Route Helsinki–Tallinn • Einsatz der neuen Fähre *Viking ADCC* für 1.500 Passagiere zwischen Kapellskär und Mariehamn ab Sommer 2009 • Anlaufen des åländischen Hafens Mariehamn, dadurch Ausnutzen von Ålands steuerlichem Sonderstatus, der nach wie vor zollfreien Einkauf gestattet • Verlust von Frachtkunden durch Reederei Superfast

Fortsetzung

Reederei	Beispielhafte Entwicklungen
Finnlines (Finnland)	• Optimierung des Fährverkehrs zwischen Deutschland und Finnland durch Einsatz neuer RoPax-Schiffe • italienische Reederei Grimaldi erwarb Mehrheitsrechte von 50,5 % an Finnlines
DFDS Lisco (Dänemark)	• deutliche Zuwächse bei Passagieren und Fracht • zwei moderne RoPax-Fähren zwischen Kiel und Klaipeda im Einsatz • Ausbau der Kapazitäten in Diskussion
Smyril Line (Färoer)	• Einsatz der neuen *Norröna* (Passagier- und Frachtverkehr) seit Frühjahr 2003, wodurch bis jetzt bereits etwa 25 % mehr Passagiere als im Vorjahr befördert werden konnten • Schaffung einer ganzjährigen Verbindung über Bergen, Shetland- und Färöer Inseln nach Island

Tabelle 3-1 *Reaktion ausgewählter Reedereien auf veränderte Rahmenbedingungen*[3]

Man setzt auf Frachtverkehr: Cargo-Fähre Regal Star

Der Kreuzfahrtmarkt boomt ebenfalls – MS Ilich der Baltic Line im Freihafen von St. Petersburg

Längst werden die großen Schiffe nicht mehr nur genutzt, um von einem Ort zum anderen zu gelangen, sondern die Reisenden „... *buchen solche Touren der Reise selbst wegen, gehen auf Kurzkreuzfahrt, genießen das Bordleben in Restaurants und Bars, in Discos und Boutiquen, in Swimmingpools und gemütlichen Cafés. Die Beförderungsmöglichkeit für Autos, die einst im Vordergrund stand, ist zur Nebensächlichkeit geschrumpft. Sie rundet das Angebot nur noch ab. Hochgeschaukelt wurde diese Entwicklung durch den jahrelangen Konkurrenzkampf der beiden Reedereirivalen Silja und Viking auf der einträglichen Route zwischen den beiden skandinavischen Hauptstädten Helsinki und Stockholm. Zeitweise liefen Jahr für*

---

[3] erstellt nach: Eckmann, Jan Philip: Wachsender Fährverkehr auf Nord- und Ostsee, in: Nordis, März/April 2007, 55ff; Giese, Uwe: Klar Schiff für die Zukunft, in: Nordis, März/April 2004, 50ff; Erlandsson Kaufmann, Elisabeth: Tervisex auf Schwedisch, in: Nordis, März/April 2004, 54; o.V.: Finnlines mit neuen Fähren, in: Nordis, Mai/Juni 2004, 34; o.V.: Ausgeflaggt, in: Nordis, Januar/Februar 2005, 58; Van der Perre, Eric: Color Fantasy – Das Schiff, das niemals schläft, in: Nordis März/April 2005, 72f; Reise, Sönke: Baltische Häfen: Pläne und Probleme, in: Internationales Verkehrswesen, 11/2006, 544; Color Line, http://www.colorline.de, 20.05.2006; o.V.: Im „Express" von Helsinki nach Tallin, in: Nordis, September/Oktober 2008, 29; o.V.: Tallink mit neuer Baltic Princess, in: Kreuzfahrt Guide 2009, Beilage zu Nordis, September/Oktober 2008, 6

Jahr neue, viele Millionen Euro teure maritime Prachtbauten mit allen erdenklichen Finessen vom Stapel."[4]

Normales Kreuzfahrtverhalten

„‚Auf See kann vieles passieren', besagt eine alte Weisheit. Und in der Tat passierte viel, als eine finnisch-estnische Reisegruppe auf einer Kreuzfahrt des Schiffes ‚Silja Symphony' von Helsinki nach Stockholm einmal so richtig feiern wollte. Die Gruppe war mächtig betrunken. Als die Atlantis-Bar geschlossen wurde, verlangten zwei estnische Passagiere und ein finnischer Gast, weiter bedient zu werden. Weil sie es nicht wurden, haben sie das Personal der Bar mehrfach beleidigt. Der Este Andres Hunt hat einen Kellner später sogar geschlagen. Der zweite Este, Enn Pant, wurde der sexuellen Belästigung beschuldigt. Der Finne Keijo Mehtonen hat zu der späten Stunde seine ganz eigene Show aufgezogen und unter anderem lauthals mit seinem Reichtum angegeben. Einer der Männer drängte, dass man ‚den rostigen Kahn' nach China verkaufen und die Hälfte des Personals entlassen sollte. Am darauffolgenden Morgen kam ein Teil der Gruppe mit ihren eigenen alkoholischen Getränken im Schlepptau ins Schiffsrestaurant und röstete Fisch im Toaster. Dieser fing daraufhin Feuer.

Na und? Sauereien betrunkener Gäste sind auf der Ostsee nichts Neues. Nur ist Enn Pant aber zufällig der Geschäftsführer des estnischen Konzerns Tallink, Andres Hunt sein Finanzvorstand und Keijo Mehtonen der Geschäftsführer von Tallink-Finnland. Die Herren hielten auf der ‚Silja Symphony', einem Schiff der Reederei, eine Vorstandssitzung von Tallink ab. ‚Normales Kreuzfahrtverhalten', lautete die erste See-Erklärung von Mehtonen."[5]

Schnellbus der Viking Line von Stockholm nach Kapellskär

Mit Ålandsfärjan zu den Ålandinseln

Um im Wettbewerb der Kreuzfahrtdestinationen mithalten zu können, haben sich – im Sinne eines einheitlichen starken Auftritts und der Gewährleistung eines hohen Niveaus an Service und Sicherheit – 24 Ostsee- und norwegische Häfen im Projekt

[4] Sobik, Helge: Das letzte Postamt diesseits des Polarsterns – Finnische Fundstücke, Wien 2004, 113
[5] Aittokoski, Heikki: Normales Kreuzfahrtverhalten, in: in: Nordis, März/April 2007, 61

Cruise Baltic zusammengeschlossen. Ziel von Cruise Baltic ist es, *„die weltweit führende Organisation zur Vermarktung einer Kreuzfahrtregion [zu] werden.“*[6]

Doch nicht nur die Reedereien, auch die Häfen profitieren vom Wachstum des Ostseefährverkehrs. *„Alle angelaufenen Häfen haben in den letzten Jahren große Anstrengungen unternommen, um dem gestiegenen Wachstum gerecht zu werden.“*[7] Dabei geht es aber nicht nur allein um die Bewältigung des Frachtaufkommens. Durch den Kreuzfahrtboom, von dem auch Nordeuropa profitiert, sollten auch die Häfen entsprechend der Bedürfnisse der Kreuzfahrttouristen ausgestattet werden.

Hierzu gehört beispielsweise, daß die Häfen größere Terminals, breitere Liegeplätze und mehr Platz für Ausflugsbusse erhalten. Aber auch die Akteure im Hinterland, in diesem Falle die Stadtverwaltungen und Tourismusorganisationen, gilt es in das Umgestaltungskonzept einzubinden. Entsprechende, gut funktionierende Netzwerke wurden in den großen Häfen der nordischen Hauptstädte bereits etabliert. Nun müssen die kleinen Häfen nachziehen.[8]

Aufgabe 1

Inwieweit beeinflussen externe Faktoren die Fährunternehmen in Nordeuropa in ihrem Betätigungsfeld?

Aufgabe 2

Die Entwicklungen auf dem Fährschiffmarkt werden von verschiedenen – externen wie internen – Faktoren beeinflußt. Die Reedereien versuchen, mithilfe verschiedener Maßnahmen den veränderten Rahmenbedingungen gerecht zu werden. Stellen Sie die wichtigsten Entwicklungen sowie eingeleitete Maßnahmen in einem Mindmap dar!

Aufgabe 3

Entwickeln sie eine Umfeldeinflußmatrix, die zeigt, inwieweit die veränderten Rahmenbedingungen die strategischen Aktionsfelder der Reedereien beeinflussen!

Aufgabe 4

Untersuchen Sie die betrachteten Umfeldfaktoren in Hinblick auf ihre Steuerbarkeit! Begründen Sie Ihre Zuordnung!

Aufgabe 5

Stellen Sie die Reedereien Tallink Silja und Viking Line im Rahmen einer Konkurrenzanalyse gegenüber!

Nutzen Sie dazu die im Internet verfügbaren Geschäftsberichte und weiteren Unternehmensinformationen der beiden Reedereien (http://www.vikingline.fi bzw. http://www.tallink.com)!

Aufgabe 6

Leiten Sie ausgehend von den Ergebnissen der Konkurrenzanalyse ein Stärken-Schwächen-Profil für beide Reedereien ab!

---

[6] vgl. Büssem, Axel: Mit voller Kraft auf Nordkurs, in: Nordis, März/April 2008, 58
[7] Eckmann, Jan Philip: Wachsender Fährverkehr auf Nord- und Ostsee, in: Nordis, März/April 2007, 58
[8] vgl. Büssem, Axel: Mit voller Kraft auf Nordkurs, in: Nordis, März/April 2008, 59

Lösungen

Aufgabe 1

Politisch-rechtliches Umfeld	• Gesetzgebung hinsichtlich Sicherheit, Arbeitsrecht, Umweltschutz usw. • Interventionen durch jeweilige Regierungen möglich • Beeinflussung möglicher Übernahmen durch Kartellrecht
Wirtschaftliches Umfeld	• Preisgestaltung von Konkurrenten (andere Reedereien und Fluggesellschaften) wirken beeinflussend • Personentransportaufkommen • verfügbares Einkommen der Haushalte • Preissensibilität der Verbraucher • Gütertransportaufkommen durch produzierende Unternehmen und Handel • Energiepreise • Personalkosten: Lohn- und Lohnnebenkosten (Reduzierung durch Einsatz von Personal aus neuen EU-Mitgliedsländern oder Drittländern) • steuerliche Lage (Umgehung z.B. durch Ausflaggung)
Technologisches Umfeld	• Stand der Technik bei Fährschiffen: – Komfort, – Schnelligkeit, – Flexibilität (z.B. Pkw-Hängedecks) • Stand der Technik bei Hafenanlagen: – Schnittstellen für Kombiverkehr, – Schnelligkeit der Verladung und bei Passagierübergängen • technische Sicherheit: – Fahrzeugsicherheit, – Navigation, – Arbeitssicherheit für Personal, – Sicherheit für Passagiere, – Abrechnungsmöglichkeiten usw.
Gesellschaftliches Umfeld	• persönliche Präferenzen für Verkehrsmittel • Loyalität gegenüber Anbietern • Informationsbeschaffung der Verbraucher (Internet, Preisvergleiche ...) • „Alkohol-Tourismus“: zahlreiche Fahrten nur zum Zweck der preiswerteren Alkoholbeschaffung → steuerbegünstigter Einkauf auf den Schiffen, wenn Fähre Nicht-EU-Hafen oder Hafen auf Åland anläuft bzw. preiswerterer Einkauf in den baltischen Ländern im Rahmen von Kurzkreuzfahrten
Natürliches Umfeld	• Häfen und Hafenanlagen unterschiedlicher Größe • Hinterlandanbindung per Bus, Bahn, Pkw, Lkw • Vorhandensein alternativer Verkehrswege (z.B. Flugverbindungen) • Witterungsbedingungen: Eisfreiheit vs. Vereisung von Häfen • Gezeitenunabhängigkeit im Ostseeraum

Tabelle 3-2 *Umfeldanalyse*

Aufgabe 2

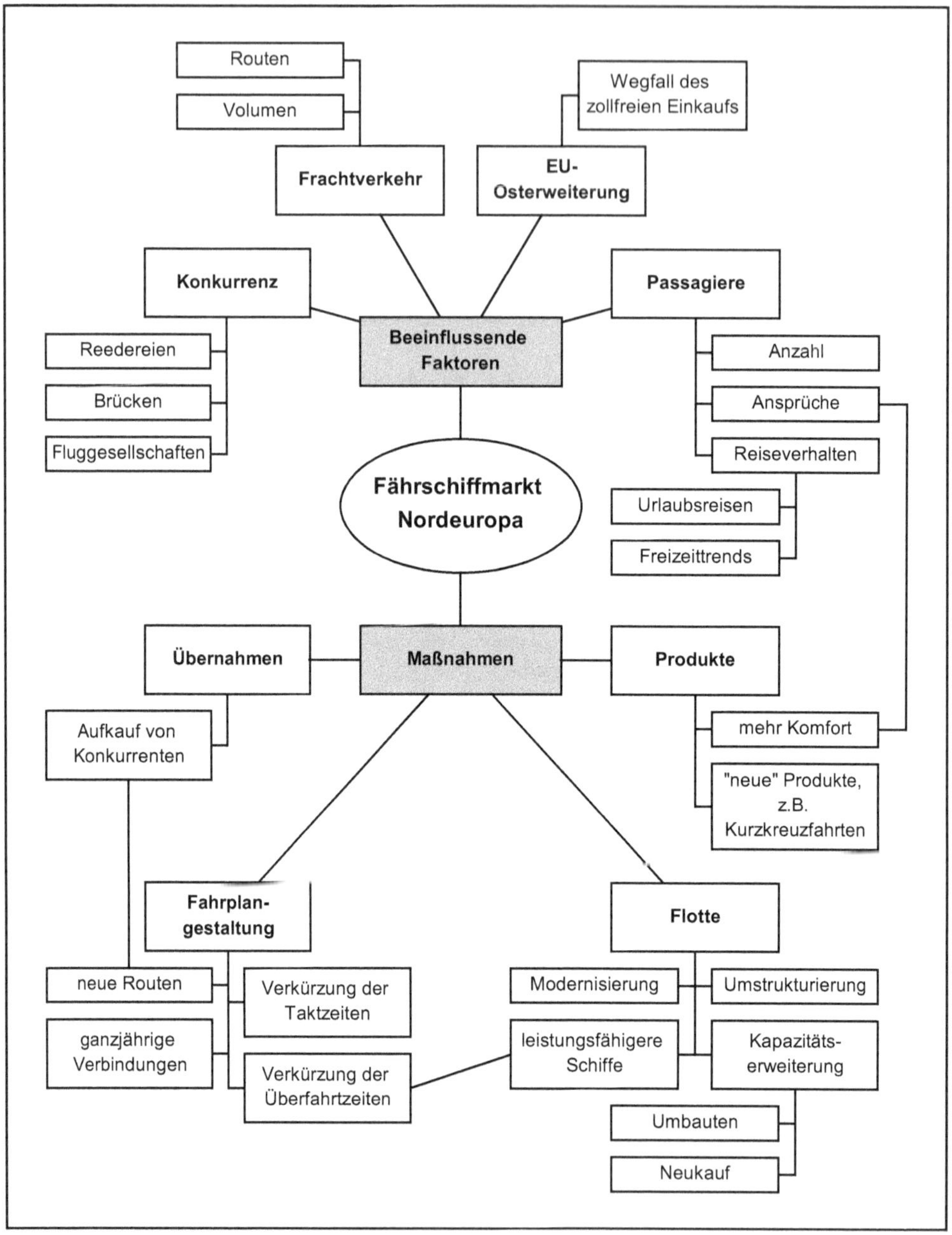

Tabelle 3-3 *Beeinflussende Faktoren und Maßnahmen*

Aufgabe 3

	Umfeldfaktoren							
Strategische Aktionsfelder	Passagierzahlen	Ansprüche der Passagiere	Freizeittrends	Konkurrenz durch andere Reedereien	Konkurrenz durch Brücken	Zunahme des Frachtaufkommens	Wegfall des zollfreien Einkaufs	**Zeilensumme**
Größe der Fähren	3	1	1	1	1	3	1	**11**
Kapazitätsauslastung	3	0	2	3	3	3	3	**17**
Ausstattung der Fähren	2	3	2	2	0	0	1	**10**
Verhältnis Passagier-/ Frachtvolumen	3	0	0	1	0	3	2	**9**
Fahrplangestaltung	3	2	0	3	3	2	2	**15**
Tarife	2	3	0	3	3	3	2	**16**
Spaltensumme	**16**	**9**	**5**	**13**	**10**	**14**	**11**	**x**

Abbildung 3-1 *Umfeldeinflußmatrix*

Den stärksten Einfluß auf die strategischen Aktionsfelder einer Reederei üben die Passagierzahlen aus. Davon leiten sich die Kapazitätsauslastung sowie das Verhältnis von Passagieren zu Fracht ab. In Abhängigkeit von den Passagierzahlen werden die Größe der Fähren, die Fahrplangestaltung und die Tarife bestimmt. Ebenso wie die Passagierzahlen wirkt das Frachtaufkommen auf die Reedereien. Ein weiterer wichtiger Einflußfaktor sind natürlich konkurrierende Fährunternehmen. Auf deren Strategie muß reagiert werden, will man sich weiterhin erfolgreich am Markt behaupten.

Am stärksten beeinflußt von äußeren Faktoren wird die Kapazitätsauslastung der Fähren. Hierauf wirken sich – abgesehen von den Ansprüchen der Passagiere – alle genannten Faktoren direkt aus. Fast ebenso stark beeinflußt werden Fahrplan- und Tarifgestaltung. Hierbei zeigen – außer den Freizeittrends – alle Faktoren starke bis sehr starke Auswirkungen.

Aufgabe 4

Steuerbarkeit	**Faktoren**	**Begründung**
Steuerbare Faktoren	• Passagierzahlen	• indem Marketing-Mix auf Passagiere ausgerichtet wird, um mehr Passagiere damit anzusprechen
	• Konkurrenz durch andere Reedereien	• indem Marketing-Mix angepaßt wird, um mit Konkurrenz mitzuziehen, oder gezielt anders gestaltet wird, um für potentielle Kunden spürbare Unterschiede zur Konkurrenz zu entwickeln
	• Konkurrenz durch Brücken	• indem Preise, Routen, Taktfrequenz und Fahrzeiten wettbewerbsfähig gestaltet werden
	• Zunahme des Frachtaufkommens	• indem durch günstige Preise, Routen oder Taktfrequenz potentielle Nutzer überzeugt werden

Fortsetzung

Steuerbarkeit	Faktoren	Begründung
Wirksam steuerbare Faktoren	• Passagierzahlen	• s.o.
	• Zunahme des Frachtaufkommens	• s.o.
Nicht steuerbare Faktoren	• Wegfall des zollfreien Einkaufs	• Ursache: EU-Osterweiterung; eine Beeinflussung der Entwicklung durch die Reedereien ist nicht möglich
Frühwarnindikatoren	• Ansprüche der Passagiere	• Ableiten von zukünftigen Entwicklungen, wie im Bereich der Kurzkreuzfahrten bereits geschehen
	• Freizeittrends	• beeinflussen Ansprüche der Passagiere, woraus zukünftige Erwartungen abgelesen werden können

Tabelle 3-4 *Steuerbarkeit der Faktoren*

Aufgabe 5

Allgemeine Kennzeichen des Marktes

- lange Zeit oligopolistische Marktstruktur
- Markt bereits seit den späten 1960ern hart umkämpft
- seit dieser Zeit zählen Fährverbindungen zu den preiswertesten in Nordeuropa
- lange Zeit Silja Line und Viking Line als Hauptkonkurrenten, die beide in Mariehamn/ Åland (Finnland) ansässig waren bzw. noch sind
- Passagiertransport profitierte lange Zeit von den Restriktionen bezüglich des Alkoholverkaufs in den nordischen Ländern

	Tallink Silja	Viking Line
Allgemeine Unternehmensinformationen	• verbindet seit 1989 die baltischen mit den skandianvischen Ländern • bereits seit den 1950er Jahren fuhren Schiffe der Silja Line zwischen Finnland, Schweden und Deutschland • 2006 wurde Silja Line durch Tallink übernommen • Sitz der AS Tallink Group ist Tallinn (Estland)	• verkehrt zwischen Finnland, Schweden und Estland • gegründet 1959 • Sitz der Viking Line ist Mariehamn/ Åland (Finnland)
Flotte	• 5 Schnellfähren: Star, Superfast VII, VIII und IX, Tallink AutoExpress 2 • 13 Kreuzfahrtfähren: Galaxy, Victoria I, Romantika, Silja Europa, Silja Festival, Silja Symphony, Silja Serenade, Regina Baltica, Vana Tallinn, Fantaasia, Meloodia, Tallink Superstar • 3 Cargo-Fähren: Regal Star, Kapella, Sea Wind	• Schnellfähre: Viking XPRS • 6 Kreuzfahrtfähren: MS Amorella, MS Cinderella, MS Gabriella, MS Isabella, MS Mariella, • Fähren: Ålandsfärjan, MS Rosella • im Bau: Viking ADCC (für die Route Mariehamn–Kapellskär)
Flaggen	• Estland, Finnland, Lettland, Schweden	• Finnland, Schweden

Fortsetzung

	Tallink Silja	**Viking Line**
Routen	• 7 Routen • Finnland–Schweden (Helsinki–Mariehamn–Stockholm, Turku–Mariehamn–Stockholm/Kapellskär, Turku–Mariehamn–Stockholm) • Estland–Finnland (Tallinn–Helsinki) • Estland–Schweden (Tallinn–Mariehamn–Stockholm) • Finnland–Deutschland (Helsinki–Rostock) • Lettland–Schweden (Riga–Stockholm)	• 5 Routen • Finnland–Schweden (Helsinki–Mariehamn–Stockholm, Turku–Mariehamn–Stockholm) • Finnland–Estland (Helsinki–Tallinn) • Schweden–Åland (Stockholm–Mariehamn, Kapellskär–Mariehamn)
Zielgruppen	• Familien (auch mit Pkw), Konzerne, Geschäftsreisende, junge, erwachsene Städter und Berufstätige → größtes Reisepotential • Touristen mittleren Alters und älter → traditioneller Service lockt • Pauschal- und Individualreisende • Konferenzreisende	• Familien (auch mit Pkw), Geschäftsreisende, erwachsene Städter und Berufstätige → größtes Reisepotential • Jugendliche (Tanzmöglichkeiten, Disco an Bord) • Pauschal- und Individualreisende • Konferenzreisende • frisch verheiratete Paare
Angesprochene Marktsegmente	• Urlaubs- und Ferienreisen • Überfahrten • Minikreuzfahrten • (Ostsee-)Rundreisen • Geschäftsreisen • Konferenzreisen • Cargo-Transport	• Urlaubs- und Ferienreisen • Überfahrten • Minikreuzfahrten • (Ostsee-)Rundreisen • Geschäftsreisen • Konferenzreisen • Hochzeitsreisen • Cargo-Transport
Ziele		
Prestige- und Imageziele	• Angebot exzellenter Freizeit, Unterhaltung und Reiseservice auf allen Märkten/Segmenten • Angebot unterhaltsamer, angenehmer und unvergeßlicher Reiseerlebnisse, die die Erwartungen der Reisenden übersteigen • führender Anbieter hochwertiger Minikreuzfahrten, Passagier- und RoRo-Cargofahrten zu werden (auf den angebotenen Routen) • neue Schiffe: hoher Komfort, Sicherheit, Umweltfreundlichkeit • Überzeugen mit angenehmen und zuverlässigen Fahrzeiten	• Angebot umfangreicher, leistbarer, sicherer Passagier- und Frachttransporte • Angebot erstklassigen Essens und guter Unterhaltung auf komfortablen Schiffen • Entwicklung zum führenden Unternehmen des Segments in Hinblick auf Qualität, Service • Bieten des besten Preis-/Leistungs-Verhältnisses → hohe Attraktivität für Kunden • Erreichen der höchsten Zufriedenheit der Kunden, deren Erwartungen übertroffen werden sollen • Beliebtheitsgrad steigern durch Investitionen, ständige Instandhaltungsmaßnahmen • Sicherheit und Umweltfreundlichkeit • Unpünktlichkeit vermeiden
finanzielle Ziele	• trotz starken Wachstums stärkere Nutzung der Potentiale	• Beibehaltung der Marktposition • Steigerung der Rentabilität

Fortsetzung

	Tallink Silja	Viking Line
finanzielle Ziele	• Investitionen in neue Schiffe oder die Instandsetzung der Flotte zielen darauf ab, effizienter und gewinnbringender fahren zu können (mehr und größere Schiffe → steigende Passagierzahlen → steigende Einnahmen) • Umsatzsteigerungen durch Produkte und Angebote, die mit Kreuzfahrten verbunden werden können, z.B. Tallink City Hotel, Tallink Spa & Conference Hotel	• Kosteneffizienz durch volle Auslastung der Kapazität, effiziente Managementprozesse, akzeptable Kapitalkosten • Gewinnerhöhung • Kostensenkung • Erhöhung der Passagierzahlen • Erhaltung der Wettbewerbsfähigkeit
internationale Ziele	• Leistungen werden bereits auf internationaler Basis angeboten: es werden im Ostseeraum bereits 8 Häfen in 5 Ländern angelaufen • Festigung der Marktposition in diesem Bereich • auch Personalstruktur ist international	• Leistungen werden bereits auf internationaler Basis angeboten: es werden im Ostseeraum 6 Häfen in 3 Ländern angelaufen • Ausbau des Marktanteils der bestehenden Routen • internationale Orientierung • vorrangig: Ausbau von Qualität und Service auf den bisherigen Routen • auch Personalstruktur ist international
personalpolitische Ziele	• ca. 6.000 Mitarbeiter (4.400 auf See) • Mitarbeiter aus Estland (ca. 680), Finnland (ca. 660), Schweden (ca. 240), Lettland, Deutschland, Rußland • hochqualifizierte Mitarbeiter • Anbieten eines attraktiven, komfortablen Arbeitsumfeldes • kontinuierliche Weiterentwicklung von Wissen, Fähigkeiten und Kompetenzen • langfristig eingestellte Mitarbeiter → Sicherheit und enge Bindung an Unternehmen	• ca. 2.900 Mitarbeiter (ca. 2.180 auf See) • Mitarbeiter aus Finnland (ca. 2.450), Schweden (ca. 400), Estland, Deutschland • hochqualifizierte Mitarbeiter • Anbieten eines attraktiven, komfortablen Arbeitsumfeldes • kontinuierliche Weiterentwicklung von Wissen, Fähigkeiten und Kompetenzen • Förderung von Humanität, Einfachheit und Sparsamkeit
Marketing		
Produktpolitik	• hohe Qualität in allen Bereichen • Leistungserbringung mit verschiedenen Schiffstypen • neue Schiffe: modern, komfortabel • durchgängige Bedienung von 7 Routen • Angebot zusätzlicher Dienstleistungen • neu: Spa und Hotel • Cargo: RoRo-Verkehre	• hohe Qualität in allen Bereichen • Leistungserbringung mit verschiedenen Schiffstypen • alle Schiffe sind schon immer in den Farben rot und weiß gehalten → hoher Wiedererkennungswert • neue Schiffe mit technischen Verbesserungen • durchgängige Bedienung von 5 Routen • Angebot zusätzlicher Dienstleistungen • Cargo: Angebote entsprechend der Bedürfnisse von Industrie und Handel: sicher, schnell, häufig, regelmäßig zu leistbaren Preisen
Kommunikationspolitik	• v.a. Werbung: Broschüren, Zeitungen, Zeitschriften, Plakate, Internet, Fernsehen, Radio • mehrsprachig • Kundenbindungsprogramm „Club One"	• v.a. Werbung: Broschüren, Zeitungen, Zeitschriften, Plakate, Internet • mehrsprachig

Fortsetzung

<table>
<tr><th></th><th colspan="3">Tallink Silja</th><th colspan="2">Viking Line</th></tr>
<tr><td>Distributionspolitik</td><td colspan="3">• Netzwerk von Verkaufsbüros
• Reisebüros
• Terminals
• Call Centre
• Online-Buchungssystem</td><td colspan="2">• Netzwerk von Verkaufsbüros
• Reisebüros
• Terminals</td></tr>
<tr><td>Kontrahierungspolitik</td><td colspan="3">• große Vielfalt an Tickets mit diversen Zubuchungsmöglichkeiten
• verschiedene Pakete für unterschiedliche Kundenwünsche
• Frühbucherrabatte (20 %)</td><td colspan="2">• große Vielfalt an Tickets mit diversen Zubuchungsmöglichkeiten
• verschiedene Pakete für unterschiedliche Kundenwünsche
• Frühbucherrabatte (25-50 %)
• bezahlbare Preise („Value for money")</td></tr>
<tr><td>Kennzahlen</td><td colspan="3"></td><td colspan="2"></td></tr>
<tr><td>Umsatz</td><td colspan="3">• 761 Mio. €</td><td colspan="2">• 436 Mio. €</td></tr>
<tr><td>Gewinn</td><td colspan="3">• Brutto 201 Mio. €
• Netto 67 Mio. €</td><td colspan="2">• Brutto 34 Mio. €
• Netto 25 Mio. €</td></tr>
<tr><td rowspan="8">Marktanteile</td><td>Route</td><td>Passagiere</td><td>Fracht (RoRo)</td><td>Route</td><td>Passagiere</td></tr>
<tr><td>Helsinki–Mariehamn–Stockholm</td><td>53 %</td><td>23 %</td><td>Helsinki–Mariehamn–Stockholm</td><td rowspan="2">47 %</td></tr>
<tr><td>Turku–Mariehamn–Stockholm/ Kapellskär</td><td>55 %</td><td>34 %</td><td>Turku–Mariehamn–Stockholm</td></tr>
<tr><td>Turku–Mariehamn–Stockholm</td><td>k.A.</td><td>k.A.</td><td>Helsinki–Tallinn</td><td>19 %</td></tr>
<tr><td>Tallinn–Helsinki</td><td>46 %</td><td>100 %</td><td>Stockholm–Mariehamn</td><td>k.A.</td></tr>
<tr><td>Tallinn–Mariehamn–Stockholm</td><td>100 %</td><td>100 %</td><td>Kapellskär–Mariehamn</td><td>k.A.</td></tr>
<tr><td>Helsinki–Rostock</td><td>21 %</td><td>56 %</td><td colspan="2" rowspan="2"></td></tr>
<tr><td>Riga–Stockholm</td><td>100 %</td><td>100 %</td></tr>
<tr><td>Gesamtkosten</td><td colspan="3">• k.A.</td><td colspan="2">• ca. 403 Mio. € (2006/07)</td></tr>
<tr><td>Personalkosten</td><td colspan="3">• ca. 23 % der Gesamtkosten</td><td colspan="2">• ca. 25 % der Gesamtkosten</td></tr>
<tr><td>+ / -</td><td colspan="3"></td><td colspan="2"></td></tr>
<tr><td>Stärken</td><td colspan="3">• größere Anzahl von Schiffen → bessere Abdeckung des Ostseegebietes durch mehr mögliche Routen
• Personen- und Fracht-Transporte
• generell sehr hohe Marktanteile → führende Reederei im Ostseeraum
• sehr hoher Umsatz
• sehr moderne, leistungsstarke Flotte
• Komfort, Sicherheit, Umweltbewußtsein und Qualität im Vordergrund
• sehr gutes Image
• Ansprechen vieler und großer Marktsegmente
• durch Spa und Hotel nun auch an Land präsent</td><td colspan="2">• Personen- und Fracht-Transporte
• zweitgrößte Reederei
• hoher Umsatz
• hoher Wiedererkennungswert durch einheitliche Farbgebung der Schiffe
• Qualität und Komfort als Schwerpunkte
• hohe Kundenzufriedenheit
• Ansprechen unterschiedlicher Marktsegmente
• internationale Ausdehnung geplant</td></tr>
</table>

Fortsetzung

	Tallink Silja	Viking Line
Schwächen	• hoher Personalkostenanteil an Gesamtkosten • große Flotte verursacht hohe Kosten • im Gegensatz zum Bruttogewinn sehr niedriger Nettogewinn • geringere Frühbucherrabatte	• hoher Personalkostenanteil an Gesamtkosten • Parallelstrecken zur Tallink • im Gegensatz zum Umsatz geringer Gewinn

Tabelle 3-5 *Konkurrenzanalyse: Tallink Silja und Viking Line*[9]

Aufgabe 6

Kriterien	Gewichtung	Bewertung 1	2	3	4	5	Wert max.	Wert Tallink Silja	Wert Viking Line
Leistungserstellung									
Größe der Flotte	3						15	15	9
Routen	3						15	15	9
Sicherheit	3						15	15	15
Umweltschutz	3						15	15	15
Marketing									
Umfang Marktsegmente	2						10	8	8
Umfang Zielgruppen	2						10	8	8
Qualität der Dienstleistungen	3						15	15	15
Preis	3						15	9	12
Zusatzleistungen	2						10	8	10
Verbreitung Werbung	2						10	10	6
Personal									
Mitarbeiterqualität	3						15	12	12
Internationalität der Mitarbeiter	1						5	4	4
Personalkosten	2						10	6	6
Kennzahlen									
Umsatz	2						10	8	6
Gewinn (netto)	3						15	15	9
Marktanteil	2						10	10	8
Gesamt							**195**	**173**	**152**

Gewichtung: 1 = geringe Bedeutung bis 3 = große Bedeutung

Bewertung: 1 = Schwäche bis 5 = Stärke

Tallink Silja / Viking Line

Abbildung 3-2 *Bewertung Tallink Silja und Viking Line*

Abgesehen vom Marketingbereich zeigt sich Tallink Silja durchweg als der stärkere der beiden Konkurrenten. Beim Marketing liegt Viking Line schwach vorn und profitiert dabei von den nach wie vor günstigeren Preisen. Bezüglich Flottengröße und Routen sowie im Kennzahlenbereich liegt Tallink schon allein aufgrund der Unternehmensgröße vorn.

---

9 vgl. AS Tallink Grupp Annual Report 2006/07, Tallinn 2007; Viking Line Annual Report 2006/07, Mariehamn 2007; Bohnsack, Katja; Vogel, Thomas: Tallink Silja Line und Viking Line, Ausarbeitung im Rahmen der Lehrveranstaltungen „Management im Verkehrswesen" an der Westsächsischen Hochschule Zwickau, SS 2008

4 Schnellfähren auf den Kanaren – Fred. Olsen

Die Geschichte von Fred. Olsen auf den Kanaren begann bereits im Jahr 1904, als Thomas Olsen – ein norwegischer Seefahrer – einen Landwirtschaftsbetrieb im Süden von La Gomera aufbaute. Von dort aus transportierte Olsen die auf La Gomera angebauten Tomaten und Kartoffeln auf eigenen Schiffen nach Europa. 1974 wurde die Ferry Gomera S.A. gegründet. Im Juli desselben Jahres nahm die erste Fähre ihren Dienst zwischen den Häfen San Sebastián (La Gomera) und Los Cristianos (Teneriffa) auf. Fred. Olsen war damit die erste Fährgesellschaft, die eine regelmäßige Fährverbindung von Teneriffa nach La Gomera schuf, denn zur damaligen Zeit gab es keine spanischen Fährgesellschaften, die diese Relation bedienten. Im Jahr der Gründung wurden 25.000 Passagiere transportiert.[1] 30 Jahre später hatte die Zahl der beförderten Personen 32 Millionen erreicht.[2]

Am Terminal in Santa Cruz de Tenerife

Autoverladung

Die Fährgesellschaft hat bereits mehrfach in neue Fahrzeuge investiert. Ein Meilenstein im Rahmen inter-insularer Verkehrsverbindungen wurde 1999 mit der Indienststellung der Schnellfähre *Bonanza Express* zwischen Santa Cruz (Teneriffa) und Agaete (Gran Canaria) gesetzt. Die Philosophie der Modernisierung der Flotte wird konsequent fortgesetzt. Seit Mitte 2005 verkehrt zwischen San Sebastián und Los Cristianos die neue Fähre *Trimarán Benchijigua*, angeblich die modernste der Welt in ihrer Kategorie.[3] Das in einer australischen Werft gebaute Schiff bietet

---

[1] vgl. Líneas Fred. Olsen: Quiénes somos, in: Fred.Olsen S.A., http://www.fredolsen.es, 14.07.2005; siehe auch Líneas Fred. Olsen: Nuestra flota, in: Fred. Olsen S.A., http://www.fredolsen.es, 14.07.2005; Líneas Fred. Olsen: Nuestras líneas, in: Fred. Olsen S.A., http://www.fredolsen.es, 14.07.2005; Líneas Fred. Olsen: Nuevos Barcos, http://www.fredolsen.es, 26.09.2005; Fred. Olsen, diverse Faltblätter (2005); o.V.: Historie, http://www.fredolsen.no, 14.07.2005

[2] vgl. o.V.: Revolutionäre Schnellfähre für Teneriffa-La Gomera-Route angekündigt (27.04.2004), http://www.wochenspiegel-kanaren.com, 14.07.2005

[3] vgl. Líneas Fred. Olsen: Quiénes somos, in: Fred.Olsen S.A., http://www.fredolsen.es, 14.07.2005

1.350 Passagieren und 400 Pkws Platz. Die Reederei hat dafür 50 Mio. Euro investiert.[4]

Bencomo Express auf dem Weg nach Agaete

Fred.-Olsen-Express-Bus in Las Palmas vor der Abfahrt nach Agaete

Derzeit werden von der Gesellschaft fünf Fährverbindungen zwischen den Kanarischen Inseln angeboten; transportiert werden Personen und Fracht. Das Angebot wird jährlich von knapp 3 Mio. Fahrgästen genutzt, mehr als 500.000 Autos und 250.000 Cargo-Fahrzeuge werden transportiert.[5] Die Reederei setzte im Rahmen der Expansion vor allem auf sog. „*super fast ferries*". Diese arbeiten zwar mit teurerem Treibstoff als die herkömmlichen alten Fähren, bieten dem Reisenden aber eine große Zeitersparnis. Mittlerweile sind auf allen Routen Schnellfähren im Einsatz.[6]

Hafen La Estaca (El Hierro) – Wartende Kraftfahrzeuge

Bonanza Express in Anfahrt auf La Estaca

[4] vgl. o.V.: Benchijigua Express wird noch im Januar erwartet (20.01.2005), http://www.wochenspiegel-kanaren.com, 14.07.2005

[5] vgl. o.V.: Revolutionäre Schnellfähre für Teneriffa-La Gomera-Route angekündigt (27.04.2004), http://www.wochenspiegel-kanaren.com, 14.07.2005

[6] vgl. o.V.: Express-Fahrt von Teneriffa nach El Hierro (07.04.2005), http://www.wochen-spiegel-kanaren.com, 14.07.2005; o.V.: Fred. Olsen strebt Express-Dienst für alle Inseln an (15.03.2003), http://www.canarias24.com, 14.07.2005

Der Konkurrent Naviera Armas hat diese Entwicklung „verschlafen“ bzw. bewußt nicht mitgemacht und zahlt dafür jetzt einen hohen Preis. Zur Armas-Flotte gehören immer noch vergleichsweise alte Fähren. Treibstoff und Ticketpreise sind dadurch zwar günstiger, aber die Fahrgäste bleiben trotzdem weg. Denn anders als von Armas erwartet, zahlen die Fahrgäste lieber höhere Preise für die Tickets und nutzen den Zeitvorteil, als mit langsamen Fähren preiswerter unterwegs zu sein.

Allerdings macht eine andere Konkurrenz Fred. Olsen zu schaffen: Durch die bestehenden Flugverbindungen zwischen den Inseln hat die Gesellschaft innerhalb eines Jahres rund 20.000 Fahrgäste verloren.[7] Zudem könnte die Reederei aufgrund zunehmender und nicht erklärbarer Verspätungen, die sich in jüngster Zeit häufen, Passagiere verlieren. Insbesondere auf der Route La Gomera–Teneriffa werden bei einer fahrplanmäßigen Reisezeit von 35 Minuten regelmäßig Verspätungen von bis zu zwei Stunden erreicht. Die Reederei begründet dies mit der mangelhaften Hafeninfrastruktur auf La Gomera und Teneriffa. Die betroffenen Passagiere sind mehr als verärgert. Viele verpassen Termine oder Flüge von Teneriffas Süd-Flughafen. Sie sind enttäuscht, daß die Schiffsbesatzung bei solchen Vorfällen weder Erklärungen noch Entschuldigungen gibt und verlangen finanzielle Entschädigung. Zudem will man mit dem Problem, das auch durch den Einsatz der neuen Schnellfähre nicht gelöst werden konnte, an die kanarische Regierung herantreten.[8]

Die Fährgesellschaft Trasmediterránea[9], im Jahr 2002 privatisiert, hat bisher mit Passagier-Express-Schiffen verschiedene Fährverbindungen zwischen den Inseln angeboten. Aufgrund der Konkurrenz durch die Schnellboote von Fred. Olsen sowie besserer Flugverbindungen haben die Express-Schiffe allerdings erheblich an Rentabilität eingebüßt. Die Gesellschaft kündigte daraufhin an, verschiedene Verbindungen ersatzlos einzustellen. Politiker und Bevölkerung befürchteten anschließend, daß es durch die sich daraus ergebende Monopolstellung von Fred. Olsen zu drastischen Preiserhöhungen kommen könnte.[10]

Ein Ticket für eine etwa halbstündige Überfahrt (und zurück) mit einer Fred-Olsen-Fähre kostet nun etwa 56 Euro. Reduzierte Preise gelten für Kinder, Studenten und Senioren. Für den Transport von Pkw werden zusätzlich Paketpreise angeboten.[11] Bei Armas kostet die Überfahrt auf derselben Route (bei allerdings längerer Fahrzeit) rund 10 Euro weniger.[12]

---

[7] vgl. o.V.: La Palma kämpft um Schiffahrtsverbindung (02.07.2005), http://www.wochen-spiegel-kanaren.com, 14.07.2005

[8] vgl. o.V.: Entschädigungsforderungen an Fred. Olsen (19.05.2005), http://www.wochen-spiegel-kanaren.com, 14.07.2005

[9] vgl. Trasmediterránea, http://www.trasmediterranea.com, 26.09.2005

[10] vgl. o.V.: Jet-foils werden von Fast-Ferry abgelöst (19.05.2004), http://www.canarias 24.com, 14.07.2005; o.V.: Trasmediterránea ersetzt Jet-Foil durch Katamaran (02.08.2004), http://www.wochenspiegel-kanaren.com, 14.07.2005

[11] vgl. Fred. Olsen, http://www.fredolsen.se, 24.02.2009

[12] vgl. Naviera Armas, http://www.navieraarmas.com, 24.02.2009

Aufgabe 1

Analysieren Sie die Reederei Fred. Olsen! Gehen Sie dabei auf Ziele, Strategie sowie Stärken und Schwächen ein!

Aufgabe 2

Inwieweit wird die Reederei in ihrem Betätigungsfeld durch externe Faktoren (Makroumfeld) beeinflußt?

Aufgabe 3

Welche Rolle könnten Design und Qualität bei der Reederei Fred. Olsen spielen?

Aufgabe 4

Stellen Sie sich vor, es soll ein neues Fährschiff für den Inselverkehr (Fahrzeiten zwischen 30 Minuten und 4 Stunden) ausgestattet werden. Stellen Sie verschiedene Gestaltungsmöglichkeiten zusammen!

Aufgabe 5

Im Zuge der Investition in moderne Schnellfähren möchte die Reederei Fred. Olsen ihre gesamte Flotte umstrukturieren. Aufgrund der hohen Investitionskosten ist dies nur etappenweise möglich und bedarf genauester Planungen.

Welche Problembereiche stehen dabei im Mittelpunkt? Wie stellen sich diese Bereiche im Falle der Reederei Fred. Olsen dar?

Lösungen

Aufgabe 1

Zu untersuchende Aspekte		beinhalten ...	bezogen auf die Reederei Fred. Olsen ...
Ziele	Prestige- und Imageziele	positive Beeinflussung des Verbrauches	• wettbewerbsbestimmende Position behalten • Loyalität der Passagiere stärken und gezielt nutzen
Ziele	finanzielle Ziele	Maßnahmen zur Umsatzerhöhung, Optimierung des Cash-flows, der Liquidität, der Rentabilität	• schnelle Amortisation der Investitionen • konstante (bzw. steigende) Umsätze trotz höherer Ticketpreise • Ausgleich der Umsatzverluste durch Abwanderung der Passagiere zu Airlines • Ausgleich von Preissteigerungen durch Anpassung der Ticketpreise
Ziele	produkt- und marktpolitische Ziele	Produktqualität; Differenzierung; Marktsegmente	**Produktqualität**: • moderne Schnellfähren im Einsatz („Trimarán Benchijigua" als angeblich modernste der Welt) • Fähren bieten Passagieren hohen Komfort • kürzere Fahrzeiten als vor Einsatz der neuen Schnellfähren und als Konkurrent Armas • Verspätungen reduzieren **Differenzierung**: • Preisdifferenzierung: Normaltarif, reduzierte Tarife für Kinder, Studenten, Rentner • Rabattsystem: Paketangebote bei Beförderung von Pkw **Marktsegmente**: • Einheimische: Privatreisende, Pendler, Dienstreisende • Touristen
Ziele	internationale Ziele	Schritte in Richtung Globalisierung	• Fred. Olsen ist bereits international aktiv (hervorgegangen aus norwegischem Unternehmen)
Ziele	personalpolitische Ziele	gute Mitarbeiterqualität, Personalauswahl	**Mitarbeiterqualität**: • Mitarbeiter im direkten Kundenkontakt sollten entsprechende Kompetenz aufweisen • insbesondere bei Fahrplanabweichungen oder Störfällen kundenorientiert reagieren, um Schäden zu minimieren **Personalauswahl**: • k.A.
Strategie	Fertigung	Organisation, Kostensituation, technologischer Stand	• rationelle und kostengünstige Bereitstellung von Transportdienstleistungen • technologischer Stand spielt in Form der modernen Schnellfähren eine große Rolle
Strategie	Beschaffung	Lieferfristen, Transportwege, Marktmacht der Lieferanten	• Investitionsgüter: international → wenige Anbieter, Marktmacht eher hoch • Verbrauchsgüter (Catering, Service etc.) lokal und international → viele Anbieter, Marktmacht eher gering

Fortsetzung

Zu untersuchende Aspekte		beinhalten ...	bezogen auf die Reederei Fred. Olsen ...
Strategie	bisherige Marketingmaßnahmen	Marketing-Mix	**Produktpolitik**: • Angebot: Transportdienstleistungen (Fährverbindungen zwischen den Kanarischen Inseln) • mehrfach in neue Fahrzeuge investiert • Einsatz moderner Schnellfähren, die herkömmliche Fähren ersetzen • dadurch Verbesserung der Dienstleistungsqualität und Erhöhung des Komforts **Kommunikationspolitik**: • branchenüblich **Preispolitik**: • höhere Preise als Konkurrenz (evtl. auch um Investitionen zu refinanzieren) • Preisdifferenzierung nach Personengruppen **Distributionspolitik**: • Direktverkauf von Tickets in den Terminals und via Internet • Absatzmittler: Reisebüros
Stärken und Schwächen	Umsatz		• Verluste durch Anwanderung von Passagieren zu Fluggesellschaften
	Marktanteil		• marktbeherrschend
	Investitionen		• komplette Umstellung der Flotte auf moderne Schnellfähren • neuester Trimaran 50 Mio. Euro
	Kapazitätsauslastung		• in den vergangenen Jahren beständig steigend • Rückgänge durch Abwanderung von Passagieren zu Fluggesellschaften
	Image		• ursprünglich sehr gut • Imageverluste aufgrund regelmäßiger, teils drastischer Verspätungen
	Kommunikation		• Defizite in Kommunikation mit Passagieren und intern

Tabelle 4-1 *Unternehmensanalyse*

Aufgabe 2

politisch-rechtliches Umfeld	• Gesetzgebung hinsichtlich Sicherheit, Arbeitsrecht, Umweltschutz usw. • Interventionen durch kanarische Regierung möglich
wirtschaftliches Umfeld	• Preisgestaltung von Konkurrenten (andere Reedereien und Airlines) wirken beeinflussend • verfügbares Einkommen der Haushalte
gesellschaftliches Umfeld	• persönliche Präferenzen für Verkehrsmittel • Loyalität gegenüber Anbietern
technologisches Umfeld	Stand der Technik • Fährschiffe • Hafenanlagen • Sicherheit • Abrechnungsmöglichkeiten usw.

Fortsetzung

natürliches Umfeld	Infrastruktur • Häfen und Hafenanlagen existieren bereits • Anlagen teilweise veraltet • Möglichkeit, Anschlußverbindungen per Bus anzubieten, an Vorhandensein entsprechender Straßen geknüpft • Vorhandensein alternativer Verkehrswege (z.B. Flugverbindungen)

Tabelle 4-2 *Einschränkung durch externe Faktoren/Makroumfeld*

Aufgabe 3

Fahrzeuge	**Terminals**
• moderne, funktionale Form der Fahrzeuge (Schnellfähren, Katamarane) • einheitliche äußere Farbgebung, garantiert hohen Wiedererkennungswert • da neue Schiffe → moderne Innenausstattung • Fahrgastinformationssysteme auf den Fähren • Design als Ausdruck von Innovation, Dynamik, Zukunftsorientierung	• Funktionalität gewährleisten • Gestaltung soweit wie möglich vereinheitlichen, jedoch an die jeweiligen Bedingungen in den Häfen anpassen • Fahrgastinformationssysteme in den Terminals

Tabelle 4-3 *Rolle von Qualität und Design*

Aufgabe 4

Kriterien	**Gestaltungsmöglichkeiten**	
Passagiere	• Einheimische • Geschäftsreisende	• Touristen
Passagierdecks	• ein Deck • zwei Decks (ohne Sonnendeck)	• zwei Decks (mit Sonnendeck)
Fahrzeugdecks	• ein Deck (nur Pkw) • ein Deck (Pkw und Lkw)	• zwei Decks (nur Pkw) • zwei Decks (Pkw und Lkw)
Stil/Design	• modern • stylish	• exklusiv • minimalistisch
Sitze/Bestuhlung	• Reihenbestuhlung (vgl. Flugzeug) • Sessel • Sitzecken	• Sofas • Liegestühle (Sonnendeck)
Zusatzangebot	• Cafeteria • Bistro • Bar • Shop	• (Presse, Snacks, Souvenirs) • Spielbereich für Kinder • TV (Bordprogramm) • Automaten (Spiele)

Tabelle 4-4 *Gestaltungsmöglichkeiten für ein neues Fährschiff*

Aufgabe 5

Problembereiche	Fred. Olsen
wichtige Erfolgsparameter der Branche	• Pünktlichkeit • Zuverlässigkeit • kurze Reisezeiten • Sicherheit • angemessener Komfort • angemessenes Preis-Leistungs-Verhältnis
Wettbewerbsvor- und -nachteile eines Unternehmens	**Vorteile** • moderne Schnellfähren • dadurch kürzere Fahrzeiten als Konkurrenzschiffe **Nachteile** • hohe Investitionskosten • trotz schneller Schiffe teilweise erhebliche Verspätungen
Chancen und Risiken eines Unternehmens	**Chancen** • weiterhin auf technisch-technologischen Fortschritt bei Umstrukturierung der Flotte setzen • Inseln durch zweckmäßigen Fahrplan verknüpfen • schnelle Fährverbindungen zu angemessenem Preis-Leistungs-Verhältnis anbieten • durch verkürzte Reisezeiten und höheren Komfort Gewinnung von Fahrgästen **Risiken** • Nicht-Beachtung von Signalen, die auf Probleme im Unternehmen hinweisen: • trotz moderner Schnellfähren regelmäßige Verspätungen, dadurch Abwanderung von Kunden zu anderen (preiswerteren) Anbietern oder Airlines möglich • unangemessene Reaktionen der Besatzung
Marktwachstumsfaktoren	• Kundengewinnung durch schnellere Verbindungen möglich • allerdings: bessere Flugverbindungen ziehen Kunden vom Fährmarkt ab
Preis- und Kostenentwicklung	• Treibstoffpreise beeinflussen Ticketpreise • Refinanzierung der Investitionskosten über Umsätze • Anpassung an Konsumpreisindex • Beobachtung der Preise der Konkurrenz
Marktstellung und Hauptkonkurrenten	• marktbeherrschende Stellung • Hauptkonkurrenten im Fährbetrieb Armas und Trasmediterránea • Konkurrenz auch durch immer bessere Flugverbindungen • Politiker und Bevölkerung befürchten Ausnutzung der Monopolstellung
technisch-technologische Entwicklung	• mitgehen mit technologischem Fortschritt • Einsatz moderner Schnellfähren

***Tabelle 4-5** Problembereiche und Rolle bei Fred. Olsen*

5 Über die sieben Meere – Kreuzfahrten im Trend

Während Schiffahrten zum reinen Vergnügen früher der Ruf des Luxoriösen anhaftete, sind Kreuzfahrten durch die Ostsee, ins Nordmeer, ins Mittelmeer, zu den Kanaren oder in die Karibik mittlerweile für ein breiteres Publikum erschwinglich geworden. Die Branche stellt mit einer jährlichen Wachstumsrate von 10 % den am schnellsten wachsenden Sektor der Tourismusindustrie dar. In den letzten zehn Jahren hat sich die Nachfrage verdoppelt.[1] Dies rührt zum einen daher, daß zusätzlich zum traditionellen Oberklasse-Markt nun auch der Mittelklasse-Markt angesprochen wird. Das Durchschnittsalter und Durchschnittseinkommen der Kreuzfahrtpassagiere haben sich ständig verringert. Zudem werden die Kreuzfahrtschiffe selbst als Urlaubsort vermarktet: Man verkauft den Platz an Bord des Schiffes (nicht den Hafen, den es anläuft) vordergründig als Urlaubsziel.[2]

Die Bewältigung der steigenden Passagierzahlen ist durch den Einsatz immer größerer Schiffe möglich, die sich durch flachere Rümpfe und höhere Aufbauten als ihre Vorgänger auszeichnen. Das Angebot läßt Parallelen zu Themenparks oder gar schwimmenden Inseln deutlich werden. Durch die Größe der Schiffe werden aber auch die möglichen Routen vorgegeben. Für stürmische Meeresregionen sind die Ozeanriesen eher ungeeignet.[3] Zudem ist, je größer das Schiff, ein Flughafen entsprechender Größe und Leistungsfähigkeit vor Ort umso wichtiger.[4]

Auch die deutschen Häfen profitieren vom Kreuzfahrtboom. Rund 483.000 Passagiere begannen oder beendeten im Jahr 2007 eine Kreuzfahrt in einem deutschen Hafen.[5] Bei An- und Abreise geben die Kreuzfahrttouristen im Durchschnitt 100 Euro aus, pro Landgang etwa 50 Euro. Allein durch den Besuch der *Queen Mary 2*[6] sollen in Hamburg Einnahmen in Höhe von 50 Mio. Euro realisiert worden sein. Bei all den positiven Entwicklungen findet allerdings die dadurch entstehende Umweltbelastung wenig Beachtung. Bezogen auf den CO_2-Ausstoß gelten Schiffe zwar als umweltfreundliche Transportmittel. Allerdings stoßen sie weitere Schadstoffe aus, die nicht vernachlässigt werden dürfen: „*Tatsächlich bläst ein Kreuzfahrtschiff in nur einer Stunde Liegezeit am Kai so viel Feinstaub in die Luft wie 50.000 Pkw, die mit 130 über die Autobahn rauschen. [...] Das besondere Problem*

---

[1] vgl. Sattler, Karl-Otto: Urlaub am faszinierenden Element, in: Das Parlament 25/2006, http://www.bundestag.de, 13.06.2007; Schulz, Axel: Verkehrsträger im Tourismus, München 2009, 139

[2] vgl. Krohn, Olaf: Nur das Meer braucht keiner mehr, in: Die Zeit 24/2001, in: http://www.zeit.de, 17.04.2007

[3] vgl. Graeme Robertsen: Der Kreuzfahrttourismus, in: Stiftung für die Meere und Ozeane, http://www.lighthouse-foundation.org, 10.06.2008

[4] vgl. Krohn, Olaf: Nur das Meer braucht keiner mehr, in: Die Zeit 24/2001, in: http://www.zeit.de, 17.04.2007

[5] vgl. o.V.: Die Ostsee wird immer beliebter, in: Focus (17.06.2008), http://www.focus.de, 11.03.2009

[6] Eines der derzeit größten Kreuzfahrtschiffe der Welt: 72 m hoch, 345 m lang, 41 m breit, 148.528 BRZ (vgl. Pröse, Tim: Freedom of the Seas, in: Focus, 29.05.2006, 123f).

der Kreuzfahrtschiffe besteht darin, dass sie citynah einen Tag lang mit laufenden Maschinen im Hafen liegen.“[7]

Ein Großteil der Branche wird von wenigen großen Reedereien[8] kontrolliert. Im Zuge der Globalisierung kam es zu einer verstärkten Internationalisierung der Gesellschaften sowie zu zahlreichen Fusionen, aber auch Bankrotten. Doch auch einflußreiche Hotel- und Unterhaltungsunternehmen verstärken ihre Präsenz im Kreuzfahrtsektor.[9] Bereits Ende der 1990er Jahre stieg beispielsweise der Disney-Konzern mit Disney Cruise Line[10] in den Kreuzfahrttourismus ein. Die *Disney Magic*, das damals drittgrößte Schiff dieser Art auf der Welt, kam ab Sommer 1998 zum Einsatz. Das Schwesterschiff *Disney Wonder* fuhr ab Sommer 1999. Beide Schiffe bieten je rund 2.500 Passagieren Platz.[11] Eine der Destinationen ist Castaway Cay, eine Insel auf den Bahamas, die Disney gehört.

Besonderen Erfolg verzeichnete das (inzwischen auch von anderen kopierte) Konzept von AIDA Cruises – die Kombination von Cluburlaub und Kreuzfahrt. Das in Rostock ansässige Unternehmen zählt nunmehr 3.000 Mitarbeiter (ca. 500 an Land, ca. 2.500 an Bord). 2007 wurden 259.000 Passagiere befördert.[12]

Aufgabe 1

Charakterisieren Sie Nachfrage und Angebot der Kreuzfahrtbranche in einem Mindmap!

Aufgabe 2

Woraus leitet sich die Attraktivität einer Kreuzfahrt bzw. einer Kreuzfahrtregion ab?

Aufgabe 3

Welche Klischees haften dem klassischen Kreuzfahrttourismus an?

Aufgabe 4

Mit welchen Folgen ist zu rechnen, wenn zunehmend kleine Häfen angelaufen werden?

Aufgabe 5

Welche Umweltwirkungen gehen vom Kreuzfahrttourismus aus?

Aufgabe 6

Welche Besonderheiten bringt die Arbeit auf einem Kreuzfahrtschiff mit sich?

---

[7] Behrend, Katja; Fox, Holly: Dicke Luft am Kai, in: Focus, 07.04.2007, 205

[8] z.B. Reedereien Carnival, Royal Caribbean International und Princess

[9] vgl. Graeme Robertsen: Der Kreuzfahrttourismus, in: Stiftung für die Meere und Ozeane, http://www.lighthouse-foundation.org, 10.06.2008

[10] siehe dazu auch Disney Cruise Line, http://disneycruise.disney.go.com, 10.06.2008

[11] vgl. Eisner, Michael D.: Von der Micky Maus zum Weltkonzern, München 2000, 541f

[12] vgl. AIDA Cruises – Wir über uns, http://www.aida.de, 10.06.2008; Sattler, Karl-Otto: Urlaub am faszinierenden Element, in: Das Parlament 25/2006, http://www.bundestag.de, 13.06.2007; vgl. auch Ferienfabrik AIDA – Mit einem Lächeln über die Ostsee (Reportage), NDR 26.01.2007

Lösungen

Aufgabe 1

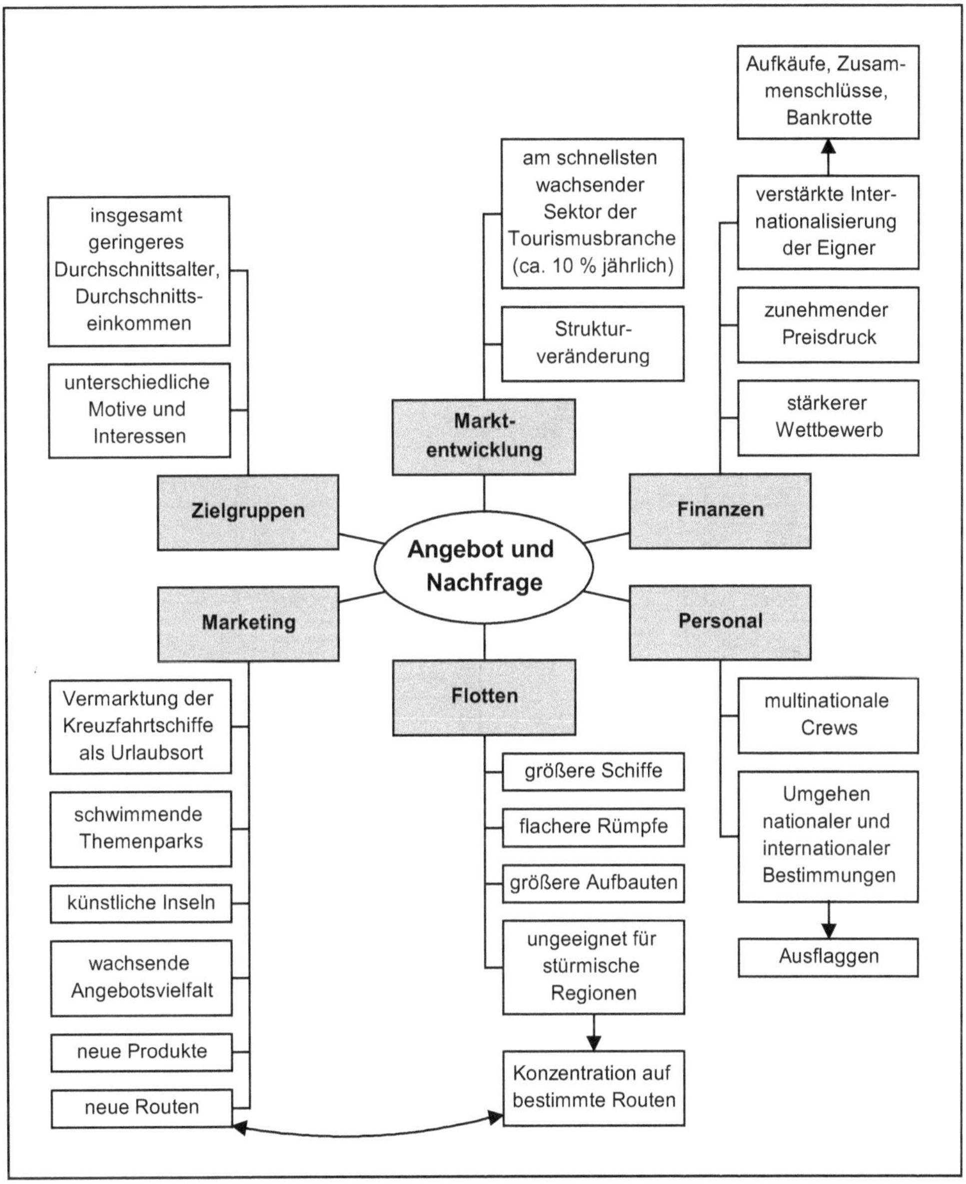

***Abbildung 5-1** Mindmap: Angebot und Nachfrage in der Kreuzfahrtbranche*

Aufgabe 2

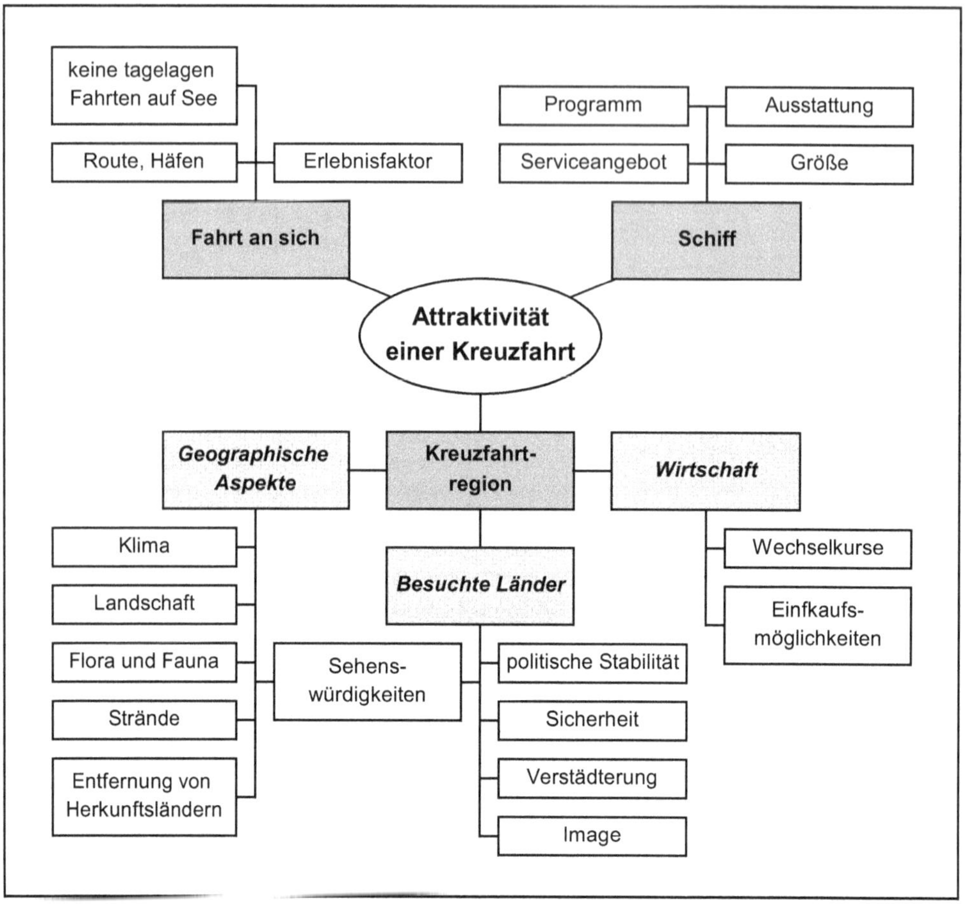

Abbildung 5-2 *Attraktivität von Kreuzfahrten*

Aufgabe 3

- Fernweh
- heile Welt
- schwimmende Hotels
- karibisches Flair
- weit weg
- elitär
- teuer
- ständig essen
- langweilig
- eher ältere Reisende
- strenge Kleiderordnung

Aufgabe 4

- Einwohnerzahlen kleiner Hafenorte teilweise geringer als Passagierzahl der Schiffe
- mögliche negative Auswirkungen auf Wirtschaft und Gesellschaft
- Hafenorte geraten in Abhängigkeit
- Orte (inkl. Infrastruktur) werden stark belastet, wenn alle Passagiere gleichzeitig an Land gehen, insbesondere, wenn mehrere Kreuzfahrtschiffe gleichzeitig im Hafen liegen

- für Hafenorte und Zielregion sinnvoll sind nicht Tagesbesucher, sondern Touristen, die länger bleiben[13]

Aufgabe 5

Positiv	**Treibstoff-verbrauch**	• deutlich geringerer Pro-Kopf-Verbrauch als bei Pkw oder Flugzeug
	Abfälle	• moderne Schiffe verfügen über eigene Abfallbeseitigungseinrichtungen
Negativ	**Emissionen**	• hohe Emissionsbelastung (Feinstaub, Stickoxide, CO_2) wenn Schiffe in den Häfen vor Anker liegen
	Abfälle	• *„Ein typisches Karibik-Kreuzfahrtschiff erzeugt auf einem einwöchentlichen Trip rund 50 Tonnen Abfall, 7,5 Millionen Liter Brauchwasser, 800.000 Liter Abwasser, 130.000 Liter ölhaltiges Wasser.“*[14] • auch Müllentsorgung in Destinationen → teilweise Überlastung der Destinationen → Verweigerung Müllannahme • „Verklappung“ von Kreuzfahrtmüll
	Ökosysteme	• Beeinflussung von empfindlichen Ökosystemen durch große Zahl von Schiffen und Touristen

Tabelle 5-1 *Vom Kreuzfahrtourismus ausgehende Umweltwirkungen*[15]

Aufgabe 6

- Verlassen der Familie, der gewohnten Umgebung für längere Zeit
- veränderter Lebensrhythmus
- internationale Crews
- zeitlich begrenzte Zwangsgemeinschaft
- lange Arbeitszeiten, wenig Ruhezeit
- entspricht Flagge nicht der des Heimatlandes, andere Arbeitsrechts-, Steuerrechts- und Seerechtsgesetze
- je nach Aufgabengebiet mehr oder weniger soziale Kontakte
- im Umgang mit Passagieren stets Freundlichkeit erwartet

---

[13] vgl. Graeme Robertsen: Der Kreuzfahrttourismus, in: Stiftung für die Meere und Ozeane, http://www.lighthouse-foundation.org, 10.06.2008

[14] o.V.: Nachhaltiger Tourismus und Kreuzfahrten, in: Stiftung für die Meere und Ozeane, http://www.lighthouse-foundation.org, 11.03.2009

[15] vgl. Graeme Robertsen: Der Kreuzfahrttourismus, in: Stiftung für die Meere und Ozeane, http://www.lighthouse-foundation.org, 10.06.2008; Schulz, Axel: Verkehrsträger im Tourismus, München 2009, 149

6 Kreuzfahrt der anderen Art – easyCruise

„Von eingefleischten Seetouristikern hat easyCruise schon frühzeitig das Etikett ‚unmöglich' bekommen. Zu lieblos, zu wenig emotional, zu billig – und damit sei kein Geld zu verdienen und der Kunde nicht zu binden."[1]

Ab 2005 bot mit easyCruise der erste Billiganbieter Kreuzfahrten an. Die Unterschiede zu einer klassischen Kreuzfahrt konnten allerdings nicht größer sein: Es wurden nicht ständig wechselnde Routen, sondern ein stets gleichbleibender Rundkurs angeboten. Auf diesem konnten die Passagiere täglich zu- und aussteigen. Der Preis beinhaltete dabei nur die Fahrt und die Kabine. Auf die bei klassischen oder Clubkreuzfahrten üblichen Shows oder Sport- und Wellnessangebote verzichtete man zunächst. Anders als bei traditionellen Kreuzfahrten blieb das Schiff am Nachmittag und Abend im Hafen und ermöglichte so den Passagieren, die Destination zu erkunden. Die Weiterfahrt erfolgte jeweils in der Nacht oder am frühen Morgen. Zu- und Aussteigen war in jedem Hafen möglich, vorausgesetzt, man blieb mindestens zwei und nicht länger als 14 Nächte.[2]

Stelios Haji-Ioannou, Gründer von easyCruise, beschrieb das Konzept wie folgt: *„The easyCruise concept is changing the perception of cruising. The flexible and affordable cruise itineraries are opening up cruises to consumers who previously would never have thought about a cruise as a credible holiday option. Our goal is to make cruising the holiday option for consumers looking for an alternative to a beach holiday or city break with the widest range of destinations, from exotic islands and exclusive resorts to trendy cities and historic towns. It is a revolution in the cruise market and we are confident from the launch of easyCruiseOne, which is sailing the French and Italian Riviera before heading to the Caribbean and now easyCruiseTwo, in Holland and Belgium, that this is a viable holiday option and one that is set to change cruising as we know it."*[3]

Das erste Schiff der in Athen ansässigen Reederei, die *easyCruiseOne*, war als Hochseeschiff konzipiert und im Mittelmeerraum unterwegs. Es wurden 108 Kabinen in drei Kategorien angeboten: Doppelkabinen, Viererkabinen und Suiten.

Die zum Einsatz kommenden Standardkabinen waren nur etwa 8 m² groß und boten kaum Komfort. Durch ihre einfache Ausstattung waren sie leicht zu reinigen. Aufgrund ihrer geringen Größe sowie dem Verzicht auf Räumlichkeiten für Unterhaltung und Sport sowie eine geringere Besatzungsstärke war eine hohe Kabinen-

[1] Vogel, Michael: easyCruise: Die Erweiterung der maritimen Farbpalette, in: An Bord – Das Magazin für Schiffsreisen und Seewesen, Juli 2005, http://www.imt.hs-bremerhaven.de, 1

[2] vgl. easyCruise: easyCruise celebrates success of first year (14.03.2006), http://www.easycruise.com, 17.04.2007

[3] easyCruise: easyCruise announces new franchise agreement, one week after launch of easyCruiseTwo (21.08.2006), http://www.easycruise.com, 17.04.2007

dichte an Bord möglich.[4] Während die anfängliche Ausstattung auf eine Kostenminimierung ausgerichtet war und an Bord demzufolge weder Wellness- noch Fitnessbereiche zu finden waren, rüstete man in der Zwischenzeit nach.[5]

Im Sommer 2005 und 2006 fuhr die *easyCruiseOne* entlang der französischen und italienischen Mittelmeerküste. Diese Route stand 2007 nicht mehr auf dem Programm. Statt dessen konnten die potentielle Passagiere zwischen den Routen „Griechische Inseln“ (drei-, vier-, sieben-, zehn- oder vierzehntägige Reise) und „Klassisches Griechenland“ (siebentägige Reise) wählen.[6]

Ziel von easyCruise war es, den Einstiegspreis so niedrig wie möglich zu halten und damit die Kaufentscheidung zu erleichtern. Man setzte auf die Zielgruppe der 20- bis 40jährigen, die unabhängig reisen möchten und Neuem gegenüber aufgeschlossen sind. Dabei orientierte man auch auf Rucksacktouristen und junge Familien.[7]

Im Konzept von easyCruise wurde klar zwischen Basis- und Zusatzleistungen unterschieden. Über Passage, Kabinen- und Badbenutzung hinausgehende Leistungen wurden zwar angeboten, waren jedoch extra zu bezahlen. Dazu gehörten auch Mahlzeiten und Getränke an Bord, ebenso das Wechseln der Bettwäsche oder Handtücher und die Reinigung des Bades.[8]

Mittlerweile ist man aber von dieser konsequenten Niedrigpreisausrichtung abgewichen: *„Since the launch of easyCruise, our concept has undergone a continual process of evolution and today, we have a more exciting product than ever before.“*[9]

Seit 2008 ist die *easyCruise Life* im Einsatz, das nach Angaben der Reederei modernste und komfortabelste Schiff von easyCruise. Hier finden 574 Passagiere in 233 Kabinen – die von der großräumigen Suite mit rund 40 m² bis hin zu preiswerten kleinen Unterkünften reichen – Platz. Darüber hinaus bietet das Schiff einen Spa- und Wellness-Bereich, eine Chill-out-Zone, eine Pool-Bar und ein Lounge-Restaurant. Zudem können Exkursionen gebucht werden.[10]

Aufgrund des großen Erfolges in den vergangenen Jahren werden die Touren entlang der griechischen und türkischen Küste auch 2009 wieder angeboten. Potentielle Passagiere können dabei zwischen vier, sieben oder 14 Übernachtungen an

[4] vgl. Vogel, Michael: easyCruise: Die Erweiterung der maritimen Farbpalette, in: An Bord – Das Magazin für Schiffsreisen und Seewesen, Juli 2005, http://www.imt.hs-bremerhaven.de, 2

[5] vgl. easyCruise: Now it's easier to relax on easyCruise with new spa facility (16.02.2007), http://www.easycruise.com, 17.04.2007

[6] vgl. easyCruise: Sommersaison 2006, www.easycruise.com, 17.04.2007; easyCruise: Itineraries, http://www.easycruise.com, 23.07.2007

[7] vgl. easyCruise: easyCruise celebrates success of first year (14.03.2006), http://www.easycruise.com, 17.04.2007

[8] vgl. easyCruise: Optinal Service, http://www.easycruise.com, 17.04.2007

[9] Stelios Haji-Ioannou, zit. in: easyCruise: Live the easy life – Greek Islands & Turkey 2009 (Katalog), 18

[10] vgl. easyCruise: Live the easy life – Greek Islands & Turkey 2009 (Katalog), 13ff und 21

Bord wählen.[11] Weil easyCruise kleinere Schiffe als die üblichen Kreuzfahrtschiffe einsetzt, können auch Häfen angefahren werden, die ein Kreuzfahrttourist sonst nicht erreicht.[12]

Bis 2011 sind insgesamt acht Schiffe unter der Marke easyCruise geplant, ermöglicht werden soll dies durch ein Franchising-Konzept.[13]

Der Preismechanismus orientiert sich nach wie vor an jenem der Billigflieger. Mit steigender Nachfrage steigt auch der Preis. Je kurzfristiger gebucht wird, um so teurer sind die noch verfügbaren Kabinen. Damit sollen potentielle Kunden angeregt werden, möglichst früh zu buchen. Mittlerweile gibt es aber auch Last-Minute-Angebote.[14] Gebucht werden sollen die Angebote vor allem im Internet und per Telefon. Inzwischen ist dies auch über akkreditierte Reisebüros möglich.

Aufgabe 1

Worin unterscheidet sich das anfängliche easyCruise-Konzept von klassischen oder Club-Kreuzfahrten?

Aufgabe 2

Was war das Ziel von easyCruise?

Aufgabe 3

Wie konnte es easyCruise gelingen, die Einstiegspreise zu minimieren? Erstellen Sie dazu ein Mindmap!

Aufgabe 4

Was sind entscheidende Faktoren im Gesamtkonzept von easyCruise? Versuchen Sie, deren Zusammenspiel in einem Wirkungsgefüge darzustellen!

Aufgabe 5

Bewerten Sie die im Wirkungsgefüge dargestellten Wirkungsbeziehungen in einer Wirkungsmatrix!

Aufgabe 6

Leiten Sie aus der Wirkungsmatrix ein Intensitätsportfolio ab und charakterisieren Sie die einzelnen Faktoren!

Aufgabe 7

Wo sehen Sie mögliche Schwachstellen im Konzept von easyCruise?

---

[11] vgl. easyCruise: Cruises, http://www.easycruise.com, 10.02.2009

[12] vgl. easyCruise: Live the easy life – Greek Islands & Turkey 2009 (Katalog), 7

[13] vgl. easyCruise: easyCruise announces new franchise agreement, one week after launch of easyCruiseTwo (21.08.2006), http://www.easycruise.com, 17.04.2007

[14] vgl. easyCruise: easyCruiseTwo beginns 2007 season sailing through Holland & Belgium and offers fantastic March and April late booking deals, http://www.easycruise.com (09.03.2007), 17.04.2007

Lösungen

Aufgabe 1

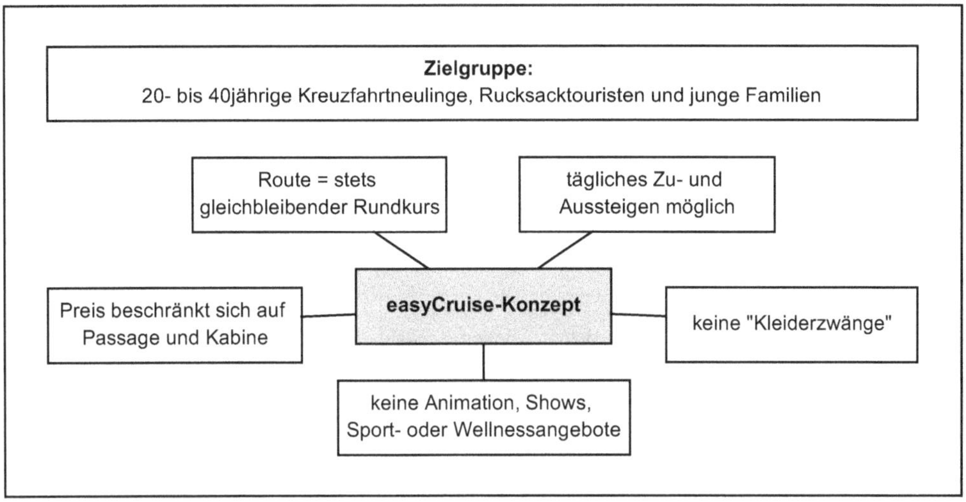

Abbildung 6-1 *Kennzeichen des anfänglichen easyCruise-Konzepts*

Aufgabe 2

Ziele waren:

- die Schaffung eines neuen Marktes,
- die Schaffung eines Angebots, das sich von den bisherigen der Kreuzfahrtbranche unterscheidet und damit
- das Erschließen einer neuen Zielgruppe.

Aufgabe 3

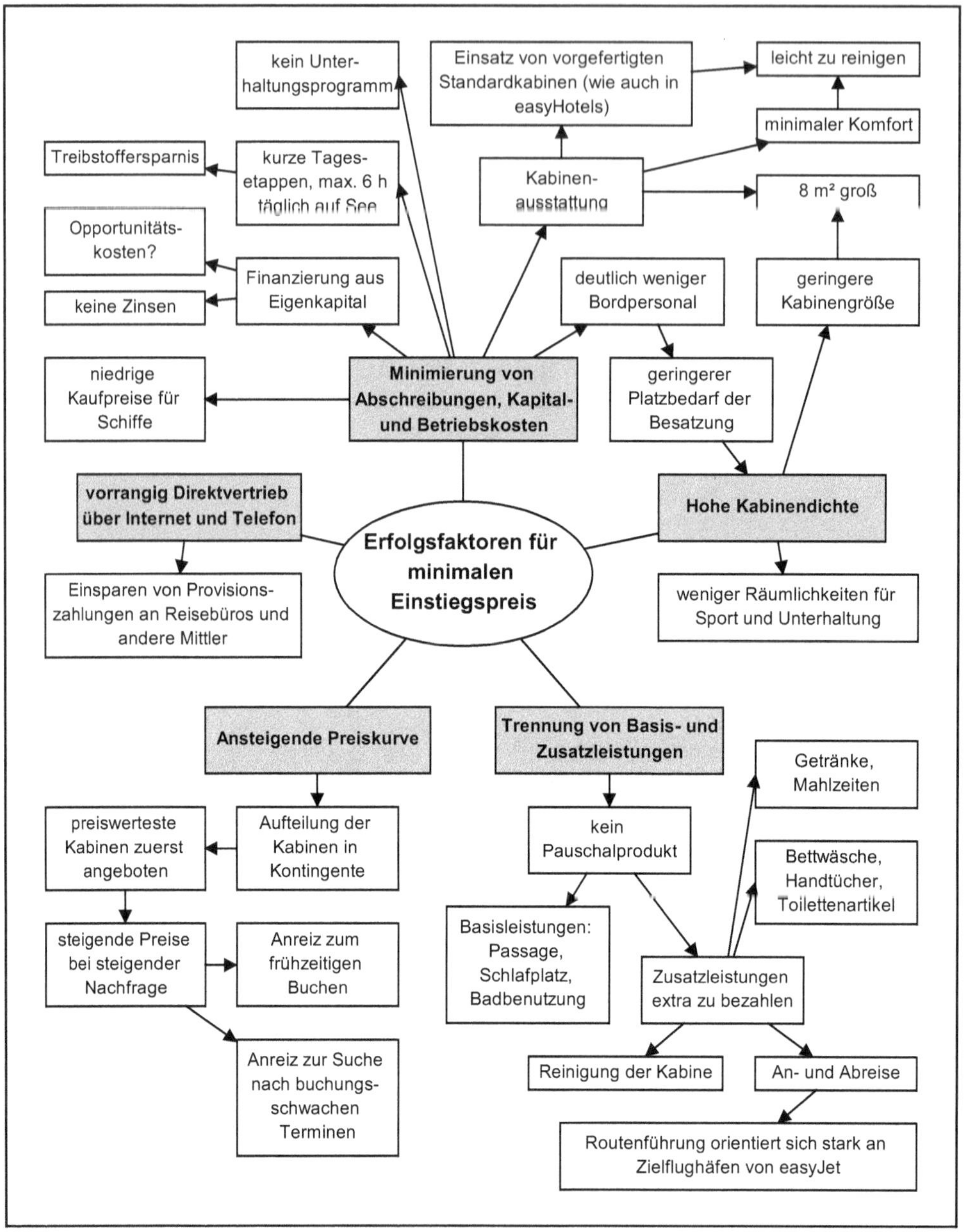

***Abbildung 6-2** Mindmap: Erfolgsfaktoren für minimalen Einstiegspreis*

Aufgabe 4

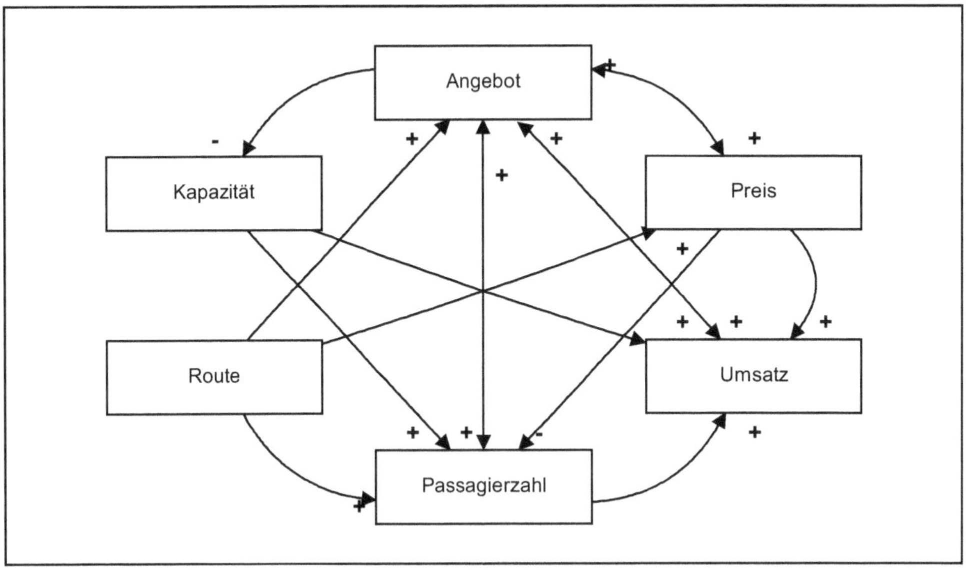

Abbildung 6-3 *Wirkungsgefüge*

Wirkung von ...	auf ...	Beschreibung der Wirkungsbeziehungen
Angebot	Kapazität	je stärker das Angebot Flächen auf dem Schiff beansprucht, um so geringer die Kapazität
	Preis	je attraktiver das Angebot, um so höher kann der Preis sein
	Umsatz	je umfangreicher das Angebot, um so höher der mögliche Umsatz
	Passagierzahl	je attraktiver das Angebot, um so mehr Passagiere interessieren sich dafür
Kapazität	Umsatz	je höher die Kapazität, um so höher der Umsatz (bei gleicher Buchungsrate)
	Passagierzahl	je höher die Kapazität, um so höher die mögliche Passagierzahl
Preis	Angebot	je höher der Preis, um so besser sollte das Angebot sein
	Umsatz	je höher der Preis, um so höher der Umsatz (bei gleicher Buchungsrate)
	Passagierzahl	je geringer der Preis, um so höher die Passagierzahl
Route	Angebot	je länger die Route, um so umfangreicher sollte Angebot sein
	Preis	je attraktiver die Route, um so höher kann der Preis sein
	Passagierzahl	je attraktiver die Route, um so höher die Zahl möglicher Passagiere
Umsatz	Angebot	je höher der Umsatz, um so mehr kann sich dies in einem reichhaltigeren Angebot niederschlagen
Passagierzahl	Angebot	je höher die Passagierzahl, um so umfangreicher sollte das Angebot sein
	Preis	je höher die Zahl interessierter Passagiere, um so höher der Preis
	Umsatz	je höher die Passagierzahl, um so höher der Umsatz

Tabelle 6-1 *Beschreibung der Wirkungsbeziehungen*

Aufgabe 5

Wirkung von auf	Angebot	Kapazität	Preis	Route	Umsatz	Passagierzahl	**Zeilensumme**
Angebot	x	2	3	0	2	3	**10**
Kapazität	0	x	0	0	3	3	**6**
Preis	2	0	x	0	3	3	**8**
Route	1	0	2	x	0	2	**5**
Umsatz	1	0	0	0	x	0	**1**
Passagierzahl	2	0	3	0	3	x	**8**
Spaltensumme	**6**	**2**	**8**	**0**	**11**	**11**	**x**

***Tabelle 6-2** Wirkungsmaxtrix*

Die stärksten Einflüsse gehen hier von Angebot und Preis aus; beide sind letztendlich entscheidend für die Akzeptanz bei den Nachfragern. Die Passagierzahl wirkt ebenfalls relativ stark beeinflussend und bestimmt beispielsweise – durch den hier wirksamen Mechanismus – auch die offerierten Preise. Den stärksten Wirkungen unterliegen der Umsatz und die Passagierzahlen, die sich als Reaktion auf das „Komplettpaket" Kreuzfahrt ergeben.

Aufgabe 6

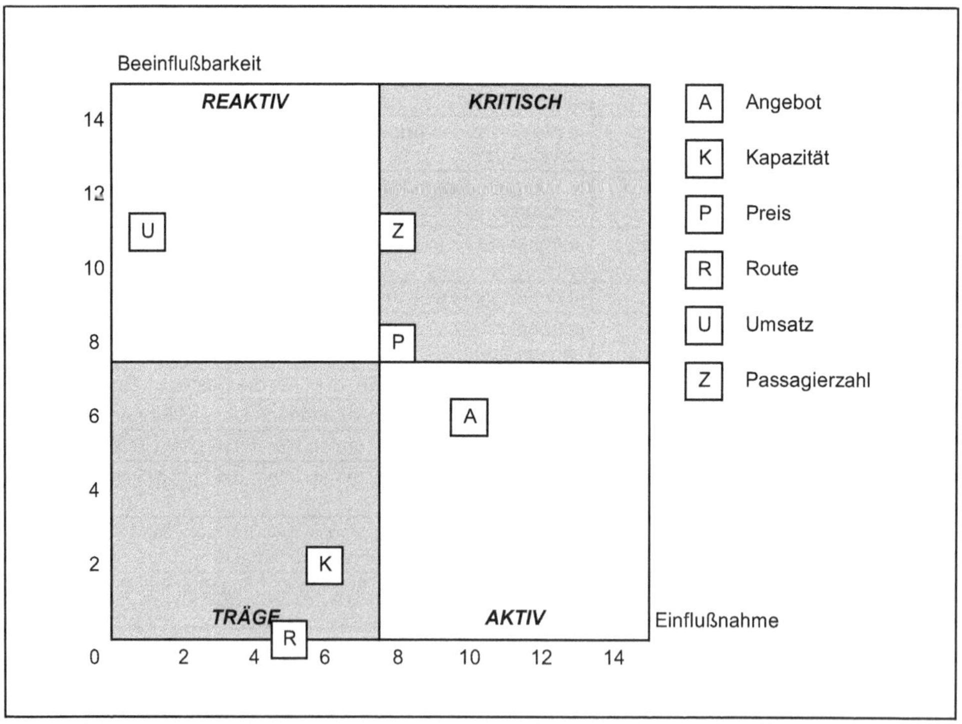

***Abbildung 6-4** Intensitätsportfolio*

Kritische Faktoren	• **Preis**: Mit dem Preis steht und fällt das Konzept von easyCruise. Dieser Faktor dient als großes Unterscheidungsmerkmal von den klassischen Kreuzfahrtanbietern und kann demzufolge große Wirkungen ausüben (auch in Form einer Initialzündung), unterliegt aber gleichzeitig einer starken Beeinflussung. Vorsichtiges Handhaben ist hier angebracht. • **Passagierzahl**: Ebenso entscheidend in diesem „System" sind die Passagiere, denn nur, wenn die Schiffe eine hohe Buchungsrate aufweisen, wird sich das Konzept rentieren. Das Gesamtkonzept wirkt einerseits auf die potentiellen Passagiere. Andererseits bildet die Zielgruppe die Basis für die Gestaltung des Konzepts.
Aktive Faktoren	• **Angebot**: Das Angebot stellt einen wirksamen Schalthebel zur Steuerung dar, wirkt es doch größtenteils auf die anderen Faktoren ein, unterliegt aber demgegenüber eher geringeren Einflüssen.
Reaktive Faktoren	• **Umsatz**: Steuerungseingriffe bringen an dieser Stelle keine großen Erfolge. Der Umsatz eignet sich stattdessen eher als Indikator.
Träge Faktoren	• **Kapazität** und **Route**: Steuerungseingriffe können überschaubare Änderungen bewirken, allerdings sollten Grenzwerte nicht vernachlässigt werden.

Tabelle 6-3 *Erläuterung der Faktoren*

Aufgabe 7

Schwachstellen könnten sein:

- bei täglich möglichem Zu- und Ausstieg – Steuerung der Auslastung: Zahl der zusteigenden und aussteigenden Passagiere müßte jeweils gleich sein
- geringe Frequenz: Häufigkeit, zu der Routen angeboten werden (bedingt durch Anzahl der Schiffe) → man hat bereits begonnen, die Flotte erweitern
- anfänglicher Totalverzicht auf Beschäftigungs- bzw. Unterhaltungsmöglichkeiten → mittlerweile wurde bereits Fitness- bzw. Wellnessbereich nachgerüstet und Unterhaltungsangebote aufgenommen

7 Mit dem Postschiff unterwegs – Hurtigruten

Sie gilt als die schönste Seereise der Welt – eine Reise mit Hurtigruten entlang der norwegischen Küste. Bereits seit 1893 fahren Postschiffe auf der schnellen Route, wie Hurtigruten in der Übersetzung heißt, von Bergen nach Kirkenes und zurück. Insgesamt liegen 34 Häfen auf der 1.250 Seemeilen langen Route, die im Sommer und Winter angefahren werden. Bei einer Geschwindigkeit von konstant 16 Knoten werden regelmäßig Fracht und Passagiere Richtung Norden (und zurück) transportiert. All das klingt nach einer normalen Linienverbindung, wie sie auch in anderen Ländern mit entsprechend langer Küste existiert. Allerdings sollte man den Symbolcharakter, den Hurtigruten für die Norweger hat, nicht vergessen. Die Postschifflinie ist Teil der norwegischen Geschichte. Von den Einheimischen, insbesondere jenen im Norden des Landes, wurde und wird jede Änderung – sei es der Bau neuer Schiffe oder eine Veränderung bei den Eigentumsverhältnissen – mit großem Interesse verfolgt. Nicht ohne Grund wird die Linie auch „Nabelschnur des Nordens“ oder „Lebensnerv des Landes“ genannt. Bis 2001 war sie sogar offiziell die „Reichsstraße Nr. 1“.[1]

Bergen, zweitgrößte Stadt Norwegens – Start- und Endpunkt einer klassischen Tour mit Hurtigruten

Am 2. Juli 1893 legte das erste Linienschiff der Hurtigrute in Trondheim mit Ziel Hammerfest ab. Zu verdanken war dies dem aus Trondheim stammenden Kaufmann Richard With. Er hatte erkannt, daß eine regelmäßige Frachtverbindung für den Norden von großer Bedeutung war und deshalb die *Vesteraalens Dampskibsselskap* gegründet. Hammerfest war hocherfreut, endlich Anschluß an die Welt gefunden zu haben. 1898 verlängerte man die Strecke bis Bergen. Der Staatsvertrag von 1911 regelte die Weiterführung der Route bis Kirkenes.[2]

---

[1] vgl. Küchler, Kai-Uwe: Reise mit Hurtigruten, Würzburg 2007, 12

[2] vgl. Schröder, Ralf: Norwegen mit dem Postschiff, München 1999, 9f; Hurtigruten: I kystens tjeneste, http://www.hurtigruten.no, 20.03.2009

Heute wird die Linie von *Hurtigruten ASA*, einem Zusammenschluß aus den Unternehmen *Ofotens og Vesteraalens Dampskibsselskab ASA* und *Troms Fylkes Dampskibsselskap ASA* mit Hauptsitz in Narvik, betrieben. Hurtigruten ASA ist an der norwegischen Börse registriert und kann auf einen jährlichen Umsatz von rund 3,5 Mrd. Kronen verweisen. Im Unternehmen sind ca. 3.400 Mitarbeiter beschäftigt, ca. 170 sind in der ausländischen Verkaufsorganisation tätig.[3] In einer eher auslastungsschwachen Zeit kümmerten sich auf der *MS Finnmarken* 70 Männer und Frauen um das Wohl von 250 Passagieren. Die Crew ist drei Wochen lang in 12-Stunden-Schichten tätig, anschließend hat sie drei Wochen Landurlaub.[4] Auf der Brücke erfolgt alle sechs Stunden ein Schichtwechsel.[5] Die jährlichen Passagierzahlen bewegen sich zwischen 500.000 und 550.000, wobei etwa 70 % Rundreise-Passagiere sind.

Die Flotte setzt sich aus 14 Schiffen zusammen. Zwölf davon fahren im ganzjährigen Liniendienst. Unterschieden werden drei Schiffsgenerationen, die traditionelle Generation, die mittlere Generation und die neue Generation[6]:

- Die *MS Lofoten* und die *MS Nordstjernen*, die die Hurtigrute seit fast 50 Jahren bedienen, repräsentieren die traditionelle Generation und strahlen aufgrund ihrer Einrichtung eine eher nostalgische Atmosphäre aus. Die älteren Schiffe können nur vier bis sechs Fahrzeuge transportieren, die neueren fassen bis zu fünfzig Fahrzeuge.
- Gebaut in den 1980er und renoviert in den 1990er Jahren, gehört nunmehr nur noch die *MS Vesterålen* der mittleren Generation an. Hier ist die Kapazität noch geringer als bei den Schiffen der neuen Generation, wodurch das Reisen mit diesem Schiff zum Teil noch gemütlich wirkt.
- Die Schiffe der neuen Generation, die in vielerlei Hinsicht mit Kreuzfahrtschiffen vergleichbar sind, weisen einen fast schon luxuriösen Ausstattungsgrad auf. Es kann zwischen Kabinen unterschiedlicher Kategorie, von Standard bis Luxussuite, gewählt werden. Außerdem gehören großzügige Panoramadecks, Bibliotheken, Lounges, Bars und Restaurants, Fitnessräume und Internetverbindungen dazu.

Während der Gast beispielsweise in einer Normalkabine der *MS Finnmarken* ein Klappsofa vorfindet, kann er in der Grand Suite zwei Zimmer mit Doppelbett sowie ein Bad mit Whirlpool nutzen; 8.000 Euro kostet dies pro Woche, das tägliche Körbchen Obst inklusive.[7]

---

[3] vgl. Hurtigruten, http://www.hurtigruten.com, 01.08.2007

[4] Mo, Frode; Röschner, Thomas; Wohlrab, Karsten: mareTV: Norwegen auf der Hurtigrute – Fjorde, Berge und Meer, NDR, 03.01.2008

[5] Müller, Jan-Manuel: Norwegen – Naturgewalten im Nordmeer (Dokumentation), Arte, 04.07.2007

[6] vgl. Hurtigruten, http://www.hurtigruten.de, 28.03.2009; Küchler, Kai-Uwe: Reise mit Hurtigruten, Würzburg 2007, 18

[7] Rothaus, Uli; Witzke, Bodo: Trolle, Fjorde und ein Postschiff: Auf zu den Lofoten (Reportage), ZDF, 03.07.2007

Auf den älteren Schiffen müssen die Autos noch per Lastkran auf das Vorderdeck gehoben werden (und sind in der Folge auch dem Salzwasser ausgesetzt), bei den neuen Schiffen rollen sie über eine seitliche Rampe in den Rumpf.[8]

Traditionelle Generation	Baujahr	BRZ	Passagiere	Bettenzahl	Länge	Breite	Decks
MS Lofoten	1964	2.621	400	155	87,4 m	13,2 m	5
MS Nordstjernen	1956	2.568	400	149	80,7 m	12,6 m	5
Mittlere Generation	**Baujahr**	**BRZ**	**Passagiere**	**Bettenzahl**	**Länge**	**Breite**	**Decks**
MS Vesterålen	1983	6.261	540	306	108,0 m	16,5 m	7
Neue Generation	**Baujahr**	**BRZ**	**Passagiere**	**Bettenzahl**	**Länge**	**Breite**	**Decks**
MS Midnatsol	2003	16.151	1.000	644	135,75 m	21,5 m	9
MS Trollfjord	2002	16.140	822	646	135,75 m	21,5 m	9
MS Finnmarken	2002	15.530	1.000	628	138,5 m	21,5 m	8
MS Nordnorge	1997	11.386	691	457	123,3 m	19,5 m	7
MS Polarlys	1996	11.341	737	479	123,0 m	19,5 m	7
MS Nordkapp	1996	11.386	691	464	123,3 m	19,5 m	7
MS Nordlys	1994	11.204	691	475	121,8 m	19,2 m	7
MS Richard With	1993	11.205	691	466	121,8 m	19,2 m	7
MS Kong Harald	1993	11.204	691	483	121,8 m	19,2 m	7

Tabelle 7-1 *Schiffe der Hurtigrute*[9]

Zu beachten ist, daß es z.T. große Unterschiede zwischen Sommer- und Winterfahrplan gibt.[10] Im Sommer sind alle Schiffe auf der Hurtigrute unterwegs, da dann eine volle Auslastung garantiert ist. Im Winter fahren die großen Schiffe teilweise auch als Kreuzfahrtschiffe weltweit und werden auf der Hurtigrute durch die traditionellen Schiffe ersetzt.[11]

Obwohl alle Schiffe eine vergleichbare Grundausstattung aufweisen, sind doch Unterschiede hinsichtlich der verwendeten Materialien, Designs und Farben festzustellen, so daß jedes Schiff seinen eigenen Charakter hat.[12] Bei einem Vergleich der einzelnen Schiffe zeigt sich sehr deutlich, welchem Wandel Silhouetten, Größen und Geschmack im Laufe der Jahrzehnte unterlagen.[13] Auch die Kosten für die

[8] vgl. Schröder, Ralf: Norwegen mit dem Postschiff, München 1999, 6f

[9] vgl. Hurtigruten – Norwegen erleben, Katalog 2009, 109ff; Die MS Nordstjernen wird ebenfalls für Expeditionsreisen genutzt. Nicht im Liniendienst eingesetzt: MS Fram: Baujahr 2007, BRZ 12.700, 280 Passagiere, Länge 110 m, Breite 20,2 m, 8 Decks, Eisbrecher Polar Star: Baujahr 1969/2001, BRZ 4.998, 105 Passagiere, Länge 86,5 m, Breite 21,2 m, 6 Decks (vgl. Hurtigruten – Entdeckungsreisen mit MS Fram, Katalog 2009, 33; Hurtigruten – Expeditionsseereisen, Katalog 2009, 54). Kürzlich umgebaut, ergänzt ein neues Expeditionsschiff die Flotte – MS Expedition: Baujahr 1972/2008-09, BRZ 6.336, 120 Passagiere, Länge 105,2 m, Breite 18,6 m, 5 Decks (vgl. Hurtigruten: Expeditions-Schiffe, http://www.hurtigruten.de, 28.03.2009). Zusätzlich zu den Hurtigrutenschiffen werden 54 Fähren und Schnellboote in Nordland, Troms und Sunnmøre betrieben.

[10] vgl. Küchler, Kai-Uwe: Reise mit Hurtigruten, Würzburg 2007, 58

[11] vgl. Die Hurtigrute, http://www.norwegische-postschiffe.de, 01.08.2007

[12] vgl. Hurtigruten, http://www.hurtigruten.com, 01.08.2007

[13] vgl. Küchler, Kai-Uwe: Reise mit Hurtigruten, Würzburg 2007, 18

Schiffe stiegen: Für die 2002 gebaute *MS Trollfjord* beliefen sie sich auf 100 Mio. Euro.[14]

Der Tourismus hatte für die Linie schon immer einen hohen Stellenwert. Bereits ein Jahr nach der ersten Fahrt wurden Kataloge für Hurtigruten-Reisen in Frankreich und Großbritannien publiziert. Später folgten auch Gäste aus Deutschland, die heute nach den Norwegern selbst einen Großteil der Passagiere ausmachen.[15] Insbesondere die Möglichkeit der Umrundung des Nordkaps scheint für deutsche Touristen sehr anziehend zu sein. Mit Kreuzfahrttouristen erwirtschaftet man mittlerweile einen Umsatzanteil von bis zu 80 %. Die „Lust auf sichere Abenteuer" sichert das Geschäft.[16]

Entlang Norwegens Küste

Nærøfjord, ein Ausläufer des Sognefjords – Zu erleben bei einem Ausflug ab Bergen

Der Reisende hat verschiedene Möglichkeiten, mit einem Postschiff unterwegs zu sein. Die klassische Variante wäre eine komplette Rundreise von Bergen nach Kirkenes und zurück. Solch eine Tour, die Kabine und Vollverpflegung beinhaltet, wird im Paket im voraus gebucht. Man kann aber auch Teilstrecken buchen. Diesbezügliche Optionen sowie kombinierte Schiff-Flug-Reisen sind mittlerweile in größerem Umfang als vor Jahren erhältlich. Kurztouren lassen sich auch vor Ort organisieren, wobei Pkw-Stellplätze auf den Schiffen knapp werden können.[17]

Das Unternehmen möchte dem Reisenden einen flexiblen Urlaub ermöglichen. Daher gibt es weder feste An- und Abreisetage noch Mindestaufenthalte.[18] Zusätzlich zur Reise können verschiedene Landausflüge – oder auch per Boot, wie z.B. eine

---

[14] vgl. Mo, Frode; Röschner, Thomas; Wohlrab, Karsten: mareTV: Norwegen auf der Hurtigrute – Fjorde, Berge und Meer, NDR, 03.01.2008

[15] vgl. Küchler, Kai-Uwe: Reise mit Hurtigruten, Würzburg 2007, 19; Hurtigruten, http://www.hurtigruten.com, 01.08.2007

[16] vgl. Müller, Jan-Manuel: Norwegen – Naturgewalten im Nordmeer (Dokumentation), Arte, 04.07.2007

[17] vgl. Küchler, Kai-Uwe: Reise mit Hurtigruten, Würzburg 2007, 20; Hurtigruten, http://www.hurtigruten.com, 01.08.2007

[18] vgl. Hurtigruten, http://www.hurtigruten.de, 01.08.2007

Walsafari[19] – gebucht werden. Ferner erhält der Gast Unterstützung bei der Hotelbuchung an Land sowie der Buchung von Erlebnispaketen vor und nach der Reise.

Erfahrungen eines Passagiers auf der MS Midnatsol

„Der Check-in verlief problemlos. Nach der Vorlage unserer Reisedokumente wurde uns eine Magnetkarte ausgehändigt, die unseren Namen trägt: Bordkarte und Kabinenschlüssel in einem. Beim Landgang werden wir mit ihr über ein elektronisches System aus- und einchecken. Anfangs hilft die Crew, die freundlich und routiniert ihren Dienst tut. Ein Förderband transportiert unser Gepäck in den Bauch des Schiffes. Von dort verteilen Gepäckträger die Reisetaschen auf die Kabinen. Diese liegen erfreulicherweise schon vor den Unterkünften, als wir unsere Kabine gefunden haben. [...]

Nach dem Frühstück der obligatorische Blick auf die in vier Sprachen ausgehängten ‚News'. Mit einem Tag Verzögerung berichtet die ‚Hurtigrutenpostille' über Neuigkeiten im In- und Ausland. Und noch weitere Informationen gilt es einzuholen. Den Wetterbericht (an der Rezeption oder im Schaukasten) und den heutigen Streckenverlauf (auf dem kostenlosen Merkblatt). Hier ist genau aufgelistet, welche Sehenswürdigkeiten auf der Strecke zu erleben sind und was für Ausflüge anstehen. [...] Informationen erhält man immer auch bei der mehrsprachigen Reiseleitung, die jedes Hurtigrutenschiff begleitet.

Natur und Landschaft stehen im Mittelpunkt einer Hurtigruten-Reise. Darum wird auch ganz bewusst auf Animationsprogramme verzichtet."[20]

Obwohl Hurtigruten den Bedürfnissen der Passagiere einen hohen Stellenwert einräumt, werden auch auf den modernsten Schiffen Fracht und Pkw transportiert. Die Post wird jedoch seit mehr als 15 Jahren schon mit dem Flugzeug befördert, weil dies meist schneller geht. Lediglich bei ungünstigen Witterungsverhältnissen sind die Schiffe der Hurtigruten noch als Postschiffe unterwegs. So kann es schon passieren, daß Straßen im Winter einmal für drei Monate gesperrt sind.[21]

Jahrelang hat der Staat Hurtigruten subventioniert, denn die norwegische Regierung garantiert die Versorgung der Bevölkerung selbst in den abgelegensten Gebieten. Aufgabe der Schiffe war und ist es, Versorgungsgüter in die schwer zugänglichen Dörfer nördlich des Polarkreises mitzunehmen und in Richtung Süden z.B. Fische aus arktischen Gewässern. Auch wenn das Straßennetz ausgebaut wurde, ist die Linie lebensnotwendig für Dörfer und Betriebe, insbesondere in den Wintermonaten. Die Postschiffe sind für die Menschen dort ein alltägliches Verkehrsmittel. Mittlerweile sind aber zu wenige Menschen in Nordnorwegen von den Schiffen abhängig, so daß die jährlichen staatlichen Zuschüsse nicht mehr gerechtfertigt erscheinen.[22]

---

[19] vgl. Rothaus, Uli; Witzke, Bodo: Trolle, Fjorde und ein Postschiff: Jenseits des Nordkaps (Reportage), ZDF, 10.07.2007

[20] Küchler, Kai-Uwe: Reise mit Hurtigruten, Würzburg 2007, 34

[21] vgl. Küchler, Kai-Uwe: Reise mit Hurtigruten, Würzburg 2007, 19; Schröder, Ralf: Norwegen mit dem Postschiff, München 1999, 7

[22] vgl. Mo, Frode; Röschner, Thomas; Wohlrab, Karsten: mareTV: Norwegen auf der Hurtigrute – Fjorde, Berge und Meer, NDR, 03.01.2008; Müller, Jan-Manuel: Norwegen – Naturgewalten im Nordmeer (Dokumentation), Arte, 04.07.2007; Rothaus, Uli; Witzke, Bodo: Trolle, Fjorde und ein Postschiff: Auf zu den Lofoten (Reportage), ZDF, 03.07.2007; Schröder, Ralf: Norwegen mit dem Postschiff, München 1999, 7

Seit 2002 erhält das Unternehmen nur noch in der auslastungsschwachen Wintersaison Zuschüsse. Ziel des Staates ist es, Arbeit und nicht Arbeitslosigkeit zu finanzieren. Gleichzeitig soll durch den Erhalt der Linie die nicht aufzuhaltende Abwanderung der Bevölkerung im Norden gebremst werden. In der Sommersaison muß Hurtigruten allein von den Einnahmen überleben. Im Interesse der Touristen wird deshalb auch der Ort Geiranger angelaufen, obwohl der Ort nicht per Schiff versorgt werden muß.[23]

Aufgabe 1

Wer gehört zur Zielgruppe der Hurtigruten?

Aufgabe 2

Inwieweit ist eine Passage mit Hurtigruten mit einer klassischen Kreuzfahrt vergleichbar? Wo bestehen Unterschiede?

Aufgabe 3

Was macht für den Reisenden das Besondere einer Fahrt mit Hurtigruten aus?

Aufgabe 4

Charakterisieren Sie den Marketing-Mix von Hurtigruten!

Aufgabe 5

Wie läßt sich die Stellung von Hurtigruten im Wettbewerb beschreiben?

Aufgabe 6

Worauf könnten Veränderungen innerhalb der Flotte zurückzuführen sein?

Aufgabe 7

Welche Rolle spielt Hurtigruten in Norwegen? Welche Wechselwirkungen mit dem Makroumfeld sind festzustellen?

[23] vgl. Küchler, Kai-Uwe: Reise mit Hurtigruten, Würzburg 2007, 19f

Lösungen

Aufgabe 1

- Norwegen- und Skandinavienbegeisterte
- Naturinteressierte
- Touristen, die die ursprüngliche Landschaft vor der weiteren Klimaerwärmung erleben wollen (z.B. Änderung des Golfstroms)
- Reisende, die ohne großes Risiko Abenteuer erleben wollen
- Kreuzfahrttouristen, die das Besondere suchen
- Touristen, die weniger eine klassische Kreuzfahrt wünschen
- Pauschaltouristen, die eine komplette Rundreise buchen
- Individualtouristen, die Teilabschnitte fahren und sich ihre Norwegenreise selbst zusammenstellen
- Einheimische

Aufgabe 2

Vergleichbar in Hinblick auf

- Preis, Service-Angebot, Möglichkeit der Rundreise, Landausflüge

Unterschiede in Hinblick auf

- Transport von Frachten im Liniendienst
- flexible Nutzung als Verkehrsmittel
- kein Unterhaltungsprogramm
- Passagierwechsel während der Tour

Aufgabe 3

Geographische Besonderheiten	Besonderheiten der Linie
• Überquerung des Polarkreises • Anlaufen des Hafens von Hammerfest als nördlichste Stadt der Erde • Berge, Gletscher und Meer als einmalige Kombination • Überwindung einer großen Distanz, auf der klimatische Unterschiede zum Tragen kommen, z.B. ist es im Mai im Süden Frühling, im Norden noch Winter • eigens für Touristen in Sommer-Route aufgenommen: Geirangerfjord (Weltkulturerbe), wo Norwegen so norwegisch ist, wie es nur sein kann • bei jedem Wetter ein Abenteuer	• lange Tradition • Kombination aus Postschiff, Frachter und Kreuzfahrtschiff ist einzigartig • Teilhaben am Hafenbetrieb, Be- und Entladen der Schiffe • Möglichkeit von Landausflügen und damit Kennenlernen von Dörfern und Städten entlang der Route • Vermeiden langer eintöniger Seewege • verdankt ihre Existenz dem Golfstrom

Tabelle 7-2 *Besonderheiten einer Fahrt mit Hurtigruten*

Aufgabe 4

Produktpolitik	• Reisebausteine, individuell kombinierbar: Rundreisen und Teilstrecken • keine festen An- und Abreisetage • keine Mindestaufenthaltsdauer • Kreuzfahrtgäste • Tagespassagiere • Gruppen- und Themenreisen • Verzicht auf Animationsprogramme • Schiffe aus drei Generationen im Einsatz • verschiedene Kabinenkategorien (Differenzierung je nach Schiffsgeneration)
Kommunikationspolitik	• Namensgebung der Schiffe: norwegische Namen, die auf geographische oder kulturelle Aspekte Bezug nehmen (z.B. Midnatsol – Mitternachtssonne, Polarlys – Polarlicht, Trollfjord) → starke Verbundenheit mit dem Land und dessen Besonderheiten • einheitliche Farbgebung der Schiffe → hoher Wiedererkennungswert • Werbung in Printmedien • Internetauftritt • Kataloge • Schiffszeitung • mehrsprachige Ausrichtung → Konzentration auf Hauptzielmärkte • Hurtigruten-Online-Shop
Distributionspolitik	• Buchung im voraus, direkt bei Hurtigruten oder über Reisebüros • Buchung vor Ort • internationale Verkaufsorganisation
Kontrahierungspolitik	• Leistung hat ihren Preis • verschiedene Preiskategorien • günstigere Preise in den auslastungsärmeren Zeiten • Bonusprogramme (z.B. Wiederholerbonus)

Tabelle 7-3 *Marketing-Mix von Hurtigruten*

Aufgabe 5

- klare Alleinstellung
- bieten außergewöhnliche, nicht vergleichbare Erlebnisse
- können sich daher am Markt besser behaupten
- größerer preislicher Spielraum

Aufgabe 6

- ab den Schiffen der mittleren Generation Wendepunkt in der Flottenpolitik festzustellen
- Finanzierung der Linie nach Kürzung der staatlichen Subventionen sicherstellen
- stärkere Orientierung auf Bedürfnisse der Touristen
- Anpassung an Standards auf klassischen Kreuzfahrtschiffen
- Schiffsgrößenwachstum, um Mengenvorteile auszunutzen
- damit aber auch Notwendigkeit, Kapazitäten auszulasten (insbesondere in den Wintermonaten problematisch: Betriebskosten bleiben, allerdings geht die Auslastung zurück)

Aufgabe 7

Politisch-rechtliches Umfeld	• Staat garantiert Versorgung der schwer erreichbaren nördlichen Gebiete • im Sinne des Gemeinwohls ganzjährige Verkehrsverbindungen schaffen • lange Zeit war Linie hochsubventioniert • mittlerweile fließen Zuschüsse nur noch in auslastungsarmer Wintersaison • Ziel des Staates: Finanzierung von Arbeit und nicht von Arbeitslosigkeit • Verlangsamung der Entvölkerung des Nordens
Wirtschaftliches Umfeld	• für Dörfer und Unternehmen überlebensnotwendig • im Winter oft einzige Verkehrsverbindung
Gesellschaftliches Umfeld	• lange Tradition, Symbolcharakter • starke Identifikation insbesondere der Bevölkerung im Norden mit der Linie • für Einheimische ist Linie Verkehrsmittel wie anderswo der Linienbus
Technologisches Umfeld	• Entwicklung der Schiffe im allgemeinen beeinflußt auch Flotte von Hurtigruten • verdeutlicht in den drei Schiffsgenerationen • Schiffsgrößen • Ausstattung • mittlerweile nicht mehr Verladung von Pkw per Kran, sondern über seitliche Rampe
Natürliches Umfeld	• ungünstige Witterungsverhältnisse machen Linie in bestimmten Regionen oft zum einzigen Verkehrsmittel • Golfstrom garantiert Eisfreiheit der Häfen entlang der Linie • in Wintersaison sind Schiffe aufgrund der langen Dunkelheit schwächer ausgelastet

Tabelle 7-4 *Wechselwirkungen mit dem Makroumfeld*

8 Windkraftnutzung auf See – SkySails

Die Zeit der Frachtsegler ist lange vorbei. Windkraft ist zwar nach wie vor eine kostengünstige Energiequelle, genügt den Anforderungen der modernen Schiffahrt aber längst nicht mehr. Durch die Entwicklung norddeutscher Ingenieure könnte ihr aber zu neuem Aufschwung verholfen werden.

Das Unternehmen SkySails mit Sitz im Hamburg produziert Zugdrachen, die Frachtschiffen als unterstützender Antrieb dienen können. *„Das SkySails-System besteht aus drei einfachen Hauptkomponenten: Einem Zugdrachen mit einem Seil, einem Start- und Landesystem sowie einem Steuerungssystem für den vollautomatischen Betrieb. An Stelle traditioneller Segel mit Mast nutzt SkySails große Zugdrachen zur Erzeugung des Vortriebs. [...] Die Zugkräfte werden über ein hochreißfestes Kunststoffseil auf das Schiff übertragen. Das Start- und Landesystem übernimmt das automatische Ausbringen und Einholen des Zugdrachens. [...] Das SkySails-System kann von der Schiffsmannschaft von der Brücke aus bedient werden.*“[1]

Ziel von SkySails ist es, *„den Treibstoffverbrauch der modernen Schifffahrt durch die Nutzung umweltfreundlicher, kostenloser Windenergie zu reduzieren.*“[2] Nach Angaben des Unternehmens können die Treibstoffkosten eines Schiffs pro Jahr im Durchschnitt um 10 bis 35 % gesenkt werden, bei optimalen Windbedingungen wäre sogar eine Halbierung der Kosten möglich. Allerdings können Pauschalwerte für eine Treibstoffersparnis nur als grobe Richtlinie angesehen werden, da diese aus verschiedensten Faktoren resultiert. Dazu gehören Wind, Wellen, Wassertemperatur, Salzgehalt des Wassers, Beladungszustand, Bewuchs des Rumpfes, Fahrtgeschwindigkeit, Wirkungsgrad des Propellers oder der Hauptmaschine sowie die Rumpfform des Schiffes.[3]

Einsetzbar ist das System auf nahezu allen Frachtschiffen und Superyachten. Einschränkend muß ergänzt werden, daß besonders die großen, mit 25 Knoten recht schnell fahrenden Containerschiffe weniger gut geeignet sind. Im Bereich der gewerblichen Schiffahrt sind im Lloyd's Register of Shipping weltweit über 100.000 Schiffe registriert. Für SkySails interessant sind vor allem die etwa 60.000 auf Langstrecken verkehrenden Schiffe und Fischtrawler. Jährlich kommen Schiffsneubauten hinzu. Im Bereich der Superyachten (Länge über 24 m) geht man von rund 7.500 in Privatbesitz befindlichen Schiffen weltweit aus.[4]

Die Anschaffungskosten liegen je nach Schiffsgröße zwischen einer halben und 2,5 Millionen Euro. Das Unternehmen geht davon aus, daß sich das Zugdrachen-

[1] SkySails GmbH & Co. KG: Turn Wind Into Profit, Hamburg o.J., 4

[2] vgl. SkySails GmbH & Co. KG: Unternehmensdarstellung, Hamburg o.J., 1

[3] vgl. SkySails GmbH & Co. KG: Windkraft profitabel genutzt, http://www.skysails.de, 01.08.2007; SkySails GmbH & Co. KG: Berechnung von Treibstoffersparnis und Amortisationsdauer, http://www.skysails.de, 01.08.2007

[4] vgl. SkySails GmbH & Co. KG: Unternehmensdarstellung, Hamburg o.J., 1; Thiede, Meite: Wind ist auf See billiger als Öl, in: Süddeutsche Zeitung, 21.11.2005, 23; Lange, Kirsten: Der Wind bläst umsonst, in: Fairkehr, 1/2008, http://www.fairkehr.de, 03.02.2009; SkySails GmbH & Co. KG: Der Markt für SkySails-Systeme, http://www.skysails.de. 01.08.2007

Windantriebssystem beim Kunden innerhalb von drei bis fünf Jahren amortisieren wird. Diese kurzen Zeiten rühren zum einen daher, daß die Anschaffungskosten relativ günstig sind und beim Betrieb des vollautomatischen System keine zusätzlichen Personalkosten anfallen. Die Wartung der Bauteile des SkySails-Systems ist unkompliziert und durch qualifiziertes Bordpersonal auch auf See möglich, ausgenommen das Steuerungssystem sowie Zugdrachen und -seil. SkySails-Fachkräfte für Wartungsarbeiten an besonderen Komponenten, ebenso Verschleißteile, sind in jedem Hafen der Welt innerhalb von einelnhalb Tagen verfügbar.[5]

Das Unternehmen geht davon aus, daß eine Reederei – sobald das erste Schiff erfolgreich mit dem System läuft – schrittweise die gesamte Flotte nachrüsten läßt. Der daraus resultierende Wettbewerbsvorteil wird wiederum Anreiz für andere Reeder sein nachzuziehen. Die Bremer Beluga Shipping GmbH hat bereits den Schwergutfrachter MS Beluga SkySails mit dem SkySails-System ausrüsten lassen. Zudem ist das Frachtschiff MS Michael A. mit dem Drachensegel unterwegs.[6]

Das Unternehmen, in dem 30 Mitarbeiter beschäftigt sind, finanziert sich bislang zu rund 90 % über Investoren und zu 10 % aus öffentlichen Fördermitteln. Gewinne werden wahrscheinlich erstmalig 2009 oder 2010 geschrieben werden. Langfristig möchte sich das Unternehmen als Marktführer etablieren. Der Geschäftsführung schwebt dabei vor, 50 % der für das System geeigneten Schiffe damit auszustatten. Allerdings ist dieses ambitionierte Ziel nur durch die Gewinnung von Lizenzpartnern zu erreichen.[7]

Aufgabe 1

Welche Faktoren sehen Sie als ursächlich für die Entwicklung des SkySails-Systems in unserer Zeit? Welche Erwartungen sind damit verbunden?

Aufgabe 2

Welche Vor- und Nachteile sind mit dem Einsatz des SkySails-Systems verbunden?

Aufgabe 3

Wovon hängt die Amortisationsdauer des Zugdrachen-Systems ab?

Aufgabe 4

Welche externen Faktoren könnten den Einsatz des Systems begünstigen?

Aufgabe 5

Worin unterscheidet sich das SkySails-System von einer früheren Windkraftnutzung durch Frachtsegler?

---

[5] vgl. Thiede, Meite: Wind ist auf See billiger als Öl, in: Süddeutsche Zeitung, 21.11.2005, 23; SkySails GmbH & Co. KG: Turn Wind Into Profit, Hamburg o.J., 2 und 8

[6] vgl. Thiede, Meite: Wind ist auf See billiger als Öl, in: Süddeutsche Zeitung, 21.11.2005, 23; Lange, Kirsten: Der Wind bläst umsonst, in: Fairkehr, 1/2008, http://www.fairkehr.de, 03.02.2009; SkySails GmbH & Co. KG: Geschichte und Meildensteine, http://www.skysails.de, 27.01.2009

[7] vgl. SkySails GmbH & Co. KG: Unternehmensdarstellung, Hamburg o.J., 2; Thiede, Meite: Wind ist auf See billiger als Öl, in: Süddeutsche Zeitung, 21.11.2005, 23

Lösungen

Aufgabe 1

Faktoren	Erwartungen
• Treibstoffverbrauch und Treibstoffpreise • Notwendigkeit zur Reduzierung von Emissionen, Forderung nach Einbau von Abgasfiltern	• verringerter Treibstoffverbrauch und damit Reduzierung der Treibstoffkosten sowie der Emissionen • verringerter Treibstoffverbrauch und damit auch Reduzierung • vergrößerter Aktionsradius mit vorhandenem Tankvolumen • Schonung (geringere Beanspruchung) der Dieselaggregate • verringerter Wartungsaufwand

Tabelle 8-1 *Faktoren und Erwartungen*

Aufgabe 2

Vorteile	Nachteile
• zusätzlicher Antrieb: mögliche Treibstoffersparnis • Hybridantrieb: bei nicht ausreichendem Wind steht der normale Antrieb nach wie vor zur Verfügung • Umweltfreundlichkeit • vergleichsweise geringe Anschaffungskosten • kurze Amortisationsdauer • automatisches Steuerungssystem • keine zusätzlichen Personalkosten • Wartung kann großteils von Mannschaft übernommen werden • geringer Platzbedarf an Bord	• Treibstoffersparnis abhängig von gewählten Routen • nur wenn Schiff wirklich fährt, kann System nutzbringend zum Einsatz kommen • starke Wetterabhängigkeit • für schnellfahrende Containerschiffe weniger geeignet • physikalische Grenzen

Tabelle 8-2 *Vor- und Nachteile des Zugdrachen-Antriebssystems*

Aufgabe 3

- **Anschaffungskosten**
- **Nutzungsdauer**: Einsatztage auf See (nur wenn das Schiff fährt, kann der Zugdrachen genutzt werden; durchschnittlich ist ein Schiff 280 Tage im Jahr auf See[8])
- **kalkulatorischer Zinssatz**
- **Auslastung**: tatsächlicher Einsatz während dieser Einsatztage auf See (abhängig von Fahrgebiet, Wetter, Windverhältnissen, Nutzungsverhalten der Mannschaft, Strategie der Reederei; SkySails geht dabei von durchschnittlich rund 55 % aus[9])

---

[8] vgl. SkySails GmbH & Co. KG: Berechnung von Treibstoffersparnis und Amortisationsdauer, http://www.skysails.de, 01.08.2007

[9] vgl. ebd.

Aufgabe 4

- Treibstoffpreise
- Erdölabhängigkeit der Schiffahrt, dieser kann nur durch die Erschließung alternativer Energiequellen begegnet werden
- Umweltgesetzgebung: Reedereien sind zur Reduzierung der Emissionen ihrer Schiffe verpflichtet, hohe Investition in Abgasreinigungsanlagen wären notwendig
- Wettbewerb
- favorisierte Routen
- Schiffsgrößenentwicklung

Aufgabe 5

Frachtsegler	SkySails
• Windkraft ausschließlicher Antrieb • komplette Windabhängigkeit • aufwendiges Setzen der Segel entsprechend der Windrichtung • aufwendiges Einholen der Segel bei Gegenwind • entsprechendes Personal erforderlich	• Windkraft zusätzlicher Antrieb • Windabhängigkeit berührt nur Windkraftantrieb, nicht normalen Antrieb • automatische Steuerung angepaßt an Windrichtung • bei gegenläufigem Wind automatisches Einholen des Zugdrachens • kein zusätzliches Personal erforderlich

Tabelle 8-3 *Gegenüberstellung Frachtsegler und SkySails-System*

D

Luftverkehr

1 Logistik am Flughafen – Das Chaos von Heathrow

„Heathrow hat es nie geschafft,
dem rasanten Passagierwachstum Herr zu werden
und ist deshalb seit der Eröffnung eine Baustelle.“[1]

„Terminal 5 wird das Heathrow-Erlebnis
seiner Passagiere neu definieren
und in Bezug auf Terminal-Gestaltung
und Kundenzufriedenheit neue Standards setzen.“[2]

Der Ruf des Flughafens London Heathrow war in der Vergangenheit nicht der beste: Verspätete Flüge und verlorenes Gepäck schienen zur Tagesordnung zu gehören. 2007 fertigte man 67,3 Mio. Passagiere in den alten Terminals ab, die für maximal 40 Mio. Passagiere ausgelegt sind.[3] Um diesen Kapazitätsengpässen Abhilfe zu leisten, wurde das neue Terminal 5 gebaut, das zum Unmut der anderen Fluggesellschaften ausschließlich von British Airways genutzt wird.[4]

London Heathrow

London Heathrow ist der größte Flughafen Europas; weltweit steht er an dritter Stelle. Er verfügt über zwei Start- und Landebahnen und bewältigte bislang jährlich rund 65 Mio. Passagiere. Über den Heathrow Express (15-Minuten-Takt), Heathrow Connect (30-Minuten-Takt) und die U-Bahn-Linie Picadilly Line ist er mit der Paddington Station in der Innenstadt verbunden.[5]

Die jährlich stattfindenden 469.560 Flugbewegungen bringen den Flughafen an die Grenzen seiner Möglichkeiten. Durch geringfügige Verzögerungen im Ablauf kann der gesamte Flugplan aus dem Ruder laufen. Allein durch das neue Terminal 5 werden sich diese Probleme nicht lösen lassen. Dazu ist eine dritte Start- und Landebahn notwendig[6], deren Bau – sowie der eines sechsten Terminals – mittlerweile durch die britische Regierung genehmigt wurde.[7]

Das neue Terminal, eine Glaskonstruktion mit wellenförmigem Dach, besticht vor allem durch seine Größe. 90 % aller British-Airways-Flüge sollen hier abgefertigt werden. Um dies schnell und effizient zu ermöglichen, wurden in vielen Bereichen Kapazitätserweiterungen vorgenommen – so z.B. bei Check-in-Automaten, Gepäckautomaten oder Sicherheitsschleusen. Terminal 5 verfügt zudem über einen Bahnhof mit sechs Bahnsteigen sowie einen U-Bahn-Anschluß.[8]

---

[1] Keith Hayward, British-Airways-Mitarbeiter, zit. in: Spaeth, Andreas: Chaos an der Themse (07.03.2008), http://www.sueddeutsche.de, 27.01.2009

[2] Auszug aus einem Prospekt der Flughafengesellschaft, zit. in: o.V.: Abheben mit der Queen (14.03.2008), http://www.manager-magazin.de, 06.02.2009

[3] vgl. Spaeth, Andreas: Chaos an der Themse (07.03.2008), http://www.sueddeutsche.de, 27.01.2009

[4] vgl. Spaeth, Andreas: Fliegender Teppich (31.01.2008), http://www.zeit.de, 27.01.2009

[5] vgl. Rothfischer, Brigitte: Flughäfen der Welt, München 2007, 102f

[6] vgl. Spaeth, Andreas: Chaos an der Themse (07.03.2008), http://www.sueddeutsche.de, 27.01.2009; Koydl, Wolfgang: Angst vorm Fliegen (02.04.2008), http://www.sueddeutsche.de, 27.01.2009

[7] o.V.: Heathrow bekommt Erlaubnis für dritte Start- und Landebahn (16.01.2009), http://www.welt.de, 06.02.2009

[8] vgl. Spaeth, Andreas: Fliegender Teppich (31.01.2008), http://www.zeit.de, 27.01.2009; o.V.: Abheben mit der Queen (14.03.2008), http://www.manager-magazin.de, 06.02.2009

Bei all dem soll sich der Fluggast am Flughafen natürlich auch wohl fühlen. Ganz im Sinne der jüngsten Entwicklungen gestaltet, aufgrund derer Kritiker Flughäfen auch als „*Shopping Malls mit Bahnanschluß und Flugsteig*“[9] bezeichnen, findet man hier 112 Geschäfte und Restaurants.

Die feierliche Eröffnung des neuen Terminals, dessen Baukosten bei 5,6 Mrd. Euro liegen, erfolgte Mitte März 2008 im Beisein der Queen, die den Bau „*Großbritanniens Tor ins 21. Jahrhundert*“[10] nannte. Am 27. März 2008 nahm das Terminal 5 offiziell den Betrieb auf und sollte dem Flughafen endlich zu einem besseren Ruf verhelfen.[11]

Obwohl es zuvor Testläufe (an denen jedoch nicht alle Mitarbeiter beteiligt waren) gegeben hatte, schienen sich Engpässe an verschiedenen Stellen zum Super-Gau zu entwickeln. Bereits am ersten Betriebstag versagte das Gepäcksortiersystem. Innerhalb der ersten Tage blieben über 30.000 Gepäckstücke liegen. Auch die Schalter waren den Passagierzahlen nicht gewachsen, so daß hier lange Wartezeiten in Kauf genommen werden mußten. Flughafenangestellte waren zu spät gekommen, weil sie sich im neuen Gelände nicht zurechtfanden und der Personalparkplatz zu klein war. Zudem funktionierten nicht alle Aufzüge, so daß in den vom Personal und von Passagieren genutzten Treppenhäusern Staus auftraten. Dadurch kamen natürlich auch Passagiere zu spät ans Gate. Bei den Sicherheitskontrollen traten an den neuen Geräten Störungen auf, so daß sich auch hier Warteschlangen bildeten. Innerhalb der ersten drei Betriebstage wurden mehr als 150 Flüge gestrichen. Passagiere mußten akzeptieren – wenn sie ihre Flugreise überhaupt antreten wollten –, daß ihr Gepäck nicht mit befördert wurde. Für Fragen der Passagiere stand viel zu wenig Personal bereit, und diejenigen Mitabeiter, die verfügbar waren, konnten nur mit Standardantworten reagieren, da sie sich selbst nicht auskannten. Zahlreiche Passagiere mußten auf unbequemen Sitzgelegenheiten auf dem Flughafen übernachten.[12]

Für den Flughafenbetreiber BAA Heathrow sowie British Airways war die Lage mehr als blamabel. Durch gestrichene Flüge entstehen zudem Verluste und Ausgleichszahlungen. Man rechnet dabei mit bis zu 63 Mio. Euro.[13]

---

[9] Koydl, Wolfgang: Ein Schuhkarton zum Abheben (05.02.2008), http://www.sueddeutsche.de, 27.01.2009

[10] Reiserer, Axel: Italiener sollen Briten aus dem Chaos helfen, in: Freie Presse, 03.04.2008, 5

[11] vgl. o.V.: Flughafen-Chef gefeuert (27.02.2008), http://www.sueddeutsche.de, 27.01.2009; BAA Heathrow: The making of Terminal 5, http://www.heathrowairport.com, 27.01.2009; o.V.: Abheben mit der Queen (14.03.2008), http://www.manager-magazin.de, 06.02.2009

[12] vgl. o.V.: Tausende Gepäckstücke sollen in Mailand sortiert werden (02.04.2008), http://www.tagesschau.de, 27.01.2009; o.V.: Wieder Dutzende Flüge gestrichen (29.03.2009), in: http://www.sueddeutsche.de, 27.01.2009; Koydl, Wolfgang: Angst vorm Fliegen (02.04.2008), http://www.sueddeutsche.de, 27.01.2009; Kress, Rüdiger; Leendertse, Julia: Der Horror von Heathrow (14.04.2008), http://www.wiwo.de, 27.01.2009; Reiserer, Axel: Italiener sollen Briten aus dem Chaos helfen, in: Freie Presse, 03.04.2008, 5; o.V.: Neues Heathrow-Terminal wird zum Problemfall (28.03.2008), http://www.welt.de, 27.01.2009

[13] vgl. Reiserer, Axel: Italiener sollen Briten aus dem Chaos helfen, in: Freie Presse, 03.04.2008, 5; Koydl, Wolfgang: Angst vorm Fliegen (02.04.2008), http://www.sueddeutsche.de, 27.01.2009

Um dem Koffer-Chaos in Heathrow Herr zu werden, setzte man auf die Hilfe durch italienische Gepäcksortierer. Eigens dafür wurden Tausende von Gepäckstücken mithilfe einer Mailänder Kurierfirma nach Mailand transportiert, um sie dort sortieren und dann ihren Besitzern zustellen zu lassen.[14] Die konkurrierenden Fluggesellschaften waren derweil froh, noch die alten, wenngleich schäbigen Abfertigungshallen nutzen zu können.

Auch über drei Monate nach Inbetriebnahme von Terminal 5 konnte noch nicht von einem reibungslosen Ablauf gesprochen werden. Von täglich tausend verlorenen Gepäckstücken war die Rede. Und von besorgten Passagieren, die darauf hofften, daß ihr Gepäck denselben Flieger nimmt, wie sie selbst.[15]

Aufgabe 1

Welche Teilbereiche umfaßt Logistik am Flughafen?

Aufgabe 2

Was sind generell kritische Erfolgsfaktoren im Logistik-Bereich eines Flughafens?

Aufgabe 3

Wo liegen dabei mögliche Schwachstellen?

Aufgabe 4

Auf welche Managementfehler läßt sich der pannenreiche Start im Terminal 5 in Heathrow zurückführen? Welche Schlußfolgerungen lassen sich daraus für künftige Projekte dieser Art ziehen?

---

[14] vgl. o.V.: Tausende Gepäckstücke sollen in Mailand sortiert werden (02.04.2008), http://www.tagesschau.de, 27.01.2009

[15] vgl. Schmit, Alfred: 1.000 Gepäckstücke pro Tag gehen „verloren" (13.07.2008), http://www.tagesschau.de, 27.01.2009

Lösungen

Aufgabe 1

Teilbereiche	Prozesse	Teilbereiche	Prozesse
Passagiere	• Abfertigung • Einzelhandel & Gastronomie • Aufenthalt • Transport	**Personal**	• Einteilung • Versorgung • Aufenthalt • Transport
Waren	• Verteilung • Verladung • Transport • Lagerung	**Maschinen**	• Reinigung • Betankung • Beladung • Bereitstellung • Wartung

Tabelle 1-1 *Teilbereiche der Logistik am Flughafen*

Aufgabe 2

Erfolgsfaktoren	Erläuterung
Automatisierung	• bei Gepäckabfertigung Passagiere • in der Lagerhaltung
Schnelligkeit	• bei Abfertigung der Maschinen (um möglichst hohe Kapazitäten zu erreichen) • bei Umsteigezeiten der Passagiere • bei Zugriff auf Gepäck und Lager
Flexibilität	• bei Beladung der Maschinen • bei Abwicklung von Verspätungen, Organisation der Weiterreise

Tabelle 1-2 *Kritische Erfolgsfaktoren*

Aufgabe 3

Schwachstellen	Erläuterung
Kapazität	• Grenzen längst erreicht, volle Auslastung nur durch Optimierung der Prozesse
Verspätungen	• aufgrund des Erreichens der Kapazitätsgrenzen kaum Pufferzeiten vorhanden
Computerabhängigkeit	• Störungsanfälligkeit der automatisierten Prozesse: Computerausfälle mit fatalen Wirkungen

Tabelle 1-3 *Mögliche Schwachstellen*

Aufgabe 4

Teilbereiche	Managementfehler	Schlußfolgerungen
Logistische Abläufe	• Inbetriebnahme des Terminals mit hoher Belastung nach ungenügenden Testläufen, bei den nicht alle Mitarbeiter eingebunden waren	• langsames „Anfahren" neuer Einrichtungen, nicht unter Höchstbelastung ohne ausreichende Tests
	• ungenügende Einkalkulierung von Startschwierigkeiten (zahlreiche Anlagen fielen aus, ohne daß Alternativen einsetzbar waren)	• Erarbeitung entsprechender Absicherungsmaßnahmen (z.B. Parallelläufe)

Fortsetzung

Teilbereiche	Managementfehler	Schlußfolgerungen
Logistische Abläufe	• ungenügende Berücksichtigung von Folgewirkungen auf andere Teilbereiche	• vorausschauende Planung, vorher Zusammenhänge besser untersuchen
Personal	• Personal nicht ausreichend geschult und vorbereitet: zu wenige Probeläufe, nur ein Teil des Personals nahm an Probeläufen teil	• mehr Probeläufe durchführen und alle Mitarbeiter (zumindest jene an kritischen Stellen) beteiligen
	• Personal nicht in ausreichender Zahl vorhanden	• insbesondere bei Inbetriebnahme neuer Einrichtungen ist mehr Personal nötig, da erfahrungsgemäß mehr Probleme auftreten als im Normalbetrieb • Personalreserven für Notfälle • Personal muß rechtzeitig vorhanden sein
	• Personal nicht ausreichend vertraut mit neuem Gelände	• vor Inbetriebnahme vertraut machen, bessere Ausschilderung, ggf. Einweiser einsetzen
	• Personal ist unsicher, kennt sich nicht aus, verhält sich in neuen Situationen anders als gewohnt, kann Passagieren keine zufriedenstellende Auskunft geben, wurde nicht rechtzeitig über Probleme informiert	• Personal besser schulen und informieren • mehr erfahrenes Personal einsetzen
Passagiere	• ungenügende Information der Passagiere: Passagiere sind unsicher, kennen sich im neuen Terminal nicht aus, sind durch chaotische Situation überfordert, erwarten Hilfe und Information durch Personal	• geschultes Personal in ausreichender Anzahl einsetzen, um Passagieren jederzeit helfen bzw. Auskunft geben zu können • Anbringung eindeutiger Leitsysteme
	• Bewältigung bzw. Lenkung der Passagierströme ineffizient: Staus beim Check-in, bei Sicherheitskontrollen usw.	• Passagierströme besser antizipieren • Kapazitätsreserven bereithalten
Notfallmanagement	• sinnvolles Krisenmanagement fehlte	• sinnvolle Notfallpläne ausarbeiten, testen und Mitarbeiter entsprechend schulen
	• Unfähigkeit, Wirkungen einzelner falsch laufender Prozesse auf andere Bereiche zu verhindern	• wirkungsvolle Maßnahmen zur Schadenbegrenzung bei Störungen in einzelnen Teilbereichen planen (und testen)
	• mangelhafte Kommunikation mit Personal und Passagieren über aufgetretene Probleme und mögliche Auswirkungen: Fehlinformationen, Ungewißheit, Unruhe	• mit Personal und Passagieren besser kommunizieren, um Unruhe und Panik zu vermeiden
	• Passagiere sind gezwungen, im Terminal zu übernachten	• Notfallpläne sollten auch Versorgung „gestrandeter" Passagiere beinhalten

***Tabelle 1-4** Managementfehler[16] bei Inbetriebnahme von Terminal 5 und Schlußfolgerungen*

[16] erstellt nach: Kress, Rüdiger; Leendertse, Julia: Der Horror von Heathrow (14.04.2008), http://www.wiwo.de, 27.01.2009

2 Neue Chance für Regionalflughafen – Der Flughafen Hof-Plauen

Der Regionalflughafen Hof-Plauen hat bereits bessere Zeiten gesehen. Ende der 1990er Jahre wurden von hier aus regelmäßig mehrere Ziele im Mittelmeerraum bedient: Die Fluggesellschaft Eurowings flog damals mit einem Kleinflugzeug mit 80 Sitzplätzen für den Reisekonzern TUI Pauschaltouristen zu Ferienzielen – etwa 35.000 Reisende jährlich. Dann zogen sich die Partner aus wirtschaftlichen Gründen zurück.

Eine vom Flughafenbetreiber in verschiedenen Reisebüros des Vogtlandes durchgeführte Umfrage kam zu dem Ergebnis, daß nach wie vor Bedarf an Flügen in Richtung Mittelmeer, insbesondere nach Mallorca, besteht. Nun ist man auf der Suche nach einer kleinen Maschine, die in Hof starten und die Ferienregion anfliegen kann. Allerdings war man bisher bei keiner der großen Fluggesellschaften, bei denen man bereits angefragt hatte, erfolgreich. Als problematisch erweist sich insbesondere die 1.540 m lange Startbahn[1], die – auch nach dem rund 9 Mio. Euro teuren Flugplatzausbau – für die üblichen Maschinen der Hersteller Airbus und Boeing immer noch zu kurz ist. Billigfluggesellschaften werden deshalb kaum Interesse am Flughafen haben.[2]

Derzeit stellt der Linienverkehr nach Frankfurt/M. die wichtigste wirtschaftliche Stütze dar. Von Montag bis Freitag werden über das Team Lufthansa dreimal täglich (6:00 Uhr, 10:00 Uhr und 18:40 Uhr) Flüge nach Frankfurt/M. (und zurück) angeboten. Genutzt wird das Angebot vor allem von Geschäftsreisenden. 2008 konnten hier 19.000 Passagiere – 6.000 weniger als im Vorjahr – gezählt werden. Der Rückgang ist zum einen auf eine kurzzeitige Sperrung des Flughafens wegen der Bauarbeiten, zum anderen auf die angespannte wirtschaftliche Lage zurückzuführen.[3]

Auf die Fluggastzahlen nicht unbedingt förderlich wirken die sich seit Übernahme der Linie durch Contact Air (Team Lufthansa) im Oktober 2008 häufenden Klagen der Passagiere. Flüge würden häufig ausfallen und damit Taxi-Fahrten nach Nürnberg notwendig. Der Geschäftsführer des Flughafens mußte einräumen, daß die „*Zuverlässigkeit und die Regelmäßigkeit auf der sogenannten Oberfranken-Linie schwer nachgelassen*“ haben. Auch sei das Personal nach Ansicht von Passagieren bei der früher tätigen Fluggesellschaft Augsburg-Airways wesentlich freundlicher gewesen.[4]

Abnehmende Passagierzahlen führen dazu, daß der Flughafen noch stärker als bisher von Zuschüssen der Gesellschafter (Städte, Landkreise, Wirtschaft) abhängig ist. Doch obwohl der Flughafen ein Verlustgeschäft zu sein scheint, kämpfen die

---

[1] vgl. Flughafen Hof-Plauen: Piloteninfos, http://www.airport-hof.de, 06.03.2009

[2] vgl. vgl. Beyer, Tino: Flughafen Hof-Plauen arbeitet an der Rückkehr ins Feriengeschäft, in: Freie Presse, 10.02.2009, 11

[3] vgl. ebd.; Flughafen Hof-Plauen: Abflüge von Hof-Plauen, http://www.airport-hof.de, 06.03.2009

[4] vgl. Dolde, Kerstin: Oberfranken-Linie in Termin-Turbulenzen (11.02.2009), http://www.frankenpost.de, 06.03.2009

Anteilseigner vorbehaltlos um dessen Erhaltung. Begründet wird dies vor allem mit der Bedeutung des Flughafens für die einheimische Wirtschaft durch die Anbindung an das Drehkreuz Frankfurt/M.[5]

Pauschaltouristen weichen vorerst auf die nächstgelegenen internationalen Verkehrsflughäfen Nürnberg, Leipzig und Dresden bzw. auf einen der zahlreichen regionalen Flughäfen aus.

Nun könnte auch Konkurrenz aus Tschechien dazukommen. Nach umfangreichen Um- und Ausbaumaßnahmen erfüllt der Flughafen Karlovy Vary (ca. 70 km vom Flughafen Hof-Plauen entfernt) nun die internationalen Standards für Regionalflughäfen. In der kommenden Sommersaison werden von hier aus Rhodos, Antalya und Hurghada angeflogen. Aufgrund der geringen Kaufkraft in der Region um Karlovy Vary ist es dem Betreiber nicht gelungen, das Angebot zu erweitern. Man setzt im Bereich der Charterflüge deshalb in Zukunft auch auf Reisende aus dem sächsischen und bayerischen Grenzraum.[6]

Mehrmals wöchentlich werden derzeit von Karlovy Vary aus Linienflüge nach Moskau und St. Petersburg angeboten. Für die weitere Entwicklung des Flughafens Karlovy Vary ist die Anbindung an ein westliches Drehkreuz – z.B. München oder Frankfurt/M. – von besonderer Bedeutung. Seit einiger Zeit werden deshalb auch mit dem Flughafen Hof-Plauen Gespräche über eine eventuelle Verlängerung der Linienflüge von Frankfurt/M.–Hof nach Karlovy Vary geführt.[7]

Aufgabe 1

Welche Bedeutung kommt heute den Regionalflughäfen zu?

Aufgabe 2

Wie schätzen Sie die derzeitige Lage des Regionalflughafens Hof-Plauen ein?

Aufgabe 3

Wer sind die Stakeholder des Flughafens Hof-Plauen? Welche Ziele verfolgen sie?

Aufgabe 4

Worin liegen die Ziele des Flughafenbetreibers Karlovy Vary begründet, eine Anbindung an ein westliches Drehkreuz zu erreichen?

Aufgabe 5

Stellen Sie Zubringerdienste zu den Drehkreuzen des Luftverkehrs den Alternativen Bahn, Pkw und Bus gegenüber! Welche Vor- und Nachteile sind diesen zuzuordnen?

---

[5] vgl. Beyer, Tino: Flughafen Hof-Plauen arbeitet an der Rückkehr ins Feriengeschäft, in: Freie Presse, 10.02.2009, 11; o.V.: Vereinter Kampf um Fluglinie nach Frankfurt (23.10.2008), http://www.frankenpost.de, 06.03.2009

[6] vgl. Hammerich-Maier, Maria: Neues Terminal für Flughafen, in: Freie Presse, 15.01.2009, 21

[7] vgl. ebd.

Lösungen

Aufgabe 1

- große Anzahl, zahlreiche ehemalige Militärflughäfen
- häufig in strukturschwachen Regionen, die im Rahmen der Konversion zusätzlich geschwächt werden
- Zubringerfunktion zu Drehkreuzen, allerdings mit unterschiedlicher Bedeutung
- Standorte von Billigfluggesellschaften
- oft finanzielle Zugeständnisse an Fluggesellschaften (meist Billigflieger), um sie an den Standort zu bekommen oder dort zu halten
- als „Jobmaschinen" betrachtet, vielerorts mit unrealisitischen Hoffnungen verbunden
- existieren oft nur mit Hilfe von Subventionen
- Koordination aus überregionaler Sicht notwendig

Aufgabe 2

- stark abhängig von Zuschüssen
- große Konkurrenz (internationale Verkehrsflughäfen, andere Regionalflughäfen)
- geringe, derzeit noch abnehmende Nachfrage
- sehr geringe Auslastung
- Unterstützung von seiten der Lokalpolitik und der regionalen Wirtschaft

Aufgabe 3

Stakeholder		Ziele
Nutzer/ Nachfrager	Passagiere	• Sicherheit der Nutzung • niedrige Preise • hohe Nutzungsqualität • gute Erreichbarkeit
	Fluggesellschaften	
	Reiseveranstalter	
	sonstige Kunden	
Mitarbeiter	Beschäftige und Angestellte	• Arbeitsplatzsicherung • gute Arbeitsbedingungen
	Management	• Unabhängigkeit • rentabler Betrieb des Flughafens
Umfeld	lokale Bevölkerung	• niedrige Umweltbelastung • geringe Lärmbelastung • Arbeitsplätze
	lokale Wirtschaft	• Erhalt des Flughafens • Anbindung an Drehkreuz Frankfurt/M. • gute Servicequalität
Politik und Verwaltung	Verwaltung	• Erhalt des Flughafens • Steueraufkommen • Arbeitsplätze
	regionale Politik	• Erhalt des Flughafens • Steueraufkommen

Fortsetzung

Stakeholder		Ziele
Politik und Verwaltung	regionale Politik	• Arbeitsplätze • Parteiinteressen, Wiederwahl
Anteilseigner		• Erhalt des Flughafens • rentabler Betrieb des Flughafens

Abbildung 2-1 *Stakeholder des Flughafens Hof-Plauen*

Aufgabe 4

- Schaffung zusätzlicher Märkte: Erschließung des Luftverkehrsmarktes in Europa und Übersee
- Verbesserung der Erreichbarkeit Karlovy Varys für Kurgäste aus West-, Nord- und Südeuropa und damit Umsatzsteigerungen im Kurort
- Anbieten von internationalen Flugverbindungen, u.a. für russische Kurgäste/Touristen

Aufgabe 5

Zubringer	Vorteile	Nachteile
Flug	• reine Flugzeit sehr kurz • Beschäftigungsmöglichkeit während des Flugs	• witterungsabhängig • Abhängigkeit von Flugplänen (Abstimmung möglich) • Erreichen des Regionalflughafens erfordert meist weitere Zubringer • hohe Umweltbelastung
Pkw	• Haus-zu-Haus-Transport • hohe Flexibilität • kurzfristig organisierbar • Gesamtreisezeit nicht notwendigerweise länger als bei Flug, da hier Zeiten für Check-in entfallen	• reine Fahrzeit länger als bei Flug • anstrengende Fahrt, keine anderweitige Nutzung der Fahrzeit • mögliche Verkehrsbehinderungen (z.B. Stau), deshalb vorzeitiger Fahrtantritt • witterungsabhängig • Parkgebühren • hohe Umweltbelastung
Bahn	• kurzfristig organisierbar • Gesamtreisezeit nicht notwendigerweise länger als bei Flug, da hier Zeiten für Check-in entfallen • Transport wesentlich umweltfreundlicher als Flug oder Pkw • i.d.R. nicht witterungsabhängig • Beschäftigungsmöglichkeit während der Fahrt	• reine Fahrzeit länger als bei Flug • u.U. Umsteigen notwendig • Abhängigkeit von Fahrplänen
Bus	• kurzfristig organisierbar (Linienbus) • Gesamtreisezeit nicht notwendigerweise länger als bei Flug, da hier Zeiten für Check-in entfallen • Transport wesentlich umweltfreundlicher als Flug oder Pkw	• reine Fahrzeit länger als bei Flug • eingeschränkte Beschäftigungsmöglichkeit während der Fahrt • mögliche Verkehrsbehinderungen (z.B. Stau) • witterungsabhängig • Abhängigkeit von Fahrplänen

Tabelle 2-1 *Vor- und Nachteile der alternativen Zubringerdienste zu den Drehkreuzen des Luftverkehrs*

3 Fressen und gefressen werden – Übernahmeboom bei Airlines

Angesichts der wirtschaftlichen Lage kämpfen verschiedene Fluggesellschaften ums Überleben. Erst steigende Kerosinpreise und nun sinkende Passagierzahlen machen ihnen zu schaffen. Man ist auf der Suche nach Partnern, um die schlechten Zeiten zu überstehen. Nachdem Swissair bereits vor Jahren ins Trudeln geraten war, stehen nun mit Alitalia und Austrian Airlines zwei weitere staatseigene Fluggesellschaften zum Verkauf. Die Regierungen sind nicht mehr bereit, die Defizite ihrer einstigen Vorzeigegesellschaften zu übernehmen. Auch die skandinavische SAS oder die spanische Iberia werden als Übernahmekandidaten gehandelt.[1]

Gleichzeitig sehen andere Airlines, die sich in einer wirtschaftlich wesentlich besseren Position befinden, in dieser Entwicklung große Chancen: indem angeschlagene Fluggesellschaften übernommen und damit der eigene Markt ausgebaut werden. Eine größere Marktmacht hilft bei Preisverhandlungen beim Kauf von Kerosin oder Flugzeugen und natürlich auch bei der Aushandlung von Flughafengebühren. Große Fluggesellschaften können häufigere Verbindungen und mehr Destinationen anbieten. Der fortschreitende Konzentrationsprozeß und die damit verbundene abnehmende Konkurrenz könnten auch dazu führen, daß die Fluggesellschaften eher in der Lage sind, steigende Kosten in Form höherer Ticketpreise an die Kunden weiterzugeben.[2]

Derzeit scheint der europäische Luftverkehrsmarkt in drei Blöcke gegliedert, die jeweils einer der drei Allianzen angehören.[3] Zugpferde innerhalb dieser Blöcke sind Lufthansa, Air France-KLM und British Airways, die jede für sich Interesse an weiterem Wachstum haben:

	Lufthansa	**Air France-KLM**	**British Airways**
Umsatz	22,4 Mrd. Euro (2007)	24,1 Mrd. Euro (2007/08)	9,7 Mrd. Euro (2007/08)
operativer Gewinn	1,4 Mrd. Euro (2007)	1,4 Mrd. Euro (2007/08)	970 Mio. Euro (2007/08)
Passagierzahlen	70,5 Mrd. (2008)	75,2 Mrd. (2008)	33,4 Mrd. (2008)
Mitarbeiter	109.400	104.700	42.400
Flotte	531	620	250
Allianzmitglied bei	Star Alliance	Skyteam	oneworld

***Tabelle 3-1** Die größten europäischen Fluggesellschaften*[4]

---

[1] vgl. Rose, David: Der Krise davonfliegen (12.01.2009), http://www.tagesschau.de, 27.01.2009; o.V.: Lufthansa fliegt auf Austrian Airlines (25.08.2008), http://www.sueddeutsche.de, 27.01.2009; Frank, Susanne: Fluglinien, in: Focus, 24.11.2008, 168; o.V.: Lufthansa übernimmt Austrian Airlines (03.12.2008), http://www.spiegel.de, 06.02.2009

[2] vgl. Rose, David: Der Krise davonfliegen (12.01.2009), http://www.tagesschau.de, 27.01.2009; Machatschke, Michael: Der Kranich jagt seine Beute, in: Manager-Magazin, 21.11.2008, 52

[3] siehe auch die nachfolgende Fallstudie „Gemeinsam stärker – Allianzen von Fluggesellschaften“

[4] erstellt nach: Rose, David: Der Krise davonfliegen (12.01.2009), http://www.tagesschau.de, 27.01.2009

Lufthansa hat vor Jahren bereits die Schweizer Swiss gekauft und eine Beteiligung in Höhe von 45 % an der Muttergesellschaft von Brussels Airlines ausgehandelt. Lufthansas Anteil an British Midland soll demnächst von 30 % auf 80 % erhöht werden.[5] Jüngster Übernahmekandidat ist Austrian Airlines (AUA).

Die AUA ist mit knapp einer Milliarde Euro hochverschuldet. Trotz Sanierungsplan erwirtschaftete das Unternehmen im ersten Halbjahr 2008 einen Verlust von 48,7 Mio. Euro. Aus diesem Grund war der österreichische Staat auf der Suche nach einem Käufer für die AUA.[6]

Die Deutsche Lufthansa war als einziger von drei Bietern übrig geblieben. Ihr Angebot enthielt die Forderung nach Übernahme der AUA-Schulden in Höhe von 500 Mio. Euro durch den österreichischen Staat. Wenngleich die österreichische Bundesregierung der Forderung bereits zugestimmt hatte, galt es zunächst noch zu klären, ob auch die Wettbewerbsbehörden den Vorgang absegnen. Im Dezember 2008 unterzeichneten die Vorstandsvorsitzenden beider Fluggesellschaften den Übernahmevertrag.[7]

Zunächst übernimmt Lufthansa die Staatsbeteiligung von 41,56 % zu einem Preis von 366.000 Euro und zahlt dann maximal 377 Mio. Euro. Bei einer positiven Entwicklung der AUA wären über einen Besserungsschein zusätzliche Zahlungen bis 162 Mio. Euro möglich. Nach der Übernahme wird die AUA als „*rechtlich selbständige Gesellschaft mit Sitz in Österreich*“ erhalten bleiben. Auch die Marke wird es weiter geben.[8]

Lufthansa-Chef Mayrhuber sieht die Übernahme als „*sehr logischen strategischen Schritt*“[9], der dazu dient, die Märkte in Österreich und Osteuropa zu sichern. Für Lufthansa ist es von großer Bedeutung, ein dichtes Netz in Europa anbieten zu können, denn die Gesellschaft kann kein großes Drehkreuz aufweisen, wie beispielsweise Air France-KLM (Paris) oder British Airways (London).[10]

Ein dichtes Netz, insbesondere im Osten Europas, kann die AUA bieten. Auf Werbeplakaten wird klargestellt: „*Das dichteste Netz in Osteuropa seit dem KGB. Die Besten im Osten: Mit über 45 Destinationen in 23 Ländern sind Austrian Airlines klarer Marktführer.*“[11] Den Standort Wien mit seinen Langstreckenverbindungen

[5] vgl. ebd.

[6] vgl. o.V.: Krisenairline zum Minipreis (13.11.2008), http://www.sueddeutsche.de, 27.01.2009; o.V.: Lufthansa steht kurz vor AUA-Übernahme (13.11.2008), http://www.spiegel.de, 27.01.2009; o.V.: Lufthansa fliegt auf Austrian Airlines (25.08.2008), http://www.sueddeutsche.de, 27.01.2009

[7] vgl. Flottau, Jens: Countdown für Lufthansa (03.12.2008), http://www.sueddeutsche.de, 27.01.2009; o.V.: Krisenairline zum Minipreis (13.11.2008), http://www.sueddeutsche.de, 27.01.2009; o.V.: Lufthansa übernimmt Austrian Airlines (03.12.2008), http://www.spiegel.de, 06.02.2009; Machatschke, Michael: Der Kranich jagt seine Beute, in: Manager-Magazin, 21.11.2008, 52; o.V.: Austrian Airlines lässt sich kaufen (05.12.2008), http://www.tagesschau.de, 27.01.2009

[8] vgl. o.V.: Lufthansa übernimmt Austrian Airlines (03.12.2008), http://www.spiegel.de, 06.02.2009; o.V.: Lufthansa übernimmt Austrian Airlines (03.12.2008), http://www.tagesschau.de, 27.01.2009; o.V.: Austrian Airlines lässt sich kaufen (05.12.2008), http://www.tagesschau.de, 27.01.2009

[9] Flottau, Jens: Lufthansa kauft Sanierungsfall (05.12.2008), http://www.sueddeutsche.de, 27.01.2009

[10] vgl. Machatschke, Michael: Der Kranich jagt seine Beute, in: Manager-Magazin, 21.11.2008, 52

[11] Werbeplakat der Austrian Airlines am Flughafen Wien-Schwechat, 16.09.2008

will Lufthansa aufrecht erhalten. Ebenso soll die Mitarbeiterzahl – allerdings bei deutlich höherer Produktivität – weitgehend erhalten bleiben.[12]

Branchenexperten gehen allerdings davon aus, daß das Streckennetz der AUA viel zu groß sei und deshalb reduziert und umstrukturiert werden müsse: „*Austrian sei die einzige europäische Airline, die mehr Ziele als Flugzeuge habe. Vor allem im Osteuropaverkehr müsse Austrian bald Ziele zugunsten der Lufthansa räumen, die Passagiere über Frankfurt und München auf ihre Langstreckenmaschinen umsteigen lassen wolle. In Wien würden nur einige Asien- und Nordamerikastrecken erhalten bleiben.*“[13] Zudem sei eine Flottenmodernisierung dringend notwendig.[14]

Aufgabe 1

Welche Auswirkungen kann der Übernahmeboom bei Fluggesellschaften auf die einzelnen Unternehmen sowie auf das Angebot haben? Erstellen Sie dazu ein Mindmap!

Aufgabe 2

Welche Alternativen hätte es für die AUA gegeben, um dieser Übernahme zu entgehen?

Aufgabe 3

Welche Risiken könnten für die Lufthansa mit der Übernahme verbunden sein? Mit welchen Maßnahmen lassen sich solche Risiken absichern?

[12] vgl. o.V.: Austrian Airlines lässt sich kaufen (05.12.2008), http://www.tagesschau.de, 27.01.2009; Flottau, Jens: Lufthansa kauft Sanierungsfall (05.12.2008), http://www.sueddeutsche.de, 27.01.2009
[13] Flottau, Jens: Lufthansa kauft Sanierungsfall (05.12.2008), http://www.sueddeutsche.de, 27.01.2009
[14] vgl. ebd.

Lösungen

Aufgabe 1

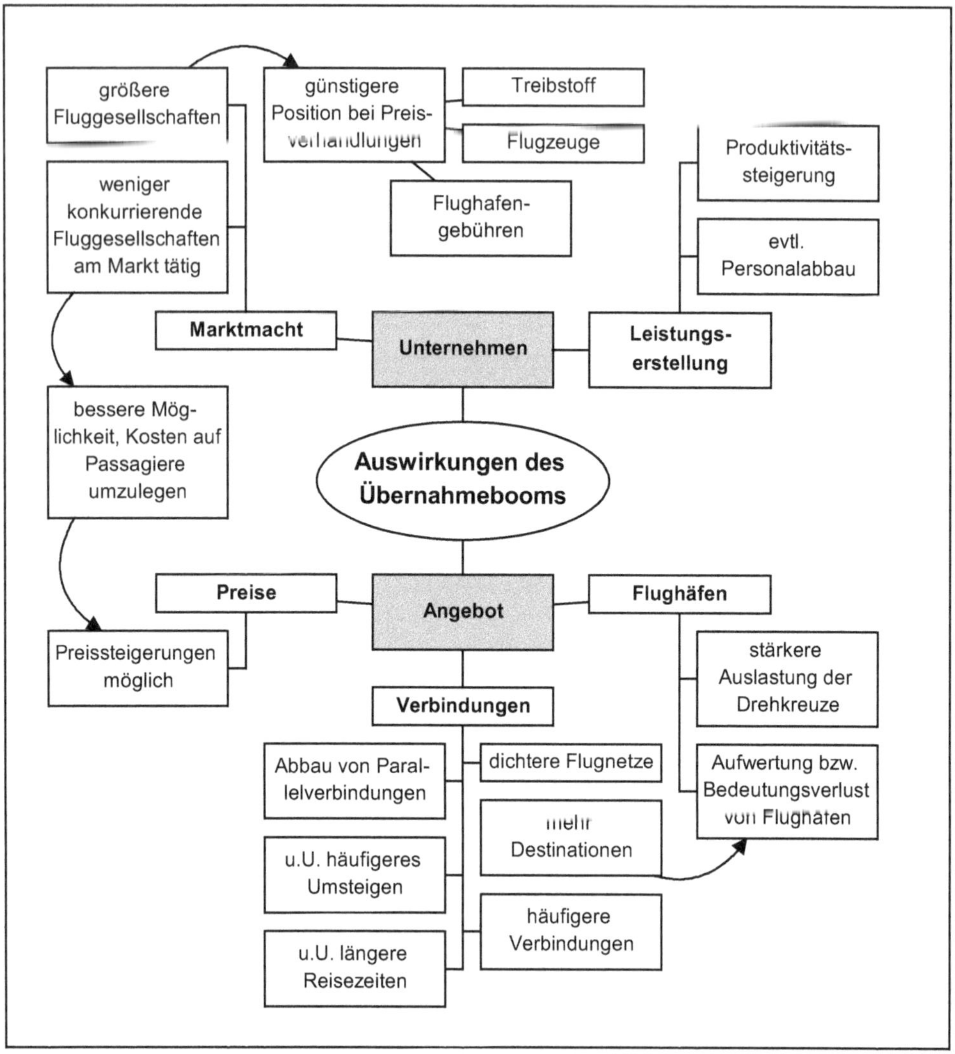

Abbildung 3-1 *Mindmap: Mögliche Auswirkungen des Übernahmebooms*

Aufgabe 2

- frühzeitige Sanierung (vgl. Swiss)
- Umstrukturierung bezüglich der Destinationen (Anzahl, Flughäfen)
- Modernisierung der Flotte
- Effizienzsteigerung bei Personal
- Suche nach anderen, günstigeren Verhandlungspartnern
- abwickeln

Aufgabe 3

Risiken	Absicherungsmaßnahmen
• Übernahme einer hochverschuldeten, nicht sanierten Gesellschaft • Gefahr, sich zu verzetteln • finanzielle Risiken → Gefahr, sich zu übernehmen • möglicherweise zu starke Konzentration auf Umbau der AUA • andere, sich am Markt bietende Alternativen werden vielleicht ungenügend berücksichtigt • andere Probleme erhalten nicht die notwendige Aufmerksamkeit • Gefahr, durch Umbau von Flugplänen und Netzen Kunden zu verprellen	• nur Mittel in die Sanierung stecken, die ökonomisch sinnvoll sind • Priorität bei Existenzsicherung der eigenen Gesellschaft • AUA bleibt rechtlich selbständige Gesellschaft • günstige Vertragsgestaltung bei der Übernahme, insbesondere in Hinblick auf Finanzierungen, Haftungsübernahme und Staatsgarantien • kontinuierliche Marktbeobachtung und -gestaltung • Konzept für sinnvolle Neuordnung der (neuen) Aktivitäten

Tabelle 3-2 *Risiken und Absicherungsmaßnahmen*

4 Discounter am Himmel – Ryanair

Die irische Fluggesellschaft Ryanair kann als Vorreiter der Low-Cost-Entwicklung in Europa bezeichnet werden. Der tägliche Flugbetrieb wurde 1985 zwischen Waterford (Irland) und London-Gatwick aufgenommen. Im ersten Jahr wurden 5.000 Passagiere befördert; im Unternehmen waren damals 51 Mitarbeiter tätig. Seitdem entwickelte sich das Unternehmen – vor allem aufgrund seiner aggressiven Preispolitik – zu einem starken Wettbewerber der bereits etablierten Fluggesellschaften. Im Zuge der Liberalisierung des europäischen Luftverkehrsmarktes wurde das Streckennetz systematisch ausgebaut.

Heute ist Ryanair Europas größte Billigfluggesellschaft und bietet ausgehend von 31 Standorten über 800 Routen in 26 Ländern an. Zur Flotte gehören 195 Flugzeuge des Typs Boeing 737-800NG, ein Ausbau der Flotte ist vorgesehen. Das Unternehmen beförderte 2008 über 50 Mio. Passagiere und beschäftigt derzeit knapp 6.000 Mitarbeiter aus 25 Ländern.[1]

Die Entwicklung eines Niedrigpreissegments bei den Luftverkehrsdienstleistungen begann vor etwa 30 Jahren in den USA. In der EU sind seit 1995 sogenannte Low-Cost-Carrier erfolgreich aktiv. Grundidee dieser Fluggesellschaften ist die konsequente Ausrichtung auf Niedrigpreise. Um diese dauerhaft anbieten zu können, versucht man, in allen Unternehmensbereichen Kosten zu reduzieren: „*Längst wird das Geschäftsmodell der Billigflieger nicht mehr milde belächelt. Punkt-zu-Punkt-Verkehr ohne Anschlussverbindungen, extrem kurze Zeiten zwischen Landung und erneutem Start, Bordservice nur gegen Bares, die Beschränkung auf einen einzigen Flugzeugtyp, der Kosten bei Wartung und Anschaffung spart, ermöglichen den Lowcost-Airlines ein Preisniveau, von dem die etablierten Fluggesellschaften nur träumen können. Schließlich müssen sie ein umfangreiches, aufeinander abgestimmtes Streckennetz unterhalten.*“[2]

Ryanair selbst stellt im Geschäftsbericht 2008 fest, daß kein anderer Anbieter den eigenen Kundenservice übertrifft. Nach Ansicht von Ryanair wünscht der Kunde keine bequemen Sitzplätze, Lounges oder Vielfliegerprogramme. Die Fluggesellschaft kann vielmehr beeindrucken durch „*1. the lowest fares, 2. the best punctuality, 3. the fewest cancellations, 4. the least lost bags, 5. Europe's youngest, greenest, cleanest fleet of Boeing 737-800 aircraft.*“[3] Die Stiftung Warentest sieht das allerdings anders: „*Keine Airline fliegt billig, transparent und fair.*“[4] Kritisiert werden vor allem die Zusatzkosten, die durch automatische Voreinstellungen beim Buchen (z.B. für bevorzugtes Einsteigen, Versicherung) oder sonstige Zuschläge entstehen.[5]

---

[1] vgl. Ryanair: About Ryanair, http://www.ryanair.com, 27.02.2009; Ryanair: Annual Report 2008, Dublin 2009, 3

[2] Schmicke, Christian: Preiskampf am Himmel, in: Nordis, Mai/Juni 2005, 50

[3] Ryanair: Annual Report 2008, Dublin 2009, 7

[4] Stiftung Warentest: Zehn Airlines im Test (26.02.2009), http://www.test.de, 27.02.2009

[5] vgl. Stiftung Warentest: Die Tricks der Billigflieger (27.11.2008), http://www.test.de, 27.02.2009; o.V.: Ryanair fliegt vorn (28.07.2007), http://www.manager-magazin.de; Maier, Jens: Die Ticketfallen

Reduziert wird häufig auch bei den Personalkosten, was – insbesondere bei den Gewerkschaften – auf Kritik stößt. In Schweden lieferte sich die Gewerkschaft HTF harte Auseinandersetzungen mit Ryanair und machte auf Flughäfen die Fluggäste auf die Lage des Personals aufmerksam. HTF wollte damit erreichen, daß Ryanair-Mitarbeiter in allen Ländern das Recht auf die Kooperation mit Berufsorganisationen erhalten sowie Tarifverträge abschließen können.[6]

2008 litt Ryanair, wie andere Fluggesellschaften auch, unter den hohen Kerosinpreisen. Infolge der im Herbst einsetzenden Rezession und den damit verbundenen Nachfragerückgängen geriet das Unternehmen schließlich in die roten Zahlen.[7] Als Folge davon kündigte das Unternehmen an, 200 Stellen – sowohl bei Piloten, Kabinenpersonal als auch Technikern – abzubauen.[8] Dennoch rechnet sich Ryanair in der Krise auch Chancen aus: *„Wo immer in diesen Tagen jemand das Handtuch wirft, werden wir expandieren."*[9] Diskutiert wurde auch, in Zukunft Billigflüge in die USA anzubieten. Möglich wäre dies allerdings nur, wenn es Ryanair gelingt, preiswerte Langstreckenmaschinen von Konkurrenten zu erwerben.[10]

Branchenweit wird für das Jahr 2008 mit Verlusten in Höhe von 5 Mrd. USD gerechnet, 2009 sollen noch einmal rund 2,5 Mrd. USD folgen. Es wird ein Nachfragerückgang von 3 % erwartet, mehr also als nach den Anschlägen des 11. September 2001.[11]

Aufgabe 1

Was sind Kennzeichen des Geschäftsmodells von Ryanair bzw. Billigfluggesellschaften im allgemeinen? Welche Komponenten tragen neben dem niedrigen Preis zum Erfolg der Fluggesellschaften bei? Erstellen Sie dazu ein Mindmap!

Aufgabe 2

Welche externen Faktoren beeinflussen die strategischen Aktionsfelder von Ryanair?

Aufgabe 3

„Flugverkehr gilt als Jobmaschine und als Wirtschaftsmotor. Wer Flugverkehr anbietet, kann daher mit besonderer Unterstützung der Politik rechnen – koste es, was es wolle."[12]

Wie wirkt sich die großzügige Unterstützung der Politik auf die Entwicklung des internationalen Flugverkehrs aus?

---

der Billigflieger (14.11.2007), http://www.stern.de, 23.06.2008; Richter, Alexander: Die Tricks der Billigflieger (09.09.2007), http://www.tagesspiegel.de, 17.11.2008

[6] vgl. Hedman, Lena: Billigflug – zu jedem Preis?, in: Nordis, Mai/Juni 2005, 55

[7] vgl. o.V.: Ryanair stürzt in die roten Zahlen (02.02.2009), http://www.focus.de, 20.02.2009

[8] vgl. o.V. Virgin Atlantic und Ryanair kappen hunderte Jobs (12.02.2009), http://www.focus.de, 20.02.2009,

[9] Bloed, Peter: Airlines in dünner Luft (17.01.2009), http://www.focus.de, 20.02.2009

[10] o.V.: Preissenkung nach Gewinneinbruch (03.12.2008), http://www.manager-magazin.de, 20.02.2009; Koenen, Jens: Billigflieger Rynaair liebäugelt mit dem Flughafen Köln-Bonn (17.02.2009), http://www.handelsblatt.com, 20.02.2009

[11] vgl. Bloed, Peter: Airlines in dünner Luft (17.01.2009), http://www.focus.de, 20.02.2009

[12] Gwinner, Regine: Teure Arbeitsplätze, Fairkehr 01/2005, http://www.fairkehr.de, 12.08.2005

Lösung

Aufgabe 1

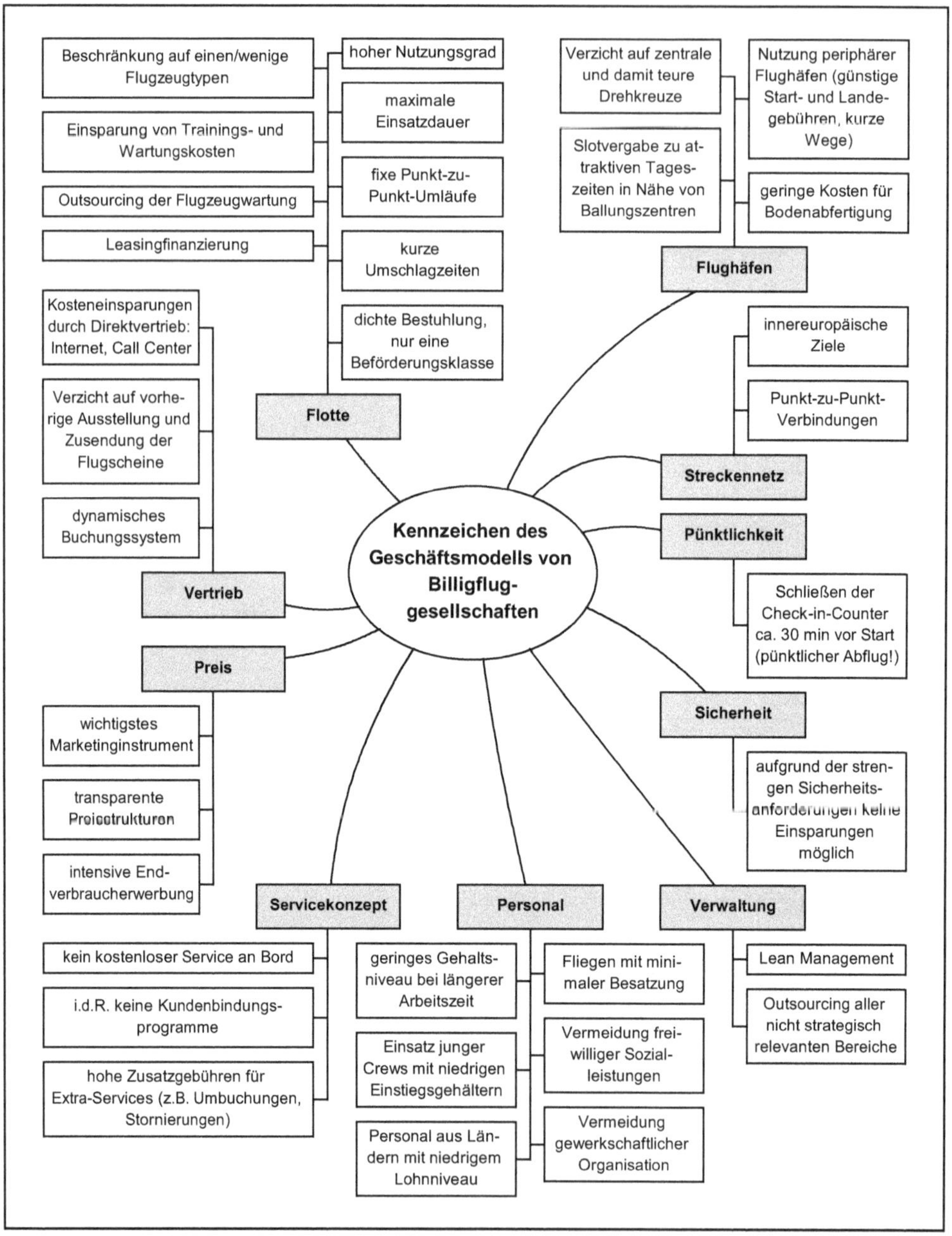

Abbildung 4-1 *Erfolgskomponenten von Billigfluggesellschaften*[13]

[13] erstellt nach: Herrmann, Mario; Wegener, Franz: Billig reisen mit Ryanair, Germanwings, hlx & Co., Gladbeck 2003, 9ff, Pompl, Wilhelm: Luftverkehr – Eine ökonomische und politische Einführung, Berlin/Heidelberg 2002, 117ff

Aufgabe 2

	Umfeldfaktoren										
Strategische Aktionsfelder	Nachfrage nach Flugreisen, Nachfrageänderungen	Preisbewußtsein potentieller Passagiere	Komfortwünsche potentieller Passagiere	Internetnutzung	Konkurrenz Billigfluggesell-schaften	Konkurrenz Linienfluggesell-schaften	allgemeine Wirtschaftslage	Gewerkschaften	geeignete Sekundär-, Regio-nalflughäfen	Treibstoffpreise	**Summe**
Flotte	3	0	1	0	2	2	2	0	3	1	**14**
Streckennetz	3	0	0	0	3	3	1	0	3	1	**14**
Preis	3	3	3	2	3	2	3	0	3	3	**25**
Vertrieb	0	1	1	3	2	1	0	0	0	0	**8**
Servicekonzept	0	3	3	0	2	1	0	0	0	0	**9**
Personal	1	0	2	0	1	1	2	3	0	0	**10**
Summe	**10**	**7**	**10**	**5**	**13**	**10**	**8**	**3**	**9**	**5**	**x**

Tabelle 4-1 *Umfeldeinflußmatrix*

Die stärksten Wirkungen gehen von Konkurrenten im Billigflugsegment aus. Diese beeinflussen als unmittelbare Wettbewerber im selben Segment alle hier erfaßten strategischen Aktionsfelder. Natürlich spielt auch die Nachfrage eine entscheidende Rolle. Leichter als bei Linienfluggesellschaften ist es hierbei möglich, Strecken – ausgehend von einer entsprechenden Nachfrage – auf ihren Erfolg zu testen und ggf. wieder aus dem Programm zu nehmen. Zudem bestimmen die Nachfrage bzw. diesbezügliche Schwankungen den Preis. Ebenfalls stark wirken Komfortwünsche der Passagiere bzw. deren Bereitschaft, zugunsten eines niedrigen Preises auf speziellen Komfort an Bord bzw. in den Flughäfen zu verzichten.

Etwa gleich starke Einflüsse gehen von den Linienfluggesellschaften aus, die zwar ein anderes Marktsegment bedienen, teilweise aber um Destinationen und damit auch um Nachfrager konkurrieren.

Das Vorhandensein geeigneter Flughäfen mit entsprechenden Kapazitäten hat die Entwicklung des Billigflugsegments erst ermöglicht. Entsprechend große Wirkungen – sei es bei der Gestaltung des Streckennetzes oder bei der Zusammenstellung der Flotte (vgl. Flugzeuggröße vs. Länge der Start- und Landebahnen) – sind auch hier zu verzeichnen.

Der Preis, der bei Billigfluggesellschaften als „Zugpferd" fungiert, stellt hier das am stärksten beeinflußte strategische Aktionsfeld dar. Auch Flotte und Streckennetz unterliegen – wenngleich in weit geringerem Ausmaß – starken externen Einflüssen. Neben den Merkmalen der Flughäfen sind dabei insbesondere Nachfrage und Konkurrenz zu nennen.

Aufgabe 3

Flughafenstandorte	• staatliche Mitwirkung bei der Erfüllung von Auflagen im Rahmen von Investitionen: d.h. finanzielle Unterstützung, Beschleunigung von Verfahren, Sondergenehmigungen • Subventionierung (z.B. Steuererleichterungen) • deutsches Beihilfeprogramm zum Bau und zur Entwicklung von Regionalflughäfen (z.B. Altenburg-Nobitz)

Fortsetzung

Flughafenstandorte	• Städte veranlassen z.T. Bezuschussung von Billigfliegern, die am jeweiligen Flughafen starten und landen
Wettbewerb	• gegenseitige Kannibalisierung: *„ökonomisch und ökologisch unsinniger Wettbewerb der Flugplätze untereinander“*[14] • innerhalb der EU keine einheitlichen Regelungen zu Nachtflugbeschränkungen; Situation kann ausgenutzt werden • Personen- und Fluggesellschaften sind in der Lage, Bedingungen zu diktieren • Fluggesellschaften können Not strukturschwacher Regionen ausnutzen • Boom der Billigflieger; zunehmende Passagierzahlen • durch Billigtickets starke Konkurrenz zu alternativen Verkehrsmitteln (Wettbewerbsverzerrungen: z.B. Flugtickets wesentlich billiger als Bahntickets)
Routen/Destinationen	• Bau von Ferienanlagen an den Zielorten der Billigflieger; bei Flugplanänderungen Zielorte vielfach durch leerstehende Hotels gekennzeichnet • Pauschalurlaub zu günstigeren Preisen (Konzentration auf Destinationen, die von Billigfliegern bedient werden)
Umwelt	• keine Berücksichtigung externer Kosten („Umwelt-Dumping“)

***Tabelle 4-2** Mögliche Auswirkungen politischer Unterstützung auf die Entwicklung des internationalen Flugverkehrs*

[14] Gwinner, Regine: Teure Arbeitsplätze, Fairkehr 01/2005, http://www.fairkehr.de, 12.08.2005

5 Gemeinsam stärker – Allianzen von Fluggesellschaften

Expansionen waren in der Vergangenheit stark reglementiert, da internationales Recht den Kauf ausländischer Fluggesellschaften nicht gestattete. Deshalb suchten die Airlines nach Wegen zur Kooperation ohne Kapitaleinsatz[1] – Luftfahrtbündnisse oder Allianzen wurden geboren.

Die beteiligten Fluggesellschaften erwarten von einer Mitgliedschaft vor allem Kosteneinsparungen aufgrund vereinfachter Reservierungs- und Abfertigungsprozesse. Durch die Kopplung von Flugplänen können die einzelnen Fluggesellschaften den Kunden eine größere Auswahl von Verbindungen in alle Welt anbieten, ohne dazu zusätzliche Maschinen starten lassen zu müssen. Durch das sogenannte Code-Sharing können Flugzeuge besser ausgelastet und Angebote von Konkurrenten verdrängt werden.[2] Auch durch gemeinsame Flugzeug- oder Kerosinkäufe können die Partner in einer Allianz profitieren.[3]

Auch die Passagiere haben Vorteile: Die Flugpläne sind aufeinander abgestimmt, so daß keine großen Wartezeiten beim Umsteigen entstehen. Zudem kann das Gepäck bis zum Zielflughafen durchgecheckt werden. Bonusprogramme gelten nicht nur für eine Fluggesellschaft, sondern innerhalb der gesamten Allianz. An den Flughäfen können auch die Lounges der Allianzpartner genutzt werden.

Drei Luftfahrtbündnisse – Star Alliance, oneworld und Skyteam – teilen den weltweiten Luftmarkt unter sich auf. Inzwischen sind ca. 60 % aller Fluggesellschaften in Allianzen zusammengeschlossen. Nicht an Allianzen beteiligte Fluggesellschaften decken ca. 30 % der weltweiten Kapazität ab, die verbleibenden ca. 10 % entfallen auf Billigfluggesellschaften.[4]

Allianz	**Star Alliance**	**oneworld**	**Skyteam**
Gründungsjahr	1997	1999	2000
Gründungs-mitglieder	Air Canada United Airlines Lufthansa SAS Scandinavian Airlines Thai Airways	American Airlines (USA) British Airways (Großbritannien) Cathay Pacific (Hongkong) Canadian Airlines (Kanada)[5] QANTAS Airways (Australien)	Aeromexico (Mexico) Air France (Frankreich) Delta Air Lines (USA) Korean Air (Korea)
Derzeitige Vollmitglieder	Air Canada (Kanada) Air China (China) Air New Zealand (Neuseeland) ANA – All Nippon Airways (Japan)	American Airlines (USA) British Airways (Großbritannien) Cathay Pacific (Hongkong) Finnair (Finnland)	Aeroflot (Rußland) Aeromexico (Mexico) Air France (Frankreich) Alitalia (Italien) China Southern (China)

[1] vgl. Machatschke, Michael: Der Kranich jagt seine Beute, in: Manager-Magazin, 21.11.2008, 52

[2] vgl. Warnholtz, Anna: Bewegung am Himmel (13.08.2008), http://www.welt.de, 27.01.2009; Haas, Sybille: Allianzen auf Zeit (30.09.2003), http://www.sueddeutsche.de, 06.02.2009

[3] vgl. Künzel, Sebastian: Bewegung am Himmel, http://www.dfs.de, 06.02.2009

[4] vgl. Warnholtz, Anna: Bewegung am Himmel (13.08.2008), http://www.welt.de, 27.01.2009

[5] Nach Kauf durch Air Kanada nicht mehr Mitglied.

Fortsetzung

Allianz	Star Alliance	oneworld	Skyteam
Derzeitige Vollmitglieder	Asiana Airlines (Südkorea) Austrian (Österreich) BMI (Großbritannien) Egypt Air (Ägypten) LOT – Polish Airlines (Polen) Lufthansa (Deutschland) SAS Scandinavian Airlines (Dänemark, Norwegen, Schweden) Shanghai Airlines (China) Singapore Airlines (Singapur) South African Airways (Südafrika) Spanair (Spanien) Swiss (Schweiz) TAP Portugal (Portugal) Thai Airways International (Thailand) Turkish Airlines (Türkei) United Airlines (USA) US Air (USA)	Iberia (Spanien) Japan Airlines (Japan) LAN Airlines (Chile) Malév (Ungarn) QANTAS Airways (Australien) Royal Jordanian (Jordanien) Mexicana (Mexico) – Aufnahme 2009	Continental Airlines (USA) CSA – Czech Airlines (Tschechische Republik) Delta (USA) KLM (Niederlande) Korean Air (Korea) Northwest Airlines (USA)
Sonstige Mitglieder	Regional-Mitglieder	regionale Partner	assoziierte Mitglieder
Länder	159	134	169
Flughäfen	912	673	905
Passagiere (jährl.)	499,9 Mio.	328,6 Mio.	462 Mio.
Abflüge (tägl.)	über 16.500	8.419	16.787
Flotte	3.325 Flugzeuge	2.226 Flugzeuge	2.496 (+ 1.255) Flugzeuge
Mitarbeiter (ca.)	über 393.000	über 302.000	über 356.000

Tabelle 5-1 *Allianzen im Vergleich*[6]

Mittlerweile gibt es die strengen rechtlichen Restriktionen bezüglich der Übernahme ausländischer Fluggesellschaften nicht mehr, wodurch Allianzen einen Teil ihres Reizes einbüßen.[7]

Aufgabe 1

Was sind die Kennzeichen von Allianzen, speziell im Bereich des Luftverkehrs?

Aufgabe 2

Nennen Sie Vor- und Nachteile von Allianzen für die beteiligten Fluggesellschaften sowie für Passagiere!

Aufgabe 3

Welche Faktoren beeinflussen die Zukunft der Allianzen?

---

[6] erstellt nach: Star Alliance, http://www.staralliance.com, 10.02.2009; oneworld, http://www.oneworld.com, 10.02.2009; Skyteam, http://www.skyteam.com, 10.02.2009; Hengi, B. I.: Fluggesellschaften weltweit, Allershausen 2008, 6ff

[7] vgl. Machatschke, Michael: Der Kranich jagt seine Beute, in: Manager-Magazin, 21.11.2008, 52

Lösungen

Aufgabe 1

- Kooperation unter Luftfahrtunternehmen zur gemeinsamen Stärkung der beteiligten Unternehmen im Wettbewerb, Form der horizontalen Kooperation
- Unternehmen bleiben rechtlich eigenständig
- Synergieeffekte (Destinationen, infrastrukturelle Einrichtungen, Einkauf usw.)

Aufgabe 2

	Vorteile von Allianzen	Nachteile von Allianzen
Für Fluggesellschaften	• Einsparungen in Millionenhöhe • Vernetzung von Flugplänen, Buchungssystemen, Code-Sharing • Bündeln von An- und Abflügen • bessere Auslastung • Verdrängung von Angeboten der Konkurrenz • gemeinsamer Einkauf • gebündelter Vertrieb • höhere Rentabilität • geringere Risiken und leichtere Kontrolle als bei Fusion	• geringere finanzielle Vorteile als bei Fusion • erhöhter Abstimmungsbedarf • Kapazitätsengpässe auf Flughäfen • mögliches Problem: durchgängige Gewährleistung bestimmter Service- und Qualitätsstandards → sorgfältige Auswahl der Kooperationspartner notwendig
Für Passagiere	• größere Auswahl attraktiver Verbindungen • kürzere Reisezeiten • preiswertere Flüge • Angebot durchgehender Sondertarife (inkl. Kundenbindungsprogramme)	• weniger Non-Stop-Verbindungen • häufigeres Umsteigen

Tabelle 5-2 *Vor- und Nachteile von Allianzen*

Aufgabe 3

- tendenzieller Rückzug der Staaten und damit der finanziellen Absicherung
- stark schwankende Treibstoffkosten
- zunehmende Umweltschutzauflagen
- vollkommener Umbruch des Verbraucherverhaltens
- gewaltiger Preis- und Konkurrenzkampf
- Billigfluggesellschaften
- Stau auf den Luftverkehrswegen
- Engpässe an Flughäfen → permanenter Ausbaubedarf
- Suche nach alternativen Start- und Landemöglichkeiten
- Lobbying in bezug auf Gestaltung rechtlicher Rahmenbedingungen
- Folge: strategisch permanente Optimierung der Strukturen, der Marktmacht und der Prozesse

6 24-Stunden-Betrieb – Das DHL-Luftdrehkreuz Leipzig

„Die Deutsche Post findet hier alles, was sie braucht: Hochqualifizierte und leistungsbereite Arbeitnehmerinnen und Arbeitnehmer, eine hervorragende Infrastruktur und eine günstige Lage im Herzen Europas."

(Gerhard Schröder)[1]

DHL baut den Flughafen Leipzig/Halle zum europäischen Hauptumschlagplatz aus. Bisher befand sich ein derartiges Frachtzentrum in Brüssel. Ein von DHL angestrebter Ausbau der Kapazitäten sowie eine wesentliche Erhöhung der Anzahl von Nachtflügen ließ sich dort allerdings politisch nicht durchsetzen.[2]

DHL war deshalb auf der Suche nach günstigeren Bedingungen auf einem anderen Flughafen. Daraufhin haben sich Leipzig und Vatry (Frankreich) als neue Standorte beworben.[3] Wie bereits zuvor für BMW und Porsche zeigt sich Leipzig auch für DHL als attraktiver Standort: *„Ausschlaggebend für Leipzig war die große Kapazität bei Flugbewegungen: Jährlich können im 24-Stunden-Betrieb bis zu 34.000 internationale Frachtflüge disponiert werden."*[4] Zudem werden die von DHL gestellten infrastrukturellen Bedingungen erfüllt bzw. können durch entsprechende Investitionen erfüllt werden. Ferner ermöglicht das Umfeld weiteres Wachstum. Mit dem Luftdrehkreuz Leipzig/Halle plant DHL, seine Position als Marktführer im europäischen Expressmarkt weiter auszubauen.[5]

Seit Mai 2008 ist das neue Logistik-Drehkreuz offiziell in Betrieb.[6] Dazu waren von DHL insgesamt Investitionen in einem Umfang von ca. 300 Mio. Euro geplant. In der ersten Ausbauphase wurde ein ca. 40.000 m² großes Sortierzentrum für Expressgüter gebaut, das es ermöglicht, bis zu 60.000 Packstücke pro Nacht abzufertigen.[7]

Bis 2012 sollen direkt rund 3.500 Arbeitsplätze geschaffen werden. Etwa 90 % der Stellen will DHL mit Bewerbern aus der Region besetzen. Im Umfeld des Luftfrachtkreuzes sollen ca. 7.000 weitere Arbeitsplätze entstehen, z.B. durch Dienstleister bzw. Logistikfirmen, die sich üblicherweise in der Nähe solcher Frachtzen-

---

[1] o.V.: DHL-Luftkreuz schafft Tausende Jobs in Leipzig (09.11.2004), http://www.bundesregierung.de, 12.08.2005

[2] vgl. Nicolai, Birger: Post schafft 10.000 Jobs (10.11.2004), http://www.welt.de, 12.08.2005

[3] vgl. o.V.: DHL-Luftkreuz schafft Tausende Jobs in Leipzig (09.11.2004), http://www.bundesregierung.de, 12.08.2005

[4] ebd.

[5] vgl. o.V.: DHL-Luftkreuz kommt nach Leipzig (09.11.2004), http://www.mdr.de, 12.08.2005; o.V.: Bau des DHL-Hubs in Leipzig darf beginnen (23.05.2005), http://www.bvdp.de, 12.08.2005

[6] vgl. o.V.: DHL nun offiziell in Leipzig/Halle (25.05.2008), http://www.mdr.info.de, 13.10.2008

[7] vgl. o.V.: DHL-Luftkreuz schafft Tausende Jobs in Leipzig (09.11.2004), http://www.bundesregierung.de, 12.08.2005; o.V.: DHL schreibt Entscheidung für Leipzig fest (01.02.2005), http://www.welt.de, 12.08.2005

tren ansiedeln. Auch geht man davon aus, daß DHL Wartungs- und Dienstleistungsaufträge an regionale Unternehmen vergeben wird. Man hofft, daß dies insgesamt zu einer Erhöhung der Kaufkraft in der Region führt.[8]

Am Flughafen Leipzig/Halle sind die Mitteldeutsche Flughafen AG (94,0 %), der Freistaat Sachsen (5,25 %), der Landkreis Nordsachsen (0,25 %), der Landkreis Leipzig (0,25 %) und die Stadt Schkeuditz (0,25 %) beteiligt.[9] Durch die DHL-Ansiedlung kann der bislang unter seinen Kapazitäten genutzte Flughafen seine Auslastung steigern und damit auch anderen Fluggesellschaften günstigere Konditionen bieten. Um jedoch die Vorgaben von DHL zu erfüllen, sind zusätzlich umfangreiche Investitionen in einer Gesamthöhe von ca. 340 Mio. Euro notwendig. Zunächst galt es, die kürzere der beiden Landebahnen zu schwenken und zu verlängern. Straßen mußten verlegt, bestehende Lücken geschlossen, Wartungs- und Abfertigungshallen, ein Güterbahnhof samt Anschluß sowie eine Umschlaganlage Flug/Schiene gebaut werden. Getragen werden die anfallenden Kosten von den Flughafeneignern. Ein Wermutstropfen für Leipzig: DHL wird in der Stadt keine Steuern zahlen, da der Flughafen nicht zum Stadtgebiet gehört.[10]

Investitionsvolumen DHL	300 Mio. Euro
Investitionsvolumen Flughafen Leipzig/Halle	340 Mio. Euro
EU-Fördermittel	ca. 70 Mio. Euro
täglich umzuschlagendes Frachtvolumen	2.000 t
täglich ankommende Frachtmaschinen	70
jährliche Nachtflüge	bis zu 34.000
neue (direkte) Arbeitsplätze	ca. 3.500
neue (indirekte) Arbeitsplätze	ca. 7.000

Tabelle 6-1 *Zahlen und Fakten zum geplanten Luftdrehkreuz*[11]

Von seiten der Stadt Leipzig, der sächsischen Landesregierung sowie der Bundesregierung begrüßt und gefördert, stieß die DHL-Ansiedlung nicht nur auf Zustimmung. Mehrere Flughafenanwohner hatten einen Antrag auf Verhängung eines vorläufigen Baustops gestellt, der allerdings vom Bundesverwaltungsgericht abgelehnt wurde.[12]

---

[8] vgl. o.V.: DHL-Luftkreuz schafft Tausende Jobs in Leipzig (09.11.2004), http://www.bundesregierung.de, 12.08.2005; o.V.: Weichenstellung für das Leipziger Luftdrehkreuz, http://www.gvz-leipzig.de, 12.08.2005; o.V.: DHL-Luftkreuz kommt nach Leipzig (09.11.2004), http://www.mdr.de, 12.08.2005

[9] vgl. Flughafen Leipzig/Halle, http://www.leipzig-halle-airport.de/de/index/unternehmen_flughafen/flughafen_lej/gesellschafter.html, 13.10.2008

[10] vgl. Gwinner, Regine: Teure Arbeitsplätze, Fairkehr 01/2005, http://www.fairkehr.de, 12.08.2005; o.V.: DHL-Luftkreuz kommt nach Leipzig (09.11.2004), http://www.mdr.de, 12.08.2005

[11] erstellt nach o.V.: Weichenstellung für das Leipziger Luftdrehkreuz, http://www.gvzleipzig.de, 12.08.2005; o.V.: DHL-Luftkreuz schafft Tausende Jobs in Leipzig (09.11.2004), http://www.bundesregierung.de, 12.08.2005; Gwinner, Regine: Teure Arbeitsplätze, Fairkehr 01/2005, http://www.fairkehr.de, 12.08.2005

[12] vgl. o.V.: Bau des DHL-Hubs in Leipzig darf beginnen (23.05.2005), http://www.bvdp.de, 12.08.2005

Daraufhin haben Anwohner gegen die Nachtflugregelung am Flughafen geklagt. Erreicht werden konnte lediglich, daß zwischen 23:30 Uhr und 5:30 Uhr keine Passagiermaschinen mehr starten und landen dürfen. Von dieser Regelung unberührt bleiben Fracht- und Militärflugzeuge.[13]

In die Kritik geriet auch die vom Freistaat Sachsen abgegebene Patronatserklärung, in der der Freistaat die Zahlung von bis zu 500 Mio. Euro Schadenersatz an DHL zugesichert hatte, falls in Zukunft z.B. keine Nachtflüge mehr möglich sein sollten. Nach Ansicht der EU wirkt solch eine Garantie wettbewerbsverzerrend und sei daher unzulässig.[14]

Aufgabe 1

Welche Kriterien spielten im vorliegenden Fall bei der Standortwahl eine entscheidende Rolle? Erstellen Sie dazu ein Mindmap!

Aufgabe 2

Welche Ziele verfolg(t)en die einzelnen Beteiligten im vorliegenden Fall? Ordnen Sie den Zielen Fristigkeiten zu!

Aufgabe 3

Welche Impulse können von Errichtung und Betrieb des Luftdrehkreuzes ausgehen? Entwikkeln Sie dazu ein Wirkungsgefüge, das die wesentlichen Zusammenhänge aufzeigt!

[13] vgl. o.V.: EU stoppt Garantien für DHL-Drehkreuz (23.07.2008), http://www.tagesschau.de, 27.01.2009; o.V.: Gericht stützt Leipziger DHL-Drehkreuz, http://www.sueddeutsche.de (24.07.2008), 27.01.2009

[14] vgl. o.V.: EU-Kommission kippt Millionengarantie für DHL (23.07.2008), http://www.sueddeutsche.de, 27.01.2009

Lösungen

Aufgabe 1

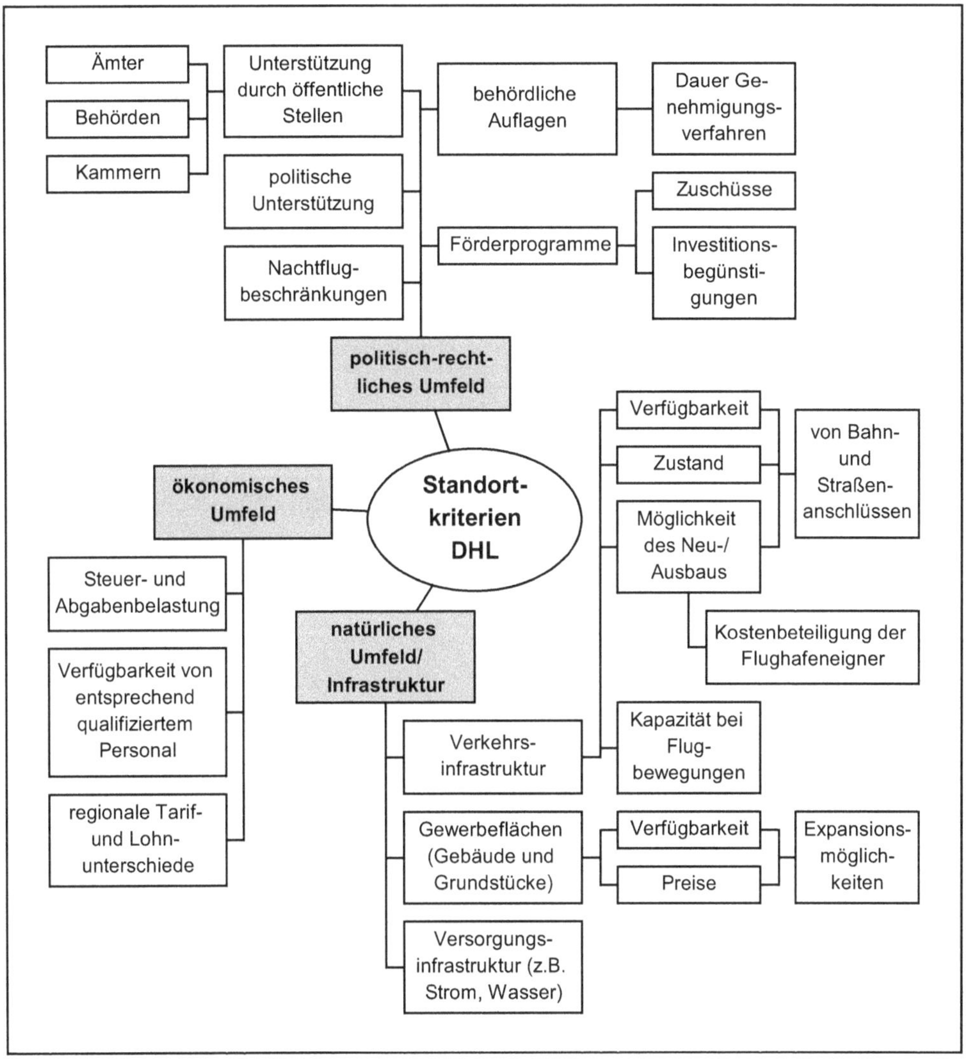

***Abbildung 6-1** Mindmap: Standortkriterien DHL*

Aufgabe 2

Akteure	Ziele	Fristigkeiten
DHL	• Expansion an vorteilhaftem Standort	mittelfristig
	• Ausbau der Position als Marktführer im europäischen Expressmarkt	langfristig
	• Ausbau des Flughafens Leipzig zum europäischen Hauptumschlagplatz	mittelfristig

Fortsetzung

Akteure	Ziele	Fristigkeiten
DHL	• Errichtung eines 40.000 m² großen Sortierzentrums für Expressgüter (erste Ausbauphase)	mittelfristig
Flughafen Leipzig	• Aufbringen der rund 340 Mio. Euro Investitionssumme, um DHL-Vorgaben zu erfüllen	mittelfristig
	• Durchführung von Infrastrukturinvestitionen (z.B. Verlagerung Anschlußstraßen, Güterbahnhof)	mittelfristig
	• Verbesserung der Auslastung des Flughafens	mittel- bis langfristig
Leipzig	• durch DHL Schaffung zahlreicher neuer Arbeitsplätze	mittel- bis langfristig
	• Großteil der Stellen mit Arbeitern aus der Region besetzen	mittel- bis langfristig
	• höhere Standortattraktivität, um weitere Investoren anzulocken	mittel- bis langfristig
Land Sachsen	• durch DHL Schaffung zahlreicher neuer Arbeitsplätze	mittel- bis langfristig
	• Großteil der Stellen mit Arbeitern aus der Region besetzen	mittel- bis langfristig
Anwohner	• Verhängung eines vorläufigen Baustops	kurzfristig
	• Vermeidung der hohen Anzahl von Nachtflügen	langfristig
	• effektiver Lärmschutz	langfristig
	• Wohnstandort und Wohnqualität erhalten	langfristig

***Tabelle 6-2** Akteure, Ziele und Fristigkeiten*

Aufgabe 3

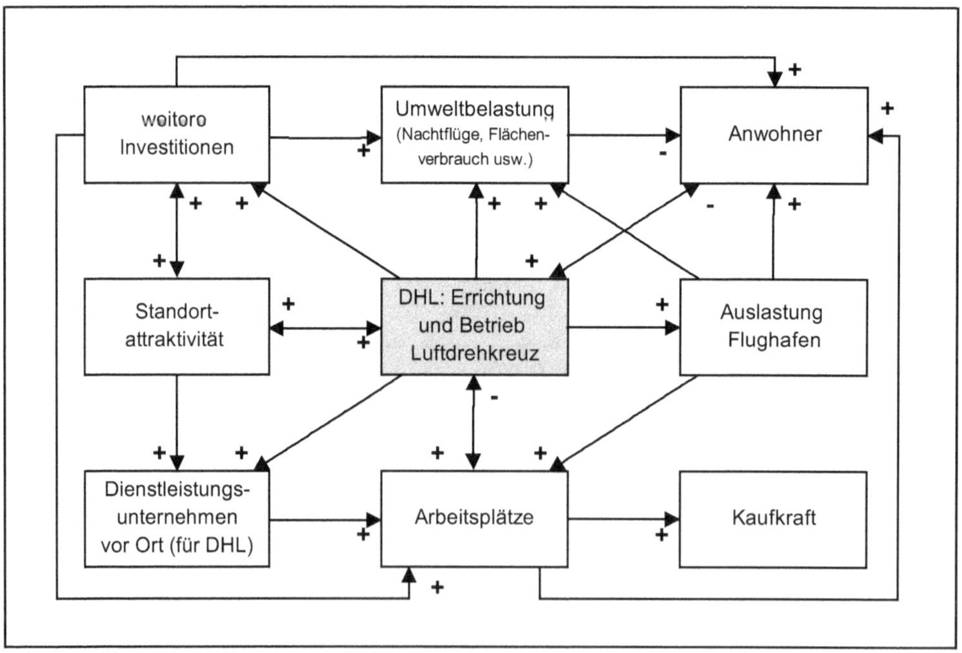

***Abbildung 6-2** Wirkungsgefüge*

Wirkung von ...	auf ...	Beschreibung der Wirkungsbeziehung
Errichtung und Betrieb des Luftdrehkreuzes	Standort-attraktivität	Errichtung und Betrieb des Luftdrehkreuzes erhöht die Standortattraktivität
	Auslastung Flughafen	Errichtung und Betrieb des Luftdrehkreuzes erhöht die Auslastung des Flughafens Leipzig/Halle
	weitere Investitionen	Errichtung und Betrieb des Luftdrehkreuzes wird weitere Investitionen nach sich ziehen
	Dienstleistungs-unternehmen vor Ort	durch Errichtung und Betrieb des Luftdrehkreuzes können Dienstleister vor Ort zusätzliche Aufträge erhalten
	Umweltbelastung	Errichtung und Betrieb des Luftdrehkreuzes erhöht die Umweltbelastung
	Arbeitsplätze	durch Errichtung und Betrieb des Luftdrehkreuzes werden zusätzliche Arbeitsplätze geschaffen
	Anwohner	durch Errichtung und Betrieb des Luftdrehkreuzes kann sich die Wohnqualität verschlechtern (bis zur zwangsweisen oder freiwilligen Umsiedlung)
Standort-attraktivität	Errichtung und Betrieb des Luft-drehkreuzes	je höher die Standortattraktivität, um so wahrscheinlicher die Errichtung des Luftdrehkreuzes
	weitere Investitionen	je höher die Standortattraktivität, um so wahrscheinlicher weitere Investitionen
	Dienstleistungs-unternehmen vor Ort	je höher die Standortattraktivität, um so mehr Dienstleistungs-unternehmen vor Ort
Auslastung Flughafen	Umweltbelastung	je höher die Auslastung des Flughafens, um so höher die Umweltbelastung
	Arbeitsplätze	je höher die Auslastung des Flughafens, um so mehr Arbeitsplätze
	Anwohner	je höher die Auslastung des Flughafens, um so stärkere Beeinträchtigung der Wohnqualität für die Anwohner möglich
weitere Investitionen	Standort-attraktivität	je mehr Investoren, um so höher erscheint die Standortattraktivität
	Umweltbelastung	je mehr Investoren, um so höher wahrscheinlich die Umweltbelastung
	Arbeitsplätze	je mehr Investoren, um so mehr Arbeitsplätze können geschaffen werden
	Anwohner	je mehr Investoren, um so mehr kann sich die Wohnqualität verschlechtern
Dienstleistungs-unternehmen vor Ort	Arbeitsplätze	je mehr Dienstleister vor Ort tätig sind, um so mehr Arbeitsplätze
Umweltbelastung	Anwohner	je höher die Umweltbelastung, um so negativer für die Anwohner
Arbeitsplätze	Errichtung und Betrieb des Luft-drehkreuzes	je weniger Arbeitsplätze in der Region vorhanden, um so mehr Bewerber wahrscheinlich bei DHL
	Anwohner	je mehr Arbeitsplätze, um so höher die Chance der Anwohner auf Anstellung
	Kaufkraft	je mehr Arbeitsplätze, um so höher die Kaufkraft
Anwohner	Errichtung und Betrieb des Luft-drehkreuzes	je mehr Anwohner mit Hilfe gerichtlicher Mittel gegen die Errichtung und den Betrieb des Luftkreuzes vorgehen, um so schwieriger dessen Realisierung

***Tabelle 6-3** Beschreibung der Wirkungsbeziehungen*

7 Über den Wolken – Dienstleistungen im Luftverkehr

Der erste Flug

Während eines längeren Auslandsaufenthaltes in Växjö in Südschweden plant Kunigunde König eine Reise nach Stockholm. Als passionierte Bahnfahrerin erkundigt sie sich zunächst nach Reisemöglichkeiten mit der Bahn. Fahrzeiten von über fünf (am Tag) bzw. über acht Stunden (in der Nacht) schrecken aber angesichts des für die Reise zur Verfügung stehenden Zeitbudgets eher ab. Da Växjö über einen Flughafen verfügt, prüft Kunigunde auch mögliche Flugverbindungen. Die Flugzeit von rund 50 Minuten erscheint sehr attraktiv, und die Preise liegen – zumindest außerhalb der Hauptgeschäftsreisezeit zwischen 6 und 8 Uhr – nur geringfügig über jenen für die Bahnfahrt. Kunigunde beschließt deshalb, von Växjö nach Stockholm zu fliegen und damit zum ersten Mal in ihrem Leben ein Flugzeug zu besteigen.

Im Reisebüro bucht sie ein Ticket für den Flug mit SAS um 8:20 Uhr. Am Tag des Abflugs läßt sich Kunigunde rechtzeitig per Pkw dorthin bringen. Der Flughafen in Växjö gleicht eher einem größeren Busbahnhof. Es gibt einen Schalter, an dem man sein Gepäck aufgeben und von dort auch direkt beobachten kann, wie es in einen Transportbehälter eingeladen wird. Einige Minuten vor dem Start geht man selbst über das Rollfeld bis zum Flugzeug. Auf der Bordkarte sind keine Sitzplatznummern verzeichnet, Kunigunde kann ihren Sitzplatz in der Maschine selbst wählen. Da außer ihr nur fünf Mitreisende an Bord gehen, ist die Auswahl entsprechend groß. Die Passagiere werden zunächst alle auf Schwedisch begrüßt. Für Kunigunde als einzigen ausländischen Fluggast gibt es eine Wiederholung der Informationen auf Englisch. Da Ostern vor der Tür steht, verteilt die Flugbegleiterin als kleine Überraschung Schokoladeneier an jeden Passagier.

Eine Alternative: Flughafenbus Växjö

Hauptbahnhof Stockholm mit City-Terminalen der Flughafenbusse

Der Flug selbst verläuft sehr ruhig. Es ist herrlichstes Frühlingswetter. Die waldreiche, von Seen durchzogene Landschaft sieht aus der Vogelperspektive wunderschön aus. Auch der Anflug auf Stockholm ist äußerst beeindruckend. Kunigunde ist sich sicher, das würde nicht ihr letzter Flug gewesen sein.

Nachdem das Flugzeug in Stockholm/Arlanda gelandet ist, begibt sich Kunigunde in Richtung Ausgang. Im Vergleich zur Växjö erscheint ihr der Flughafen riesengroß. Mit dem Flygbuss fährt sie weiter bis City-Terminalen in unmittelbarer Nähe zum Stockholmer Hauptbahnhof und zum Stadtzentrum. Einem Bummel durch Gamla Stan steht nun nichts mehr im Wege.

Hochzeitsflug

Ein reichliches Jahr später erhält Kunigunde eine Einladung zur Hochzeit eines guten Freundes in Finnland. Für Kunigunde ist sofort klar, daß sie nach Vantaa reisen möchte. Einziges Problem: Die Hochzeit findet bereits in acht Tagen statt. Schnelligkeit ist nun beim Buchen gefragt, langwierige Preisvergleiche scheiden daher von vornherein aus. Kunigunde geht deshalb in ein nahegelegenes Reisebüro und fragt nach Alternativen. Weil gerade Sommerferien sind, gestaltet sich die Auswahl mager. Da sie vom Heimatort aus zunächst mit der Bahn nach Berlin fahren muß, bleibt, wenn sie noch vor der Trauung in Vantaa eintreffen möchte, genau genommen nur eine einzige Alternative: ein Finnair-Flug von Berlin-Tegel nach Helsinki-Vantaa. Kunigunde bucht sofort.

Eine Woche später sitzt Kunigunde im Zug in Richtung Berlin. Dort angekommen, hat sie eine kleine Odyssee mit S-Bahn, U-Bahn und Bus zum Flughafen Tegel vor sich. Sie erreicht den Flughafen gegen 16 Uhr. Ihre Maschine soll zwar erst nach 19 Uhr starten, Kunigunde hat sich dennoch für diese zeitige Ankunft entschieden, um über ausreichend Pufferzeit zu verfügen. Die Zeit bis zum Abflug verbringt sie nach dem Check-in mit einem Schaufensterbummel und schließlich mit Warten.

Endlich sitzt Kunigunde zusammen mit zahlreichen Finnen in einer MD 87 der Finnair. Nach zwei Stunden Flugzeit kommt sie um 22:10 Uhr Ortszeit in Helsinki-Vantaa an, wo sie vom Brautpaar abgeholt wird.

Urlaubsflug

Es vergeht einige Zeit, bis Kunigunde das nächste Mal ein Flugzeug besteigt. Ziel ist diesmal Santa Cruz de Tenerife. Teneriffa verfügt über zwei Flughäfen, einen im Norden und einen im Süden der Insel. Obwohl Kunigundes Reiseziel wesentlich näher am nördlichen Flughafen liegt, muß sie einen Flug zum Flughafen Teneriffa Süd buchen, da dieser im internationalen Flugverkehr eine wesentlich größere Bedeutung hat.

Startflughafen ist Leipzig/Halle. Kunigunde nutzt erneut die Bahn, um dorthin zu gelangen und plant beim Suchen entsprechender Verbindungen wieder eine ausreichend große Pufferzeit ein. So kommt sie bereits kurz nach 10 Uhr am Flughafen an und hat über eine Stunde Zeit, bis der Check-in für ihren Flug beginnt. Da sie das Gepäck noch bei sich hat, bleibt ihr nichts anderes übrig, als sich auf eine Bank zu setzen und zu warten. Nach erfolgtem Check-in und mit dem sicheren Wissen, einen Fensterplatz ergattert zu haben, ist es wesentlich angenehmer, durch die Mall zu flanieren und dem einen oder anderen Geschäft einen Besuch abzustatten.

Mall im Flughafen Leipzig

Über den Pyrenäen

13:40 Uhr hebt die A320 von Condor endlich ab. Als die westlichen Ausläufer der Alpen überquert werden, ist Kunigunde noch enttäuscht, daß sie auf der rechten Seite der Maschine sitzt und nicht allzu viel sehen kann. Sie wird aber einige Zeit später mit wunderbaren Ausblicken auf die Pyrenäen entschädigt. Während des Flugs wird den Passagieren eine warme Mahlzeit serviert. Zudem werden ein Kurzfilm und ein Spielfilm gezeigt. Es besteht auch die Möglichkeit zum zollfreien Einkauf; über das Angebot hat man sich bereits im Bordmagazin informieren können.

Um 17:40 Uhr Ortszeit kommt Kunigunde schließlich auf der Kanareninsel an, wo man bereits auf sie wartet.

Aufgabe 1

Welche Besonderheiten weisen Dienstleistungen gegenüber Produkten auf?

Aufgabe 2

In welchen Phasen verläuft generell der Prozeß der Dienstleistungserstellung?

Aufgabe 3

Übertragen Sie den allgemeinen Prozeßablauf auf die Dienstleistungserstellung bei den beschriebenen Reisen (ohne Rückreise)!

Lösungen

Aufgabe 1

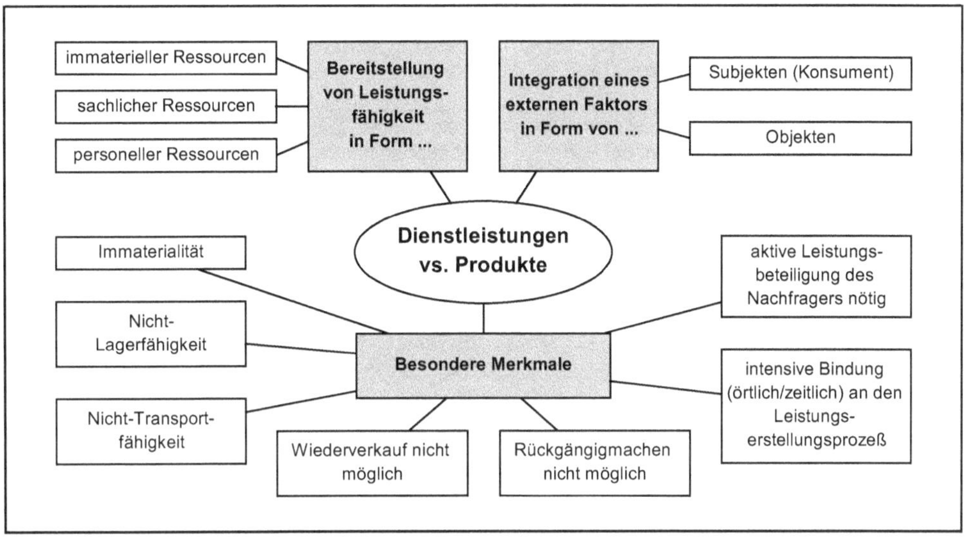

Abbildung 7-1 *Besonderheiten von Dienstleistungen*

Aufgabe 2

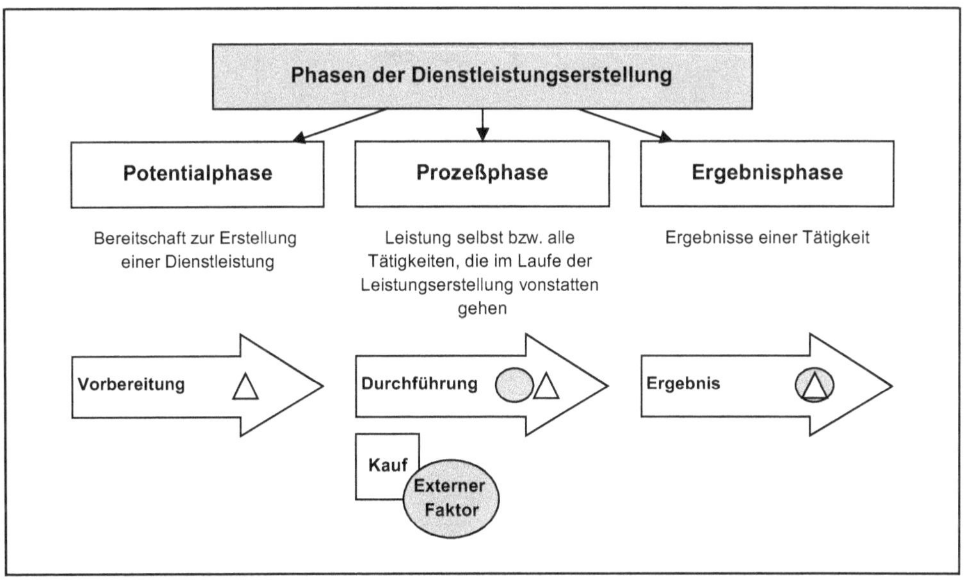

Abbildung 7-2 *Phasen der Dienstleistungserstellung*[1]

[1] modifiziert nach: Freyer, Walter: Tourismusmarketing – Marktorientiertes Management im Mikro- und Makrobereich der Tourismuswirtschaft, München/Wien 2009, 67

Aufgabe 3

Phasen[2]	Reisen: Växjö–Stockholm	Reisen: Wohnort–Vantaa	Reisen: Wohnort–Santa Cruz de Tenerife
Art des Fluges	Inlandsflug ab Växjö mit Ziel Stockholm	Auslandsflug ab Berlin mit Ziel Vantaa	Auslandsflug ab Leipzig mit Ziel Santa Cruz de Tenerife
Potentialphase, Vor-Reisephase *Vorbereitung der Beförderung bis zur Abfahrt (z.B. zum Flughafen)*	• Information über Alternativen bei Bahnreise und Flug • Entscheidung für Flug • Buchung	• aufgrund der Zeitknappheit nur Flug möglich • Information über Alternativen bei Flug • sofortige Buchung	• Information über Alternativen bei Flug • Buchung
Prozeßphase, Reisephase *Durchführung der Beförderung, Aufenthalt in den einzelnen Verkehrsmitteln bis zur Ankunft, inkl. Umsteigephasen (z.B. Zubringer – Flug – Zubringer)*	• Pkw-Transfer zum Flughafen • Aufenthalt auf Flughafen Växjö • Flug, dabei besondere Betreuung durch Personal • kurzer Aufenthalt auf Flughafen Stockholm/ Arlanda • Transfer mit Flygbuss bis zum Bus-Terminal nahe Stadtzentrum	• Transfer zum Flughafen per Eisenbahn, S-Bahn, U-Bahn und Bus • längerer Aufenthalt auf Flughafen Berlin/ Tegel • Flug • kurzer Aufenthalt auf Flughafen Helsinki/ Vantaa • Pkw-Transfer nach Vantaa	• Transfer zum Flughafen per Eisenbahn • längerer Aufenthalt auf Flughafen Leipzig • Flug: Catering, Unterhaltung, zollfreier Einkauf • kurzer Aufenthalt auf Flughafen Teneriffa Süd • Pkw-Transfer nach Santa Cruz de Tenerife
Ergebnisphase, Nachreisephase *beinhaltet das Verlassen des Verkehrsmittels am Zielpunkt bis zur endgültigen Ankunft am gewünschten Zielort*	Zufriedenheit: • ruhiger Flug • nettes Personal • beeindruckende Ausblicke • weiteren Flügen gegenüber nicht abgeneigt	• keine besonders positiven oder negativen Eindrücke im Fall beschrieben	Zufriedenheit: • kurzzeitige Enttäuschung über Lage des Sitzplatzes

Tabelle 7-1 *Analyse der beschriebenen Reisen*

[2] vgl. Freyer, Walter; Groß, Sven: Mobilitätsdienstleistungen bei touristischen Transportunternehmen, Dresden o.J., 3f

8 Wenn der Flieger nicht fliegt – Passagiere in Warteposition

Nach einer anstrengenden Woche war Pekka Lahti auf dem Weg von Brüssel nach Åland. Dazu mußte er zunächst nach Stockholm fliegen, um von dort mit der Fähre nach Mariehamn übersetzen zu können.

Bereits am frühen Morgen machte er sich auf den Weg zum Brüsseler Flughafen, den er kurz nach 7 Uhr erreichte. Die Check-in-Formalitäten waren schnell abgewickelt, und so begab sich Pekka Lahti zunächst in eine Cafeteria. Das gewählte Flugzeug der Fluggesellschaft A sollte Brüssel planmäßig um 10:25 Uhr verlassen und um 12:35 Uhr in Stockholm/Arlanda landen. Mit ein wenig Glück hätte Pekka Lahti sogar die 15-Uhr-Fähre in der Stockholmer City erreichen können, ganz sicher aber die Fähren um 17:00 Uhr bzw. 20:30 Uhr.

Das Flugzeug, das zurück nach Stockholm fliegen sollte, landete planmäßig in Brüssel. Pekka Lahti konnte beobachten, wie Passagiere ausstiegen und die Reinigungsmannschaft das Flugzeug betrat. Wenig später kam auch der Catering-Wagen, der es leider ein wenig zu eilig hatte, die Tragfläche streifte und darin ein Loch hinterließ. Natürlich wurde der Flug gestrichen.

Zu diesem Zeitpunkt machte sich Pekka Lahti noch keine großen Gedanken. Vor nicht allzu langer Zeit hatte er schon einmal bei der Fluggesellschaft B erlebt, daß ein Flugzeug wegen technischer Mängel nicht starten konnte. Diese Fluggesellschaft hatte daraufhin eine Ersatzmaschine geschickt und es auch nicht versäumt, die Passagiere jeweils über den aktuellen Stand zu informieren. Ausgestattet mit Genuß-Gutscheinen warteten sie relativ entspannt in der Cafeteria. Nach weniger als drei Stunden konnte die Ersatzmaschine den Flughafen verlassen.

Pekka Lahti erwartete eine ähnliche Problembehebung von der Fluggesellschaft A. Hier schien jedoch alles ein wenig anders abzulaufen. Der Informationsfluß zum Flugsteig funktionierte überhaupt nicht, was letztlich zu einer mehr oder weniger chaotischen Situation führte. Die Mitarbeiter gaben unterschiedliche Auskünfte. Die Passagiere waren verunsichert, da sie nicht wußten, wie es weitergehen würde.

Die Fluggesellschaft beabsichtigte auch nicht, eine Ersatzmaschine bereitzustellen, sondern versuchte, in anderen – nahezu ausgebuchten – Maschinen Plätze zu bekommen. Pekka Lahti wurde schließlich auf eine um 19:20 Uhr startende Maschine umgebucht. Das hieß, daß keinerlei Chance bestünde, die Abendfähre in Stockholm zu erreichen und daß er in Stockholm übernachten muß.

Pekka Lahti verbrachte nun weitere neun Stunden auf dem Brüsseler Flughafen. Zur Überbrückung der Zeit wurden den Passagieren Genuß-Gutscheine in Höhe von 25 Euro überreicht. Allerdings war solch ein Gutschein auf einmal einzulösen und durfte nicht aufgeteilt werden.

Aufgabe 1

Wie stellen sich die Bedürfnisebenen von Reisenden dar? Welche Bedürfnisse spielen im vorliegenden Fall eine wichtige Rolle?

Aufgabe 2

Wie sieht ein nach Kundensicht optimal gestalteter Flugplan aus?

Aufgabe 3

Welche Kriterien können bei der Wahl einer Fluggesellschaft eine Rolle spielen?

Aufgabe 4

In welcher Hinsicht hätte die Fluggesellschaft A im vorliegenden Fall anders reagieren können?

Lösungen

Aufgabe 1

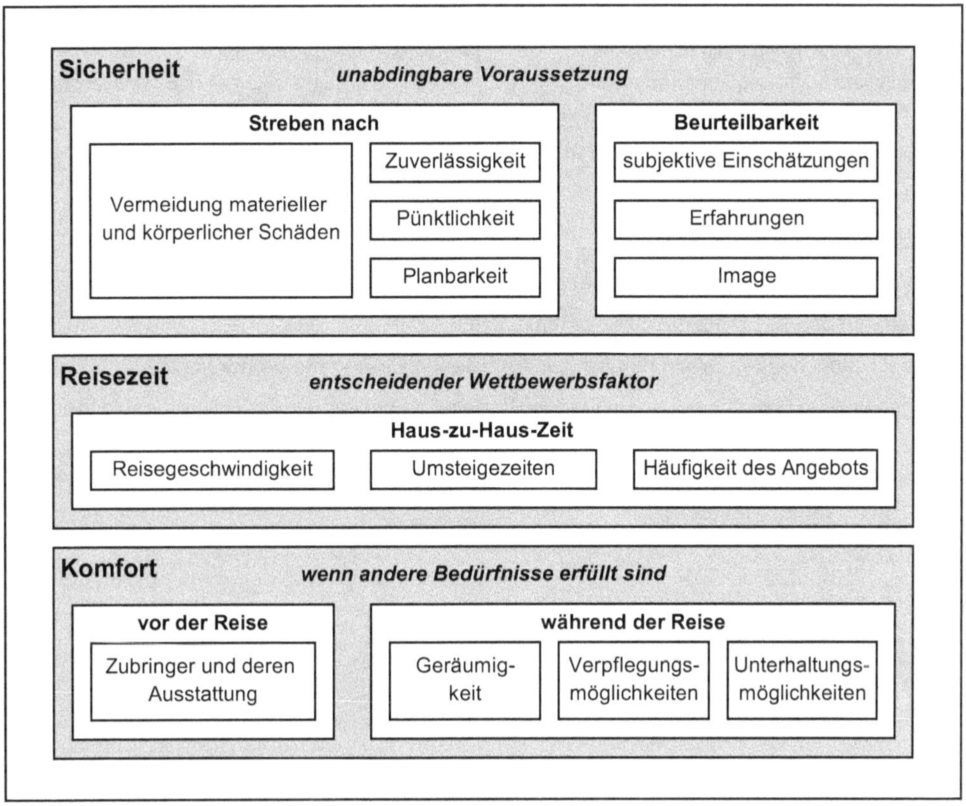

Abbildung 8-1 *Bedürfnisebenen im Reiseverkehr*[1]

Im vorliegenden Fall von Bedeutung:

- **Sicherheit**: Planbarkeit der Reise nach Annulierung des Fluges; Pünktlichkeit der Maschine, auf die Pekka Lahti umgebucht wurde
- **Reisezeit**: Beschränkung der Reisezeit auf ein erträgliches Maß ohne zusätzliche Übernachtungen wegen verpaßter Anschlüsse
- **Komfort**: Verpflegungsmöglichkeiten, sinnvolles Nutzen der Wartezeit

Aufgabe 2

- häufige und über den Tag gleichmäßig verteilte Verbindungen
- im Kurzstreckenverkehr: Tagesrandverbindungen, die Tagesreisen ermöglichen
- im Langstreckenverkehr: günstige Ankunftszeiten, insbesondere bei mehreren Stunden Zeitverschiebung

---

[1] erstellt nach: ebd. Kaspar, Claude: Management der Verkehrsunternehmungen, München/Wien 1998, 84f

Aufgabe 3

Betreuungsqualität	Technische Kompetenz
• hohes Service-Niveau	• Image
• hohe Qualität	• attraktives Streckennetz
• freundliche, hilfsbereite Mitarbeiter	• wirtschaftliche Stabilität
• entspannende, bequeme Umgebung	• Komfort, Bequemlichkeit (z.B. Sitzplatzergonomie)
• Zuverlässigkeit, Pünktlichkeit	

Tabelle 8-1 *Mögliche Kriterien bei der Wahl einer Fluggesellschaft*

Aufgabe 4

- Passagiere beruhigen und besser informieren (Lage, geplante Lösung des Problems)
- wenn möglich, Ersatzmaschine bereitstellen
- bei Umbuchungen, wenn möglich, weiterreisende Passagiere berücksichtigen
- gestückelte Gutscheine, so daß lange Wartezeiten besser überbrückt werden können

Öffentlicher Personennahverkehr

E

1 „Die Stadt gehört Dir.“[1] – Wiener Linien

„In Wien braucht man kein Auto.
Fast alles ist bequem mit den Bahnen und Bussen
der Wiener Linien erreichbar,
auch nachts – dank Nightline und Anruf-Sammeltaxi.
Und weil Wien wächst, wächst auch das Öffi-Netz weiter.“[2]

Die Wiener Linien gelten als der größte Mobilitätsdienstleister Österreichs. Jährlich nutzen mehr als 790 Mio. Fahrgäste das Angebot der 118 U-Bahn-, Straßenbahn- und Autobuslinien. Ergänzend zum regulären Verkehr fahren seit 1995 Nachtbusse. Gleichzeitig stellen die Wiener Linien mit über 8.400 Mitarbeitern auch einen der größten Arbeitgeber Wiens dar.[3]

	U-Bahn	Straßenbahn	Autobus	Gesamt
Fahrgäste	476,6 Mio.	200,4 Mio.	116 Mio.	793 Mio.
Liniennetz	65,1 km	227,3 km	669,1 km	961 km
Anzahl der Linien	5	32	83	120
Haltestellen	90	1.128	3.341	4.559
Bahnhöfe/Garagen	3	8	3	14
Fahrzeuge	782	804	478	2.064

Tabelle 1-1 *Wiener Linien – Zahlen und Fakten 2007*[4]

2007 wurden rund 434 Mio. Euro in den öffentlichen Nahverkehr investiert, was den Verkehrsdienstleister zu einem wichtigen Wirtschaftsfaktor macht. Ein Großteil der getätigten Investitionen (ca. 271 Mio. Euro) flossen in den U-Bahn-Neubau – derzeit Wiens größtes Infrastrukturvorhaben. Ziel ist die bessere Anbindung der Außenbereiche der Stadt. Im September 2006 wurde die Verlängerung der U-Bahn-Linie U1 in Betrieb genommen. Der Ausbau der Linie U2 ist im Gange.[5]

Neben dem Netzausbau stellt die Modernisierung des Fuhrparks einen Investitionsschwerpunkt dar. Etwa 54 Mio. Euro wurden in die Beschaffung von Niederflurstraßenbahnen und -bussen investiert.[6] Auf den Buslinien sind mittlerweile nur noch Niederflurfahrzeuge im Einsatz, die Straßenbahnflotte wird schrittweise umgerüstet. Bis Ende 2014 werden 300 Niederflurstraßenbahnen vom Typ „Ulf“ unterwegs sein. Auch bei der U-Bahn wird der Fuhrpark systematisch umgestellt. Die Linie U6 (die

---

[1] Werbeslogan der Wiener Linien
[2] Wiener Stadtwerke: Nachhaltigkeitsbericht 2007, Wien 2008, Seite 22
[3] vgl. Wiener Stadtwerke: Geschäftsbericht 2007, Wien 2008, 39; Wiener Stadtwerke: Nachhaltigkeitsbericht 2007, Wien 2008, 27 und 52
[4] erstellt nach: Wiener Stadtwerke: Geschäftsbericht 2007, Wien 2008, 39; Wiener Linien: Alles über uns – Betriebsangaben 2007, Wien 2008, 4ff
[5] vgl. Wiener Stadtwerke: Nachhaltigkeitsbericht 2007, Wien 2008, 22 und 27
[6] vgl. ebd., 27

eigentlich keine U-Bahn, sondern eine Schnellstraßenbahn ist[7]), ist bereits komplett mit – im Wiener Bombardier-Werk hergestellten – neuen Wagen ausgerüstet worden.[8] Dafür fielen 2007 Beschaffungskosten in Höhe von ca. 39 Mio. Euro an.[9]

Straßenbahnhaltestelle am Kärntner Ring, Oper

Linie 2 auf der Ringstraße (alte Linienführung)

Autobushaltestelle Karlsplatz

Autobus-Linie 3a am Schwarzenbergplatz

U-Bahn-Station Stadtpark

U-Bahn-Linie U4 an der Wienzeile

[7] vgl. Kaiser, Wolfgang: Wiener Schienennahverkehr, München 2008, 117

[8] vgl. Wiener Stadtwerke: Geschäftsbericht 2007, Wien 2008, 34f

[9] vgl. Wiener Stadtwerke: Nachhaltigkeitsbericht 2007, Wien 2008, 27

Eine Angebotsverbesserung wollen die Wiener Linien nicht nur durch die Umstellung auf Niederflurfahrzeuge, sondern auch durch bessere Informationsangebote erzielen. Bereits seit 1997 sind an Straßenbahn- und Bushaltestellen Echtzeitanzeiger im Einsatz, die den Fahrgästen die Abfahrt der nächsten Bahnen oder Busse anzeigen. Bis 2012 sollen insgesamt 800 solcher Anzeiger im Einsatz sein. An Umsteigeknoten geben Vorweganzeiger seit 2007 schon beim Verlassen der U-Bahn-Station Auskunft darüber, wann die nächste Straßenbahn bzw. der nächste Bus fährt. Zusätzlich ist dabei ersichtlich, wann das nächste barrierefreie Fahrzeug kommt.[10] Auch an den Straßenbahnhaltestellen wird dem Fahrgast angezeigt, wann die nächste Niederflurstraßenbahn fährt.

Die Wiener Linien fallen auch durch ein bemerkenswertes Marketingkonzept auf. Ziel der betont emotional gestalteten Werbekampagne der Wiener Linien ist es zu zeigen, „*wie die Wiener Linien tagtäglich zu einem besseren und angenehmeren Leben in dieser Stadt beitragen.*“[11] Generell ist die Kundenzufriedenheit bei den Wiener Linien als hoch einzustufen. Im Rahmen einer von der EU-Kommission 2007 veröffentlichten Meinungsumfrage unter ÖPNV-Nutzern erreichte Wien hinter Helsinki den zweiten Platz.[12]

Aufgabe 1

Welche Faktoren sind kennzeichnend für den Erfolg der Wiener Linien?

Aufgabe 2

Welche Assoziationen verbinden Sie mit dem Slogan der Wiener Linien „Die Stadt gehört Dir.“?

Aufgabe 3

Analysieren Sie mithilfe der im Internet verfügbaren Informationen über die Wiener Linien (http://www.wienerlinien.at) deren Marketing-Mix!

[10] vgl. Wiener Stadtwerke: Nachhaltigkeitsbericht 2007, Wien 2008, 37

[11] vgl. Wiener Linien, http://www.wienerlinien.at, 22.02.2005

[12] vgl. Wiener Stadtwerke: Nachhaltigkeitsbericht 2007, Wien 2008, 38

Lösungen

Aufgabe 1

- Netzgröße, Netzdichte, Netzausbau
- dichte Taktzeiten, lange Bedienungszeiträume
- Schnittstellen, Umsteigemöglichkeiten (innerhalb der Wiener Linien sowie zu anderen Betreibern)
- Kombination zwischen U-Bahn (schnellfahrend, raumerschließend) sowie Straßenbahn und Bus (mit geringen Haltestellenabständen zur Feinerschließung)
- Fahrgastinformationssysteme (in Fahrzeugen, an Haltestellen und Umsteigeknoten)
- Fuhrpark (schrittweise, aber konsequente Umstellung auf Niederflurfahrzeuge)
- günstige Tarife, übersichtliche Tarifgestaltung
- hohe Akzeptanz in der Bevölkerung

Aufgabe 2

- Mobilität ohne eigenes Auto
- gute Erreichbarkeit aller Teile der Stadt zu (fast) jeder Tageszeit
- für Einheimische und Gäste der Stadt gleichermaßen einladend

Aufgabe 3

Merkmale		
Größe	• Netz deckt ganz Wien ab	
Zielgruppen	• alle Personen, die möglichen Kontakt zu den Wiener Linien haben • Kinder • Schüler/Studenten • Lehrlinge	• Senioren • behinderte Menschen • Touristen • „Nachtfalter" • „Shopping-Fans"
Konkurrenz	• Pkw/Motorrad • alternative Verkehrsmittel, die für den Transfer im jeweiligen Raum angemietet werden können • Akzeptanz	
Verbundmitglied	• VOR Verkehrsverbund Ost-Region	
Logo	• Komponenten: Firmenname „Wiener Linien" und „grüner Knopf"	
Slogan	• „Die Stadt gehört Dir."	
Marketing	• sehr starkes, erfolgreiches, eigenes Branding	
Produktpolitik		
Zweck des Transfers	• Einwohner • Berufsverkehr	• Touristen und Besucher
Netz	• national (Raum Wien)	
Fahrzeuge	• U-Bahn • Straßenbahn	• Busse

Fortsetzung

Kommunikationspolitik		
Werbung	• Plakate (40 %) • Anzeigen (30 %)	• Rest: Folder, Internet usw. (30 %)
Verkaufsförderung	• Sponsoring • Events: Flohmärkte, Eintrittskarte als Fahrschein • für Liebhaber: Straßenbahnmuseum, Straßenbahnmodelle, Jubiläumszeitschriften usw. • Qualitätssicherung: Fahrgastbeirat, ISO-Zertifizierung, regelmäßige Erhebung der Dienstleistungsqualität, Qualitätsverbesserungsprogramm	
Public Relations	• Kundenfreundlichkeit • Zuverlässigkeit • Geschwindigkeit • Vielseitigkeit • Sicherheit	• Gleichberechtigung • Fairness • Umweltfreundlichkeit • Teil des täglichen Lebens
Distributionspolitik		
Fahrscheine	• am Automaten • am Schalter • in Trafiken • im Fahrzeug	• per Mobiltelefon • per Internet • per Post
Information und Fahrplanauskunft	• im Internet • an jeder Haltestelle • beim Fahrzeugführer	• in den Filialen: persönlich und in Printversion • Telefon-Hotline
Preispolitik		
Fahrausweisangebot	• Wochenkarte • Monatskarte • Jahreskarte • Seniorenjahreskarte • Schülerstreckenkarte • Nachmittagsbildungskarte • Semesterticket • Lehrlingsfreikarte	• Kurzstreckenfahrscheine • Einzelfahrscheine • Streifenkarten • 8-Tage-Karte • 24-/48-/72-Stunden-Karte • Wien-Karte • Einkaufskarte • Night Line
Tarife	Ermäßigungen für • Kinder • Schüler/Studenten • Lehrlinge • Senioren	• Touristen • „Shopping-Fans" • Kurzstrecken-Fahrgäste • Fahrgäste auf Zeit • VOR-Tarifsystem

Tabelle 1-2 *Marketing-Mix der Wiener Linien*[13]

[13] modifiziert nach: Heinschink, Karin; Jahn, Christian: Marketing in der öffentlichen Verwaltung/in öffentlichen Unternehmen, Wien 2005 (Forschungsposter); siehe dazu auch Kaiser, Wolfgang: Die Wiener Straßenbahnen, München 2004; Wiener Linien: Tickets, http://www.wienerlinien.at, 28.03.2009

2 Erfolgreicher Stadtverkehr – Die Züri-Linie

„Das erfolgreichste ÖPNV-Modell in Europa,
die Züri-Linie, repräsentiert die Stadt Zürich
auf nahezu allen Postkarten;
sie verkörpert einen Teil der Identität.“[1]

2007 konnten die Verkehrsbetriebe Zürich ein besonderes Jubiläum feiern: 125 öffentlicher Verkehr.[2] Gezielte technische und betriebliche Modernisierungen innerhalb der letzten Jahrzehnte ließen in Zürich ein äußerst effizientes und über die Landesgrenzen hinaus anerkanntes Straßenbahnnetz entstehen, das durch ein Trolley- und Autobusnetz sowie die S-Bahn ergänzt wird.[3]

Verkehrsmittel	Linien	Linienlänge (in km)	Fahrgäste (in Mio.)	Personenkilometer (in Mio.)
Tram	13	113,1	197,3	360,2
Trolleybus	6	54,0	53,2	116,9
Autobus Stadtnetz	18	90,2	36,7	74,3
Quartierbus	9	30,8	2,4	3,5
Autobus Agglomeration	33	218,6	20,1	61,2
Seilbahn Rigiblick	1	0,4	k.A.	0,046
Nachtnetz	k.A.	k.A.	0,3	1,2
Gesamt	**80**	**507,1**	**310,0**	**617,3**

Tabelle 2-1 *Verkehrsbetriebe Zürich im Überblick*[4]

Neben den Schweizerischen Bundesbahnen stellen die Verkehrsbetriebe Zürich den größten Mobilitätsanbieter im Zürcher Verkehrsverbund dar. Zum Leistungsspektrum gehören u.a. Angebotsplanung, die Erbringung von Fahrleistungen, Infrastrukturerneuerung und Fahrzeugwartung. 2007 waren 2.396 Mitarbeiter bei den Verkehrsbetrieben tätig. Besonders erfreulich ist die hohe Akzeptanz in der Bevölkerung, was sich zum einen in der Fahrgastentwicklung – es werden heute 40 % mehr Fahrgäste als vor 25 Jahren transportiert[5] –, zum anderen in der Zustimmung zu Aus- und Neubauprojekten zeigt.[6]

---

[1] Petersen, Rudolf; Schallaböck, Karl Otto: Mobilität für morgen – Chancen einer zukunftsfähigen Verkehrspolitik, Berlin/Basel/Boston 1995, 185

[2] vgl. Verkehrsbetriebe Zürich: VBZ-Geschäftsbericht 2007, Zürich 2008, 2 und 5

[3] vgl. Wherli, Christoph: Straßenbahnen in Zürich, in: Bernet, Ralph (Hrsg.): Trams in der Schweiz, München 2000, 54

[4] erstellt nach: Verkehrsbetriebe Zürich: Fahrgastzahlen, http://www.vbz.ch, 03.02.2009; Verkehrsbetriebe Zürich: Angebot, http://www.vbz.ch, 03.02.2009; Verkehrsbetriebe Zürich: Linienlängen, http://www.vbz.ch, 03.02.2009

[5] vgl. Verkehrsbetriebe Zürich: Bitte einsteigen: Es geht ins Zürich von morgen, http://www.vbz.ch, 03.02.2009

[6] vgl. Verkehrsbetriebe Zürich: VBZ-Geschäftsbericht 2007, Zürich 2008, 5, 9 und 21

	2003	2004	2005	2006	2007
Fahrgäste in Mio.	300,3	308,3	239,35	294,91	309,73
Personenkilometer	593,5	612,3	590,21	590,23	616,12
Linienlänge Stadtnetz (km)	284,3	286,8	286,8	287,5	288,5
Linienlänge Regionalnetz (km)	214,1	218,4	216,0	216,8	218,6
Linienlänge Nachtbuslinien (km)	195,4	195,4	192,9	195,5	193,6
Schienenfahrzeuge	351	340	330	349	325
Busse (davon Niederflur)	244 (111)	242 (129)	242 (141)	255 (167)	245 (178)

***Tabelle 2-2** Fahrgäste und Angebot der Verkehrsbetriebe Zürich*[7]

Das erfolgreiche Zürcher Modell begann allerdings mit einem Mißerfolg. Ursprünglich war von den Verkehrsplanern ein – aus deren Sicht absolut notwendiges – U-Bahn-Konzept entwickelt worden, das allerdings von der Wahlbevölkerung abgelehnt wurde. Gleichzeitig forderte die Bevölkerung eine alternative, preiswertere Lösung. Die Stadt war damit zum Handeln gezwungen.

Kennzeichnend für das in der Folge entwickelte Modell sind dichte und flächendeckende Takte sowie die Bevorzugung von Straßenbahnen und Bussen an Ampelkreuzungen. Im Innenstadt-Bereich bieten die Straßenbahnen teilweise einen Drei-Minuten-Takt an, die einzelnen Linien verkehren wenige hundert Meter entfernt voneinander, so daß die Straßen mit einem dichten Netz erschlossen werden. Auf diese Art und Weise erreicht man eine ständige optische und faktische Präsenz, die Vertrauen in das Verkehrsmittel schafft.

Das Management der Züri-Linie stammt aus erfolgreichen privatwirtschaftlichen Unternehmen. Professionelle Management- und PR-Methoden wurden auf das Verkehrsunternehmen übertragen. Erwähnenswert ist zudem, daß die notwendigen Investitionen ausschließlich aus kommunalen Mitteln finanziert wurden. So mußten die Planer genau überlegen, was machbar ist und was nicht.[8]

Aufgrund der sich wandelnden Mobilitätsbedürfnisse der Bevölkerung, aber auch aufgrund städtebaulicher Maßnahmen werden Anpassungen im Straßenbahn- und Busnetz notwendig. Als langfristig sinnvoller, wenngleich finanziell nicht unbedingt günstiger Schritt zur Angebots- und Kapazitätsausweitung wurde der Neubau von Straßenbahnstrecken (Ergänzung bzw. Verlängerung) gesehen, der sich im Verkehrsplan niederschlug.[9] Die Verkehrsbetriebe wollen auch in Zukunft auf eine Wachstumsstrategie setzen. Kern dieser Strategie bildet die „Liniennetzentwicklung 2025“.[10]

---

[7] erstellt nach: Verkehrsbetriebe Zürich: VBZ-Geschäftsbericht 2007, Zürich 2008, 9

[8] vgl. Petersen, Rudolf; Schallaböck, Karl Otto: Mobilität für morgen – Chancen einer zukunftsfähigen Verkehrspolitik, Berlin/Basel/Boston 1995, 188

[9] vgl. Wherli, Christoph: Straßenbahnen in Zürich, in: Bernet, Ralph (Hrsg.): Trams in der Schweiz, München 2000, 57f

[10] vgl. Verkehrsbetriebe Zürich: VBZ-Geschäftsbericht 2007, Zürich 2008, 5

Ziel dieses Projektes ist die Anpassung des Angebots an die Stadt- und Siedlungsentwicklung und damit die Unterstützung der Mobilitätsstrategie der Stadt Zürich sowie die Einbettung in die Entwicklung des Bahnnetzes. Dabei stehen folgende Aspekte im Mittelpunkt:

- *„Die Entwicklung des Tram- und Busnetzes mit den Zielen der Stadtentwicklung, der umliegenden Gemeinden, der Investoren und der regionalen Planungsgruppen abstimmen.*
- *Die Kundenbedürfnisse dank der Ausrichtung auf künftige Nachfrageveränderungen optimal befriedigen.*
- *Mittel- und langfristige Netzperspektiven aufzeigen, mögliche Tramnetzerweiterungen festlegen, priorisieren und ins Netz einbinden.*
- *Die verschiedenen ÖV-Verkehrsträger im Raum Zürich funktional aufeinander abstimmen und optimal vernetzen.*
- *Die Basis für die Aktualisierung des ÖV-Gesamtkonzepts für Stadt und Agglomeration Zürich schaffen.*“[11]

Dabei soll das Netz ausgehend von den heute bereits existierenden Systemen auch künftig seine Funktion erfüllen, d.h. die S-Bahn als Grobverteiler sowie Straßenbahn und Bus als Feinverteiler. Heute wie damals wird der Bau einer U-Bahn nicht in Erwägung gezogen: „*Ein gutes Tramsystem kann für denselben Preis ein ungleich dichteres Netz anbieten. Und für Zürich ist aufgrund der kleinräumigen, dichten Siedlungsstrukturen weniger die Geschwindigkeit, sondern viel mehr eine hohe Netzdichte ein wichtiger Erfolgsfaktor im öffentlichen Verkehr. Die schnellen Verbindungen zwischen einzelnen Stadtquartieren bzw. zwischen der Stadt und den angrenzenden Regionen bietet die S-Bahn mit ihrem vergleichsweise dichten Haltestellennetz auf dem Stadtgebiet an. Mit der neuen Durchmesserlinie wird die innerstädtische Erschliessung der S-Bahn weiter optimiert.*“[12]

Im Rahmen der Netzentwicklung sollen folgende Grundsätze handlungsleitend sein:

- Es sollen möglichst viele Fahrgäste schnell und ohne Umsteigen zum Ziel kommen.
- Vom Hauptbahnhof bzw. der Innenstadt aus soll ein leistungsfähiges Radialnetz alle Stadtteile anbinden.
- Die im Norden, Westen und Süden der Stadt gelegenen Entwicklungsgebiete sollen über leistungsfähige Tangenten verknüpft werden.
- Das Zürcher Umland soll durch eine Optimierung des bestehenden Netzes besser angebunden werden.

---

[11] VBZ Züri-Linie: Was bringt die Zukunft? Das VBZ-Linienkonzept 2025, Zürich o.J., 6

[12] Verkehrsbetriebe Zürich VBZ: Lebensqualität auf der ganzen Linie: Das VBZ-Netz 2025 – Studie zur Liniennetzentwicklung, Synthesebericht, Zürich 2006, 7

- Das Straßenbahn- und Bus-Netz soll zukünftig besser mit der S-Bahn verknüpft werden.[13]

Deshalb finden auch im Bereich der S-Bahn, die erst seit 1990 in Betrieb ist, Ausbaumaßnahmen statt. Nach sieben Jahren Planungs- und Bauzeit wurden zum Fahrplanwechsel im Dezember 2007 die Infrastrukturanpassungen bei der S-Bahn wirksam. Im Rahmen der dritten Teilergänzung des Netzes können nun 15 % mehr Zugkilometer genutzt werden. Zur Verbesserung des Angebots werden seit 2006 ergänzend zum vorhandenen Rollmaterial neue S-Bahn-Doppelstocktriebzüge eingesetzt.[14]

Aufgabe 1

Was macht den Erfolg des Zürcher Stadtverkehrs aus? Stellen Sie dies in einem Mindmap dar!

Aufgabe 2

Stellen Sie mithilfe einer Umfeldeinflußmatrix dar, inwieweit Faktoren des Umfelds die strategischen Aktionsfelder des Stadtverkehrs in Zürich beeinflussen können!

Aufgabe 3

Untersuchen Sie die betrachteten Umfeldfaktoren in Hinblick auf ihre Steuerbarkeit aus Sicht der Verkehrsbetriebe! Begründen Sie Ihre Zuordnung!

Aufgabe 4

Wie beurteilen Sie die Ablehnung des U-Bahn-Projektes durch die Bevölkerung? Wurde damit der Aufbau eines modernen Nahverkehrssystems in Zürich gefährdet?

---

[13] vgl. VBZ Züri-Linie: Was bringt die Zukunft? Das VBZ-Linienkonzept 2025, Zürich o.J., 10f

[14] vgl. Frischknecht, Markus: Dritte Teilergänzung der S-Bahn Zürich, in: Schweizer Eisenbahn-Revue, 11/2008, 569ff

Lösungen

Aufgabe 1

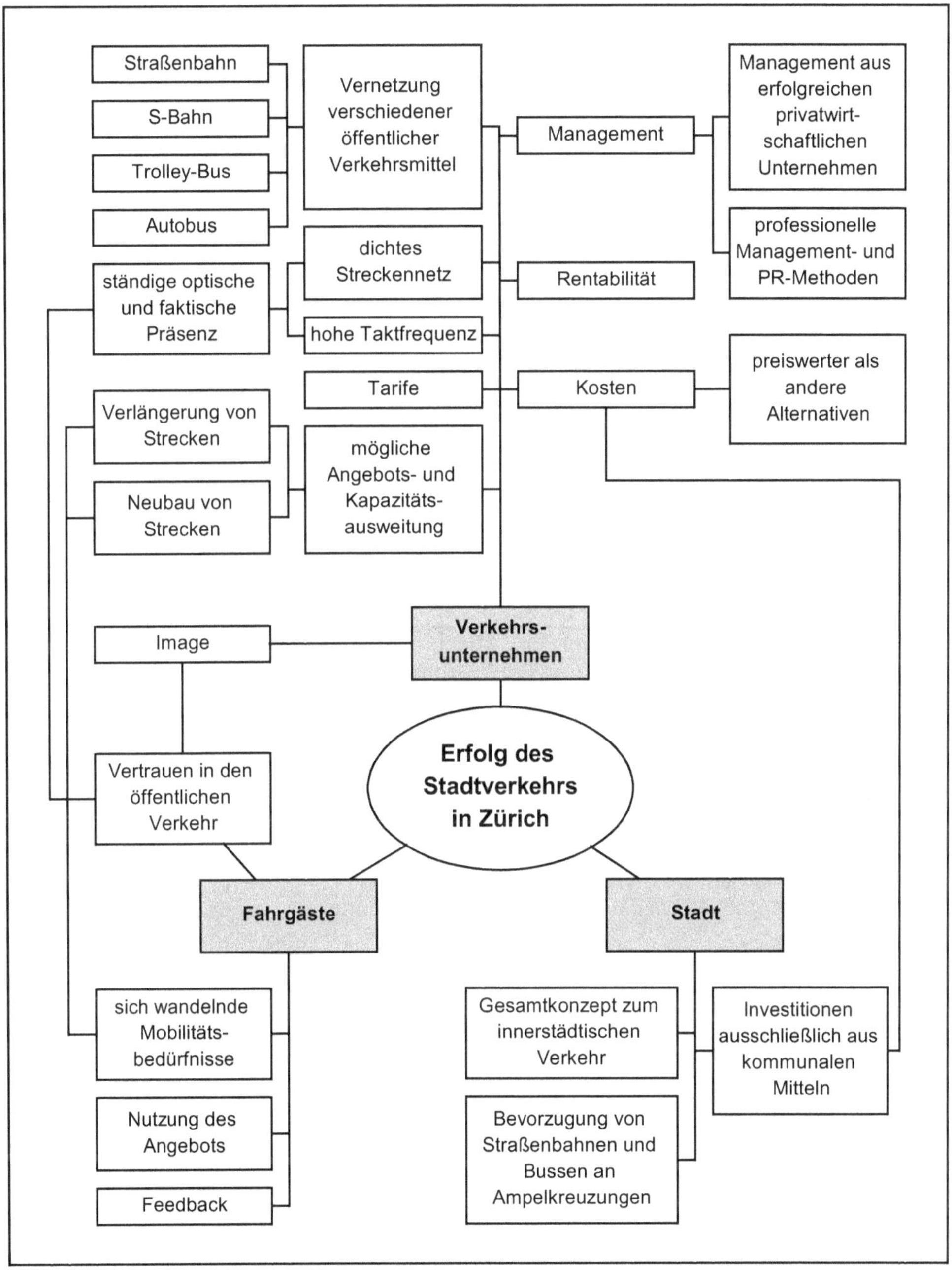

Tabelle 2-3 *Mindmap: Erfolgsfaktoren des Stadtverkehrs in Zürich*

Aufgabe 2

Strategische Aktionsfelder	Umfeldfaktoren: Städtisches Nahverkehrs-konzept	Bereitgestellte finanzielle Mittel der Stadt	Mobilitätsbedürfnisse der potentiellen Fahrgäste	Attraktivität alternativer Transportmittel	Energiepreise	geographische Voraus-setzungen	technologischer/ technischer Stand	**Zeilensumme**
Taktfrequenz	3	2	3	2	1	0	2	**13**
Anzahl der Linien	3	3	3	2	0	3	0	**14**
Länge der Linien	3	3	3	2	0	3	0	**14**
Linienführung	3	2	3	3	0	3	3	**17**
Kapazität der Fahrzeuge	0	1	3	2	0	0	3	**9**
Komfort in den Fahr-zeugen	0	1	3	1	0	0	3	**8**
Service	0	0	3	1	0	0	3	**7**
Tarife	1	1	3	2	3	0	1	**11**
Management	1	1	1	1	0	0	0	**4**
Rentabilität	1	1	1	1	1	0	2	**7**
Kosten	1	1	1	1	3	3	3	**13**
Spaltensumme	**16**	**16**	**27**	**18**	**8**	**12**	**20**	**x**

Abbildung 2-1 *Umfeldeinflußmatrix*

Die größten Einflüsse üben die – sich auch wandelnden – Mobilitätsbedürfnisse der Fahrgäste aus, an denen sich das Angebot der städtischen Verkehrsbetriebe orientierten sollte. Das Nutzungsverhalten der Fahrgäste bestimmt die Angebotsgestaltung, d.h. in welchen Bereichen Kapazitätserweiterungen (bzw. -kürzungen) notwendig werden bzw. welche Maßstäbe in Bezug auf Service und Komfort zu setzen sind.

Am stärksten beeinflußt werden Linienführung, Anzahl und Länge der Linien sowie die Taktfrequenz. Hierbei geht es um die Kernaspekte der Beförderung.

Aufgabe 3

Steuerbarkeit	Faktoren	Begründung
Steuerbare Faktoren	• Städtisches Nahverkehrskonzept	• an der Erarbeitung des städtischen Nahverkehrskonzeptes sollten die Verkehrsbetriebe beteiligt sein; demzufolge können sie auch (wirksam) darauf Einfluß nehmen
	• Bereitgestellte finanzielle Mittel der Stadt	• im Rahmen des städtischen Nahverkehrskonzeptes sollte auch die Mittelzuteilung diskutiert werden; da die Verkehrsbetriebe an der Konzeptgestaltung beteiligt sein sollten, können sie auch – innerhalb eines gewissen Rahmens – auf finanzielle Aspekte einwirken
	• technologischer/ technischer Stand	• Beteiligung der Verkehrsunternehmen an Entwicklung von Fahrzeugen ist möglich (Bsp.: Leipzig)

Fortsetzung

Steuerbarkeit	**Faktoren**	**Begründung**
Wirksam steuerbare Faktoren	• Städtisches Nahverkehrskonzept	• s.o.
Nicht steuerbare Faktoren	• Mobilitätsbedürfnisse der potentiellen Fahrgäste	• beeinflussen können die Verkehrsbetriebe die Bedürfnisse nicht, sollten aber ihre Leistungen entsprechend gestalten, um den Bedürfnissen gerecht zu werden
	• Attraktivität alternativer Transportmittel	• auch die Attraktivität alternativer Transportmittel kann nicht beeinflußt werden; die Verkehrsbetriebe sollten vielmehr deren Vorteile kennen und versuchen, ähnliche – soweit möglich – im Rahmen des eigenen Angebots zu offerieren
	• Energiepreise	• können nicht beeinflußt werden; können sich nur in den Tarifen bzw. in Taktfrequenz und Netzdichte niederschlagen
	• geographische Voraussetzungen	• sind als gegeben hinzunehmen
Frühwarnindikatoren	• Mobilitätsbedürfnisse der potentiellen Fahrgäste	• Bedürfnisse entwickeln sich über Zeiträume hinweg, Veränderungen sind beobachtbar

Tabelle 2-4 *Steuerbarkeit der Faktoren*

Aufgabe 4

- Ablehnung als Folge des Schweizer Demokratiesystems
- Wahlbevölkerung forderte alternative, preiswertere Lösung als U-Bahn
- Verkehrsplaner bzw. Entscheidungsträger waren somit gefordert, nach „echten" Alternativen zu suchen
- Alternativen wurden genutzt
- die Kombination von Straßenbahn, Bus und S-Bahn (samt diesbezüglicher Ausbaumaßnahmen) kann die Mobilitätsbedürfnisse der Bevölkerung in vollem Umfang erfüllen
- Zürich ist gekennzeichnet durch kleinräumige, dichte Siedlungsstrukturen, wobei weniger Geschwindigkeit, sondern eher eine hohe Netzdichte wichtig ist
- ein gutes Straßenbahnsystem kann für denselben Preis ein wesentlich dichteres Netz anbieten

3 Straßenbahn im Eigenbau – Der LeoLiner

Als erstmals die Pläne der Leipziger Fahrzeugservice-Betriebe GmbH, einem Joint Venture zwischen den zu gleichen Teilen beteiligten Leipziger Verkehrsbetrieben und Siemens Transportation Systems, bekannt wurden, selbst eine Straßenbahn zu entwickeln, wurde die Idee zunächst belächelt, war es doch sowohl aus technischer als auch betriebswirtschaftlicher Sicht ein sehr ehrgeiziges Projekt, sich beispielsweise mit Alstom oder Bombardier messen zu wollen.[1]

Die Leipziger Verkehrsbetriebe hatten die Leipziger Fahrzeugservice-Betriebe beauftragt, einen Niederflurgelenktriebwagen mit folgenden Eigenschaften zu entwickeln:

- *„Einsatz von bewährter Drehgestelltechnik,*
- *moderne und energiesparende Drehstromantriebssteuerung,*
- *Flexibilität durch Traktionsfähigkeit,*
- *geringere Beschaffungskosten als auf dem konventionellen Beschaffungsmarkt,*
- *Einsatzmöglichkeit auch auf Infrastrukturen mit hohem Verschleißgrad.*“[2]

Nur zehn Monate, nachdem der Auftrag zum Bau der Prototypen eingegangen war, konnte der erste „LeoLiner“, benannt nach Leipzigs Wappentier, zur Probefahrt starten. Die sonst üblichen Entwicklungszeiten für Straßenbahnen liegen zwischen zwei und fünf Jahren. Sechs Monate später waren auch das zweite Vorserienmodell gebaut und alle technischen Prüfungen erfolgreich bestanden. Von Juni 2004 an fuhren die ersten beiden Triebwagen im Liniendienst der Leipziger Verkehrsbetriebe.[3] Wenig später wurde ein Vertrag über die Lieferung von 30 Serienfahrzeugen abgeschlossen.[4]

1989 verfügte Leipzig über mehr als 1.000 Straßenbahnwagen und stellte damit einen der größten Straßenbahnbetriebe Deutschlands, zudem mit dem zweitlängsten Netz des Landes (324 km) dar. In der dazugehörigen Werkstatt konnten alle nötigen Reparaturarbeiten ausgeführt werden. Aufgrund des damaligen chronischen Ersatzteilmangels wurden für die Tatra-Straßenbahnen auch Komponenten selbst gefertigt und sogar weiterentwickelt. Heute ist dieses Know-how ein entscheidender Erfolgsfaktor, wenngleich die Aufträge zur Straßenbahnwartung mittlerweile stark zurückgegangen sind. Dies liegt auch daran, daß die Wartungszyklen nun we-

[1] vgl. Leoliner Fahrzeug-Bau Leipzig GmbH: Geschichte und Entwicklung, http://conrad05.e-werk.com/lfb, 24.07.2007; Pollack, Frank: Wirtschaftsförderung Marke Eigenbau, in: brand eins 8/2005, http://www.brandeins.de, 10.04.2006

[2] Leoliner Fahrzeug-Bau Leipzig GmbH: Geschichte und Entwicklung, http://conrad05.ewerk.com/lfb, 24.07.2007

[3] vgl. ebd.

[4] vgl. Leoliner Fahrzeug-Bau Leipzig GmbH: NGTW6L – Der Leoliner für Leipzig, http://conrad05.e-werk.com/lfb, 24.07.2007

sentlich länger sind. Zudem arbeiten längst nicht mehr so viele Mitarbeiter bei der Leipziger Fahrzeugservice-Betriebe GmbH, sondern sind in anderen Unternehmen der Region beschäftigt, zu denen aber nach wie vor gute Verbindungen bestehen.[5]

Durch den „LeoLiner" haben viele dieser Unternehmen neue Aufträge bekommen. Es wird geschätzt, daß etwa die Hälfte der Wertschöpfung im Umkreis von rund 150 km stattfindet, so z.B. in Dessau, Altenburg und Dresden. Man geht davon aus, daß dadurch rund 150 Arbeitsplätze in mittelständischen Betrieben gesichert oder geschaffen werden konnten.[6]

Die Schnelligkeit, mit der die Pläne realisiert wurden, rührte daher, daß Leipzig die Bahnen dringend benötigt(e). Aufgrund des großen und vielerorts maroden Schienennetzes in Leipzig sind hier robuste Bahnen gefragt. Es ist damit zu rechnen, daß die Sanierung des Schienennetzes noch Jahrzehnte andauern wird. Die Trassen weisen zum Teil enge Kurvenradien auf und führen über stark beanspruchte Gleise. Verschiedene Tests mit Bahnen etablierter Hersteller brachten nicht die gewünschten Ergebnisse. Im schlimmsten Fall endete ein Fahrzeugtest mit einem Totalschaden.

Ermöglicht wurde die kurze Entwicklungs- und Bauzeit dadurch, daß fast ausschließlich einfache, praxiserprobte Komponenten zum Einsatz kamen. Man wollte etwas einfach Machbares und Bezahlbares konstruieren und nicht etwas technisch Denkbares. Renommierte Bahnhersteller waren gerade daran in der Vergangenheit gescheitert und hatten nicht nur einmal teilweise unreife und/oder durch technische Raffinessen verteuerte Produkte ausgeliefert. Durch den Eigenbau konnte in Leipzig eine Bahn entwickelt werden, die allen Bedürfnissen entsprach, die es aber so am Markt nicht gab. Zudem erwies sich der Eigenbau als bis zu 40 % günstiger als die Neuanschaffung. Dabei wurde natürlich nicht an der Sicherheit gespart. Um Problemen bei der Zulassung vorzugreifen, arbeitete man während der Entwicklung mit den staatlichen Prüfern der Technischen Aufsicht Bahnen zusammen. Nach einem Jahr Dauerbetrieb ließ sich eine Einsatzbereitschaft von 95 % feststellen. Üblicherweise liegt sie bei etwa 90 %. Geringfügige Änderungen, die vor der Serienreife durchgeführt wurden, gingen auf Wünsche der Leipziger Verkehrsbetriebe zurück.[7]

Die Leipziger Fahrzeugservice-Betriebe haben die Bahn nicht nur für den Eigenbedarf entwickelt, sondern möchten sie gerne auch an andere Verkehrsbetriebe verkaufen. Deshalb wollte man ein erfahrenes Unternehmen an Konzeption und Bau beteiligen.

Was den Erbauern der neuen Bahn nicht gelungen ist, ist die angestrebte Partnerschaft mit Siemens. Obwohl Siemens Transportation Systems u.a. zur Hälfte an den

---

[5] vgl. Pollack, Frank: Wirtschaftsförderung Marke Eigenbau, in: brand eins 8/2005, http://www.brandeins.de, 10.04.2006

[6] vgl. Jäckel, Ralf: Leoliner – Eine Tram für alle Fälle, http://www.dw-world.de, 24.07.2007

[7] vgl. HeiterBlick: LeoLiner, Leipzig 2007, 1; Pollack, Frank: Wirtschaftsförderung Marke Eigenbau, in: brand eins 8/2005, http://www.brandeins.de, 10.04.2006

Leipziger Fahrzeugservice-Betrieben beteiligt ist, nahm das Unternehmen nicht an der Entwicklung teil.[8]

Siemens sollte dann im Rahmen des weltweiten Vermarktungsnetzes beim Vertrieb der Fahrzeuge tätig werden, konnte sich allerdings nur vorstellen, die Produktion des „LeoLiners" in das 2001 übernommene ehemalige Tatra-Bahnen-Werk nach Prag zu verlagern. Die Leipziger Fahrzeugservice-Betriebe wollten allerdings am Standort Leipzig festhalten. Mit Siemens einigte man sich insoweit, daß die neuen Bahnen in der im Juli 2004 gegründeten Leoliner Fahrzeug-Bau Leipzig GmbH, einer hundertprozentigen Tochter der Leipziger Verkehrsbetriebe, produziert werden.[9]

LeoLiner an der Endhaltestelle Paunsdorf

Linie 15 nach Meusdorf

Gemäß einer Regelung darf der kommunale Betrieb aber nur 20 % seiner Produkte außerhalb der Leipziger Verkehrsbetriebe verkaufen. Andererseits kann das Unternehmen nur durch Fremdaufträge wachsen. Deshalb entschied man sich für die Privatisierung der Leoliner Fahrzeug-Bau Leipzig GmbH. Bei einem internationalen Bieterwettbewerb fanden sich fünf Kaufinteressenten. Der Zuschlag ging letztendlich an die Kirow Leipzig KE Kranbau Eberswalde AG, die im Juli 2006 51 % der Gesellschafteranteile hält. Schrittweise möchten sich die Leipziger Verkehrsbetriebe bis 2010 bis zu einem Anteil von 10 % aus dem Unternehmen zurückziehen und die Kirow-Anteile entsprechend erhöhen. Mittelfristig wird die Verdopplung der Produktion von derzeit zwölf Bahnen pro Jahr angestrebt. Dabei sollte auch die Zahl der Mitarbeiter zunehmen.[10] 2007 wurde die Leoliner Fahrzeug-Bau Leipzig GmbH in HeiterBlick GmbH umbenannt.

Mittlerweile ist man in der Fahrzeugentwicklung weiter vorangeschritten. Neben dem Ausgangsmodell, dem für Leipzig konzipierten 6achsigen Niederflurgelenktriebwagen, wurden bereits meterspurige Fahrzeuge für Halberstadt ausgelie-

[8] vgl. Pollack, Frank: Wirtschaftsförderung Marke Eigenbau, in: brand eins 8/2005, http://www.brandeins.de, 10.04.2006

[9] vgl. Leoliner Fahrzeug-Bau Leipzig GmbH: Geschichte und Entwicklung, http://conrad05.e-werk.com/lfb, 24.07.2007

[10] vgl. Sachse, Samira: Straßenbahnhersteller als Objekt der Begierde, in: Freie Presse, 26.01.2006, 6

fert. Zudem begann man mit der Entwicklung acht- und zwölfachsiger Fahrzeuge. Dabei finden auch Zweirichtungsversionen Berücksichtigung.

Niederflur-Gelenktriebwagen	NGTW6H – 6achsig	NGTW6L – 6achsig	NGTW8 – 8achsig
Wagenlänge (über Kupplung)	22000 mm	23102 mm	35100 mm
Wagenbreite	2300 mm	2300 mm	2300 mm
Leermasse, ca.	26850 kg	27300 kg	41000 kg
Motorleistung	4 x 65 kW	4 x 65 kW	4 x 85 kW
Niederfluranteil	ca. 70 %	ca. 60 %	ca. 75 %
Platzangebot	105	118	178
davon Sitzplätze	43	39	63
Mögliche Spurweiten	1000 mm	1435/1458 mm	1000/1435/1458 mm

***Tabelle 3-1** Technische Daten zum „LeoLiner“*[11]

Doch es gibt auch Kritik an der „Low-Cost-Tram“. Dabei spielt vor allem die Trennung zwischen dem Niederflur- und den beiden Hochflurbereichen[12] durch drei Treppenstufen eine Rolle. Fahrgäste, die keine Treppen steigen können, müssen zuvor wissen, wo etwa welche Tür zum Halt kommt oder an der Haltestelle die Türen wechseln. Dies verbraucht kostbare Zeit, was sich auf längeren Strecken durchaus summieren und zum Einsatz zusätzlicher Bahnen führen kann.[13]

Auf gut ausgebauten Strecken wird daher der „LeoLiner“ nicht unbedingt erste Wahl sein. Vielmehr wird er sich auf kurvigen und nicht sanierten Strecken bewähren können, die den Einsatz 100%iger Niederflurtechnik nicht erlauben. Auch für kleinere ÖPNV-Betreiber, denen aufgrund des geringeren Fahrgastaufkommens Fahrzeuge[14] mit 22 m Länge ausreichen, dürfte der „LeoLiner“ interessant sein.[15] Damit hätte der „LeoLiner“ auch in anderen Städten der neuen Bundesländer sowie in Osteuropa gute Einsatzchancen. Verschiedene Anfragen zeugen von starkem Interesse an der Bahn.[16] So wurde der „LeoLiner“ beispielsweise 2004 zum 110jährigen Jubiläum der Plauener Straßenbahn den dortigen Fahrgästen präsentiert, damals allerdings wegen Spurweitenunterschieden aufgebockt.

---

[11] vgl. HeiterBlick: LeoLiner, Leipzig 2007, 6; Leipziger Fahrzeugservice-Beriebe GmbH LFB: Entwicklung – Technische Daten – Ausstattung, Leipzig, o.J., 3

[12] Inzwischen wurde im Rahmen der Produktentwicklung der Einsatz veränderter Drehgestelle geprüft, so daß eine niedrigere Einstiegshöhe sowie eine geringere Differenz zwischen dem Hochflur- und dem Niederflurbereich entsteht. (vgl. Leoliner Fahrzeug-Bau Leipzig GmbH: Produktentwicklung, http://conrad05.ewerk.com/lfb, 24.07.2007)

[13] vgl. Pollack, Frank: Wirtschaftsförderung Marke Eigenbau, in: brand eins 8/2005, http://www.brandeins.de, 10.04.2006

[14] Die Fahrzeuge sind jedoch auch mehrfach traktionsfähig.

[15] vgl. Leipziger Fahrzeugservice-Beriebe GmbH LFB: Entwicklung – Technische Daten – Ausstattung, Leipzig, o.J., 2

[16] vgl. Rieskamp, Gerhard: Eigenbaustraßenbahn NGTW6 „Leoliner“, http://www.leipziger-nahverkehr.de, 24.07.2007

„LeoLiner" zur Präsentation in Plauen

Großes Interesse vorhanden

Doch nicht nur hier war bzw. ist das Interesse groß. Im Januar 2009 schloß die Bielefelder moBiel einen Großauftrag über die Lieferung von 16 Hochflurstraßenbahnen mit der HeiterBlick GmbH ab.[17] Inzwischen sind auch andere Hersteller auf das Potential aufmerksam geworden.

Aufgabe 1

Welche Vorteile verbindet der „LeoLiner"? Wie konnte er trotz des knappen Zeitplanes innerhalb eines Jahres gefertigt werden?

Aufgabe 2

Wie konnten die Leipziger Verkehrsbetriebe den „LeoLiner" so kostengünstig produzieren und damit bis zu 40 Prozent unter dem Kaufpreis einer vergleichbaren Straßenbahn bleiben?

Aufgabe 3

Warum kann der „LeoLiner" nicht in allen Großstädten so effizient eingesetzt werden? Berücksichtigen Sie technologische und einsatztechnische Grenzen!

Aufgabe 4

Welche Chancen und Risiken sehen Sie in Zukunft für den „LeoLiner"?

Aufgabe 5

Wird sich das Konzept Ihrer Meinung nach langfristig durchsetzen?

[17] vgl. Milde, Ulrich; Staeubert, Klaus: Großauftrag: 16 Leipziger Hochflur-Stadtbahnwagen für Bielefeld (23.01.2009), in: Leipziger Volkszeitung, http://www.lvz-online.de, 03.02.2009; o.V.: Fahrzeughersteller HeiterBlick: Aufträge aus Bielefeld und Leipzig (27.01.2009), http://www.eurailpress.de, 03.02.2009; o.V.: Aktuelles (26.01.2009), http://www.mobiel.de, 03.02.2009

Lösungen

Aufgabe 1

Vorteile:

- bedarfsgerechte Anpassung an lokale Gegebenheiten → Leipziger Infrastruktur mit engem und marodem Schienennetz, es entstand eine robuste, bewegliche, wartungsfreundliche und dennoch komfortable Bahn
- Verwendung einfacher und bewährter Bauteile
- bietet kostengünstige Alternative zu vergleichbaren Neuinvestitionen
- im Vordergrund stand die Entwicklung einer Bahn, die den Anforderungen gerecht wird, die aber auf nicht unbedingt notwendige „Raffinessen" verzichtet

Gründe für kurze Entwicklungs- und Produktionszeit:

- kurze Wege und gute Kontakte zu den Zulieferern → schnelle und effiziente Problemlösungen
- befähigtes Personal, das den gesamten technologischen Prozess kennt und beherrscht
- von Beginn der Entwicklung an enge Zusammenarbeit mit den staatlichen Prüfstellen
- zusätzlicher Ansporn durch Desinteresse der etablierten Hersteller

Aufgabe 2

- technisches Know-How bereits in Werkstätten vorhanden (spezialisiertes Personal aus ehemaliger DDR, das aufgrund des damals allgegenwärtigen Ersatzteilmangels komplexe Komponenten oft selbst anfertigte und sogar weiterentwickelte) → Fähigkeiten und Fertigkeiten erhalten geblieben, dadurch weniger kostenintensive Trainings- und Weiterbildungsmaßnahmen notwendig
- ein Teil der ehemaligen Mitarbeiter arbeitet bei in der Region ansässigen Unternehmen, die heute Kooperationspartner darstellen; gute persönliche Kontakte und ausgeprägte Netzwerke vorhanden
- ca. die Hälfte des gesamten Wertschöpfungsprozesses in der Region (geringe Entfernungen für Informations- und Materialfluß)
- Verwendung von Low-cost-Produkten (z.B. keine Lüftung, Einfachglas, Schwenk- statt Schwenkschiebetüren), jedoch nicht an sicherheitsrelevanten Komponenten gespart
- Versuch, auf anfällige und überflüssige Komponenten weitestgehend zu verzichten und lediglich erprobte und notwendige Technologien einzusetzen

Aufgabe 3

- zentrales Problem: drei Treppenstufen, die den Nieder- und die beiden Hochflurbereiche voneinander abtrennen → in größeren Städten werden auf Grund des Komforts ausschließlich Niederflurbahnen eingesetzt
- Strecken mit überwiegend geraden Gleisen auf gesonderter Trasse sind für andere Bahnen besser geeignet (höhere Geschwindigkeiten und größerer Komfort)
- Zeitkomponente in Großstädten wichtiges Kriterium, bei „LeoLiner" müssen Fahrgäste vor dem Einsteigen gegebenenfalls Tür wechseln → kostet unnötig Zeit, was wiederum längere Fahrzeiten verbunden mit dem Einsatz zusätzlicher Bahnen zur Folge hat

- der „LeoLiner“ ist keine Universallösung, kann aber unter bestimmten Voraussetzungen die beste Alternative sein

Aufgabe 4

Chancen	Risiken
• Unternehmen selbst sieht Perspektiven vor allem in neuen Bundesländern und Osteuropa, da viele der dortigen Straßenbahnnetze (z.B. St. Petersburg, Warschau…) veraltet und stark sanierungsbedürftig sind • viele dieser Städte haben auf derartiges Konzept gewartet, da Komplettmodernisierung aus logistischen und finanziellen Gründen oft ausgeschlossen ist	• Konkurrenzsituation wächst, da andere Hersteller Nische entdeckt haben und Konkurrenzmodelle ankündigen, besitzen zum Teil größere finanzielle und technologische Möglichkeiten sowie umfangreichere Infrastruktur • Eigenentwicklungen aus osteuropäischen Ländern oder anderen Niedriglohnregionen könnten zu mehr Konkurrenz und einem erhöhten Preisdruck führen • bisher nur begrenzte Kapazitäten herstellbar und damit verbunden beschränkte Wachstumsmöglichkeiten → Qualität geht vor Quantität

Tabelle 3-2 *Chancen und Risiken*

Aufgabe 5

Das Konzept kann sich auch zukünftig bewähren.

Gründe:

- in vielen der osteuropäischen Großstädte wurde in den letzten Jahren aufgrund der begrenzten finanziellen Möglichkeiten nur wenig in die Instandsetzung und Erneuerung der Schienennetze und in die Straßenbahnen investiert → in kommenden Jahren ist mit einer steigenden Nachfrage in diesem Sektor zu rechnen
- technologische und personelle Ressourcen in der Region in ausreichendem Maße vorhanden und effizient einsetzbar
- bisherige Fertigungskapazitäten könnten in Zukunft noch gesteigert werden
- Nachfrage von verschiedenen potentiellen Kunden zeigt Interesse am „LeoLiner“ und unterstreicht Zukunftsfähigkeit des Konzeptes

4 Trassenneubau – Eine Straßenbahn für Teneriffa

Teneriffa ist eine der sieben Kanarischen Inseln, gelegen im Atlantischen Ozean, südwestlich zur marokkanischen Küste. Die Insel ist etwa 2.000 km² groß und hat rund 800.000 Einwohner. Die Wirtschaft der Insel hängt stark vom Tourismus sowie den damit in Verbindung stehenden Wirtschaftszweigen ab. Auf der Insel gibt es drei Regionen, in denen sich die Bevölkerung konzentriert: zum einen die Provinzhauptstadt Santa Cruz mit ihrer Nachbargemeinde La Laguna, zum anderen die Touristenzentren im Süden und schließlich der Norden der Insel um das Tal von La Orotava.

In den letzten 20 Jahren nahm die Bevölkerung auf der Insel stärker als je zuvor zu. In gleichem Maße stieg die Zahl der Privat-Pkw an, allerdings hat sich an der Verkehrsinfrastruktur nur wenig verändert. Die Folge sind allerorts fehlende Parkplätze, tägliche Staus und ein regelmäßig zusammenbrechender Verkehr in den Stadtzentren. Die Situation ist sowohl für die Einwohner als auch für Pendler und Touristen belastend.

Um die bestehenden Probleme zu lösen, wurde vor einigen Jahren eine alte Idee wiederbelebt – die vom Bau einer Straßenbahn. Zwischen 1905 und 1951 gab es auf der Insel bereits einmal eine Straßenbahn, die zwischen Santa Cruz und Tacoronte verkehrte. Diese Bahn wurde allerdings aufgrund der vermeintlich höheren Effizienz und Attraktivität der Autobusse eingestellt.

Im Juni 2004 begann man, eine neue, 12 km lange Straßenbahnlinie von Santa Cruz nach La Laguna zu bauen, die im März 2007 fertiggestellt sein sollte.[1] Die neue Linie wird auf Normalspur (1435 mm)[2] ausgelegt und 21 Haltestellen haben. Die Fahrzeit von einer Endhaltestelle zur anderen beträgt 37 Minuten.[3] Ein Großteil der Strecke führt durch die sog. „Barrancos". Dabei handelt es sich um natürlich entstandene Schluchten, die in Zeiten starker Regenfälle dem Abfluß des überschüssigen Wassers ins Meer dienen.

Um das neue Nahverkehrsangebot attraktiv zu gestalten, verkehren die Bahnen – je nach Tageszeit – im 5-, 7,5- und 15-Minuten-Takt.[4] Zur Gewährleistung dieser Taktfrequenz werden 20 Straßenbahnwaggons benötigt, wobei jeder 200 Passagiere faßt.[5] Das Rollmaterial vom Typ „Citadis"[6], das insgesamt ca. 50 Mio. Euro kostete, lieferte Alstom.[7]

---

[1] vgl. o.V.: Ficha técnica, http://www.metrotenerife.com, 04.10.2005

[2] vgl. o.V.: Teneriffa wählt CITADIS von ALSTOM als ihre erste Straßenbahn (21.04.2004), http://www.bahnaktuell.net, 17.02.2006

[3] vgl. o.V.: Decálogo del Tranvía, http://www.metrotenerife.com, 04.10.2005

[4] vgl. o.V.: Horario, http://www.metrotenerife.com, 05.06.2007

[5] vgl. o.V.: Los vehículos, http://www.metrotenerife.com, 04.10.2005

[6] vgl. o.V.: El primer tranvia de Tenerife rumbo a las Islas Canarias, http://www.es.alstom.com, 17.02.2006

[7] o.V.: ¿Por qué un tranvía?, http://www.metrotenerife.com, 04.10.2005

Projektpartner

Der Bau verschärfte die Verkehrslage

Der Bau vollzog sich in mehreren Phasen. Die erste Phase beinhaltete den Bau der Strecke und der 21 Haltestellen. Im Rahmen dieser Phase sollte auch ein Betriebshof entstehen. Die Bauausführung oblag mehreren sog. temporären Unternehmensverbünden[8], die sich aus verschiedenen kleineren Unternehmen zusammensetzten. Parallel dazu sind Studien in Auftrag gegeben worden, um die Möglichkeiten der Reorganisation des Verkehrs zu untersuchen.[9] Eigens für das Projekt wurde die Metropolitano de Tenerife S.A. (MTSA) gegründet, an der die kanarische Regierung die Mehrheit hält.

Trasse in den Barrancos; Februar 2006

April 2006

Insgesamt wird das Projekt etwa 87 Mio. Euro[10] kosten; hinzu kommen die knapp 50 Mio. Euro für den Kauf der Waggons. Finanziert wird das Projekt zu 50 % durch die spanische Regierung, die restlichen 50 % übernehmen die kanarische Regierung und die EU.

[8] UTE = Unión Temporal de Empresas

[9] vgl. o.V.: Dossier informativo, http://www.metrotenerife.com, 04.10.2005

[10] vgl. o.V.: Cabildo gibt Auftrag für Schienennetz in Auftrag (8/2006), http://www.wochenspiegel-kanaren.de, 17.02.2006

Trassenbau im Juli 2006 ...

... mit spanischer Gelassenheit

Mit der neuen Straßenbahnlinie werden verschiedene Hoffnungen verbunden. Zunächst sollen die Fahrgäste ihr Reiseziel schnell und pünktlich erreichen. Bei entsprechender Nutzung des Angebots kann die Verkehrsdichte – und in der Folge auch das Unfallaufkommen – deutlich reduziert werden. Außerdem könnte die Bahn zu einer besseren infrastrukturellen Verbindung der beiden Städte beitragen. In den unmittelbar an die Linie angrenzenden Gebieten werden umfassende Umstrukturierungsmaßnahmen durchgeführt, die u.a. auch eine Begrünung beinhalten. Schließlich soll das Projekt einem verbesserten Umweltschutz dienen.[11] Allerdings mußten zur Realisierung des Projektes die benötigten Flächen entlang der geplanten Strecke teilweise auch zwangsenteignet werden.

Die Haltestelle am Theater

Nach Inbetriebnahme der Tranvía unmöglich

Am 2. Juni 2007 war es endlich soweit. Nach einigen Monaten Bauverzögerung nahm die „Tranvía" auf der Linie 1 ihren regulären Betrieb auf.[12] In den Wochen zuvor war die Bahn schon an den Wochenenden im Einsatz, so daß sich die Einwohner und die übrigen Verkehrsteilnehmer daran gewöhnen konnten. Zudem war im Jahr zuvor ein Straßenbahnwaggon im Zentrum plaziert worden, um ihn aus nächster Nähe (und nicht nur in Prospekten) sehen zu können. Während der ersten

---

[11] vgl. o.V.: Ventajas y Beneficios, http://www.metrotenerife.com, 04.10.2005

[12] vgl. Reverón, Eloísa: Las autoridades destacaron en la inauguración del tranvía que ‚se ha cumplido un sueño', in: La Opinión de Tenerife, 03.06.2007, 2; o.V.: Tenerife estrena tranvía, in: Siete Islas, 03.07.2007, 1

drei Betriebstage konnte die Straßenbahn von den Fahrgästen gratis genutzt werden, was für entsprechenden Ansturm sorgte.

Präsentation der Straßenbahn ...

... im Stadtzentrum von Santa Cruz

Die Fahrgastzahlen der ersten Wochen wurden den Erwartungen im wesentlichen gerecht. In den ersten Tagen nutzten – bei steigender Tendenz – 22.000 bis 29.000 Passagiere täglich die Straßenbahn. Um nicht defizitär zu wirtschaften, sind allerdings durchschnittlich 40.000 Fahrgäste nötig.[13] Pro Jahr sollen rund 12 Mio. Passagiere befördert werden.[14] Aufgrund der Nachfrage fährt die Bahn während der Wochenenden und an Feiertagen nun auch in den Nacht- und frühen Morgenstunden im Halbstundentakt.[15]

Allerdings waren auch negative Schlagzahlen zu verzeichnen. Bereits in den ersten drei Wochen gab es mehrere, teils schwere Verkehrsunfälle, die zu erheblichen Schäden an den Straßenbahnfahrzeugen führten. In die Unfälle waren auch Busse der regionalen Busgesellschaft verwickelt. Meist ereigneten sich diese Unfälle in Kreuzungsbereichen, in denen der Straßenbahn hätte Vorfahrt gewährt werden müssen. Inzwischen diskutiert man für die Unfallschwerpunkte eine Neuregelung des Verkehrs.[16]

Mittlerweile wurde von der kanarischen Regierung die zweite Projektphase zum Ausbau der Tranvía bewilligt. Auf einer Linie 2 werden Tíncer und La Cuesta an das Streckennetz angeschlossen.[17] Man plant, im Sommer 2009 die Linie in Betrieb zu nehmen. Die Baukosten werden auf 54,5 Mio. Euro geschätzt.[18]

---

[13] vgl. o.V.: En nueve días se han subido al metro ligero unas 215.000 personas, in: La Opinión de Tenerife, 20.06.2007, 6

[14] vgl. o.V.: Ficha técnica, http://www.metrotenerife.com, 04.10.2005

[15] vgl. Reverón, E.: El tranvía pasará de noch cada treinta minutos a partir del viernes 6 de julio, in: La Opinión de Tenerife, 20.06.2007, 6

[16] vgl. o.V.: Cinco heridos leves tras chocar una guagua contra el tranvía, in: La Opinión de Tenerife, 22.06.2007, 1

[17] vgl. Peña, Pedro P.: La ampliación del tranvía aprobada a T´ncer y La Cuesta costará 45 millones, in: El Dia, 25.07.2007, o.S.

[18] vgl. o.V.: Endspurt für zweite Linie der Straßenbahn (24.01.2009), http://www.wochenblatt.es, 05.02.2009; vgl. Alamo, Tony M.: Metropolitano adjudicará en noviembre las obras de la nueva línea de Tíncer, in: La Opinión de Tenerife, 12.07.2007, 3; o.V.: El gobierno insular aprueba la sagunda línea del tranvía, in: Canarias 7, 25.07.2007, o.S.

Ebenfalls denkbar wäre der Anschluß des Flughafens Los Rodeos an das Streckennetz. Zudem wird der Bau einer Verbindung von Santa Cruz bis nach Las Américas im Süden der Insel diskutiert.

Aufgabe 1

Welche Vorteile sind mit dem Bau der neuen Straßenbahnlinie verbunden?

Aufgabe 2

Welche logistischen Probleme im Rahmen der Projektrealisierung könnten aus der geographischen Lage der Insel resultieren?

Aufgabe 3

Welche Faktoren aus dem Makroumfeld beeinflussen das Straßenbahn-Projekt? Greifen Sie wichtige Faktoren heraus und erläutern Sie deren konkreten Einfluß!

Aufgabe 4

Zur Realisierung größerer Bauvorhaben ist es üblich, daß sich Unternehmen temporär zusammenschließen. Welche Vor- und Nachteile bringt dies mit sich?

Aufgabe 5

Welche Aspekte sollten im Rahmen der Beschaffung von Triebfahrzeugen für die Straßenbahnstrecke eine Rolle spielen?

Aufgabe 6

Welche Etappen waren zur Realisierung des Projektes notwendig?

Aufgabe 7

Um die Trassenführung wie geplant gestalten zu können, war es von seiten der kanarischen Regierung teilweise notwendig, Grundstücke entlang der Strecke zu erwerben. Ein Teil der Eigentümer, die in eher „besser situierten" Stadtvierteln wohnen, wollten ihre Grundstücke lieber behalten. Eigentümer aus benachteiligten Stadtvierteln standen einem Verkauf aufgeschlossener gegenüber. Die Eigentümer sollten jeweils eine Entschädigung erhalten, die allerdings nicht ihren Erwartungen entsprach. Im Rahmen der Verhandlungen über die Grundstückskäufe wollten die Beteiligten natürlich ihre eigenen Interessen bestmöglich durchsetzen.

Analysieren Sie dazu die Ziele und Chancen der Beteiligten! Welche Schritte sind dazu notwendig?

Lösungen

Aufgabe 1

- Pünktlichkeit und Schnelligkeit
- geringere Verkehrsdichte
- Sicherheit und Komfort
- besserer Umweltschutz
- Verbindung der beiden Städte
- Re-Urbanisierung der Städte

Aufgabe 2

Logistische Probleme	Auswirkungen
• lange Transportwege • lange Transportzeiten • kurzfristige Lieferungen per Schiff sind aufgrund der Entfernung nicht möglich; einzige Alternative: per Flugzeug, aber dies ist entsprechend teurer	• Großteil des Baumaterials muß vom Festland per Schiff herangeschafft werden • hohe Planungsgenauigkeit bezüglich des benötigten Materials erforderlich • um Materialengpässen vorzubeugen, müssen alle notwendigen Materialien in extra dafür errichteten bzw. angemieteten Lagerhallen bevorratet werden • Transport des Rollmaterials ist ebenfalls nur per Schiff möglich

Tabelle 4-1 *Mögliche logistische Probleme und Auswirkungen*

Aufgabe 3

Makroumfeld	Faktoren	Einfluß
Politisch-rechtliches Umfeld	politisch-rechtliche Situation	• Ziel: Schaffung eines Nahverkehrsangebots für die gesamte Bevölkerung der Region und gleichzeitige Lösung der bestehenden Verkehrsprobleme • Unterstützung durch lokale Regierung und überregionale Regierungsinstanzen
	gesetzliche Situation	• Trassenbau • Vorschriften für Bau und Betrieb von Straßenbahnen • Arbeits- und Umweltschutz • Enteignung der benötigten Flächen
Wirtschaftliches Umfeld	Baustoffkosten	• letztendliche Projektkosten
	Arbeitskosten	• letztendliche Projektkosten
	Energiepreise	• sowohl Projektkosten als auch Betriebskosten
	Beschäftigung	• von der Beschäftigung in der Region hängt die Zahl der Berufspendler ab, die das Angebot nutzen könnten
	Kaufkraft	• Fahrpreise sollten an Kaufkraft angepaßt werden
	Finanzkraft der beteiligten Unternehmen	• Baufortschritt; Wahrscheinlichkeit von Ausfällen durch Konkurs während des Baus
	Finanzkraft der Region	• Region und Städte beteiligten sich an der Finanzierung
	Tourismus	• Zahl potentieller Passagiere

Fortsetzung

Makroumfeld	Faktoren	Einfluß
Technologisches Umfeld	technologischer Stand der Baubranche	• Qualität der Bauausführung
	technologischer Stand bei Fahrzeugherstellern	• Qualität der Fahrzeuge und Sicherheit des Fahrbetriebs
	technologischer Stand Trassenbau	• Qualität der Ausführung, Sicherheit der Strecke, Betriebssicherheit
Gesellschaftliches Umfeld	Einwohnerzahlen	• Zahl potentieller Passagiere
	Bevölkerungsdichte	• Zahl potentieller Passagiere
	Bevölkerungsstruktur	• Anzahl der Berufspendler, Schüler, die die Bahn nutzen könnten
	Mobilität	• Stellenwert des eigenen Autos wirkt sich auf die Akzeptanz alternativer Verkehrsmittel aus
	Umweltbewußtsein	• Ausprägungsgrad wirkt sich auf die Akzeptanz alternativer Verkehrsmittel aus
Natürliches Umfeld	Geländeform	• gibt mögliche Trassenführung vor • beeinflußt Baukosten
	Klima	• Fahrzeugausstattung (z.B. Klimaanlage, keine Heizung)

***Tabelle 4-2** Beeinflussende Faktoren des Makroumfeldes*

Aufgabe 4

Vorteile	Nachteile
• auch kleine Unternehmen bekommen eine Chance, an großen Projekten mitzuarbeiten • je nach Spezialisierung und Erfahrung können die temporären Unternehmen optimal entsprechend des Bauvorhabens zusammengestellt werden	• einzelne Unternehmen kennen sich nicht unbedingt, möglicherweise keine Erfahrung in der Zusammenarbeit mit bestimmten Partnern • setzt große Zuverlässigkeit und Vertrauen voraus • hoher Koordinationsbedarf • Konfliktpotential höher

***Tabelle 4-3** Vor- und Nachteile temporärer Unternehmenszusammenschlüsse*

Aufgabe 5

Kriterien	Erläuterung
Ansprechendes Erscheinungsbild und angemessener Fahrgastkomfort	• Raumgestaltung • Anzahl und Anordnung der Sitzplätze, Qualität der Sitze • Raumklima (Klimatisierung; Heizung dagegen nicht nötig) • Sonnenschutz • niedriges Geräuschniveau • gute Beleuchtung • zweckmäßige Informationssysteme • geeignete Gestaltung der Einstiege → erleichtert allen Kundengruppen, insbesondere Gehbehinderten, Behinderten im Rollstuhl sowie Fahrgästen mit Kinderwagen das Betreten und Verlassen der Fahrzeuge → guter Fahrgastfluß verkürzt zudem die Haltezeiten
allgemeine Sicherheit der Fahrgäste	• gute Durchsicht durch die Wagen • Einbau von Überwachungs- und Notrufsystemen

Fortsetzung

Kriterien	Erläuterung
allgemeine Sicherheit der Fahrgäste	• moderne Brandschutzanlage
Kundengruppen	• Erfüllung der Forderungen zur Gleichstellung von Behinderten • Mehrzweckabteile für Fahrgäste mit Fahrrädern, Kinderwagen sowie mit sperrigem Gepäck
Betriebliche Flexibilität	• z.B. automatische Kupplung, um Züge auf einfache Weise verstärken zu können (bestimmte Anzahl von Einheiten)
Niedrige Betriebskosten	• durch geringen Energieverbrauch (niedriges Fahrzeuggewicht) • hohe Zuverlässigkeit und Verfügbarkeit • lange Einsatzzeiten der Verschleißteile, insbesondere auch der Räder • niedrige Unterhaltungskosten • Instandhaltung (Kosten, Zugänglichkeit der einzelnen Baugruppen, Austauschrhythmen usw.)
Personal	• Fahrzeugbedienung • ergonomische Gestaltung des Fahrersitzes
Umweltverträglichkeit	• niedriger Energieverbrauch • niedriger Geräuschpegel nach außen

Tabelle 4-4 *Aspekte im Rahmen der Fahrzeugbeschaffung*

Aufgabe 6

Phasen	Schritte	Straßenbahn-Projekt
Vorbereitung	Problemdefinition & -analyse	• Lösung des massiven Verkehrsproblems durch den Bau einer neuen Straßenbahnlinie
Projektgestaltung	Projektziele	• erfolgreicher Bau und Betrieb der neuen Straßenbahnlinie
	Projektorganisation	• In welcher Form soll das Projektteam etabliert werden? → MTSA = Metropolitano de Tenerife S.A. (kanarische Regierung hält Mehrheit)
	Suche nach Lösungen	• Wie soll die neue Straßenbahnlinie konzipiert werden? klassische Straßenbahn, Schnellbahn, Überlandstraßenbahn usw. • Festlegungen zur Spurweite • Wahl der Streckenführung (Ziel: hohe Reisegeschwindigkeit) • Gleis möglichst auf eigenem oder besonderem Bahnkörper • wenig Behinderung des Straßenverkehrs (Ziel: Verkehrssicherheit) • Anordnung und Gestaltung der Haltestellen (sichere Führung der Verkehrsströme) • vorgesehener Fahrzeugeinsatz (Ein- oder Zweirichtungstriebwagen, Kopplung mehrerer Fahrzeuge) • Anlage von Betriebshöfen • Festlegung einzelner Planungsschritte
	Projektteam	Zusammensetzung des Projektteams, Auswahl der Teammitglieder: • Welche Verwaltungseinheiten müssen in die Projektplanung einbezogen werden? (beteiligte Städte, lokale Regierung, spanische Regierung, EU) • Welche Unternehmen werden am Projekt beteiligt sein? Wer eignet sich als Vertreter des jeweiligen Unternehmens im Projektteam? Wer übernimmt welche Aufgaben?

Fortsetzung

Phasen	Schritte	Straßenbahn-Projekt
Projektgestaltung	Termine	• Zeitrahmen für Gesamtprojekt: Juni 2004 bis März 2007 *Bauphasen* • Errichtung notwendiger Tunnel, Unter- und Überführungen • Anlage des Bahnkörpers und der Haltestellen • Verlegen der Gleisanlagen • Montage der Fahrleitungsanlagen • Installation der Sicherungsanlagen • Bau des Betriebshofes • Gewährleistung der Fahrstromversorgung
	Budget	• Welche Beträge werden wahrscheinlich benötigt? → Projektierung, Bau-/Materialkosten (Trasse, Stadtumbau usw.), Kosten für Rollmaterial, Personalkosten, Kosten für Öffentlichkeitsarbeit • Wer beteiligt sich mit welchen Beträgen in der Finanzierung? (lokale Regierung, spanische Regierung [50 % der Finanzierung], EU) • Können alternative Finanzierungen, Fördermittel usw. in Anspruch genommen werden?
	Qualitätsaspekte	• Welche Qualität in Hinblick auf die Bauausführung kann generell erreicht werden? • Was erwarten Auftraggeber, zukünftige Fahrgäste, Einwohner?
	Risiken	Was kann passieren? *bei der Projektierung* • fehlerhafte Zuarbeit • Fristüberschreitungen für vorzulegende Projektteile • Veränderung der Rahmenbedingungen, z.B. neue Rechtsvorschriften des Landes bzw. der EU • neu gewonnene Erkenntnisse über die geologische Beschaffenheit des Baugrundes (ungenügende Stabilität usw.) *bei der Bauausführung* • Bauunterbrechung aufgrund witterungsbedingter Einflüsse, wegen auftretender Qualitätsprobleme des Baumaterials bzw. von Bauteilen • Bauunterbrechung wegen Finanzierungslücken oder aufgrund von Streiks • sich ergebende neue Sachverhalte, die in der Projektierung keine Berücksichtigung finden konnten (z.B. bezüglich Baugrund, vorher nicht bekannte erdverlegte Versorgungsleitungen usw.) • Arbeitsunfälle, Sachschäden an Arbeitsmitteln *bei Betriebsstart* • termingemäße Inbetriebnahme nicht möglich, da Zeitplanung nicht eingehalten wurde (z.B. kein Fahrstrom, Sicherungstechnik nicht voll wirksam, Fahrzeuge weisen erhebliche Mängel auf, Nachrüsten nötig, ausgebildetes Fahrpersonal nicht ausreichend zur Verfügung) • Störungen in der Bahnstromversorgung • Ausfall von Weichensteuerungen • Wie kann man dem vorbeugen? → Risikomanagement
Projektdurchführung	Kommunikation	• im Projektteam, mit Auftraggebern und (Finanzierungs-)Partnern • mit den einzelnen beteiligten Baufirmen bzw. innerhalb der temporär gegründeten Unternehmen • mit Einwohnern und potentiellen Fahrgästen

Fortsetzung

Phasen	Schritte	Straßenbahn-Projekt
Projekt-durchführung	Entscheidung	• Wer entscheidet? welche Entscheidungsspielräume gibt es? • Zeitvorgaben
	Motivation	• Wie können Teammitglieder bzw. beteiligte Unternehmen motiviert werden? Wie können sonstige Beteiligte motiviert werden?
	Steuerung	• Wer kann was wie steuern?
	Überwachung	• Wie sollte die Bauüberwachung aussehen? Wer überwacht? • Konsequenzen bei Planabweichungen?
	Konflikte	• Innerhalb des Teams, mit Auftraggebern bzw. (Finanzierungs-) Partnern, mit sonstigen Beteiligten? • Wie können Konflikte frühzeitig erkannt werden? • Wie können etwaige Konflikte gelöst werden?
	Projektdokumentation	• In welcher Form soll dies erfolgen? • Wer übernimmt diese Aufgabe?
Abschluß	Präsentation/ Projektübergabe	• Probefahrten auf der neu errichteten Strecke • Aufnahme des regulären Fahrbetriebs
	Auswertung	• Nachbesprechung → welche Erfolg können verzeichnet werden? sind Probleme aufgetreten? welche? in welchem Ausmaß? • Woran kann Erfolg gemessen werden? → Akzeptanz in der Bevölkerung, Zahl der Fahrgäste

Tabelle 4-5 *Etappen im Rahmen der Projektrealisierung*

Aufgabe 7

Analyse der Ziele und Chancen	Kanarische Regierung	Haus- und Grundstückseigentümer
Zielbestimmung Bestimmung der eigenen Ziele, Ziele genau definieren und in Worte fassen	• günstiger Erwerb der benötigten Grundstücke, um Projekt nicht zu gefährden bzw. zu verteuern	• wenn schon Verkauf der Grundstücke, dann zu einem angemessenen Preis (der allerdings über dem Angebot der Regierung liegt)
Gleiche Ziele untersuchen, ob es Übereinstimmungen zwischen den eigenen und den Zielen des Verhandlungspartners gibt	• Regierung will Grundstücke kaufen	• Eigentümer aus besseren Stadtvierteln: wollen nicht verkaufen und insbesondere nicht zum derzeitigen Angebot • Eigentümer aus den benachteiligten Vierteln: stimmen dem Verkauf grundsätzlich zu, möchten aber einen besseren Verkaufspreis erzielen
Kompromisse überlegen, welche der eigenen Ziele evtl. aufgegeben werden können und welche absolute Priorität besitzen	• Regierung kann ihr Ziel, die Grundstücke zu erwerben, nicht aufgeben, da damit das Projekt in Frage gestellt wird • einzige Möglichkeit: den Eigentümern mit der Höhe der Entschädigung entgegenkommen • Möglichkeit der Zwangsenteignung, da Bahnprojekt von öffentlichem Interesse ist	• Eigentümer aus besseren Stadtvierteln: können dem Verkauf zustimmen, wenn der Preis letztendlich akzeptabel ist • Eigentümer aus den benachteiligten Vierteln: sind generell mit dem Verkauf einverstanden, hier geht es nur um den Preis • Gefahr der Zwangsenteignung, da Bahnprojekt von öffentlichem Interesse ist

Tabelle 4-6 *Ziele und Chancen der Beteiligten*

5 Busfahren gratis – Das Hasselter Konzept

Lärm, verstopfte Straßen, schlechte Luft – in vielen europäischen Kleinstädten sieht es ähnlich aus. Ein entscheidender Grund dafür ist der schlecht ausgebaute öffentliche Nahverkehr, der auch nur mäßig frequentiert wird.

„*Hasselt ist die erste Stadt der Welt mit einem öffentlichen Verkehrsnetz zum Nulltarif. Seit 1997 kann jeder in der flämischen Stadt in einen der 85 Linienbusse springen, ohne Geld oder Karte zu zücken – darunter Verkehrsexperten aus aller Welt.*“[1] Ob Japan, Israel, Brasilien, Schweden, Neuseeland, Bangladesh oder die benachbarten Niederlande – das Interesse am Verkehrskonzept der 69.000 Einwohner zählenden belgischen Stadt war groß. Initiator des Konzeptes war Hasselts damaliger Bürgermeister Steve Stevaert. Als 1995 in der Stadt ein neues Busnetz eingerichtet wurde, obwohl das alte kaum ausgelastet war, suchte man nach Möglichkeiten, die Einstellung der Bevölkerung zum Nahverkehr zu verbessern. In den Jahren 1985 bis 1995 hatte der private Autoverkehr um 25 % zugenommen, die städtischen Straßen konnten den Verkehrsstrom kaum mehr bewältigen, der Bau eines weiteren Stadtringes wurde diskutiert. Da machte Staevert den Vorschlag, die Leute kostenlos mit dem Stadtbus fahren zu lassen. Der Fahrscheinverkauf decke sowieso nur 9 % der Kosten für das Busnetz ab, und das könne man auch noch aus der Steuerkasse zahlen. Die 9 % entsprachen rund 250.000 Euro, und diese wiederum machten 1 % des städtischen Budgets aus.[2]

Zunächst wurde Stevaerts Vorschlag äußerst skeptisch aufgenommen. Insbesondere Verkehrsexperten zweifelten am Erfolgspotential der Idee. Doch die Busgesellschaft erklärte sich zum Experiment bereit. Nicht ohne Erfolg: Von heute auf morgen stieg die Zahl der täglichen Fahrgäste von 1.000 auf 8.000[3] und liegt derzeit bei 12.600 pro Tag.[4] Auch die Frequenz der fahrenden Busse wurde erhöht.[5]

Acht Stadtbuslinien – erkennbar an einem H vor der Liniennummer – können kostenlos genutzt werden. Diese Linien verkehren i.d.R. halbstündlich. Zusätzlich sind zwei kostenlose Pendelbuslinien, bei denen ein 5- bzw. 10-Minutentakt gilt, im Einsatz. Darüber hinaus gibt es „normale“ Buslinien, für deren Nutzung ein Fahrschein zu lösen ist. Eine Ausnahme bilden dabei Fahrten innerhalb der Stadtgrenzen: Auch diese sind kostenfrei.[6]

Gleichzeitig mit dem Start des Projekts wurde die ehemalige vierspurige Ringstraße um die Innenstadt auf zwei Spuren zurückgebaut, Fußwege verbreitert, Fahr-

---

[1] Schweighöfer, Kerstin: Nie mehr Bus zahlen, in: Focus, 26.05.2003, 222

[2] vgl. ebd.

[3] vgl. ebd.

[4] vgl. o.V.: 10 jaar bussen, http://www.haselt.be, 03.02.2009

[5] vgl. Ullenboom, Detlef: Ein unkonventionelles Verkehrskonzept, http://www.naturkost.de, 09.09.2003

[6] vgl. o.V.: Stadsbussen, http://www.hasselt.be, 03.02.2009; o.V.: Bussen, http://www.hasselt.be, 03.02.2009

radwege anlegt.[7] Außerdem wurden bewachte Fahrradstellplätze eingerichtet.[8] Der Bau eines weiteren Stadtringes ist nun nicht mehr nötig, was der Stadtkasse Millionen spart. Der private Autoverkehr ist leicht gesunken.[9] In der Innenstadt gibt es ohnehin kaum noch Parkplätze.[10] Durch das verringerte Verkehrsaufkommen in der Innenstadt haben die Busse ein leichteres Durchkommen, die Gefahr von Staus ist deutlich reduziert.

Mittlerweile hat man das Gratis-Angebot ausgebaut: Einmal monatlich können in der gesamten Region Bus und Bahn gratis zur Fahrt nach Hasselt genutzt werden.[11]

Aufgabe 1

Versuchen Sie, aus Sicht der am Hasselter Projekt Beteiligten bzw. davon Betroffenen für bzw. gegen das Projekt sprechende Argumente gegenüberzustellen!

Aufgabe 2

Wovon hängt das Gelingen bzw. Scheitern eines solchen Projektes generell ab? Erstellen Sie dazu ein Mindmap!

Aufgabe 3

Das Interesse anderer Städte am Hasselter Konzept ist groß. Verschiedene diesbezügliche Projekte wurden auch schon ins Leben gerufen, nicht nur in Belgien. Allerdings hat man oft versäumt, ein Gesamtkonzept zur Umgestaltung des innerstädtischen Verkehrs zu entwikkeln, so daß sich keine solchen Erfolge wie in Hasselt zeigten.

Erstellen Sie nun ein Szenario aus Sicht einer Gemeinde, die vor ähnlichen Problemen wie einst die Gemeinde Hasselt steht und

a) bereit ist, ein ähnliches Verkehrskonzept wie in Hasselt umzusetzen bzw.

b) lieber in den Aus- und Neubau der städtischen Straßen investiert!

---

[7] vgl. Feist, Peter: Freifahrt für alle? (12.10.2000), http://www.land.lu, 09.09.2003

[8] vgl. Ullenboom, Detlef: Ein unkonventionelles Verkehrskonzept, http://www.naturkost.de, 09.09.2003

[9] vgl. o.V.: Gratis bus Hasselt slaat vleugels uit, http://www.verkeerskunde.nl (Vaktijdschrift over verkeer en vervoer), 09.09.2003

[10] vgl. Zimmermann, Claudia: Gratis Bus fahren im belgischen Hasselt (30.07.2007), http://www.wdr.dr, 03.02.2009

[11] vgl. ebd.

Lösungen

Aufgabe 1

Akteure	Pro	Contra
Gemeinden	• Verkehrsreduzierung in der Innenstadt • Ausbau/Neubau von Straßen und Parkplätzen nicht notwendig • Abnahme des privaten motorisierten Verkehrs	• Finanzierung nicht gesichert (aber: Straßen werden auch gebaut) • Angst vor Folgeinvestitionen (aber: beim Straßenbau gibt es die auch) • Parkraumbewirtschaftung (solange Parkplätze im Überfluß vorhanden, steigen Autofahrer nicht auf ÖPNV um)
Autofahrer	• preiswerter als mit eigenem Fahrzeug	• Parkraumbewirtschaftung (solange Parkplätze im Überfluß vorhanden, steigen Autofahrer nicht auf ÖPNV um) • Busse im Stau schrecken ab (aber: Autos stehen in der Stadt auch im Stau; wenn weniger Individualverkehr, stehen die Busse auch nicht mehr im Stau; außerdem: separate Busspuren, funkgesteuerte Freischaltungen an Verkehrsampeln)
Fahrgäste	• höhere Taktfrequenz • dichteres Liniennetz • Angebote gratis nutzen	• weniger Sitzplätze, weniger Komfort durch vollere Busse (→ was zur erneuten Nutzung des Autos verleiten könnte)
Verkehrsunternehmen	• da Gemeinde zahlt, sind Einnahmen garantiert	• mehr Busse notwendig, mehr Linien instand halten
Bürger	• Abnahme des privaten motorisierten Verkehrs • steigende Lebensqualität • ruhigere Innenstadt → Einkaufen angenehmer → mehr Umsatz • mehr Grün • mehr Platz für Fußgänger und Radfahrer	• geringere Flexibilität als mit eigenem Fahrzeug • Einkäufe müssen „manuell" bewältigt werden
Innenstadthändler	• ruhigere Innenstadt → Einkaufen angenehmer → mehr Umsatz	• Kauf kleinerer Mengen durch manuellen Transport

Tabelle 5-1 *Vor- und Nachteile von ÖPNV zum Nulltarif*

Aufgabe 2

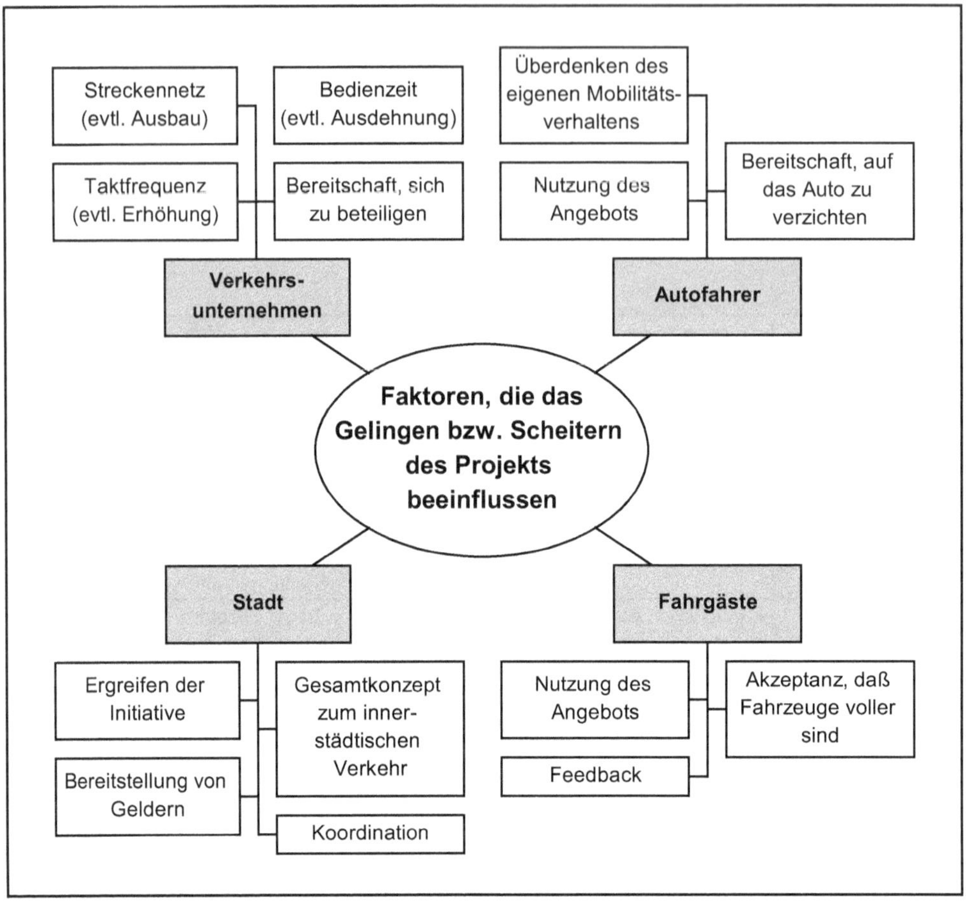

Abbildung 5-1 *Mindmap: Faktoren, die das Gelingen bzw. Scheitern des Projekts beeinflussen*

Aufgabe 3

Umfeldsegmente	Schlüsselfaktoren	Trendaussagen	Wirkung auf Gemeinde
Individualverkehr	Bereitschaft, auf eigenes Auto zu verzichten	a) nimmt stark zu b) nimmt ab	++ -
	Aufkommen	a) nimmt stark ab b) nimmt zu	++ -
Öffentliche Verkehrsmittel	Auslastung	a) nimmt stark zu b) bleibt	++ +/-
	Akzeptanz/Image	a) nimmt zu b) bleibt	+ +/-
	Finanzierungsmöglichkeiten	a) verbessern sich[12] b) werden schlechter	+ -

[12] Für den Fall, daß für Straßenbau vorgesehene Gelder an dieser Stelle eingespart und für den ÖPNV verwendet werden können.

Fortsetzung

Umfeldsegmente	Schlüsselfaktoren	Trendaussagen	Wirkung auf Gemeinde
Innenstadt	Lärmbelastung	a) nimmt ab	+
		b) nimmt zu	-
	Abgasbelastung	a) nimmt ab	+
		b) nimmt zu	-
	Lebensqualität	a) nimmt zu	+
		b) nimmt ab	-
	Frequentierung der Geschäfte	a) nimmt zu	+
		b) bleibt	+/-
Straßeninfrastruktur	Umfang	a) bleibt	+/-
		b) nimmt zu	+/-
	Zustand	a) bleibt	+/-
		b) verbessert sich	+
	Kosten	a) bleiben	+
		b) nehmen zu	-

Tabelle 5-2 *Mögliche Entwicklungen*

6 Vom Umland umsteigefrei in die City – Das Chemnitzer Modell

Ziel des „Chemnitzer Modells" ist es, die Stadt Chemnitz und die umliegende Region umsteigefrei zu verbinden. Aus den Städten in der Region soll der Fahrgast mit einer Stadt Umland Bahn bis ins Chemnitzer Zentrum gelangen. Die Haltestellen dieser Bahn können wiederum in einer entsprechenden Taktung ohne großen Zeitverlust oder weite Wege mit Bussen erreicht werden. Insgesamt soll ein komplexes System attraktiver Nahverkehrsverbindungen geschaffen werden. Durch die Realisierung des Chemnitzer Modells könnte sich das Einzugsgebiet der Innenstadt auf über 1,3 Mio. Menschen erweitern, wovon Einzelhandel und Gastronomie, aber auch Unternehmen profitieren könnten.[1]

Die Idee des Chemnitzer Modells ist nicht neu. In Karlsruhe, Saarbrücken und Kassel wurden ähnliche Konzepte bereits erfolgreich umgesetzt. Es zeigte sich auch, daß dies für kleinere Großstädte wesentlich einfacher und kostengünstiger ist als der Aufbau eines S-Bahnnetzes.[2]

Eine wesentliche Voraussetzung für die Umsetzung des Modells war bereits gegeben, nämlich, daß die Chemnitzer Straßenbahn dieselbe Spurweite nutzt wie die Eisenbahn. Allerdings gestaltet sich die Verknüpfung der beiden Schienennetze in der Praxis relativ schwierig. Zum einen spielen dabei Regelungen des Straßenbahn- und des Eisenbahnbetriebs eine Rolle. Zum anderen sind davon Trägerschaften von Kommunen und Freistaat berührt. Hinzu kommen eigentumsrechtliche und gleichstellungsrechtliche Aspekte.

Schnittstelle Altchemnitz

Bahnhof Stollberg

Zunächst wurde eine Pilotstrecke realisiert. Diese diente dazu, die Entwicklungsperspektiven zu demonstrieren sowie die Machbarkeit und Praxistauglichkeit des

[1] vgl. Verkehrsverbund Mittelsachsen GmbH (VMS); City-Bahn Chemnitz GmbH (CB); Chemnitzer Verkehrs-Aktiengesellschaft (CVAG); Regio-Infra-Service-Sachsen GmbH (RIS) (Hrsg.): Das Chemnitzer Modell, Chemnitz 2005, 4f; City-Bahn Chemnitz GmbH: Mobilität ist Zukunft, Chemnitz o.J., 1

[2] vgl. Thieme, Gabi: Pilotprojekt City-Bahn vor der Entscheidung, in: Freie Presse, 18.12.2000

Projekts zu beweisen. Die Pilotstrecke, die im Dezember 2002 in Betrieb genommen wurde, führt zunächst auf den Straßenbahngleisen der Linie 6 vom Chemnitzer Hauptbahnhof über das Stadtzentrum nach Altchemnitz und von dort aus weiter über das Eisenbahngleis zum Bahnhof Stollberg.[3]

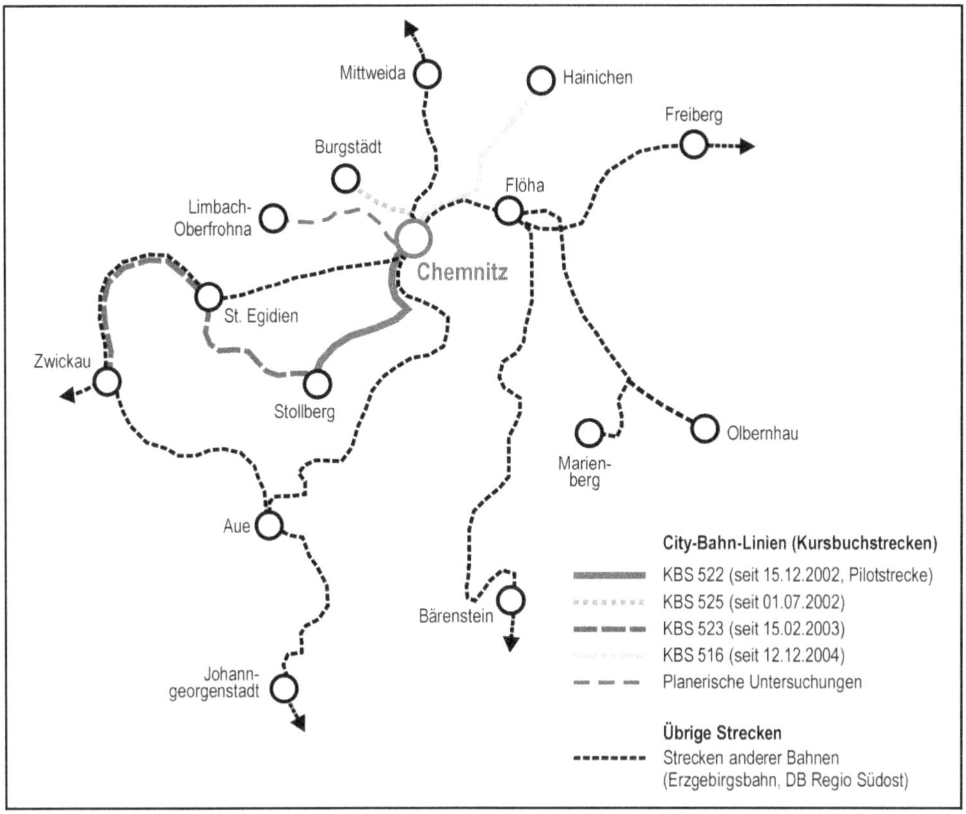

Abbildung 6-1 *Bedienungsraum der City-Bahn Chemnitz im Chemnitzer Modell*[4]

Parallel dazu wurden vom Verkehrsverbund Mittelsachsen, der City-Bahn Chemnitz und der CVAG vorbereitende Maßnahmen hinsichtlich der weiteren Ausbaustrecken unternommen: *„Dazu ist die City-Bahn Chemnitz GmbH als Eisenbahnverkehrsunternehmer im Rahmen des SPNV aktiv und bedient – zunächst ohne direkte Anbindung an die Innenstädte – einige jener Strecken, die künftig im Rahmen des Chemnitzer Modells erschlossen werden. Dazu wurden für bestehende Verbindungen Verkehrsverträge mit dem ZVMS als Aufgabenträger abgeschlossen und die Strecken durch die Beschaffung neuer Fahrzeuge attraktiver gemacht. Auf dem über 100 Kilometer langen Liniennetz verkehrt die City-Bahn Chemnitz mit sechs modernen Regio-Shuttle mit bis zu 120 Stundenkilometern. Ein deutlich ver-*

[3] vgl. Thieme, Gabi: Mit der Straßenbahn als S-Bahn ins Umland, in: Freie Presse, 13.12.2002
[4] erstellt nach: City-Bahn Chemnitz GmbH: Mobilität ist Zukunft, Chemnitz o.J., 5

besserter Komfort, ein hoher Niederfluranteil und kürzere Reisezeiten sind die Vorteile.“[5]

Bereits seit Juli 2002 wird die Strecke Chemnitz–Burgstädt von der City-Bahn bedient, allerdings nicht von Vario-Bahnen, wie sie auf der Pilotstrecke zum Einsatz kommen. Die Strecke Stollberg–Glauchau wurde im Februar 2003 in Betrieb genommen.[6] Seit Dezember 2004 verkehren auch auf der Strecke Chemnitz–Hainichen wieder Züge, nachdem sie Jahre zuvor bereits stillgelegt worden war.[7]

KBS	Linie/Linienabschnitt	Betreiber	Anmerkung
516	Chemnitz–Hainichen	City-Bahn	
517	Chemnitz–Flöha, Richtung Bärenstein–Vejprty	Erzgebirgsbahn	
519	Chemnitz–Flöha, Richtung Olbernhau/Marienberg	Erzgebirgsbahn	
520	Chemnitz–Mittweida	DB Regio Südost	Teilstrecke der KBS 520 Chemnitz–Elsterwerda (–Berlin)
522	Chemnitz–Stollberg	City-Bahn	Pilotstrecke
524	Chemnitz–Aue	Erzgebirgsbahn	Zwönitztalbahn
523	Stollberg–St. Egidien–Zwickau	City-Bahn	
525	Chemnitz–Burgstädt	City-Bahn	Teilstrecke der KBS 525 Chemnitz–Leipzig
–	Chemnitz–Limbach-Oberfrohna	City-Bahn	Busverkehr

Tabelle 6-1 *Streckennetz des Chemnitzer Modells*[8]

Durch die Umsetzung der bisherigen Ausbaustufen konnte bereits eine verbesserte Anbindung des Umlandes an die Region realisiert werden, was sich auch in den Fahrgastzahlen niederschlägt. Allerdings ist das Hauptziel des Projekts, die Schaffung umsteigefreier Verbindungen bis ins Chemnitzer Zentrum, noch nicht erreicht, da – abgesehen von der Pilotstrecke – alle übrigen Regionalstrecken im außerhalb des Zentrums liegenden Hauptbahnhof enden.

Im Rahmen der nächsten Schritte plant man deshalb, die bisher von der City-Bahn Chemnitz bedienten und von der DB AG bzw. ihrer Tochtergesellschaft, der Erzgebirgsbahn, betriebenen Strecken mit dem Netz der CVAG zu verknüpfen und ins Zentrum weiterzuführen. Der Hauptbahnhof wird dabei als Verknüpfungsstelle von Straßenbahn- und Eisenbahnnetz dienen. In der Bahnhofshalle werden sowohl Straßenbahnen als auch Stadt-Umland-Bahnen halten und dort Zugang zum Straßenbahn- oder Eisenbahnnetz haben. Dadurch verbessert man nicht nur die Verknüpfung von Stadt und Region, sondern ermöglicht gleichzeitig einen nahtlosen Übergang zu den Zügen der Deutschen Bahn.[9]

---

[5] Verkehrsverbund Mittelsachsen GmbH (VMS); City-Bahn Chemnitz GmbH (CB); Chemnitzer Verkehrs-Aktiengesellschaft (CVAG); Regio-Infra-Service-Sachsen GmbH (RIS) (Hrsg.): Das Chemnitzer Modell, Chemnitz 2005, 29

[6] vgl. Thieme, Gabi: City-Bahn erweitert Schienennetz, in: Freie Presse, 14.02.2003

[7] vgl. Thieme, Gabi: Freie Fahrt auf 130 Jahre alter Bahnstrecke, in: Freie Presse, 02.12.2004; o.V.: Freie Fahrt auf wichtigen Nahverkehrsstrecken, in: Freie Presse, 13.12.2004

[8] Angaben laut Elektronischem Kursbuch der DB AG, gültig vom 14.12.2008-12.12.2009

[9] vgl. Verkehrsverbund Mittelsachsen GmbH (VMS); City-Bahn Chemnitz GmbH (CB); Chemnitzer Verkehrs-Aktiengesellschaft (CVAG); Regio-Infra-Service-Sachsen GmbH (RIS) (Hrsg.): Das Chemnitzer Modell, Chemnitz 2005, 34

Über weitere Schritte wird bereits nachgedacht. Wie kann man die Zwönitztalbahn einbinden? Könnte man Limbach-Oberfrohna wieder an das Schienennetz anschließen? Wenn diese Ideen Wirklichkeit geworden sind, kann man von einer Realisierung des Chemnitzer Modells sprechen.

Aufgabe 1

Unter welchen Voraussetzungen ist solch ein Projekt realisierbar?

Aufgabe 2

Welche Wirkungen gehen vom Projekt aus?

Aufgabe 3

Welche Erfahrungen wurden bislang gemacht, und wie fließen diese in die Weiterführung des Projektes ein?

Aufgabe 4

Worin besteht die Problematik, Schienenfahrzeuge sowohl für den Straßenbahnbetrieb als auch für den Eisenbahnbetrieb schienentauglich zu machen?

Aufgabe 5

Wie könnte bei der Auswahl geeigneter Fahrzeuge vorgegangen werden?

Lösungen

Aufgabe 1

Standortvoraussetzungen	• Einzugsgebiet, Fahrgastpotential, Bedarf • Industriedichte • günstige Investitionsbedingungen • qualifizierte Arbeitskräfte • Kaufkraft • Lebensqualität, Freizeitwert
Technische Machbarkeit	• geographische Voraussetzungen • einheitliche Spurweite des Straßenbahn- und Eisenbahnnetzes • Anpassung der Haltestellen und Bahnhöfe (Höhe Bahnsteigkante, Absicherung usw.) • Fahrzeuge müssen sowohl den Anforderungen der Eisenbahn-Bau- und Betriebsordnung (EBO) als auch der Bau- und Betriebsordnung für Straßenbahnen (BOStrab) entsprechen
Finanzierung und Kooperation	• Sicherstellung der Finanzierung des Projekts • optimale Zusammenarbeit der Beteiligten (Verkehrsbetriebe, Infrastrukturbetreiber, Kommunen, Bundesland usw.)

Tabelle 6-2 *Wesentliche Voraussetzungen*

Aufgabe 2

Infrastruktur	• gute Anbindung und Versorgung der Region an die Stadt Chemnitz • optimale Kombination der Verkehrsmittel, Verknüpfung der Verkehrsträger in der Region und der Stadt (vgl. Regionalbus, Eisenbahn, Stadtbus, Straßenbahn) • Verknüpfung in Altchemnitz • Entlastung des Straßennetzes, damit verbunden Reduzierung von Lärm und Emissionen
Kundenorientierung	deutliche Zunahme des Fahrgastaufkommens durch • bessere Anbindung der Region • abgestimmte Fahrpläne und kürzere Reisezeiten • übersichtlicheres Tarif- bzw. Fahrscheinsystem • besseren Komfort für mobilitätseingeschränkte Personen, barrierefreien Zugang
Innovation	• Einsatz neuer, moderner Fahrzeuge • Modernisierung der bedienten Haltestellen und Bahnhöfe
Standort	• Attraktivitätssteigerung • Förderung der regionalen Wirtschaft

Tabelle 6-3 *Vom Projekt ausgehende Wirkungen*

Aufgabe 3

- gelungene Verknüpfung der einzelnen Verkehrsträger der Region sowie Kooperation der einzelnen Beteiligten
- Nahverkehrsangebote und vereinfachtes Tarifsystem werden von Fahrgästen sehr gut angenommen, was sich in stark steigenden Fahrgastzahlen niederschlägt
- gibt Initiatoren recht und positive Impulse für weiteren Ausbau

Aufgabe 4

- unterschiedliche Bau- und Betriebsordnungen
- Straßenbahnen fahren auf Sicht, Fahrzeuge müssen StVO gerecht werden
- Eisenbahnen fahren im Blockabstand mit technischer Sicherung (Signalanlagen informieren, ob Strecke frei ist oder nicht)
- unterschiedliche Anforderungen an Bahnsteighöhen bei Eisenbahn- und Straßenbahnbetrieb
- Zugangsmöglichkeiten beidseitig (→ Türen)
- Kompromisse bei Radprofilen für Straßenbahnschienen (Rillenschiene) und Eisenbahnschienen
- Einsatz von Fahrzeugen mit Lichtraumprofilen, die beiden Anforderungen gerecht werden
- umschaltbare Fahrstromsysteme bei elektrischem Betrieb über Fahrleitung oder Hybridfahrzeuge

Aufgabe 5

1. Schritt	• Prüfung der technischen und betrieblichen Zweckmäßigkeit • Einbeziehung von Mitarbeitern verschiedener Abteilungen des Unternehmens, dabei auch Vertreter des Fahr- und Begleitpersonals • Analyse der Auswirkungen auf die Betriebskosten
2. Schritt	• Analyse der eingeholten Angebote mit den entsprechenden Kosten- und Wirtschaftlichkeitsvergleichen
3. Schritt	• Bewertung der Zweckmäßigkeit und Qualität anhand einer zuvor bestimmten Kriterienliste
4. Schritt	• Suche nach einem günstigen Preis-Leistungs-Verhältnis • dabei Berücksichtigung von – Investitionskosten, betreffend geeigneter Gefäßgröße und Folgeinvestitionen, – Betriebskosten betreffend Energieverbrauch und Unterhalt, – Zweckmäßigkeit und Qualität des Angebotes

***Tabelle 6-4** Schrittfolge bei der Auswahl geeigneter Fahrzeuge*

7 Ein grenzüberschreitendes Nahverkehrskonzept – Das EgroNet

„Kernzelle des Euroregionalen Nahverkehrssystems ist das sächsische Vogtland.“[1]

Die Nachbarn in Europa finden immer mehr zueinander. Grenzregionen schließen sich zusammen zu sogenannten „Euroregionen“. Teile der Freistaaten Sachsen, Bayern und Thüringen sowie des tschechischen Böhmens bilden gemeinsam die Euregio Egrensis.

***Abbildung 7-1** EgroNet-Gebiet*

In diesem historisch gewachsenen Raum haben erstmals in Europa die Partnerstaaten ein gemeinsames Nahverkehrssystem entwickelt, das bereits seit 2000 über die damals noch bestehende EU-Grenze hinweg die Länder mit einheitlichem Fahrschein[2] und abgestimmten Fahrplänen miteinander verbindet: *„Das Euroregionale*

---

[1] Zweckverband ÖPNV Vogtland (Hrsg.): Gestatten! EgroNet, Auerbach o.J., 10

[2] Das EgroNet-Tagesticket ermöglicht zu einem Festpreis einen Tag lang die Fahrt im gesamten EgroNet-Gebiet – auch grenzüberschreitend.

Nahverkehrssystem ‚EgroNet' verkörpert ein neues Mobilitätssystem des Nahverkehrs, das umweltfreundlich und wirtschaftlich zugleich ist und den Menschen eine schnelle und komfortable Form der Fortbewegung auch über Ländergrenzen hinweg bietet. Schiene und Straße konkurrieren nicht miteinander, sondern ergänzen sich sinnvoll. Alle beteiligten Verkehrsunternehmen haben ihr Angebot aufeinander abgestimmt, Fahrpläne und Tarife wurden vereinheitlicht. So ist durch die enge Zusammenarbeit aller beteiligter Stellen in Sachsen, Bayern, Thüringen und der Tschechischen Republik aus einem heterogenen Nahverkehrsangebot ein bürgernahes und grenzüberschreitendes Mobilitätssystem geworden, das beispielhaft für angepaßte Mobilität in Europa ist."[3]

Unter dem Namen „EgroNet" (Euroregionales Verkehrssystem) fahren Eisenbahn, Straßenbahn und Bus in der gesamten Region. Zug um Zug und Bus für Bus wurde das Nahverkehrssystem EgroNet, insbesondere in Böhmen und Bayern, erweitert.[4]

	2000	2008
Beteiligte Verkehrsunternehmen	45	62
Bedienungsgebiet	7.000 km²	15.000 km²
Einwohner im Bedienungsgebiet	1,75 Mio.	3,2 Mio.
Bus- und Bahnlinien (davon Bahn)	396 (23)	635 (42)
Bus- und Bahnstreckenlänge (davon Bahn)	4.821 km (834 km)	k.A. (1.225 km)
Haltestellen (davon Bahn)	3.405 (k.A.)	6.200 (295)

Tabelle 7-1 *Das EgroNet in Zahlen zum Zeitpunkt der Expo 2000 und 2008*[5]

Das EgroNet ist als Projekt der Expo 2000 unter der Trägerschaft des Sächsischen Staatsministeriums für Wirtschaft und Arbeit entstanden und wird vom Zweckverband Öffentlicher Personennahverkehr Vogtland (ÖPNV) koordiniert. Das Projekt trägt sich noch nicht selbst und wird staatlich und europäisch gefördert.

Im gesamten EgroNet-Gebiet gibt es über 100 Partner wie Freizeitparks, Gastronomiebetriebe, Kinos, Museen und andere kulturelle Einrichtungen, die bei Vorlage des EgroNet-Tickets Nachlässe auf ihre Preise gewähren. Auch diese Seite des Angebots soll in Zukunft noch attraktiver werden. Ermuntert in seinem Bestreben sieht sich das EgroNet durch steigende Akzeptanz in der heimischen Bevölkerung und bei Touristen: „*Volle Züge auf Strecken, für die vor kurzem niemand mehr auch nur einen Pfifferling gegeben hätte, [sind der] größte Erfolg des EgroNet.*"[6]

Ziel der Kooperationsgemeinschaft ist es, bis 2012 einen „richtigen" Verkehrsverbund mit Finanz-, Planungs- und Organisationsverantwortung aus einer Hand zu etablieren.

---

[3] o.V.: Neue Wege in Europa: Das EgroNet, in: Kreisjournal Vogtland, 25.05.2003

[4] vgl. Meinel, Karlheinz: EgroNet als Resultat einer grenzüberschreitenden Verkehrsplanung, http://www.smwa.sachsen.de, 28.04.2004

[5] vgl. Zweckverband Öffentlicher Personennahverkehr Vogtland: Ein geschickter Nahverkehr, Auerbach o.J., 5; EgroNet – Informationen zum länderverbindenden Mobilitätssystem, Auerbach 2007; EgroNet – Informationen zum länderverbindenden Mobilitätssystem, 5/2008, 2; eigene Berechnungen anhand der aktuellen Fahrpläne

[6] Hergert, Lutz: Volle Züge auf Nebenstrecken sprechen fürs EgroNet, in: Freie Presse, 14.12.2000

Teilprojekte im Rahmen des EgroNet

Im Rahmen des modularen Expo-Projektes EgroNet, dessen tragende Säule die Vogtlandbahn[7] bildet, wurden sechs Teilprojekte realisiert. Im einzelnen sind dies:

- der Betriebshof Neumark (Vogtlandkreis/Sachsen),
- der Einsatz der RegioSprinter bei der Vogtlandbahn-GmbH (VBG),
- das Dreischienengleis in Zwickau (Sachsen),
- der Neubau der Brücke Klingenthal (Vogtlandkreis/Sachsen) – Kraslice (Kreis Sokolov/Westböhmen),
- die Schaffung von Schnittstellen an wichtigen Knotenpunkten sowie
- die Einrichtung der Tourismus- und Verkehrszentrale.

Betriebshof Neumark

Im Betriebshof Neumark, der sich in die Bereiche Fahrbetrieb, Betriebsführung und Fahrzeugwerkstatt gliedert, werden die Schienenfahrzeuge bereitgestellt, gewartet und instand gehalten.[8] Als sächsischer Standort der Regental Fahrzeugwerkstätten-GmbH 1992 gegründet, waren damals 17 Mitarbeiter beschäftigt, zehn Jahre später bereits 180. Anfangs wurde das Werkstattgelände des ehemaligen DR-Bahnbetriebswerkes in Reichenbach genutzt.[9] Als die alten Räumlichkeiten aufgrund der zunehmenden Auftragszahl nicht mehr ausreichten, entschloß man sich zu einem Neubau im benachbarten Neumark.

Zum Tag der offenen Tür ...

... kamen viele Interessierte zum Betriebshof

Im Frühjahr 1998 erfolgte der erste Spatenstich für die Errichtung eines eigenen Betriebshofes in Neumark – als Projekt der Expo 2000. Dieser – vom Freistaat Sachsen mit 22,2 Mio. Euro gefördert – wurde nach zweijähriger Bauzeit fertiggestellt und verfügt über eine Wartungshalle, eine Waschanlage sowie eine Tankstelle.

---

[7] siehe hier auch die nachfolgende Fallstudie „Wir verbinden Länder – Die Vogtlandbahn“
[8] vgl. o.V.: EgroNet Teilprojekt – Betriebshof Neumark (Faltblatt), o.O. o.J.
[9] vgl. Regental Fahrzeugwerkstätten-GmbH: 10 Jahre RFG in Sachsen, Neumark 2002, 5 und 16

Bei der Errichtung des Betriebshofes standen Qualität, Wirtschaftlichkeit und Umweltverträglichkeit im Vordergrund. Moderne Instandsetzungsanlagen, geringer Frischwasserverbrauch mittels Regenwassernutzung für die Waschanlage sowie eigene Stromerzeugung nach dem Prinzip der Wärme-Kraft-Kopplung gewährleisten dies.[10] Auch optisch wirkt der Betriebshof innovativ und modern. Die Glasdachkonstruktion enthält Elemente des RegioSprinters und ist somit schon von weitem erkennbar.

Regiosprinter

Zum Einsatz kommen auf den Strecken der VBG moderne Leichtbautriebwagen von Siemens/Duewag (Typ „RegioSprinter“), die vom Freistaat Sachsen (bzw. später auch vom Freistaat Bayern) gefördert wurden.[11] Seit 2000 ist die neue Generation der Triebwagen Typ „Desiro“ im Einsatz.

RegionSprinter 1 in Zwotental

Desiro in Neumark

Innenausstattung RegioSprinter 1

Innenausstattung Desiro

---

[10] vgl. Zweckverband ÖPNV Vogtland (Hrsg.): Gestatten! EgroNet, Auerbach o.J., 26

[11] vgl. o.V.: EgroNet Teilprojekt – Fahrzeuge: RegioSprinter 1 (Faltblatt), o.O. o.J.; o.V.: EgroNet Teilprojekt – Fahrzeuge: RegioSprinter 2 (Faltblatt), o.O. o.J.

	RegioSprinter 1	RegioSprinter 2/Desiro
Bauweise	• Leichtbauweise, geringes Gewicht, Technik und Innenausstattung leicht auswechselbar • Niederflurtechnik (Rampe für Kinderwagen und Rollstühle)	• Leichtbauweise, geringes Gewicht, Technik und Innenausstattung leicht auswechselbar • Niederflurtechnik (Rampe für Kinderwagen und Rollstühle)
Platzangebot	• 80 Sitz- und 84 Stehplätze • Stauraum für Skier und Fahrräder	• 136 Sitz- und 90 Stehplätze • Stauraum für Skier und Fahrräder
1./2. Klasse	• nur 2. Klasse	• nur 2. Klasse
Klimatisierung	• nein	• ja
Fahrscheinautomat	• ja	• ja
WC	• ja (nachgerüstet)	• ja (behindertengerecht)
Höchstgeschwindigkeit	• 120 km/h	• 120 km/h
Sonstiges	• Informationssystem • schnelle Kupplung der Wagen möglich (Mehrfachtraktion bis zu vier Einheiten)	• Informationssystem • schnelle Kupplung der Wagen möglich (Mehrfachtraktion bis zu drei Einheiten)

***Tabelle 7-2** RegioSprinter 1 und 2 im Vergleich*[12]

Dreischienengleis

Eine gut durchdachte, innovative Verknüpfung von öffentlichem Personennahverkehr und regionalem Eisenbahnverkehr befindet sich in Zwickau. Dort wird ein Dreischienengleis von Regionalbahn und Straßenbahn genutzt. Die Vogtlandbahn kann dadurch bis ins Zwickauer Zentrum fahren.[13]

Am 28. Mai 1999 verkehrte zum ersten Mal ein RegioSprinter der VBG bis in die Zwickauer Innenstadt. Seit der Realisierung des Zwickauer Stadt- und Regionalbahn-Projekts beginnen bzw. enden die Züge der Linie nach Falkenstein/Klingenthal nicht mehr im Zwickauer Hauptbahnhof, sondern 4 km weiter direkt in der Zwickauer City. Auf einer Länge von ca. 1,1 km nutzen die elektrisch betriebene Straßenbahn (Spurweite 1.000 mm) und die dieselbetriebene Vogtlandbahn (Spurweite 1.435 mm) eine gemeinsame Trasse, die aufgrund der unterschiedlichen Spurweiten als Dreischienengleis ausgelegt ist. Anders als bei einer parallelen Verlegung der Gleise für beide Systeme wird so erheblich Platz eingespart, was im innerstädtischen Verkehr von großer Bedeutung ist. Für den gemeinsam genutzten Streckenabschnitt galt es schließlich, ein Schienenprofil zu finden, das den Anforderungen beider Fahrzeuge, insbesondere der Radreifen, gerecht wird, ohne einen überdurchschnittlich hohen Verschleiß nach sich zu ziehen.[14]

---

[12] erstellt nach: ebd.

[13] vgl. o.V.: EgroNet Teilprojekt – Dreischienengleis (Faltblatt), o.O. o.J.

[14] vgl. Stadtverwaltung Zwickau (Hrsg.): Die Stadt- und Regionalbahn-Neubaustrecke Zwickau, Zwickau 2000, o.S.; Zweckverband ÖPNV Vogtland (Hrsg.): Gestatten! EgroNet, Auerbach o.J., 28; Norbert Peschke (Hrsgg. im Auftrag der Stadt- und Regionalbahn-Projektgesellschaft mbH): Die Stadt- und Regionalbahn-Neubaustrecke Zwickau, Zwickau 1999, 31

Da Eisenbahntriebwagen gemäß den Vorschriften der Eisenbahn-Bau- und Betriebsordnung ausgerüstet sind, mußten die Triebwagen der VBG nach der Bau- und Betriebsordnung für Straßenbahnen straßentauglich gemacht, d.h. beispielsweise mit Transpondern für die Weichenstellung, Warnglocken, Bremsleuchten, Fahrtrichtungsanzeigern und einer Sprechverbindung zur Betriebsstelle des Stadtverkehrs Zwickau ausgestattet werden.[15]

Brücke Klingenthal–Kraslice

Bereits vor 100 Jahren konnte man per Bahn von Sachsen nach Böhmen reisen. Eine dieser Verbindungen führte über Klingenthal und Kraslice. Allerdings wurde diese Verbindung kurz vor Ende des 2. Weltkrieges unterbrochen. Im Rahmen dieses Teilprojektes wurde die 1976 wegen Baufälligkeit abgerissene Klingenthaler Bahnbrücke durch einen Neubau ersetzt und damit die Weiterführung der Eisenbahnverbindung nach Kraslice (und Richtung Sokolov) in Kooperation mit der tschechischen Gesellschaft Viamont ermöglicht.[16] Damit wurde nach 55jähriger Pause eine Eisenbahnlinie reaktiviert, die am 1. Oktober 1886 eröffnet worden war und einst dem Transport böhmischer Kohle nach Sachsen diente.[17] Finanziert wurde der Bau aus Landesmitteln, mit Unterstützung der EU sowie durch den Zweckverband Öffentlicher Personennahverkehr Vogtland.

Brücke Klingenthal

Schnittstelle Oelsnitz

Schnittstellen

Ohne Umsteigen ist öffentlicher Nahverkehr nicht organisierbar. Um die Akzeptanz bei den Nutzern zu gewährleisten, ist es von Bedeutung, die verschiedenen Linien sowohl zeitlich als auch räumlich optimal zu verknüpfen sowie ein gutes Informationssystem bereitzustellen. Zur Schaffung kurzer und ebener Wege beim

---

[15] vgl. Stadtverwaltung Zwickau (Hrsg.): Die Stadt- und Regionalbahn-Neubaustrecke Zwickau, Zwickau 2000, o.S.

[16] vgl. o.V.: EgroNet Teilprojekt – Grenzübergang Klingenthal (Faltblatt), o.O. o.J.

[17] vgl. o.V.: Nach 55 Jahren Pause rollt erster Zug über die Grenze, in: Freie Presse, 29.05.2000

Wechsel von der Schiene auf die Straße bzw. umgekehrt wurden bislang an den 14 wichtigsten Umsteigebahnhöfen Schnittstellen um- und ausgebaut.[18]

Tourismus- und Verkehrszentrale

Anfang 1998 als eigene Organisationseinheit des Zweckverbandes ÖPNV Vogtland gegründet, diente die Tourismus- und Verkehrszentrale dazu, Aktivitäten mit direktem persönlichen Kundenkontakt (wie z.B. Auskunft und Beratung, Buchung und Reservierung, Verkauf) für den Zweckverband und den Tourismusverband Vogtland (TVV) zusammenzufassen.[19] Das Aufgabenspektrum wurde kontinuierlich erweitert, so daß sie heute die Fahrgäste vor, während und nach der Fahrt umfassend informieren kann. Hier erhält der Interessierte Bus- und Bahnauskünfte (Region und Fernverkehr), Tarifauskünfte, Fremdenverkehrsauskünfte, Veranstaltungstips und touristische Auskünfte. Außerdem ist es möglich, Hotels, Pensionen und Ferienwohnungen zu buchen.[20]

Gemeinsam mit dem Zweckverband ÖPNV Vogtland erfüllt die Tourismus-Verkehrszentrale u.a. folgende Aufgaben[21]:

- die Organisation, Koordinierung und Steuerung der im Verkehrsverbund zu erbringenden Leistungen im Personenverkehr,
- die Erstellung und Weiterentwicklung von Dienstleistungen und Produkten in den Bereichen Tourismus und Personennahverkehr,
- eine gemeinsame Marketingarbeit unter Berücksichtigung bestehender Konzepte,
- image- und produktbezogene Werbung,
- der Vertrieb und Verkauf aller touristischen Angebote und der Produkte des Personennahverkehrs sowie Unterhaltung eines zentralen Informations- und Buchungsservices,
- die Weiterentwicklung des Verbundtarifes Vogtland und Sicherung seiner Anwendung,
- die Bearbeitung von Harmonisierungs- und Durchführungsverlusten aus der Anwendung des Verbundtarifes,
- die Erarbeitung und Pflege eines Einnahmepools als Grundlage leistungsgerechter anteiliger Vergütung pro Unternehmen aus den Einnahmen des Verbundtarifes,

---

[18] vgl. Zweckverband Öffentlicher Personennahverkehr Vogtland: Ein geschickter Nahverkehr, Auerbach o.J., 12; o.V.: EgroNet Teilprojekt – Schnittstellen (Faltblatt), o.O. o.J.

[19] vgl. Zweckverband Öffentlicher Personennahverkehr Vogtland: Ein geschickter Nahverkehr, Auerbach o.J., 9

[20] vgl. o.V.: EgroNet Teilprojekt – Tourismus- und Verkehrszentrale (Faltblatt), o.O. o.J.

[21] Zweckverband Öffentlicher Personennahverkehr Vogtland: Ein geschickter Nahverkehr, Auerbach o.J., 10

- die Ermittlung von Erlöserstattungen, Erlösausgleichen und Verbundzuschlägen,
- die Erarbeitung, Abstimmung, Druck und Vertrieb eines einheitlichen Verbundfahrplanes sowie seine ständige Aktualisierung sowie
- die Durchführung zweckgebundener Verkehrsforschung und unternehmensbezogener Verkehrsplanung zur nachfrageorientierten Erschließung des Verbundgebietes als Basis für eine wirtschaftliche Verkehrsanbindung.

Aufgabe des Zweckverbandes Öffentlicher Personennahverkehr Vogtland (ZVV) ist es, *„für einen einheitlichen öffentlichen Personennahverkehr nach den Bedürfnissen der Bewohner und den wirtschaftlichen Möglichkeiten der öffentlichen Hand“*[22] zu sorgen. *„Der ZVV als Körperschaft des öffentlichen Rechts konzentriert sich auf das strategische Geschäft der Aufgabenträgerschaft, der Nahverkehrskonzeption und -planung sowie die Verkehrsverträge.“*[23]

Gegründet wurde der Zweckverband von den damaligen Kreisen Auerbach, Klingenthal, Reichenbach, Oelsnitz und Plauen (nunmehr Vogtlandkreis) und der damals noch kreisfreien Stadt Plauen. Seit Mai 1998 ist der Zweckverband – als erster Aufgabenträger in Sachsen – für den kompletten ÖPNV zuständig.[24]

Im Rahmen der 3. EgroNet-Konferenz im Oktober 2003 wurde der Zweckverband Öffentlicher Personennahverkehr Vogtland mit dem „Deutschen Schienenverkehrspreis 2003“ in der Kategorie Europa ausgezeichnet. 2006 wurde das EgroNet mit dem Umweltpreis, im Jahr 2008 mit dem Bayerischen ÖPNV-Preis ausgezeichnet.[25]

Gelungene Kooperation

Das koordinierte Zusammenwirken der politischen Stellen der Region untereinander sowie mit der sächsischen Staatsregierung waren (und sind) maßgebend für den Erfolg des EgroNet: *„Das Vogtland war eine der ersten Regionen, in der die neuen Chancen und Handlungsspielräume des Regionalisierungsgesetzes erkannt wurden. Über die damalige kleinteilige Kommunalstruktur hinweg wurde weitsichtig ein Konzept für das ganze sächsische Vogtland entwickelt und umgesetzt.“*[26]

19 Gebietskörperschaften aus drei deutschen Bundesländern und Tschechien kooperieren über Länder- und Staatsgrenzen hinaus seit mittlerweile über acht Jahren überaus erfolgreich.[27] Bereits vor der EU-Osterweiterung und dem Beitritt der Tschechischen Republik zum Schengener Abkommen wurde auf deutscher Seite der Ausbau der grenzüberschreitenden Verkehrsinfrastruktur forciert.

[22] ebd., 7
[23] ebd., 9
[24] vgl. ebd., 5f
[25] vgl. Zweckverband ÖPNV Vogtland: Fahrplanbuch zum EgroNet 2008/09, 4
[26] Zweckverband Öffentlicher Personennahverkehr Vogtland: Ein geschickter Nahverkehr, Auerbach o.J., 6
[27] vgl. EgroNet – Informationen zum länderverbindenden Mobilitätssystem, Auerbach 2008

RegioSprinter anläßlich der Feierlichkeiten zum Beitritt Tschechiens zur EU

„Wir verbinden Regionen" – Desiro gerüstet für ČD

Das Zusammenspiel der Beteiligten ist in diesem Zusammenhang sehr komplex. Handlungsspielräume sind begrenzt bzw. durch behördliche Verwaltungsverfahren geregelt (z.B. einheitliche Tarifgestaltung, Anerkennung von Fahrscheinen, Fahrplangestaltung usw.).

Als Initiator des Projekts und Besteller der Nahverkehrsleistungen spielt der Freistaat Sachsen eine Schlüsselrolle: *„Der Freistaat unterstützte die Pioniere nach Kräften, was in den Jahren zwischen 1994 und 1998 von besonderer Bedeutung war, weil er in dieser Übergangszeit der Aufgabenträger für den Schienenpersonennahverkehr war, während der ZVV diese Funktion für den Busverkehr schon seit seiner Gründung hatte. So setzte das Staatsministerium für Wirtschaft und Arbeit in enger Abstimmung und Zusammenarbeit den Ausbau der Eisenbahnstrecken durch, schrieb Schienenverkehrsleistungen aus und vergab sie an einen Wettbewerber der DB, der zu wesentlich niedrigeren Kosten fährt, und förderte den Ausbau der Schnittstellen zwischen Schienen- und Straßenverkehr.“*[28]

Für Tschechien entstand mit dem euroregionalen Verkehrssystem ein Pilotprojekt, im Rahmen dessen in den projektzugehörigen Teilen Böhmens bereits alle notwendigen Voraussetzungen geschaffen wurden: *„die Trennung von Infrastruktur und Betriebsführung [sowie] die regionale Aufgabenträgerschaft für Qualität und Umfang der nicht eigenwirtschaftlichen Verkehrsleistungen. Auch die Betriebsleistungen wurden erstmals in freiem Wettbewerb vergeben: Neben den Tschechischen Staatsbahnen hat die private Betreibergesellschaft Viamont a.s. verschiedene Strecken übernommen.“*[29]

Viamont a.s. stellt einen wichtigen Kooperationspartner auf tschechischer Seite dar. 1992 als Viamont GmbH gegründet und 1996 in eine Aktiengesellschaft umgewandelt, gelang es Viamont, sich im Rahmen des Privatisierungprozesses im Netz der ČD als Betreiber verschiedener Bahnstrecken zu etablieren. Seit 1998 wird die Strecke Sokolov–Kraslice bedient. Im Jahr 2000 wurde in Kooperation mit der ČD

---

[28] Zweckverband Öffentlicher Personennahverkehr Vogtland: Ein geschickter Nahverkehr, Auerbach o.J., 6
[29] Zweckverband ÖPNV Vogtland (Hrsg.): Gestatten! EgroNet, Auerbach o.J., 36

und der DB der Eisenbahngrenzübergang Kraslice/Klingenthal wiederbelebt. Mittlerweile beschäftigt Viamont a.s. mehr als 500 Mitarbeiter, erwirtschaftet einen Umsatz von über 1,3 Mrd. CZK und ist außer im Personen- und Güterverkehr auch im Bereich der Instandhaltung und des Betriebs von Anschlußgleisen tätig.[30]

Anschlußzug der ČD in Sokolov

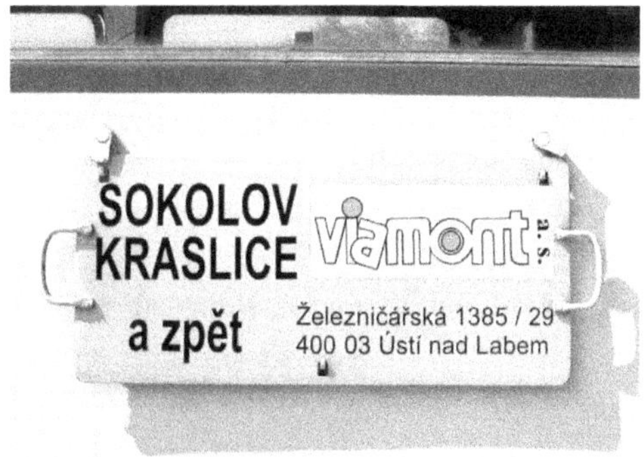

Kooperationspartner Viamont

Insgesamt zeigt das Projekt EgroNet die äußerst positive Möglichkeit, öffentlichen Nahverkehr kundenorientiert und dazu länder- und staatenübergreifend zu organisieren. Das EgroNet könnte dadurch auch im gesamteuropäischen Kontext von großer Beispielwirkung sein.

Aufgabe 1

Worin sehen Sie die Ursachen für den Erfolg des EgroNet?

Aufgabe 2

Weshalb sind Gebietskörperschaften bzw. Kommunen an der Mitgliedschaft am EgroNet interessiert? Welche Gründe könnte es im Einzelfall gegen eine Beteiligung geben?

Aufgabe 3

Das EgroNet verdankt seine Attraktivität der Tatsache, daß eine Region länderübergreifend mit allen öffentlichen Nahverkehrsmitteln befahren werden kann. Was würde eine weitere Ausdehnung des Netzes für die beteiligten Verkehrsunternehmen und für die Nutzer bringen?

Aufgabe 4

Wodurch unterscheidet sich das EgroNet-Tagesticket von einer Tagesnetzkarte eines Verkehrsverbundes?

Aufgabe 5

Trotz des Erfolges des EgroNet sind weitere Verbesserungen – auch im Makroumfeld – vorstellbar. Welche könnten dies aus Ihrer Sicht sein?

[30] vgl. Viamont a.s., http://www.viamont.cz, 28.04.2004

Lösungen

Aufgabe 1

- Vorhandensein bzw. Schaffung eines funktionsfähigen, dichten Eisenbahnnetzes mit vielen Stationen, darunter vier grenzüberschreitende Eisenbahnlinien zur Tschechischen Republik
- gleichzeitige Existenz vieler Omnibuslinien auf einem gut ausgebauten Straßennetz
- ein historisch entstandener und relativ dicht besiedelter Kulturraum mit großer touristischer Bedeutung
- Aufgeschlossenheit der staatlichen und kommunalen Verwaltungen zur Realisierung eines solchen Projektes
- Bereitschaft der vielen Nahverkehrsunternehmen sowie anderer Partner zur Mitwirkung im EgroNet
- Aufgeschlossenheit der Bürger bzw. der Touristen gegenüber diesem Projekt
- Förderung des Projektes durch die EU
- Teilprojekte bringen gleichzeitig viele Vorteile für die Nahverkehrskunden in der Region, die ohne EgroNet-Tagesticket unterwegs sind, z.B. für den Schüler- und Berufsverkehr sowie für Einkaufs- oder Wandertouren auch über Ländergrenzen hinweg

Aufgabe 2

- Anziehung von Touristen und Besuchern durch gute Fahrtmöglichkeiten mit einem Fahrschein für den ganzen Tag auf (fast) allen Nahverkehrslinien sowie durch Rabattierung in kulturellen Einrichtungen, Gaststätten und Einzelhandelsgeschäften mit dem Ziel der Umsatzbelebung
- kein Erfordernis für die Schaffung von Parkmöglichkeiten für EgroNet-Touristen
- Steigerung des Bekanntheitsgrades der betreffenden Gemeinden
- bessere Auslastung der örtlichen Verkehrsangebote
- insgesamt jedoch auch eine bessere Nutzung des Verkehrsangebotes im ÖPNV der Region
- Grund gegen eine Beteiligung könnte sein: Die Zahlung des Mitgliedsbeitrages für die Mitarbeit im EgroNet kann für manche Gebietskörperschaften ausschlaggebend sein.

Aufgabe 3

- nicht unbedingt höhere Effizienz für Verkehrsunternehmen und Nutzer
- jede Erweiterung ermöglicht das Befahren weiterer Strecken mit Bahn oder Bus mit ein- und demselben Ticket
- wie in Vergangenheit bereits mehrmals geschehen, erhöht sich der Preis für das Tagesticket
- nicht jeder will aber unbedingt die neuen Möglichkeiten voll in Anspruch nehmen; für bisherige Strecken wird dem Nutzer damit der Preis zu hoch
- eine weitere Preissteigerung könnte Zahl der Nutzer verringern → das liegt aber nicht im Interesse des EgroNets

Aufgabe 4

- ein Verkehrsverbund ist i.d.R. an bestimmte Grenzen gebunden, die durch Stadt- bzw. Landkreise gesetzt werden; dabei werden häufig mehrere solcher Körperschaften zu einem Verbund zusammengefaßt
- das EgroNet-Tagesticket hingegen berechtigt zur Fahrt durch das historisch entstandene und zusammenhängende Siedlungsgebiet der Euregio Egrensis – ohne Berücksichtigung von Staats-, Länder- und Kreisgrenzen
- eine weitere Besonderheit sind die für Deutschland (15 Euro) und Tschechien (100 Kronen) unterschiedlichen Tarife des Tickets; dies resultiert aus der noch erheblich abweichenden Kaufkraft der Bürger beider Länder

Aufgabe 5

- Anbindung des EgroNet-Gebietes an das Fernverkehrsnetz der DB AG; gegenwärtig erreicht kein Fernverkehrszug der Deutschen Bahn diese Region; daraus resultieren insbesondere Nachteile für den Tourismus
- Ausdehnung der Gültigkeit des EgroNet-Tagestickets auf alle Nahverkehrslinien im jeweiligen Territorium, so z.B. wird das Ticket im Saale-Orla-Kreis gemäß Jahresfahrplan 2007 bzw. Liniennetzplan für das EgroNet nur auf vier Omnibus-Linien anerkannt; die Routenplanung wird dadurch erschwert, die Fahrtkosten können sich durch die Entrichtung zusätzlicher Fahrpreise erhöhen, wenn andere Linien in Anspruch genommen werden müssen

8 Wir verbinden Länder – Die Vogtlandbahn

„Als Tochterunternehmen der im Bayerischen Wald ansässigen Regentalbahn hat sich die Vogtlandbahn-GmbH in unheimlich anmutender Geschwindigkeit einen Ruf erarbeitet, von dem der DB-Konzern, unter dessen Regie die kleinen Strecken im Vogtland wohl nur wenige Überlebenschancen gehabt hätten, nur träumen kann. [...] Schon seit einiger Zeit wird die Vogtlandbahn daher in der Bahnwelt als Vorbild herumgereicht. Als Vorbild dafür, daß ein erfolgreicher Nahverkehr möglich ist, wenn politischer und unternehmerischer Wille zusammentreffen.“[1]

Wie alles begann

1994 schrieb der Freistaat Sachsen europaweit die Verkehrsbedienung der Strecken Zwickau–Falkenstein–Klingenthal und Herlasgrün–Falkenstein–Adorf öffentlich aus. Zwölf interessierte Nahverkehrsunternehmen meldeten sich, drei gaben schließlich ein Angebot ab. Am 28. Februar 1995 erhielt die Regental-Bahnbetriebs-GmbH (RBG) den Zuschlag für insgesamt 111 Streckenkilometer. Damit wurde seit Inkrafttreten der Bahnreform erstmals in Sachsen der Betrieb einer Bahnstrecke an ein Privatunternehmen übergeben.

Da die genannten Strecken durch die DB Netz AG nicht fristgemäß saniert werden konnten, übertrug der Freistaat Sachsen der RBG als „Ersatz“ die Bedienung der Strecke Zwickau–Plauen–Bad Brambach, auf der am 13. Oktober 1996 der Betrieb aufgenommen wurde. Die beiden ursprünglich vorgesehenen Strecken übernahm die RBG dann im November 1997. Bis Ende 1997 unter der Regie der RBG stehend, entstand mit Jahresbeginn 1998 die Vogtlandbahn-GmbH (VBG) als fünftes Tochterunternehmen der Regentalbahn AG.

Straßentauglich gemacht, fahren seit Ende Mai 1999 Triebwagen der VBG auf einem Dreischienengleis bis in die Zwickauer Innenstadt. Seit Beginn der Expo 2000 ist die VBG grenzüberschreitend unterwegs. Mit der Anbindung der tschechischen Orte Kraslice und Cheb konnte ein euroregionales Verkehrssystem realisiert werden. Seit Juni 2001 bedient die VBG im Auftrag des Freistaates Bayern die Strecke Hof–Marktredwitz–Weiden, die im Dezember 2002 über Schwandorf bis nach Regensburg verlängert wurde. Im Juli 2002 wurde auch die Bedienung der Strecke Gera–Greiz–Plauen–Weischlitz übernommen.

Mittlerweile beschäftigt die VBG rund 300 Mitarbeiter[2] und unterhält 42 Triebwagen[3]; angefangen hatte man mit acht Triebwagen und 20 Mitarbeitern. Gefördert durch den Freistaat Sachsen wurden moderne Leichtbautriebwagen von Siemens/

[1] Schmidt, Christian: Einmal durchs Vogtland, bitte!, in: Freie Presse, 09.11.2001

[2] vgl. o.V.: Vogtland-Express rollt aufs Abstellgleis, http://www.vogtlandanzeiger.de, 16.02.2009

[3] vgl. o.V.: Vogtlandbahn GmbH, http://www.privat-bahn.de, 20.02.2009; Zusätzlich werden im Unternehmen 16 Lokomotiven genutzt.

Duewag (Typ „RegioSprinter") beschafft. Seit 2000 ist die neue Generation der Triebwagen Typ „Desiro" im Einsatz. Seit Oktober 2004 gehört die Vogtlandbahn-GmbH mit der Regentalbahn AG und weiteren Tochterunternehmen zum britischen Personenverkehrsunternehmen Arriva.

Das Streckennetz

Unter dem Slogan „Wir verbinden Länder" bedient die VBG mit ihren Triebwagen inzwischen auf sieben Linien ein Streckennetz von insgesamt über 900 km Länge[4], das sich über Sachsen, Bayern, Thüringen und Tschechien sowie bis nach Berlin erstreckt. Jährlich werden rund 5 Mio. Fahrgäste befördert.[5] Steigende Fahrgastzahlen zeugen von der großen Akzeptanz der Bahn. Wichtige Gründe dafür sind u.a. Pünktlichkeit und Sauberkeit.[6]

Auf tschechischem Gebiet führen einheimische Triebfahrzeugführer die Triebwagen der Vogtlandbahn. Die Züge innerhalb Tschechiens stellen ein Angebot der tschechischen Bahnen ČD und Viamont a.s. dar.

Auf der Strecke Zwickau–Plauen–Hof verkehren neben den Zügen der VBG auch Züge der Deutschen Bahn (InterRegioExpress und RegionalExpress); auf der Strecke (Leipzig–) Reichenbach–Adorf fährt zweimal täglich der RegionalExpress.

Linie	Linienverlauf	Länge (km)
alex Nord	Hof/Praha–Regensburg–München	318/443
alex Süd	München–Kempten–Oberstdorf/Lindau	172/221
VB 1	Zwickau–Falkenstein–Kraslice (–Karlovy Vary)	123
VB 2	Zwickau–Plauen–Cheb–Mariánské Lázně	158
VB 3	Hof–Weiden–Regensburg (Oberpfalzlinie)	180
VB 4	Gera–Greiz–Plauen–Weischlitz (Elstertalbahn)	62
VB 5	Hof–Plauen–Falkenstein–Adorf	121
VB 8	Marktredwitz–Cheb	27
VX	Plauen–Zwickau–Chemnitz–Berlin	326
Die ehemalige Linie VB 6 (Hof–Schönberg–Plauen) wurde in die Linie VB 5 eingegliedert. Die ehemalige Linie VB 7 (Schönberg–Schleiz) wurde zwischenzeitlich eingestellt.		

Tabelle 8-1 *Liniennetz der Vogtlandbahn*[7]

[4] Nicht berücksichtigt sind hierbei die Linien alex Nord und alex Süd, die insgesamt auf einer Strecke von über 800 km fahren.

[5] vgl. Vogtlandbahn-GmbH (Hrsg.): Unsere Vogtlandbahn verbindet Länder, Neumark 2006, 3

[6] vgl. Weiß, Holger: Vogtlandbahn verbindet Region seit 5 Jahren, in: Freie Presse, 23.11.2002

[7] vgl. Vogtlandbahn-GmbH (Hrsg.): Unsere Vogtlandbahn verbindet Länder, Neumark 2006, 19; Vogtlandbahn-GmbH: Fahrplan, gültig: 14.12.2008-13.06.2009

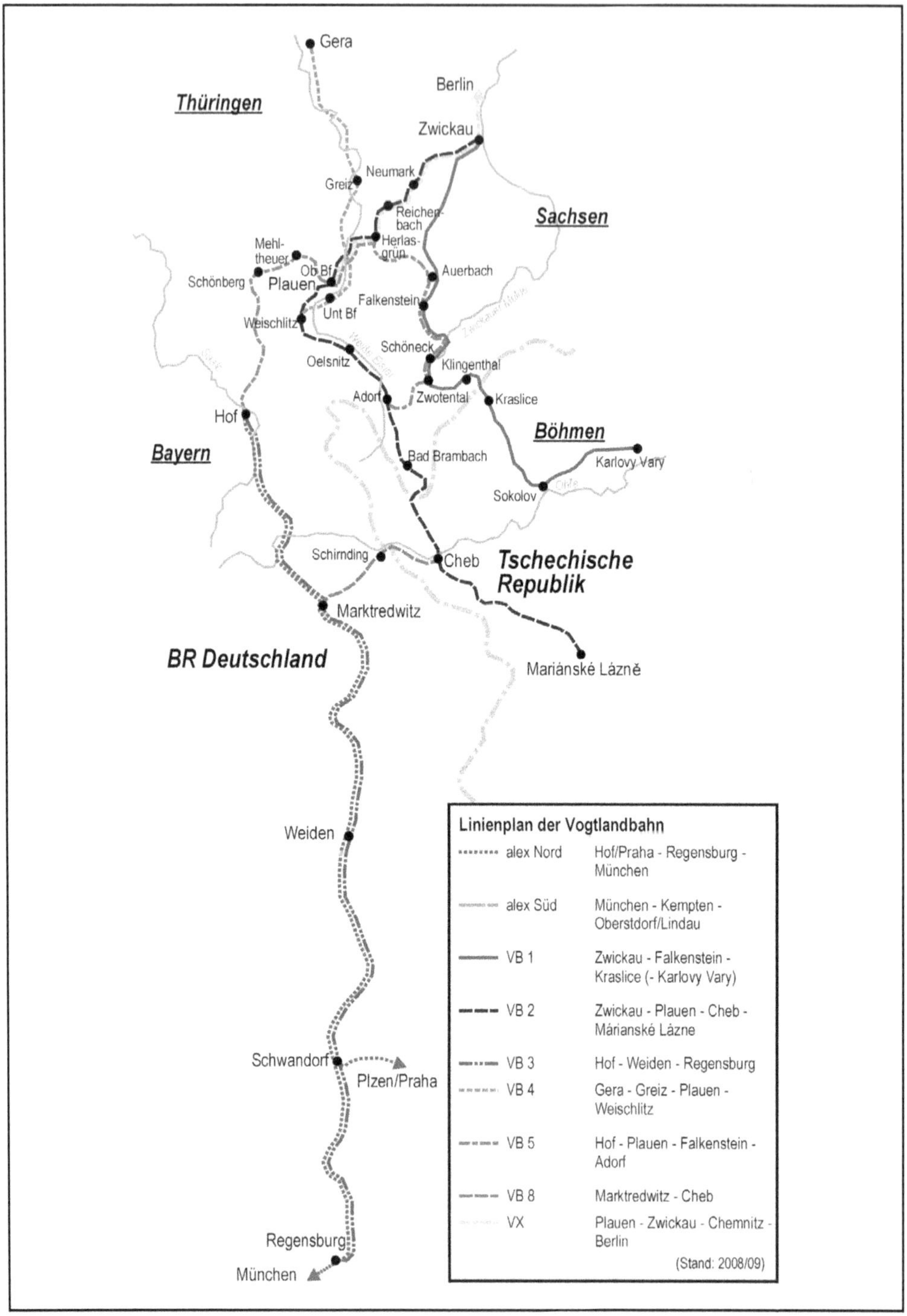

***Abbildung 8-1** Linienplan der Vogtlandbahn[8] (Linie alex Süd nicht dargestellt)*

[8] erstellt nach: Vogtlandbahn-GmbH: Fahrplan, gültig: 14.12.2008-13.06.2009

Im Rahmen des Streckenausbaus hat die Deutsche Bahn AG die Voraussetzungen dafür geschaffen, daß in ausgewählten Bahnhöfen (Falkenstein bzw. Zwotental und Weischlitz) Triebwagen aus zwei verschiedenen Richtungen kommend zu einem Zug vereint, über eine bestimmte Strecke in Doppeltraktion gefahren und schließlich wieder getrennt werden können. Vorteile dieses als „Flügeln" bezeichneten Verfahrens bestehen insbesondere in der Schaffung guter Umsteigemöglichkeiten, einer geringeren Streckenbelegung und im niedrigeren Personalbedarf an Triebfahrzeugführern.

Im Sommer 2003 wurde in Kooperation von Vogtlandbahn-GmbH und Viamont a.s. erstmals eine durchgängige Zugverbindung von Zwickau nach Sokolov angeboten.[9] An Samstagen kann man einmal täglich bis Karlovy Vary weiterfahren. Die inzwischen verlängerte Linie VB 2 ermöglicht täglich neben den acht Zügen nach Cheb zwei weiterführende bis Mariánské Lázně.

Vogtlandbahn in Sokolov

Desiro der VBG in Cheb

Seit vier Jahren führen die Streckenpläne weit über das Vogtland hinaus: Seit Juni 2005 bietet die Vogtlandbahn im Fernverkehr täglich eine durchgehende, eigenwirtschaftlich betriebene Verbindung von Plauen nach Berlin an, den Vogtland-Express (VX). 2001 hatte die Deutsche Bahn die letzte Direktverbindung vom Vogtland nach Berlin eingestellt. Die Fahrzeit des Vogtland-Express beträgt knapp fünf Stunden. Zum Einsatz kommen die Desiro-Triebwagen, die mit einem Catering-System ausgestattet worden sind. Für diese Verbindung gilt ein eigener Tarif, der ca. 50 % unter dem Normaltarif[10] der Deutschen Bahn liegt.

Auch in südlicher Richtung entwickelte sich das Streckennetz weiter: Ab Dezember 2007 übernahm die Vogtlandbahn unter dem Namen „Arriva Länderbahn Express", kurz „alex", die Strecken Hof/Furth i.W.–München–Oberstdorf/Lindau. Dabei wird fünfmal täglich eine umsteigefreie Verbindung von Hof nach München angeboten, neunmal täglich eine Verbindung von München nach Oberstdorf und Lindau. Über Furth i.W. gelangt man zweimal täglich nach Plzen und Praha. Zum Einsatz kommen

[9] vgl. Vogtlandbahn-GmbH, http://www.vogtlandbahn.de/aktuelles.htm, 11.07.2003

[10] vgl. Vogtlandbahn-GmbH: Vogtland-Express, gültig ab 08.04.2009

hier lokbespannte Schnellzüge. Der Grund dafür ist das wesentlich höhere Passagieraufkommen.[11]

alex Nord in Hof

alex, 1. Klasse

Der Fahrgast im Mittelpunkt

Bei Fahrten innerhalb des Vogtlands gilt mittlerweile der Verbund-Tarif Vogtland. Bei über das Verbundgebiet hinaus reichenden Fahrten sind die Tarife an die Nahverkehrstarife der DB angeglichen. Im Regionalverkehr werden Fahrscheine der VBG und der DB gegenseitig anerkannt.

Pauschalangebote DB	Pauschalangebote Verbünde	Pauschalangebote der VBG
Hopper-Ticket	EgroNet-Tagesticket	Elstertalbahn-Ticket
Länder-Tickets (auch Single)	Familien-Wochenend-Netzkarte	VB1-Tagesticket
Schönes-Wochenende-Ticket	Tageskarte Vogtland	

***Tabelle 8-2** Tarife – Pauschalangebote (Auswahl)*

All diese Fahrscheine sind an den Automaten in der Vogtlandbahn erhältlich, DB- und VBG-Angebote darüber hinaus in den DB-Reisezentren und privaten Agenturen. Mittels Handyticket können auch Telefahrscheine gelöst werden.

Fahrplan- und Tarifinformationen werden außer in den Reisezentren der DB und Agenturen auch im Zug neben den Automaten bereitgestellt. Zusätzlich kann sich der Fahrgast bei der Tourismus- und Verkehrszentrale sowie im Internet informieren. Die Fahrpläne der VBG sind auch in den DB-Fahrplänen enthalten. Während der Fahrt informiert den Reisenden ein optisches und akustisches System.

Die Bindung der Kunden ans Unternehmen spielte von Anfang an eine wichtige Rolle. So wird es in regelmäßigen Abständen ermöglicht, einen Blick hinter die Kulissen zu werfen – wie beispielsweise beim Nahverkehrstag, der in Kooperation mit der Fahrzeugwerkstätten-GmbH im Betriebshof Neumark durchgeführt wurde.

---

[11] vgl. Vogtlandbahn-GmbH: alex, Neumark 2007; Beyer, Tino: mit „Alex" über den „Weißwurstäquator", in: Freie Presse, 22.06.2007, 7

Wie bereits der Name „Vogtlandbahn“ erkennen läßt, steht auch das Bekenntnis zur Region seit Beginn im Mittelpunkt. Seit einiger Zeit fahren auf den Namen zum Streckennetz gehöriger Städte und Gemeinden getaufte Triebwagen. Im jeweiligen Fahrzeug findet der Fahrgast dazu weitere touristische Informationen.

Gemeinde Neumark als Partner

Landkreis Regensburg als Partner

Aufgabe 1

Im Frühjahr 1998 erfolgte der erste Spatenstich für die Errichtung eines eigenen Betriebshofes in Neumark. Dieser – vom Freistaat Sachsen in erheblichem Umfang gefördert – wurde nach zweijähriger Bauzeit fertiggestellt und verfügt über eine Wartungshalle, eine Waschanlage sowie eine Tankstelle.

Welche Faktoren sind bei der Wahl des Standortes für einen Bahnbetriebshof von entscheidender Bedeutung? Erläutern Sie diese näher!

Aufgabe 2

Inwieweit ist die Vogtlandbahn in ihrem Betätigungsfeld durch externe Faktoren (Makroumfeld) eingeschränkt bzw. inwieweit bestimmen diese, was wie wann usw. zu tun ist?

Aufgabe 3

Erläutern Sie am Beispiel der Vogtlandbahn-GmbH die Funktionen der betrieblichen Planung!

Aufgabe 4

Wie würde sich die zeitweilige Sperrung eines Streckenteils auf die Planung der Vogtlandbahn niederschlagen?

Aufgabe 5

In einem gewissen Rahmen kann die Vogtlandbahn aufgrund ihrer Größe flexibler als Deutsche Bahn agieren. Inwieweit kann die Vogtlandbahn schneller und spezifischer auf Kundenwünsche eingehen als es vielleicht die Deutsche Bahn kann?

Aufgabe 6

Welche Rolle spielt das Zusammenwirken von Unternehmen, Verbänden, Behörden und Politik im vorliegenden Fall? Wer sind die Hauptakteure und wie beeinflussen sich diese?

Lösungen

Aufgabe 1

Raumbedarf	• Fläche für Reparaturwerkstätten • Unterstellmöglichkeiten für Triebfahrzeuge
Verkehrssituation	• Nähe zum bedienten Schienennetz • Anbindung ans Schienennetz problemlos möglich • Zufahrts- und Parkmöglichkeiten für Mitarbeiter
energetische Voraussetzungen	• Sicherstellung der Energieversorgung (Strom, Tanklager) • Versorgung mit Frischwasser
Umweltbeeinflussungen	• eventuelle Umweltbelastungen durch das Unternehmen • Beachtung gesetzlicher Vorschriften • Entsorgung (Treibstoffreste, Öl, Fäkalien usw.)
Gewerbefreundlichkeit	• Gewerbesteuer-Hebesatz • günstige Gewerbeflächen • Unterstützung durch Förderprogramme

Tabelle 8-3 *Standortfaktoren*

Aufgabe 2

politisch-rechtliches Umfeld	• ausschließlich Gebiet der EU, Verbindlichkeit der EU-Richtlinien • unterschiedliche nationale Gesetzgebung (BRD, ČR) • unterschiedliches Länderrecht in Deutschland • Berücksichtigung von Auflagen (z.B. Sicherheit, Umweltschutz ...)
wirtschaftliches Umfeld	• Ansiedlung/Ausbau/Schließung von Unternehmen, großen Bildungseinrichtungen, großen touristischen Einrichtungen • Prioritäten für Fahrplangestaltung liegen bei DB AG • Preisgestaltung größtenteils vorgegeben bzw. mit Partner abgesprochen (→ bedingt durch gegenseitige Anerkenntnis der Fahrscheine) • verfügbares Einkommen der Haushalte • Kooperationspartner • Konkurrenten
technologisches Umfeld	• Streckenausbauzustand • Trassenbelegung durch andere Eisenbahnverkehrsunternehmen • Fahrplaneinhaltung • Triebfahrzeugeinsatz • Sicherheit • Abrechnungsmöglichkeiten
gesellschaftliches Umfeld	• persönliche Präferenzen für Verkehrsmittel
natürliches Umfeld	• Infrastruktur: parallele(r) Eröffnung/Ausbau/Schließung alternativer Verkehrswege (z.B. Autobahn) • Streckenführung durch Netzeigentümer vorgegeben • Instandhaltung und Ausbau des Streckennetzes obliegt dem Netzeigentümer (DB Netz AG) • Haltestellen/Bahnhöfe sind vorgegeben, bei Bedarf ist jedoch eine Neuanlage möglich. Beispiele: Plauen-Straßberg, Muldenberg Floßplatz, Schöneck Ferienheim, Feilitzsch, Františkovy Lázně Aquaforum (ČD)

Tabelle 8-4 *Beeinflussung durch Makroumfeld*

Aufgabe 3

Funktionen	Erläuterung	Bedeutung für Vogtlandbahn-GmbH
Optimierungs- und Sicherungsfunktion	Gewährleistung einer bestmöglichen Zielerreichung; Risiken rechtzeitig erkennen, ausschalten, ausgleichen	• Einsatz eines Qualitätsmanagement-Systems • optimale Abstimmung mit Kooperationspartnern bei Fahrplangestaltung (jedes Jahr von neuem notwendig, teilweise auch häufiger) → vgl. Schnittstellen, Verkehrsverbund
Koordinierungs- und Integrationsfunktion	Abstimmung zwischen Entscheidungsträgern; Ausnutzung von Synergieeffekten	• Kooperation im Verkehrsverbund und mit sonstigen Partnern • Synergien im Verbund nutzen
Anpassungs- und Flexibilitätsfunktion	Anpassung an sich ändernde Umweltbedingungen, zukünftige Anforderungen; antizipierende Bewältigung von Störungen in bezug auf die Zielerreichung	• auf den Fall planmäßiger und unplanmäßiger Streckensperrungen/Einschränkungen im Fahrbetrieb vorbereitet sein • Möglichkeit, an stark schwankenden Bedarf anzupassen (Schülerverkehr vs. Ferienzeit, Feiertagsverkehr, saisonbedingte Schwankungen, wie z.B. durch Wintersport)
Innovations- und Kreativitätsfunktion	Unterstützung der Entwicklung neuer Ideen, Konzepte und Wege der Zielerreichung	• Förderung der Kreativität der Mitarbeiter • Beachtung von Verbesserungsvorschlägen von Seiten der Mitarbeiter und Reisenden und Nutzung fürs Unternehmen
Leistungs- und Motivationsfunktion	Beeinflussung des zieladäquaten Verhaltens aller Unternehmensmitarbeiter; Gewährleistung von Akzeptanz und Realisierbarkeit gestellter Ziele	• Mitarbeiter, vor allem jene im Kontakt mit Reisenden, sollen im Sinne der Ziele des Unternehmens und zur Zufriedenheit der Reisenden tätig sein (Triebfahrzeugführer, Kontrolleure)

Tabelle 8-5 *Funktionen der betrieblichen Planung*

Aufgabe 4

Planungsbereiche	Auswirkungen
Linien	• Änderungen im Linienplan möglich (z.B. wenn einzelne Stationen nicht angefahren werden können)
Fahrplan	• Fahrplanänderung unter Einbeziehung von Schienenersatzverkehr (SEV) nach Abstimmung mit regionalen Busunternehmen • Abstimmung mit anderen EVU wegen geänderter Fahrzeiten
Information der Reisenden	• lang- bzw. auch kurzfristig durch Aushänge, Reiseauskunft der DB und der VBG, Internet, regionale Presse
Personaleinsatz	• Einsatzzeiten und Arbeitsaufträge von Triebfahrzeugführern und Kontrolleuren ändern sich, neue Planung notwendig; Bereitstellung von Begleitpersonen für den SEV
Triebfahrzeugeinsatz	• gestörter Triebfahrzeugumlauf, Änderungsplanung erforderlich
Wartung und Instandhaltung	• Wartungsarbeiten müssen z.T. andernorts vorgenommen werden, da Fahrzeuge den Betriebshof nicht oder nur auf Umwegen erreichen
Betriebskosten	• zusätzliche Kosten insbesondere durch SEV, evtl. Rückforderung von Trassengebühren

Tabelle 8-6 *Auswirkungen auf einzelne Planungsbereiche*

Aufgabe 5

- in begrenztem Umfang Einführung von Sondertarifen (für das eigene Netz)
- bei Bedarf verdichteter Zugverkehr mit Sonderfahrplan (z.B. an Feiertagen, im Ferienverkehr)
- Bedarfsanpassung durch Zahl der Triebwagen (Mehrfachtraktion)

Aufgabe 6

- Zusammenspiel der Beteiligten ist sehr komplex
- Handlungsspielraum der Beteiligten ist begrenzt bzw. durch behördliche Verwaltungsverfahren geregelt (z.B. einheitliche Tarifgestaltung, Anerkennung von Fahrscheinen, Fahrplangestaltung usw.)

Hauptakteure	Zusammenspiel
Freistaat Sachsen	• Projekt vom Freistaat Sachsen initiiert → europaweite Ausschreibung • Bedienung der Nahverkehrsstrecken erfolgt im Auftrag des Freistaates
Wirtschaftsministerium Freistaat Sachsen	• EgroNet-Projekt entstand unter Trägerschaft des sächsischen Wirtschaftsministeriums
Freistaat Thüringen	• Bedienung der Nahverkehrsstrecken erfolgt im Auftrag des Freistaates
Freistaat Bayern	• Bedienung der Nahverkehrsstrecken erfolgt im Auftrag des Freistaates
Bezirk Karlovy Vary	• Teilregion der Euregio Egrensis und damit beteiligt am EgroNet-Projekt
kommunale Verwaltungen (Landkreise)	• geht aus Fallstudie nicht eindeutig hervor, es kann aber davon ausgegangen werden, daß z.B. bei allen verkehrsbezogenen Entscheidungen mit Auswirkungen auf Kommunen und Kreise Mitspracherechte bestehen
Vogtlandbahn	• erhielt Zuschlag und betreibt seit 1996 im Auftrag der Freistaaten das zur DB Netz AG gehörende Streckennetz im Nahverkehr • die Fahrpläne werden von der Vogtlandbahn in Abstimmung mit den Ländern, der DB Netz AG und den tschechischen Bahnen festgelegt
Tschechische Staatsbahn (ČD)	• die auf der VB 2 innerhalb Tschechiens verkehrenden Züge der Vogtlandbahn stellen ein Angebot der ČD dar
Viamont a.s.	• die auf der VB 1 innerhalb Tschechiens verkehrenden Züge der Vogtlandbahn stellen ein Angebot der Viamont a.s. dar
weitere regionale Nahverkehrsunternehmen	• sind am Verkehrsverbund bzw. EgroNet beteiligt
DB Netz AG	• Netzeigentümer, für Instandhaltung und Ausbau verantwortlich
ČD als Netzbetreiber	• Netzeigentümer in Tschechien mit gleicher Verantwortung
Tourismusverbände/ touristische Einrichtungen	• neben Vogtlandbahn und verschiedenen Nahverkehrsunternehmen der Region sind auch Tourismusverbände und touristische Einrichtungen am Verkehrsverbund beteiligt • Tourismusverbände können Fahrplangestaltung an den Schnittstellen sowie Haltestellennetz beeinflussen (siehe neue Haltepunkte) • touristische Einrichtungen kooperieren mit dem EgroNet-Projekt
Zweckverband Öffentlicher Personennahverkehr Vogtland (ÖPNV)	• Zweckverband koordiniert EgroNet • beeinflußt Fahrplangestaltung, Anlage neuer Haltestellen und Anschlußmöglichkeiten an den Schnittstellen • wirkt auf Erschließung touristischer Ziele ein (z.B. Muldenberg Floßplatz)

***Tabelle 8-7** Hauptakteure*

www.ingramcontent.com/pod-product-compliance
Lightning Source LLC
LaVergne TN
LVHW080808011026
849160LV00015B/1567
9783486591750